To my parents, Joseph Wallace Croft, Jr. and Libby Ann Stischer Croft.

Advanced Java Game Programming

DAVID WALLACE CROFT

Apress™

Advanced Java Game Programming
Copyright © 2004 by David Wallace Croft

ISBN (pbk): 1-59059-123-2

Printed and bound in the United States of America 10987654321

Trademarked names may appear in this book. Rather than use a trademark symbol with every occurrence of a trademarked name, we use the names only in an editorial fashion and to the benefit of the trademark owner, with no intention of infringement of the trademark.

Lead Editor: Steve Anglin

Technical Reviewer: Jack Park

Editorial Board: Steve Anglin, Dan Appleman, Gary Cornell, James Cox, Tony Davis, John Franklin, Chris Mills, Steve Rycroft, Dominic Shakeshaft, Julian Skinner, Jim Sumser, Karen Watterson, Gavin Wray, John Zukowski

Project Manager: Sofia Marchant

Copy Manager: Nicole LeClerc

Production Manager: Kari Brooks

Production Editor: Ellie Fountain

Compositor: Gina Rexrode, Point n' Click Publishing, LLC

Proofreader: Susannah Pfalzer

Indexer: Brenda Miller

Artist: Kinetic Publishing Services, LLC

Cover Designer: Kurt Krames

Manufacturing Manager: Tom Debolski

Distributed to the book trade in the United States by Springer-Verlag New York, Inc., 175 Fifth Avenue, New York, NY 10010 and outside the United States by Springer-Verlag GmbH & Co. KG, Tiergartenstr. 17, 69112 Heidelberg, Germany.

In the United States: phone 1-800-SPRINGER, e-mail orders@springer-ny.com, or visit http://www.springer-ny.com. Outside the United States: fax +49 6221 345229, e-mail orders@springer.de, or visit http://www.springer.de.

For information on translations, please contact Apress directly at 2560 Ninth Street, Suite 219, Berkeley, CA 94710. Phone 510-549-5930, fax 510-549-5939, e-mail info@apress.com, or visit http://www.apress.com.

The source code for this book is available to readers at http://www.apress.com in the Downloads section.

Contents at a Glance

Contents

About the Author

David Wallace Croft is a Java software architect with a professional background in Java game development. He formerly served as the president of the Silicon Valley Java Users Group and is the founder of the Game Developers Java Users Group (http://www.GameJUG.org/). He earned his B.Sc. from the United States Air Force Academy in 1990 and his M.Sc. from the California Institute of Technology in 1995. After a brief career in neural network chip design, he joined an online Internet multiplayer game start-up in 1996 and has been programming in Java exclusively ever since. While writing the book, he taught Java 2D game programming within the Institute of Interactive Arts & Engineering program at the University of Texas at Dallas (http://iiae.utdallas.edu/). In 2004, he transitioned from faculty to student and is now pursuing a doctorate in cognition and neuroscience in the School of Behavioral and Brain Sciences at the same university. His contact information is available at http://www.croftsoft.com/people/david/.

About the Technical Reviewer

Jack Park gives pretty good google. To do that, he remains very active developing software in the open source arena. His projects have included NexistWiki, an experimental platform that combines topic maps, issue-based information systems, and storytelling, together with wiki behaviors and weblogs. He produced, with technical editorial help from Sam Hunting, and with authors drawn from all over the planet, the book *XML Topic Maps: Creating and Using Topic Maps for the Web* (Addison-Wesley, 2002). In a former life, he built windmills and solar heaters, and created the book *The Wind Power Book* (Cheshire-Van Nostrand, 1981). He is presently employed as a research scientist with SRI International.

Acknowledgments

I would like to thank the following individuals for their contributions to this book.

My parents Joseph Wallace Croft, Jr. and Libby Ann Stischer Croft for their encouragement and financial assistance while I dedicated myself full-time to writing and coding. If it were not for their support, this book would not exist.

My wife Shannon Kristine Croft for enabling and motivating me in multiple ways including the preparation of my coffee thermos for my nightly writing sessions. She also contributed some of the graphics for the demonstration games.

My brother Steven Morris Croft for technical review of the earliest drafts and for contributing some of the game graphics.

My children Ada Beth Croft, Thomas Edward Croft, and Benjamin Wallace Croft. Young children make the best game testers.

My friend Jack Park (http://www.thinkalong.com), editor of *XML Topic Maps: Creating and Using Topic Maps for the Web* (Addison-Wesley, 2002), for his much appreciated editorial comments as technical editor of this book.

Dr. Sridhar V. Iyer, founder of the virtual reality collaborative learning startup Whoola (http://www.whoola.com), for providing free office space to write the book, for encouraging me to create educational Java games, for supporting the Open Source development of reusable code libraries, and for suggesting that I teach a course on the same subject while I write the book.

Dr. Thomas E. Linehan, Director of the Institute of Interactive Arts & Engineering at the University of Texas at Dallas (http://iiae.utdallas.edu/), for sponsoring my teaching of an undergraduate course on the subject matter of this book and for his encouragement.

My friend John Hattan of the game development company The Code Zone (http://www.thecodezone.com/) for recommending free and inexpensive game development tools and multimedia libraries.

My friend Sam L. Robertson IV (http://www.slriv.com) for volunteering to host a server to demonstrate the server-side game code.

My friend James Gholston, president and general partner of the game development company Dimensionality (http://www.dimensionality.com), for releasing some of his professional graphics to the Public Domain so that they could be included in the example games.

Jenn Dolari (http://www.dolari.org/) for creating alternative graphics for one of the example games.

Ari Feldman (http://www.arifeldman.com/), author of *Designing Arcade Computer Game Graphics* (Wordware Publishing, 2000), for allowing game programmers to use his sprite graphics library for free.

John Zukowksi (`http://zukowski.net/`) for prompting me to write this book and for serving as its initial editor. I have enjoyed his books and online articles on the subject of Java since the earliest days, so I was quite impressed and inspired by his initial suggestion that I might write a book on this topic.

Craig Berry, the second editor, for his recommendations for improvement.

Steve Anglin, the third editor, for the kind words and giving the green light to go to press.

Susannah Pfalzer, the proofreader, for replacing "which" with "that."

Sofia Marchant, the project manager, for introducing me to the process of writing a book.

Introduction

*An ounce of wit that is bought, is worth a pound
that is taught. —Benjamin Franklin*

This book is for experienced Java programmers who want to create sophisticated
2D computer games for the Web and the desktop using the latest high perfor-
mance techniques. Each chapter builds upon the previous by gradually intro-
ducing a reusable animation library. The source code for each new library class
is described in detail where necessary to document and explain the topics.
Example games that demonstrate the classes in actual use are presented. Royalty-
free licensing encourages readers to adopt and adapt the library code and the
example games for their own use.

Purpose

An alternative title for this book might have been *Modern Java Game Program-
ming*. Many of the techniques and topics covered in previously published Java
game programming books have been obsoleted by the advance of the Java
programming language and its libraries. These include areas such as thread man-
agement, event management, graphical user interfaces, network communications,
persistence, and deployment. Where appropriate throughout the book, I have
noted these changes and briefly contrast the techniques.

While it has always been possible to create high speed animation in Java by
minimizing the average number of pixels painted in each frame, new classes
introduced recently in version 1.4 of the Java programming language now offer
direct access to video hardware in a portable manner. As documented within
this book, it is now possible to achieve fast frame rates even when the number of
pixels updated in each frame is very large. An example program is documented
herein that has been demonstrated to successfully synchronize full-screen ani-
mation to a monitor refresh rate of 75 Hz at a high resolution in true color.

Even though the primary focus of this book is on games, the reader should
keep in mind that techniques covered here can be used for other applications
such as advertising and simulation. Animated banner ad applets embedded in
web pages leap to mind. The fact that banner ads can be written using a power-
ful general-purpose programming language such as Java substantially increases
their potential for additional functionality beyond animation, including live data
connects. In the realm of simulation, students and scientists benefit from being

able to visualize. When these models are presented using Java, users can interact with the simulations, change the parameters, and see new results.

Prerequisites

I have written *Advanced Java Game Programming* for experienced Java developers who are ready and eager to convert their unique game design ideas into deployed realities. For these readers, the novelty of learning the Java programming language and implementing basic infrastructure code has long since been surpassed by a desire to refine novel and interesting game-specific logic.

At the same time, these advanced Java developers want to understand in detail how the optimization choices in a reusable library may impact the performance of their games. In describing the source code for the game library and the example games documented in this book, I assume the reader has already been introduced to basic topics such as the Java programming language, Object Oriented Programming (OOP), Graphical User Interface (GUI) component libraries, and, to some extent, design patterns.

Scope

I introduce briefly without depth those technologies that are required knowledge but are not specific to Java game programming. These include popular Open Source development tools and common standards and application programming interfaces (APIs) that many experienced Java game programmers will have already used. In these cases, I direct those readers unfamiliar with such technologies to other resources for further reading.

Most of the reusable libraries that I introduce take advantage of the latest APIs available in the core Java platform, currently the Java 2 Platform Standard Edition (J2SE) version 1.4. I do not cover outdated APIs such as the Abstract Window Toolkit (AWT). I instead delve into the details of applying modern APIs such as Swing for animation in Java game programming.

With the exception of the Java 2D and the Image I/O APIs, most of the Java Media APIs are not covered within this volume, as I have reservations concerning their use within game development. Using either the Java 3D, Java Media Framework (JMF), or Java Speech API in games forces the players to download and install an optional package and its native code implementation. I believe that this extra step will discourage many potential players, especially those that encounter installation problems or download delays. The Java Sound API, although installed as part of the J2SE core, requires a soundbank file that is included by default in the Java Runtime Environment (JRE) distributions for some operating systems but not for Windows. The Java Shared Data Toolkit (JSDT) API, although of possible use in network games, appears to be discontinued. I could find no obvious use for the Java Advanced Imaging (JAI) API within game programming.

Use of the Java Native Interface (JNI) API to mix Java with platform-specific code is neither covered nor encouraged. All of the code documented in this book is written in pure, portable Java and should run on any platform with a Java virtual machine. As a developer, I find that I can achieve high performance without using custom native libraries. As a player, I prefer games written in pure Java because I do not have to fret about security risks and I know that the games will run on my favorite platform, whatever it may be.

This book does not cover Java game development using the Java 2 Micro Edition (J2ME) platform. I expect that rapid advances in hardware capabilities as expressed by Moore's Law are going to make J2ME obsolete soon. The hand-held PDAs of today now use microprocessors that are as powerful as those in the best desktop computers of three years ago. It is now possible to install J2SE and run Swing applications on a PDA. I would not be surprised to see Java 2 Enterprise Edition (J2EE) running on wristwatches within a few years.

In later chapters on multiplayer networking, this book does require some knowledge of J2EE. This is limited, however, to development with the Servlet API subset. The use of more advanced J2EE APIs such as Enterprise Java Beans (EJBs) is not covered in any depth within this volume. All of the example network games will run within a simple servlet container, and installation of a full-fledged application server is not required.

Overview

In Chapter 1 "Development Setup," I introduce the reader to the code library that will be used throughout the book. The library layout is described and instructions for compiling the example games are given. Additional sources of code, graphics, and audio that may be used in game development are identified and popular tools for software development are introduced. An example game that demonstrates the basics of Java game programming is provided as a template.

In Chapter 2 "Deployment Frameworks," the focus is on deploying your games within a framework that can be installed on as many different types of platforms as possible. A widely used framework interface, the applet lifecycle, is discussed within the context of animation thread management techniques. After a review of different deployment options suitable for game distribution, a source code example of an abstraction layer that permits games to be deployed in different environments without modification is given.

In Chapter 3 "Swing Animation," a Swing-based animation library is described that will be used throughout the book. The primary consideration in this chapter is animation performance and flexibility. The reader is briefed on the optimization trade-offs as the source code of the core animation engine classes is reviewed.

In Chapter 4 "Animation Library," a collection of classes for common animation tasks is documented. These classes provide functionality, such as scene management and sprite physics. They also serve to demonstrate how game-specific code can be developed that will interoperate with the core animation engine classes.

In Chapter 5 "Advanced Graphics," I describe advanced graphics techniques such as hardware-accelerated graphics, multi-buffering, and full-screen exclusive mode. Reusable classes that facilitate the use of these techniques are provided and example games that use them are demonstrated. For each of these techniques, I discuss considerations regarding their use.

In Chapter 6 "Persistent Data," mechanisms for loading and saving game data within the various deployment frameworks are compared. A library of reusable data persistence classes suitable for most game programming needs is documented in the process. Alternatives for more advanced persistence requirements are considered.

In Chapter 7 "Game Architecture," the merits of an object-oriented software architecture suitable for Java game development are discussed. An example game that uses this architecture is offered as a template for the development of new games. Data-driven design is promoted.

In Chapter 8 "A* Algorithm," an implementation of one of the most popular and commonly used artificial intelligence (AI) algorithms within the game industry is provided. An example of using the A* algorithm for path-finding around obstacles is demonstrated.

In Chapter 9 "HTTP Tunneling," a networking library that can operate within the security restrictions common to most Java game deployment environments is introduced. An example is provided in which data is transferred between a client and a server.

In Chapter 10 "HTTP Polling," the networking library is extended to support online multiplayer games. Polling is used to synchronize the game state on the client with the server. The flexibility of the recommended software architecture is demonstrated in the conversion of a single player game to a multiplayer networked game.

In Chapter 11 "HTTP Pulling," event-driven messaging is recommended as an alternative to polling. Using the classes documented in the previous two chapters, I demonstrate how this can be accomplished within the security restrictions of an unsigned applet. Recommendations for further development using techniques beyond the scope of this volume are briefly considered.

Web Site

A book with the title *Advanced Java Game Programming* should remain advanced. For this reason I have set up a web site dedicated to the book. From there you will be able to subscribe to the electronic mailing list for book-related announcements including supplemental tutorials and errata. You will be able to test and play the example games described in the book and download the Open Source code library and Public Domain multimedia files that were used to create them. For teachers, I have released under the terms of the Creative Commons Attribution License the syllabus, slides, and assignments that I use in the game development course that I lecture. I also provide my contact information so that you may send your comments and suggestions for future editions.

Before proceeding to the first chapter, please visit `http://www.croftsoft.com/books/ajgp/` and subscribe to the *Advanced Java Game Programming* announcements mailing list.

CHAPTER 1

Development Setup

A good example is the best sermon. —Benjamin Franklin

In this chapter, you will learn how to configure your development environment to create your own games using the game library and examples described in this book.

Upgrading to 1.4

To compile and run the example games in this book, you need to download and install the Java 2 Software Development Kit (SDK), Standard Edition (J2SE), version 1.4 or later. "Java 2" refers to the Java 2 Platform. "Java 1.4" refers to the specific version of the Java 2 Platform. You can blame the marketing folks at Sun Microsystems for the confusion.

Version 1.4 is required because the game code depends upon new accelerated graphics classes in that version of the J2SE. These new classes greatly increase animation performance. At the time of this writing, J2SE v1.4 is available on multiple platforms including Linux, Mac OS X, Solaris, and Windows. If you do not have version 1.4 or later installed, you can download it from http://java.sun.com/ for the most common platforms besides Apple. Apple developers can download the latest version of Java from http://developer.apple.com/java/.

The game code should run without modification equally well on all platforms that support J2SE v1.4. Having said that, I must now warn you that I have only tested the code on Linux and Windows. I will depend upon the feedback of readers with Mac OS X and Solaris systems to let me know how the code fares on those platforms.

Sticking to the Core

The J2SE defines a standardized application programming interface (API) library with thousands of classes grouped into scores of packages that are considered *core*. The core classes are guaranteed to be pre-installed on any J2SE-compatible system. This makes the life of a developer much easier because it means less code that needs to be downloaded and installed to the client platform. An example of a core package is java.lang, which contains the basic classes needed in most Java programs.

Noncore classes are not guaranteed to be pre-installed on the target platform, so you will probably want to think twice before using them. These non-core classes are known as *optional packages*. Until recently, they were called *standard extensions*. They are "extensions" in that they are not distributed with the core, and they are "standard" in that they define standardized interfaces for additional capabilities independent of their underlying implementation. An example of an optional package is `javax.media.j3d`, a library for rendering a 3D scene graph.

It used to be that you could easily tell which packages were core and which were standard extensions because the core package names all started with the `java` prefix and the standard extension names all started with the `javax` prefix. This is no longer the case as the core now contains packages that start with names other than `java` such as `javax.swing`. I am not sure why Sun Microsystems changed this but I suspect it had something to do with the Microsoft lawsuit. I know that the switch continued to confuse even high-level Sun engineers for some time after the decision was made. At some point they will have to give the Java library a complete overhaul. Perhaps they will call it the Java 3 Platform, Version 2.0. When they do so, I hope they consider changing the package naming convention back to the way it was.

Most of the example game code relies upon the core classes exclusively. This ensures that they will run without additional installation steps on all J2SE platforms. A few of the games, however, do rely upon the optional packages. In these cases, I will warn you.

The subset of the J2SE for smaller platforms such as embedded devices is the Java 2 Micro Edition (J2ME). The superset for heavy-duty platforms such as application servers is the Java 2 Enterprise Edition (J2EE). This book does not cover J2ME and only covers J2EE lightly. Where you need to use J2EE code, I will forewarn you just as I will when you use optional packages.

Playing the Demo Online

The URL for the book web site is `http://www.croftsoft.com/library/books/ajgp/`. At that site, you can test the demonstration as pre-compiled and installed online to get a feel for what is available. From time to time, I will update the demo. Check the book web site for new releases and subscribe to the mailing list for notifications of updates.

The demo contains several animated Java programs including games and simulations. You can scroll the tabs at the top of the screen to the left and right to see the entire list. Of special interest is Sprite, a sprite animation test program. As shown in Figure 1-1, you can change the options and parameters to see the different effects on animation performance.

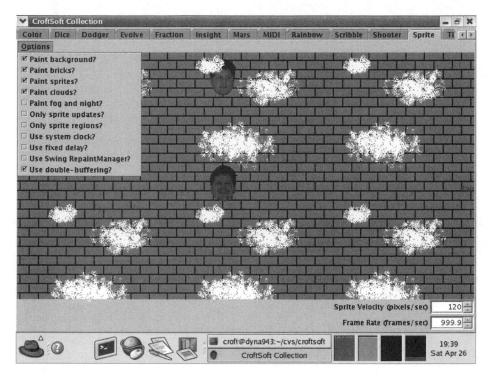

Figure 1-1. The Sprite demo

Exploring the Game Library

You can download a snapshot of the source code, graphics, and audio files for the game library as a compressed archive file from the book web site. This snapshot of the code captures the version that is documented in this book. Post-publication archives might also be available. You can also download the most recent development version of the code by using a CVS client. Please see Appendix B for more information.

Once downloaded and decompressed, you can compile and run the example games from the source code. The following sections describe the directory structure of the source code library.

Directory croftsoft

The top-level directory within the archive is croftsoft/. It contains the main build file, the readme.txt file, and the library subdirectories. The following list describes the subdirectory structure of the library in detail. Some of these subdirectories are not included in the zip archive but are created when you compile the examples.

- `arc/`—packaged archives

- `bin/`—binaries and utilities

- `doc/`—javadoc documentation

- `ext/`—extension libraries

- `lib/`—compiled class library

- `lic/`—licenses

- `res/`—resource files

- `src/`—source code

- `tmp/`—temporary directory

Directory arc

The executable Java archive (JAR) and web application archive (WAR) files are placed in this directory when you package your code for distribution as part of the build process. Creating JAR files is described in greater detail in the next chapter.

Directory bin

The `bin/` subdirectory is a place for your development batch files, scripts, and utilities. My understanding is that *bin* is short for binaries. This is where you would place your compiled binary utility files versus your source code text files. I could be wrong about the origin of the name of the `bin` directory: It might simply stand for bin, a place to put things.

```
path=%path%;C:\home\croft\cvs\croftsoft\bin
```

You want to append this directory to your path environment variable as shown in the preceding code. This directory contains the batch file `javainit.bat` that initializes your development environment. This is a useful batch file to run when you start working.

```
subst J: C:\home\croft\cvs\croftsoft
subst K: C:\home\croft\cvs\croftsoft\src\com\croftsoft\apps
```

When working in Windows, I use this to substitute drive letter J: for my working directory. That way my other batch and build files are isolated from changes to the name of my working directory because they use a path such as J:\src instead of C:\home\croft\cvs\croftsoft\src. I use drive letter K: as a shortcut to the application source directory where I do most of my game development.

You can also use javainit.bat to initialize environment variables you might need during the development process. On my machine, I have a number of environment variables defined for supplying applications and utilities with directory names such as JAVA_HOME, J2EE_HOME, JBOSS_HOME, and so on. Note that you do not need to define any environment variables at this time to compile or run the examples.

```
javac -deprecation -d J:\lib -sourcepath J:\src -classpath J:\lib;[...] %1
```

The bin/ directory also contains the batch file jc.bat which executes the preceding compile command. I have omitted some of the classpath values here to keep it short. The %1 is the first argument to the command line and represents the Java source code file name to be compiled. If you want to compile everything in the current directory, you can just type in jc *.java.

Directory doc

The doc/ directory contains the javadoc documentation for your source code. It is not a location for your manually created project documentation as you will want to flush this directory occasionally to get rid of javadoc documentation for deleted classes without fear that you might be getting rid of something that is hard to replace. Because the javadoc utility generates the contents of this directory automatically from the source code, you should not directly edit nor add these files to version control.

Directory ext

The ext/ directory is a place for the optional package and extension library JAR files that are required for your build. Before JAR files, developers used zip files to archive classes so you occasionally see a .zip file name extension in this directory as well.

```
-classpath J:\lib;J:\ext\j2ee.jar;J:\ext\javaws.jar;[...]
```

One of the reasons that I like to collect the extension JAR files in this directory instead of simply using them where they were installed originally is that it makes for a more readable classpath. I would rather use a short argument such as J:\ext\javaws.jar instead of a long one such as C:\Program Files\Java Web Start\javaws.jar. Also, sometimes space characters in a directory name such as Program Files confuse applications that use it in the classpath.

Finally, and probably most importantly, is that it consolidates all of your extension libraries for your project where it is easy to put them under version control. It seems a bit odd to put a third-party binary file under version control when you can usually just download another copy from the third-party web site whenever you need it. This is unreliable, however, as there might be dependencies in the code that require you to use an older version of a library that is no longer distributed from the vendor site. When your ext/ directory is under version control, you have a snapshot of the versions of all the different extension libraries that are known to work reliably with your project. It also makes it easier on your fellow developers, including you if you ever need to move to another development machine. You can pull the JAR files from the version control system instead of downloading them all over again from multiple vendor web sites.

Directory lib

The lib/ directory is the destination directory for your compiled Java classes: The files that end with the .class file name extension. This is the -classpath argument to your javac compile command and the -cp argument to the java execution command.

The abbreviation *lib* stands for library. Keep in mind, however, that this directory is only for the compiled counterparts to the source code files in the src/ directory. You should keep your third-party libraries in a different directory such as ext/ as you want to be able to flush the lib/ directory to get rid of outdated versions of the compiled classes without fear that you will be deleting something hard to replace. Because all the files in the lib/ directory are derived from the src/ directory, there is no reason to place them under version control.

Directory lic

The lic/ directory contains copies of the Open Source software licenses. This is described in more detail later in this chapter.

Directory res

You use the res/ directory to keep the *resource* files you need to complete your build separate from the Java source code files. It includes JAR manifests, WAR configuration files, multimedia resources such as audio and graphics, and static data files.

Each source code file has an appropriate position within the src/ directory hierarchy based upon its package prefix. This is not true with other types of files used in the build. Rather than putting those files in the src/ root directory or somewhere below, such as a directory that corresponds to the package that contains the main class for the application, I just keep them in a separate directory altogether, the res/ directory.

Directory src

The src/ directory contains the uncompiled Java source code: the files with the .java file name extension. This is also a place for your Hypertext Markup Language (HTML) javadoc descriptions. The javadoc utility looks for the file package.html in each directory in the source path and assumes it contains a description of the classes in the package that corresponds to the directory level.

Directory tmp

The tmp/ directory is created during the build process to hold working files temporarily. The directory is usually destroyed when the build ends. If your build is interrupted due to a compile error, this directory might not get removed. It does not hurt to leave this directory in existence if you find it, as the next successful build first deletes it automatically, creates it anew, then deletes it again. If you do decide to delete it manually, the only restriction is that you do not do it while a build is running.

Introducing XML

To build, package, and deploy your games, you need to understand the basics of Extensible Markup Language (XML). XML is also useful for storing game data and user preferences on the hard drive and passing multi-player messages over the network. This section introduces XML briefly.

XML allows you to describe data using human-readable text. In the following example, note how each data value is encapsulated in an opening and closing element tag pair that names the data field.

```
<book>
  <title>Advanced Java Game Programming</title>
  <author>David Wallace Croft</author>
  <publisher>Apress</publisher>
  <pubdate>2004</pubdate>
</book>
```

Those familiar with HTML will recognize the similarities. It looks like HTML except that I have created my own element names such as book and title. HTML already defines the element title, but here I have given it a new semantic, or meaning, that differs within the context of my book definition. Indeed, this ability to define new elements is why XML is considered "extensible."

Despite the flexibility in being able to define new element names, there are enough constraints in the XML format that parsers do not need to be customized uniquely for each definition. Such restrictions include a strict hierarchical nesting of elements. For example, the following XML syntax with overlapping tag boundaries would generate a parsing error.

```
<b><i>Illegal XML</b></i>
```

Although the preceding code might be valid in HTML, the proper way to nest the elements in Extensible Hypertext Markup Language (XHTML)—a definition of XML that replaces HTML—would be as follows.

```
<i><b>Legal XML</b></i>
```

Hundreds, perhaps thousands, of XML definitions now cover everything from genealogy to electronic commerce. Wherever data needs to be exchanged in a transparent manner using standard parsers that are readily available in all the major programming languages, XML provides a solution.

Further information on the subject of XML is easily accessible from a large number of sources as XML has rapidly become a widely adopted technology. As a quickly digestible introduction and handy reference book, I recommend the *XML Pocket Reference*, 2nd edition by Robert Eckstein (O'Reilly & Associates, 2001).

Compiling with Ant

Ant is the Open Source tool that you will use for compiling the example game source code. Ant is more powerful than older tools such as make as it is extensible and cross-platform. Although some warn against it, you might want to consider using Ant as a universal scripting language to replace your platform-specific batch or script files. If it lacks a function you need, Ant happily allows you to integrate any Java code you want to write to increase its capabilities.

Ant is distributed from the Apache Jakarta Project web site and has gained rapid and almost universal acceptance by the Java community. If you have not already learned how to use Ant, you should consider doing so. You can start by reading the online documentation at http://ant.apache.org/.

```
<project name="myproject" default="compile">
  <target name="compile">
    [...]
  </target>
  <target name="archive" depends="compile">
    [...]
  </target>
</project>
```

Ant takes its instructions on how to compile the source code from an XML build file with a default name of build.xml. A build file is organized as a *project* with multiple *targets*. Each target contains zero or more *tasks* that are the commands executed by the Ant processor.

The tasks in a target are usually related in a set that might depend upon the successful completion of one or more previous targets. For example, I might have a target called archive that archives the latest version of my source code and moves it to a backup directory. The archive target might depend upon another target called compile that attempts to compile the entire library. If I run Ant on my project build file with the target archive specified as a command-line argument, Ant first attempts to run the compile target. If that step fails, it terminates operations without proceeding to archive.

You can compile and run most of the example game source code by running Ant on the build.xml file in the library root directory using the default target. The following is a line-by-line review of the first part of the file that you use to build the main demonstration program. This is the build code that you could adapt to compile and package your own games.

```
<project name="croftsoft" default="demo">
```

If this build file is executed without specifying a target as a command-line argument, Ant assumes the default demo target.

```
<property name="arc_dir" value="arc"/>
<property name="res_dir" value="res"/>
<property name="src_dir" value="src"/>
<property name="tmp_dir" value="tmp"/>
```

To prevent the directory names from being hard-coded in the rest of the build file, define them here using property variables. Once a property value is defined, it cannot be redefined later in the build file. You might need to adjust these directory names to match your own preference.

```
<target name="init">
  <mkdir   dir="${arc_dir}"/>
  <delete dir="${tmp_dir}"/>
  <mkdir   dir="${tmp_dir}"/>
  <tstamp>
    <format property="TODAY_ISO" pattern="yyyy-MM-dd"/>
    <format property="YEAR"      pattern="yyyy"/>
  </tstamp>
</target>
```

The default target demo indirectly depends on target init so I will review the init target first. It starts by creating the output and temporary working directories. If the output directory arc_dir already exists, the build file presses on without throwing an error. The temporary directory is re-created to make sure no old files are left behind from a previous build attempt.

Task tstamp sets a property called TODAY_ISO to a value representing the current date in International Standards Organization (ISO) format such as 1999-12-31. Some of the following targets use this property to append the date to archive file names.

```
<target name="shooter_prep" depends="init">
  <copy todir="${tmp_dir}/media/shooter">
    <fileset dir="${res_dir}/apps/shooter/media">
      <include name="shooter_bang.png"/>
      <include name="shooter_boom.png"/>
      <include name="shooter_rest.png"/>
      <include name="bang.wav"/>
      <include name="explode.wav"/>
    </fileset>
  </copy>
</target>
```

In preparation for compiling the demo, the resource files for a game are copied from the resource directory to the temporary working directory. The preceding code demonstrates a variant of the copy command that uses a fileset. Rather than issue a separate copy command for each file, you use the fileset tag to copy all the files to the temporary working directory in a single command. You can also use wildcards and pattern matching to describe the files to include in a fileset. I like to specify the files individually by name so that I know exactly what is being packaged.

```
<target name="collection_prep1"
  depends="basics_prep,dodger_prep,fraction_prep,mars_prep"/>

<target name="collection_prep2"
  depends="road_prep,shooter_prep,sprite_prep,tile_prep,zombie_prep"/>

<target name="collection_prepare"
  depends="collection_prep1,collection_prep2">

  <copy file="${res_dir}/apps/images/croftsoft.png"
    todir="${tmp_dir}/images"/>

</target>
```

Target collection_prepare depends on collection_prep1 and collection_prep2. I break it up this way so that the depends tag value does not run too long. The purpose of collection_prepare is to copy all the resource files for the individual games that go into the CroftSoft Collection into the temporary working directory. It also copies any additional resource files, such as croftsoft.png, which you use for the frame icon.

```
<target name="collection_compile" depends="collection_prepare">

  <javac srcdir="${src_dir}" destdir="${tmp_dir}">
    <include
      name="com/croftsoft/apps/collection/CroftSoftCollection.java"/>
    <include name="com/croftsoft/ajgp/basics/BasicsExample.java"/>
    [...]
    <include name="com/croftsoft/apps/zombie/Zombie.java"/>
  </javac>

</target>
```

You use the javac task to compile the source code in the src_dir directory and output the compiled class files to tmp_dir. Normally you would only need to include the main class and javac would be smart enough to compile all the other classes that are required. In this case, however, the individual game applets are linked dynamically instead of statically and you must also name them explicitly. This is described further in the next chapter.

```
<target name="collection_jar" depends="collection_compile">
  <echo
    file="manifest.txt" message=
    "Main-Class: com.croftsoft.apps.collection.CroftSoftCollection" />
  <jar
    basedir="${tmp_dir}"
    destfile="${arc_dir}/collection.jar"
    manifest="manifest.txt"
    update="false"/>
  <delete file="manifest.txt"/>
  <delete dir="${tmp_dir}"/>
</target>

<target name="demo" depends="collection_jar">
  <java fork="true" jar="${arc_dir}/collection.jar"/>
</target>
```

If the collection_compile target compiles successfully, the collection_jar target executes. The collection_jar target packages the temporary working directory contents, which include compiled code and resource files. It overwrites the old JAR file if it exists in the output arc_dir directory. When completed, the temporary directory is deleted and the newly created executable JAR is launched in a separate Java Virtual Machine (JVM) for testing.

The rest of the build file contains additional targets that compile demonstrations and examples that require optional packages beyond what the core J2SE library includes. A quick review of the comments embedded in the build file will tell you what optional packages are required to compile and run some of the additional example games not included in the default demo target. You can safely ignore these other targets for now as I will cover them in later chapters of the book.

ant basics

If Ant is properly installed, you should simply be able to enter the command ant in the directory containing the build.xml file and the default demo target will compile and launch. If you want to specify a different target, you simply provide it as a command-line argument as shown in the preceding code. Target basics, for example, builds and launches an example game described at the end of this chapter. If you have not already done so, go ahead and build and run the demo using Ant and the example build file.

Using Open Source

Hopefully by this point you have been able to compile and run the demonstration program successfully and are now ready to learn how to modify and incorporate the code library as described in the book to create your own games. Before you get too invested in the library, however, you should know the usage limitations and requirements.

Learning the Basics of Copyright

Copyright used to be a mystery to me until I did a little reading on the subject. Here are a few key basics I think every developer should know.

- You do not need to put a copyright statement on your work nor file paperwork for it to be copyrighted. It is copyrighted automatically by the simple act of creation. Putting the copyright statement on your work and registering your copyright does help you when it comes to receiving damage awards for copyright infringement.

- You no longer need to append "All rights reserved" to your copyright statement. The law changed and it is now assumed.

- If you are an employee, your employer is the copyright holder of works you create on the job by default. If you are an independent contractor, you are the copyright holder by default unless your contract states otherwise. Your contract almost always states otherwise unless you drafted the contract yourself.

- If you create a work with someone else, then you both own the copyright jointly unless an agreement states otherwise. Use and distribution requires unanimous consent and you must share profits from such a work.

- It is possible to create a contract where the work is owned jointly without accountability. In this case, each copyright holder can use the work without accounting to the other. It is as though they each own the copyright independently and do not need to share profits or seek mutual permission. This might be a useful arrangement if you are teaming with others to create a game for your portfolio instead of for profit.

- A copyright holder has the exclusive right to use, distribute, and modify the work. If you create a work that incorporates a work by someone else, either in whole or in part, you have created a derivative work. You must have the permission of the copyright holder of the original work in order to create a derivative work legally.

- Copyright law makes an exception for fair use of a work. This means that under certain circumstances you can use a work without the permission of the copyright holder. This is limited to just a few enumerated uses such as parody, teaching, critical review, and news. There are land mines in the Fair Use doctrine so beware. In general, you should not rely upon Fair Use to incorporate material into your game.

- Works created by the government are not entitled to copyright. This is why the space pictures taken by NASA are in the Public Domain. If you are creating a science fiction game that requires images of stars, planets, space shuttles, rockets, and astronauts, you are in luck. See `http://gimp-savvy.com/PHOTO-ARCHIVE/` for a collection of Public Domain space photos you can use in your games.

- A license is a grant of permission by a copyright holder to use a work. Licenses come in all shapes and sizes. Some are exclusive, meaning that the licensee is the only one who can use the work, and some are non-exclusive, meaning that many can use the work simultaneously. If you grant an exclusive license to your game to someone for a limited time, you retain the copyright but you cannot allow someone else to use the game during that period.

- A common misperception is that if something is on the Web and it does not have a copyright statement on it, it is in the Public Domain and can be used without permission and without attribution. This is simply wrong. In general, unless you read something from the copyright holder that explicitly states otherwise, you cannot use it.

My favorite book on this subject is *Web & Software Development: A Legal Guide* by Stephen Fishman (Nolo Press, 2002). Nolo Press is the publisher of a number of extremely useful self-help legal books. I recommend that you read a book on copyright law at least once early on in your career. It is critical to understanding your employee agreements, your client contracts, and incorporating Open Source software.

Choosing a License

The example game code is licensed to you under the terms of an *Open Source* license. An Open Source license grants you the right to use and modify the source code to create your own games for free. It usually also places restrictions on your ability to sue the creator of the Open Source code for damages if something goes awry. These days, most of the code underlying the Internet infrastructure is distributed under the terms of an Open Source license.

While not officially a trademark, Open Source usually refers exclusively to code distributed under the terms of one of the licenses approved by the organization known as the Open Source Initiative (OSI). You can find a list of these approved licenses as well as additional information on the theory behind Open Source at the OSI web site.[1]

Some Open Source licenses are considered *viral* in that they are said to *infect* your program if you incorporate any of the code licensed under their terms in your game. In this case, you must also release your entire game code—the larger work—under the same licensing terms. The idea is that no one can benefit from the use of this *free software* unless they are also willing to share their enhancements and contributions. Developers might use non-viral licenses, on the other hand, in a program where different parts of the code are distributed under different licensing terms, including closed source commercial.

The reusable game code library and example games are available under the terms of both viral and non-viral Open Source licenses. Look in the license subdirectory of the code distribution for the different licenses you can use. Which license you choose is at your discretion based upon your needs and preferences but you must choose one if you are to use the code at all.

If you are undecided, I recommend the Academic Free License (AFL) version 2.0 by Lawrence E. Rosen. It is possibly the least restrictive. For example, it is non-viral so you have the option of incorporating it into a closed source commercial release of your game. Other choices include the Open Software License (OSL), the GNU General Public License (GPL), and the GNU Lesser GPL (LGPL).

```
My Cool Game v1.0
Copyright 2004 John Doe.

Portions Copyright 2003 CroftSoft Inc.
Licensed under the Academic Free License version 2.0
http://www.croftsoft.com/
```

Note that most, if not all, Open Source licenses require that you maintain the attribution and copyright notice for any included or modified code. If you print something like the preceding code to `System.out` in the background whenever your game starts up, that is good enough for me.

Renaming Modified Code

If you modify one of the files in the game library, I request that you change the package name so the modified class is no longer in the `com.croftsoft` package hierarchy. The general rule is that you should use your unique domain name

---

1. http://www.opensource.org/

reversed for the beginning of your package prefix to prevent naming conflicts. For example, my domain name is croftsoft.com, so the universally unique package name prefix is `com.croftsoft`.

If you do not have your own domain name you can use, you should consider getting one. Domain name registration now costs as little as $8.95 per year from registrars such as Go Daddy Software.[2] Hosting for your web pages and applets is less than $8 per month from some providers. If you want the domain name but do not want to pay for the web hosting, you can use the domain forwarding service from your name registrar to redirect visitors to the personal web page that comes free with your Internet Service Provider (ISP) account.

I also ask, but do not require, that you retain my name in the modified source code files as one of the authors as indicated by the `@author` javadoc comment. Each time a new contributor modifies the file, the list of `@author` tags should grow.

Sharing the Source

In addition to the CroftSoft Code Library, you might find source code suitable for your game development needs from an Open Source repository. The Open Source repository SourceForge.net, for example, is host to a number of different Java game programming projects.[3] In addition to finer categorizations, it organizes the code by *foundry* such as the Gaming Foundry and the Java Foundry. Look for projects within the intersection of these two sections.

FreshMeat.net has an impressive search-filtering function that allows you, for example, to look for projects that use an OSI-approved Open Source license, use the Java programming language, and have the word "game" in the description. This search includes projects at other sites such as SourceForge.net.

Sun Microsystems has recently launched the "Java Games and Game Technologies Projects" web site which is starting to attract some Open Source contributions.[4] I hope this will become the future center for this type of code, in effect serving as what would be called a "Java Gaming Foundry" if it existed on SourceForge.net. SourceForge.net might continue to dominate, however, as it is much less restrictive as to what projects can be created and how they can be organized.

The Game Developers Java Users Group (GameJUG) has an electronic mailing list, `gamejug-open`, specifically for the discussion of Open Source Java game development efforts.[5] I recommend that you subscribe to one or more of the GameJUG mailing lists such as `gamejug-announce` and `gamejug-news`. As GameJUG volunteers, I and others frequently post useful information and links about the Java game programming industry that you might not find anywhere else.

---

2. `http://www.godaddy.com/`

3. `http://www.sourceforge.net/`

4. `http://games.dev.java.net/`

5. `http://www.GameJUG.org/`

Finding Multimedia for Your Games

Game development teams are usually composed of programmers, graphic artists, audio engineers, and game designers. If you are creating a game by yourself, you must perform all these roles. This means you need to come up with your own graphics and audio files. Even if you are working with others, you might want to generate the occasional image or audio file just as a temporary placeholder.

Graphics

If you do not have access to an artist and you do not have the skills or time to create the graphics yourself, a couple options are open to you. The first is to use free graphics (see Figure 1-2). All the graphics files used in the example games are available for download from the book web site. These files are dedicated to the Public Domain, which means you may use them in your own games without paying royalties and without even needing to mention where you got them. If you substantially modify these graphics, you own the copyright to the derivative work.

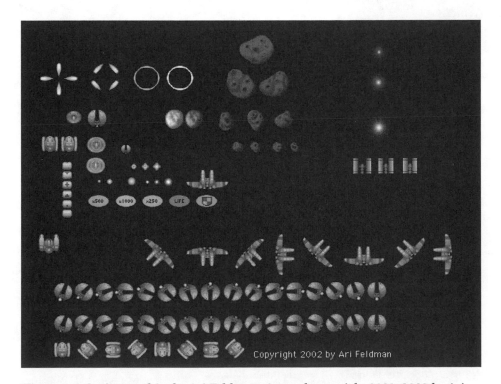

Figure 1-2. Sprite graphics by Ari Feldman. Artwork copyright 2002, 2003 by Ari Feldman.

Ari Feldman, author of the book *Designing Arcade Computer Game Graphics*, provides a free sprite graphics library, SpriteLib GPL, from his web site.[6] See the License.txt file within the zip archive for usage terms. Note that the acronym *GPL* in this case does not refer to the GNU General Public License.

James Gholston, president and general partner of the game development company Dimensionality, has released some of his professional graphics to the Public Domain so they could be included in the example games for this book. These graphics are available from the Dimensionality web site and the book web site.[7]

Clip Art collections are another possible source of royalty-free graphics. Additionally, any graphics files distributed with an Open Source game are probably available for reuse under the same licensing terms as the code. When incorporating free graphics into your game, be sure to understand the usage terms or licensing agreement as many sources only permit royalty-free use for limited personal or non-commercial applications.

The second option is to use a digital camera. The images might not be fantastic but it is hard to get more realistic. Simply take a picture of what you want in your game, scale and crop it, and then make the background transparent. An Open Source image-editing tool you might want to use for this purpose is the GNU Image Manipulation Program (GIMP). GIMP is available on Unix and Windows.[8]

You can also use GIMP to create new images from scratch if you do decide to do some of your own artwork. I frequently use the MS Paint accessory that comes with Windows to create simple placeholder graphics. I notice that the most recent version that comes with Windows XP can now save to PNG format. The free image drawing tools Project Dogwaffle and Pixia are other possibilities.[9]

Audio

All the audio files used in the example games are available for download from the book web site. They are also dedicated to the Public Domain and you can use and modify them without accountability and without attribution.

The sound-effects library "6000 Sound Effects" from Cosmi is another possible source of material for your games.[10] This package is available from Amazon.com for $9.99. The vendor web site states that you can use these sounds royalty-free in your commercial computer games. Keep in mind that there might be licensing complications when distributing these files with an Open Source game.

---

6. http://www.arifeldman.com/

7. http://www.dimensionality.com/free.html

8. http://www.gimp.org/

9. http://www.squirreldome.com/cyberop.htm, http://www.ab.wakwak.com/~knight/

10. http://www.cosmi.com/

If you want to record your own audio, all you need is a microphone. I do not have a lot of experience with audio editors but I have successfully used the share-ware version of GoldWave in the past.[11] You will often want to use such an editor to crop your audio recordings to the appropriate sample length for your game.

Basics Example

Assuming your development environment is set up, you should be able to start creating your own games after reading just this first chapter. You can modify the example game shown in Figure 1-3 to get started.

Figure 1-3. Basics example

The object of this simple game is to launch a ball at a moving target at the top of the screen. You can build and launch this example game using the Ant tar-get basics. In a minimum amount of code, it demonstrates loading media files, drawing shapes and images, displaying text, playing sounds, random number generation, state maintenance, animation, mouse and keyboard input, collision detection, and dirty rectangle management.

---

11. http://www.goldwave.com/

Modifying the Source

This game is built upon an extensive game library that is described in subsequent chapters. As I review the source code, I will point out which code you can safely modify and which you should leave as is until you have read further. As this example covers most of the Java game programming basics, many readers might find they can simply copy and modify this file to create games successfully without even having to read the next chapter.

```
package com.croftsoft.ajgp.basics;
```

You can find this game in package `com.croftsoft.ajgp.basics`. The first thing you want to modify is the package name.

```
import java.applet.Applet;
import java.applet.AudioClip;
import java.awt.Color;
import java.awt.Cursor;
import java.awt.Dimension;
import java.awt.Font;
import java.awt.Graphics2D;
import java.awt.Point;
import java.awt.Rectangle;
import java.awt.event.ComponentAdapter;
import java.awt.event.ComponentEvent;
import java.awt.event.KeyAdapter;
import java.awt.event.KeyEvent;
import java.awt.event.MouseAdapter;
import java.awt.event.MouseEvent;
import java.awt.event.MouseMotionAdapter;
import java.util.Random;
import javax.swing.Icon;
import javax.swing.ImageIcon;
import javax.swing.JComponent;

import com.croftsoft.core.CroftSoftConstants;
import com.croftsoft.core.animation.AnimatedApplet;
import com.croftsoft.core.animation.AnimationInit;
```

Remove `import` statements at your own risk. Note that only three custom classes are imported. The rest are all from the Java core.

```
public final class  BasicsExample
  extends AnimatedApplet
///////////////////////////////////////////////////////////////////
///////////////////////////////////////////////////////////////////
{
```

Change the class name but continue to extend the superclass
AnimatedApplet.

```
private static final String  VERSION
  = "2003-11-06";

private static final String  TITLE
  = "CroftSoft Basics";

private static final String  APPLET_INFO
  = "\n" + TITLE + "\n"
  + "Version " + VERSION + "\n"
  + CroftSoftConstants.COPYRIGHT + "\n"
  + CroftSoftConstants.DEFAULT_LICENSE + "\n"
  + CroftSoftConstants.HOME_PAGE + "\n";
```

Change the values for the VERSION, TITLE, and APPLET_INFO.

```
private static final Color       BACKGROUND_COLOR
  = Color.BLACK;

private static final Cursor      CURSOR
  = new Cursor ( Cursor.CROSSHAIR_CURSOR );

private static final Font        FONT
  = new Font ( "Arioso", Font.BOLD, 20 );

private static final Double      FRAME_RATE
  = new Double ( 30.0 );

private static final Dimension   FRAME_SIZE
  = new Dimension ( 600, 400 );

private static final String      SHUTDOWN_CONFIRMATION_PROMPT
  = "Close " + TITLE + "?";
```

You can specify the background color, mouse cursor type, text font, anima-
tion speed, window size, and the shutdown confirmation prompt. These

constants are passed to superclass `AnimatedApplet`. You probably want to keep all these constants but customize the values as required.

```
private static final String  MEDIA_DIR = "media/basics/";

private static final String  AUDIO_FILENAME
  = MEDIA_DIR + "drip.wav";

private static final String  IMAGE_FILENAME
  = MEDIA_DIR + "croftsoft.png";
```

Add or remove media file names as required for your game.

```
private static final long    RANDOM_SEED = 0L;

private static final Color   BALL_COLOR = Color.RED;

private static final Color   SCORE_COLOR = Color.GREEN;

private static final int     VELOCITY = 3;
```

Add or remove additional constants as required for your game. You use the `RANDOM_SEED` with the random number generator. The `VELOCITY` is the speed of the bowling ball in pixels per frame.

```
private final Rectangle   componentBounds;

private final Random      random;
```

The variable `componentBounds` is a `Rectangle` for storing the width and height of the game screen. Variable `random` is the random number generator. You probably need these in most of your games.

```
private final Rectangle   ballRectangle;

private final Rectangle   targetRectangle;
```

Variables `ballRectangle` and `targetRectangle` are used for collision detection. These variables are game-specific.

```
private boolean      componentResized;

private KeyEvent     keyEvent;
```

```
private Point        mousePoint;

private boolean      mousePressed;
```

These variables are used for flagging or storing user input events. You will want to use these in most of your games.

```
private AudioClip  audioClip;

private Icon        icon;
```

You will have an audioClip or icon for each media file you use.

```
private boolean      rolling;

private int          score;
```

These are game-specific state variables. Variable rolling indicates whether the ball has been launched.

```
public static void  main ( String [ ]  args )
///////////////////////////////////////////////////////////////////
{
  launch ( new BasicsExample ( ) );
}
```

In the main() method, change the BasicsExample to the name of your new class.

```
private static AnimationInit  createAnimationInit ( )
///////////////////////////////////////////////////////////////////
{
  AnimationInit  animationInit = new AnimationInit ( );

  animationInit.setAppletInfo ( APPLET_INFO );

  animationInit.setCursor ( CURSOR );

  animationInit.setFont ( FONT );

  animationInit.setFrameIconFilename ( IMAGE_FILENAME );

  animationInit.setFrameRate ( FRAME_RATE );
```

```
        animationInit.setFrameSize ( FRAME_SIZE );

        animationInit.setFrameTitle ( TITLE );

        animationInit.setShutdownConfirmationPrompt (
          SHUTDOWN_CONFIRMATION_PROMPT );

        return animationInit;
      }
```

The static method `createAnimationInit()` sets a number of parameters commonly used by the superclass `AnimatedApplet`. You probably will not need to modify this method.

```
    public  BasicsExample ( )
    ///////////////////////////////////////////////////////////////////
    {
      super ( createAnimationInit ( ) );

      componentBounds = new Rectangle ( );

      random = new Random ( RANDOM_SEED );
```

Change the name of this constructor method to the new name of your class. Keep the initial call to the superclass constructor as is. You almost always need the `componentBounds` variable. Many games use a random number generator.

```
      animatedComponent.addComponentListener (
        new ComponentAdapter ( )
        {
          public void  componentResized (
            ComponentEvent  componentEvent )
          {
            componentResized = true;
          }
        } );

      animatedComponent.addKeyListener (
        new KeyAdapter ( )
        {
          public void  keyPressed  ( KeyEvent  ke )
          {
            keyEvent = ke;
          }
        } );
```

```
animatedComponent.addMouseListener (
  new MouseAdapter ( )
  {
    public void  mousePressed ( MouseEvent  mouseEvent )
    {
      mousePressed = true;
    }
  } );

animatedComponent.addMouseMotionListener (
  new MouseMotionAdapter ( )
  {
    public void  mouseMoved ( MouseEvent  mouseEvent )
    {
      mousePoint = mouseEvent.getPoint ( );
    }
  } );
```

These methods attach user input event listeners to the animatedComponent. Variable animatedComponent is inherited from the superclass AnimatedApplet. You normally want to have these event listeners in all your games.

```
ballRectangle   = new Rectangle ( );

targetRectangle = new Rectangle ( );
}
```

You can initialize many of your game-specific objects in your constructor method.

```
public void  init ( )
///////////////////////////////////////////////////////////////////
{
  super.init ( );

  animatedComponent.requestFocus ( );

  componentResized = true;
```

As described in Chapter 2, method init() is called when your game first starts to perform any additional initialization not performed in your constructor method. You generally always want to call the superclass init() method, request the keyboard focus, and set componentResized to true. Setting the componentResized flag is necessary to load the screen width and height into the `componentBounds` variable for the first time.

```
ClassLoader  classLoader = getClass ( ).getClassLoader ( );

audioClip = Applet.newAudioClip (
  classLoader.getResource ( AUDIO_FILENAME ) );

icon = new ImageIcon (
  classLoader.getResource ( IMAGE_FILENAME ) );
```

For reasons explained in subsequent chapters, the creation of some of your media objects must be delayed until the initialization method init() is called, otherwise a `NullPointerException` might be thrown. This example demonstrates how to load audio and image file data into memory.

```
ballRectangle.width    = icon.getIconWidth  ( );

ballRectangle.height   = icon.getIconHeight ( );

targetRectangle.width  = icon.getIconWidth  ( );

targetRectangle.height = icon.getIconHeight ( );
}
```

The dimensions of the ball and the target are equal to the image dimensions.

```
public void  update ( JComponent  component )
///////////////////////////////////////////////////////////////////////
{
```

As explained in Chapter 3, the update() method is where you perform all your state updates. It is called each time a new frame of animation is required by the game loop. The game loop logic is provided by the superclass `AnimatedApplet`.

```
if ( componentResized )
{
  componentResized = false;

  component.repaint ( );

  component.getBounds ( componentBounds );
```

```
        if ( !rolling )
        {
          ballRectangle.y = componentBounds.height - ballRectangle.height;
        }
      }
```

When the player resizes the desktop window containing the game, an event is generated. This event is intercepted by an event listener created in the constructor method. The processing of user input events should be delayed until the update() method is called. For this reason, all the event listeners created in the constructor method simply flag or store the events instead of processing them immediately.

One of the event listeners raises the boolean flag componentResized to indicate that the size of the game screen has changed. You almost always want to handle this event in your update() method implementation by resetting the flag to false, requesting a repaint of the entire screen, and storing the new dimensions in componentBounds as shown in the preceding code.

You might then want to provide additional game-specific logic to adjust state coordinates based upon the new dimensions. In this example, the position of the ball is placed at the bottom edge of the screen if it has not already been launched.

```
      boolean  rollRequested = false;

      if ( mousePressed )
      {
        mousePressed = false;

        rollRequested = true;
      }
```

When users press a mouse button, it generates an event that is intercepted by one of the mouse listeners created in the constructor. The mouse listener raises the boolean flag mousePressed so it can be processed later when the update() method is called. In this example, pressing the mouse causes the variable rollRequested to be set to true indicating that the ball should be launched at the target.

```
      int  ballMove = 0;

      if ( keyEvent != null )
      {
        int  keyCode = keyEvent.getKeyCode ( );
```

```
        switch ( keyCode )
        {
          case KeyEvent.VK_SPACE:

            rollRequested = true;

            break;

          case KeyEvent.VK_LEFT:
          case KeyEvent.VK_KP_LEFT:

            ballMove = -1;

            break;

          case KeyEvent.VK_RIGHT:
          case KeyEvent.VK_KP_RIGHT:

            ballMove = 1;

            break;
        }

        keyEvent = null;

        mousePoint = null;
      }
```

You can also launch the ball at the target by pressing the spacebar on the keyboard. Pressing the left or right arrows sets the ballMove variable to -1 or +1, respectively. After the update() method processes a keyboard event, keyEvent is set to null so that the same keyboard event will not be processed again the next time the update() method is called by the game loop. The mousePoint is set to null whenever a keyEvent is generated as keyboard events have priority over mouse events.

```
        if ( mousePoint != null )
        {
          if ( mousePoint.x
            < ballRectangle.x + ballRectangle.width / 2 - VELOCITY)
          {
            ballMove = -1;
          }
          else if ( mousePoint.x
```

```
      > ballRectangle.x + ballRectangle.width / 2 + VELOCITY )
    {
      ballMove = 1;
    }
    else
    {
      mousePoint = null;
    }
  }
```

Before it is launched, you can also move the ball left and right using the mouse. When the player moves the mouse, an event listener created in the constructor stores the position of mouse cursor as the mousePoint. Each time the update() method is called, it will move the center of the ball closer to the most recently generated mousePoint.x value. Once the center of the ball has reached the mousePoint.x value, or close enough that any further movement might cause an overshoot, the mousePoint is set to null.

```
  if ( rollRequested )
  {
    if ( !rolling )
    {
      audioClip.play ( );

      rolling = true;
    }
  }
```

If the player has requested by either pressing the mouse or pressing the spacebar on the keyboard that the ball be launched at the target, a sound will be played if the ball is not already rolling.

```
  component.repaint ( targetRectangle );
```

As explained in a subsequent chapter, the update() method must request a repaint of the objects on the screen in their old and new positions in order to generate the animation. In this example, a repaint of the area containing the old position of the target is requested. This is done every time the update() method is called because the target is always moving.

```
  if ( rolling )
  {
    component.repaint ( ballRectangle );

    ballRectangle.y -= VELOCITY;
```

If the ball is rolling toward the target, a repaint of the screen area containing its old position is requested and its y coordinate is decremented by its VELOCITY.

```
boolean  reset = false;

if ( targetRectangle.intersects ( ballRectangle ) )
{
  reset = true;

  targetRectangle.x = -targetRectangle.width;

  audioClip.play ( );

  score++;

  component.repaint ( );
}
```

If the rolling ball collides with the target, the game is reset, a sound is played, the score is incremented, and a repaint of the entire screen is requested.

```
else if ( ballRectangle.y + ballRectangle.height < 0 )
{
  reset = true;

  if ( score > 0 )
  {
    score--;
  }

  component.repaint ( );
}
```

If the ball is rolling and it misses the target, the game is reset and the score is decremented. A repaint of the entire screen is requested so that the updated score will be painted.

```
if ( reset )
{
  ballRectangle.y = componentBounds.height - ballRectangle.height;

  rolling = false;
}
```

If the game was reset either because the ball hit or missed the target, the ball is moved back to the launching position at the bottom of the screen and the rolling state flag is reset to `false`.

```
    component.repaint ( ballRectangle );
}
```

Because the ball is rolling, it must be repainted in its new position.

```
else if ( ballMove != 0 )
{
  component.repaint ( ballRectangle );

  ballRectangle.x += ballMove * VELOCITY;

  if ( ballRectangle.x < 0 )
  {
    ballRectangle.x = 0;
  }

  if ( ballRectangle.x
      > componentBounds.width - ballRectangle.width )
  {
    ballRectangle.x
      = componentBounds.width - ballRectangle.width;
  }

  component.repaint ( ballRectangle );
}
```

If the ball is not rolling toward the target, it might be moving left or right as the player aims it in the launching area. This is indicated by a non-zero value for `ballMove`. The ball cannot move off the left or right edges of the screen. Repaints of the screen in the old and new positions of the ball are requested.

```
if ( score > 1 )
{
  targetRectangle.x += random.nextInt ( score ) * VELOCITY;
}
else
{
  targetRectangle.x += VELOCITY;
}
```

The horizontal velocity of the target becomes more random as the player score increases. This makes the game more of a challenge for the player.

```
if ( targetRectangle.x >= componentBounds.width )
{
  targetRectangle.x = -targetRectangle.width;
}
```

If the target moves off the right edge of the screen, it continues on from the left side so that it is moving continuously across the top of the screen from left to right.

```
component.repaint ( targetRectangle );
}
```

The final act of the update() method is to request a repaint of the screen area containing the new position of the target. The repaint request for the old position was made earlier in the update() method.

```
public void  paint (
  JComponent  component,
  Graphics2D  graphics )
///////////////////////////////////////////////////////////////////////
{
```

As described in Chapter 3, the paint() method is called whenever the screen needs to be repainted, usually once per game loop during animation. The calling of the paint() method is managed by the superclass AnimatedApplet and is triggered by the repaint requests made in the update() method.

```
graphics.setColor ( BACKGROUND_COLOR );

graphics.fill ( componentBounds );
```

The background is always drawn first.

```
icon.paintIcon ( component, graphics, targetRectangle.x, 0 );
```

The target image is painted.

```
graphics.setColor ( BALL_COLOR );

graphics.fillOval (
  ballRectangle.x,
```

```
                ballRectangle.y,
                ballRectangle.width,
                ballRectangle.height );
```

The ball is drawn.

```
      graphics.setColor ( SCORE_COLOR );

      graphics.drawString (
         "Score:   " + Integer.toString ( score ),
         0, componentBounds.height );
   }
```

Finally the score text is drawn. Because the score is drawn after the ball in the paint() method, the score cannot be occluded by the ball.

Notice that no game state is updated in the paint() method and no graphics are painted in the update() method. It is a sin to do otherwise.

Modifying the Build

After playing with the game example and reviewing its source code, you might want to go ahead and use it as a template for a game of your own invention. I recommend that you do so using an incremental approach, building and testing after each small change. The first change you might want to make is to change the package name for the class. Even this one-line change to the code can be frustrating if you do not consider the simultaneous changes that need to be made to the Ant build file. The following code documents the required changes.

```
      <target name="basics_prep" depends="init">
        <copy todir="${tmp_dir}/media/basics">
          <fileset dir="${res_dir}/ajgp/basics/media">
            <include name="croftsoft.png"/>
            <include name="drip.wav"/>
          </fileset>
        </copy>
      </target>
```

If you add or remove media files for the game, you must modify target basics_prep.

```
      <target name="basics" depends="basics_prep">
        <javac srcdir="${src_dir}" destdir="${tmp_dir}">
          <include name="com/croftsoft/ajgp/basics/BasicsExample.java"/>
```

```
    </javac>
    <echo
      file="manifest.txt"
      message="Main-Class: com.croftsoft.ajgp.basics.BasicsExample" />
    <jar
      basedir="${tmp_dir}"
      destfile="${arc_dir}/basics.jar"
      manifest="manifest.txt"
      update="false"/>
    <delete file="manifest.txt"/>
    <delete dir="${tmp_dir}"/>
    <java fork="true" jar="${arc_dir}/basics.jar"/>
  </target>
```

If you change the package or class name, you must modify target basics.

This wraps up the Java game programming basics example. If any of it is a bit of a mystery, be assured that all will be explained in subsequent chapters. Later chapters will also make the point that while this code serves as a useful example and an initial template, there are a number of improvements that could be made.

Summary

In this chapter, you learned how to compile the example code used throughout the book using the development build tool Ant. You also learned about other development tools such as image and audio editors. I identified sources for code and multimedia you can incorporate into your games, and explained Open Source licensing terms. I documented the source code for an example game demonstrating the Java game programming basics for reuse as a template. In the following chapters, I describe the classes available to you within the reusable game library in detail.

Further Reading

Eckstein, Robert. *XML Pocket Reference*, 2nd edition. Sebastopol, CA: O'Reilly & Associates, 2001.

Feldman, Ari. *Designing Arcade Computer Game Graphics*. Plano, TX: Wordware Publishing, 2000.

Fishman, Stephen. *The Public Domain: How to Find & Use Copyright-Free Writings, Music, Art & More*. Berkeley, CA: Nolo Press, 2001.

Fishman, Stephen. *Web & Software Development: A Legal Guide*, 3rd edition. Berkeley, CA: Nolo Press, 2002.

Deployment Frameworks

Diligence is the mother of good luck. —Benjamin Franklin

In this chapter, you will learn about the different ways to deploy your Java games using the various types of deployment frameworks. By *framework*, I mean standardized mechanisms for a container to deploy, launch, run, and gracefully terminate your games on multiple platforms. The frameworks covered include browser applets, executable JARs, and Java Web Start. I detail a reusable framework that will permit you to deploy your games to all three of these environments without recompiling. I achieve this by identifying the methods required for animation thread management, then defining them within a common interface.

Deploying as an Applet

Applets are traditionally thought of as small Java programs that are used to display simple animations embedded within a web page. This is not strictly true, as applets can be large programs used for purposes other than animation, in containers other than web browsers. What is common to all applets, however, is that they all extend class `java.applet.Applet`, which lets you use them in any `Applet`-compatible framework.

Implementing the Lifecycle Methods

I'll never forget the definition of the term *framework* given to me in a Design Patterns course I took a few years back. The instructor stated simply, "It is the Hollywood model: 'Don't call us, we'll call you!'" For a container to initialize, start, stop, and destroy your game object, it must have access to pre-defined methods that it can call on the game object as required. Because these *lifecycle* methods are consistent within a given framework, any game written to that framework can run within a framework-compatible container regardless of the vendor or platform.

Class `java.applet.Applet` defines the four lifecycle methods `init()`, `start()`, `stop()`, and `destroy()` which are called by a framework-compatible container such as a web browser. `Applet` subclass implementations override one or more of these empty methods to create the animation. There are some subtleties to the semantics so I recommend that you review the Javadoc for these methods. The following comments are supplementary.

Method init()

You initialize your game using the `init()` method. You load your images, audio files, and other static content here. You create any dynamic data you need to generate before the game can start in the `init()` method as well. You may also load previously saved game data such as the high score in this method.

Keep in mind that the `init()` method is never called twice on the same `Applet` instance. None of the other methods in the `Applet` subclass are called before the `init()` method with the exception of the no-argument constructor method. This means you should not have to worry about the container attempting to display your applet by calling its `paint()` method before it is ready.

I have always been told that you should perform all your initialization code in the `init()` method and not in a constructor. In fact, before Java 1.4, the `Applet` class did not even define a public constructor method that subclass implementations could override.

Method start()

The `start()` method starts the game-loop thread that drives the animation. The `start()` method is not only used to start animation, or whatever the applet is doing, but also to resume animation after it has been stopped. A typical example of when a container may resume processing an applet is when a player minimizes and then maximizes the web page window. The container may call the `start()` method many times throughout the life of an individual applet instance.

When implementing your `Applet` subclass implementations, you should be prepared to receive a call to your `paint()` method by the container, usually a web browser, before the container ever calls your `start()` method for the first time. The idea that your code might be called upon to display its first frame of animation, or at least something, before the animation thread starts is not intuitive. If your code occasionally or even consistently throws a `NullPointerException` from the `paint()` method when the applet is first loaded, but not when it has warmed up, you probably have some of your graphics initialization code in your `start()` method. Move it to your `init()` method and all will be well.

Method stop()

The stop() method is used to suspend the animation when the game is paused. According to the method definition, the container might call the stop() method multiple times throughout the life of the applet instance. Can stop() be called multiple times by the container without an intervening call to start()? Can start() be called multiple times by the container without an intervening call to stop()? I am not certain so I often write my implementations of these two methods in such a way that it does not matter.

Note also that the stop() method is guaranteed to be called right before the destroy() method. I like to implement my destroy() methods under the assumption that the container might or might not have already called stop(). I do this because I do not trust the container to implement the framework contract properly, having created some slightly buggy home-grown applet containers myself. I also do this because the call to stop() might have failed and thrown an exception.

You can write an ill-behaved stop() method implementation. For example, when called by the container, your stop() code can stall until the container finally kills the thread. Your code can also ignore the call to stop() and continue running, treating it as a suggestion rather than a command. I do not know about you, but when I implement code such as this, it is usually not on purpose.

Method destroy()

The container calls the destroy() method when the game ends to de-allocate any resources used by the game. Here are a few quick facts about the destroy() method. The container never calls it more than once in the life of an Applet instance. With the exception of the finalize() method, no other method in the Applet is called afterward. A container never reuses an Applet instance after its destroy() method is called by calling its init() method once again. Just as with the stop() method, you can write a rude destroy() method implementation that does not do what is expected.

You might wonder why you need to even have a destroy() method. After all, the garbage collector should automatically reclaim or close all resources used when the container dereferences the applet. The problem with this logic is that the garbage collector might not process the applet right away. This means that your applet might hold on to resources such as unclosed Socket connections, undisposed Graphics contexts, and undisposed Window native screen resources indefinitely. If you notice that your applet always crashes after being used several times, but never just after restarting your browser, you should suspect that you are not completely destroying all your initialized resources at the end of the applet lifecycle.

The `Object` class `finalize()` method is meant to be overridden by subclasses that want to perform some action, usually the release of resources held, right before an object is garbage collected. Do not use the `finalize()` method. It is unreliable because there is no guarantee that it will ever be called. If there is sufficient memory, the garbage collector might not bother collecting garbage. If the JVM is shutting down, it might not bother to call `finalize()` on its way.

In general, it is best to rely upon the `destroy()` method for the timely release of system resources.

Managing the Applet Animation Thread

What was once prescribed is now proscribed when it comes to starting and stopping applet animation threads. In the past, the lifecycle method implementations might have looked like this:

```
public void  start ( )
/////////////////////////////////////////////////////////////////////////
{
  animationThread = new Thread ( this );

  animationThread.start ( );
}

public void  stop ( )
/////////////////////////////////////////////////////////////////////////
{
  animationThread.stop ( );
}
```

Or even like this:

```
public void  start ( )
/////////////////////////////////////////////////////////////////////////
{
  if ( animationThread == null )
  {
    animationThread = new Thread ( this );

    animationThread.start ( );
  }
  else
  {
```

```
      animationThread.resume ( );
    }
  }

  public void  stop ( )
  ///////////////////////////////////////////////////////////////
  {
    animationThread.suspend ( );
  }

  public void  destroy ( )
  ///////////////////////////////////////////////////////////////
  {
    animationThread.stop ( );
  }
```

The problem with these techniques is that using the java.lang.Thread class methods stop(), suspend(), and resume() can sometimes put an object in an inconsistent state or cause a deadlock. This can result in random side effects that are difficult to debug. For this reason, these methods are now deprecated and should not be used in almost all circumstances. I have seen strange bugs simply disappear as a result of replacing old code that used Thread.stop(). Please see the online article from Sun "Why Are Thread.stop, Thread.suspend, Thread.resume and Runtime.runFinalizersOnExit Deprecated?"[1]

```
  public void  start ( )
  ///////////////////////////////////////////////////////////////
  {
    stopRequested = false;

    animationThread = new Thread ( this );

    animationThread.start ( );
  }

  public void  stop ( )
  ///////////////////////////////////////////////////////////////
  {
    stopRequested = true;
  }

  public void  run ( )
  ///////////////////////////////////////////////////////////////
```

---

1. http://java.sun.com/j2se/1.4.1/docs/guide/misc/threadPrimitiveDeprecation.html

```
    {
      while ( !stopRequested )
      {
        animate ( );
      }
    }
```

Instead of hard-stopping a thread, you can let it die gracefully by having it poll a boolean stop request flag in a loop as shown in the preceding code. Note that the animation thread does not stop immediately when the request is made, as the stop request flag is only checked once per loop iteration. This can cause a problem if the start() method is called immediately after the stop() method but before the animation loop has had a chance to poll the flag. It is possible with this technique that with some bad luck and bad timing you might end up with two or more threads running simultaneously.

```
public void  start ( )
/////////////////////////////////////////////////////////////////
{
  animationThread = new Thread ( this );

  animationThread.start ( );
}

public void  stop ( )
/////////////////////////////////////////////////////////////////
{
  animationThread = null;
}

public void  run ( )
/////////////////////////////////////////////////////////////////
{
  Thread  animationThread = Thread.currentThread ( );

  while ( animationThread == this.animationThread )
  {
    animate ( );
  }
}
```

The preceding code addresses that issue. Here the test is not a shared boolean flag but rather whether the current thread is still the one that the applet instance has designated as the primary animation thread. This operation is performed using an identity comparison. Note that in the run() method, animationThread is a local method reference and this.animationThread is an object instance reference. In the worst case, the old animation thread only overlaps the new animation thread for one more iteration before bowing out.

```
public synchronized void  start ( )
///////////////////////////////////////////////////////////
{
   stopRequested = false;

   if ( animationThread == null )
   {
     animationThread = new Thread ( this );

     animatonThread.start ( );
   }
   else
   {
     notify ( );
   }
}

public synchronized void  stop ( )
///////////////////////////////////////////////////////////
{
   stopRequested = true;

   animationThread.interrupt ( );
}

public void  run ( )
///////////////////////////////////////////////////////////
{
   while ( animationThread != null )
   {
     try
     {
       animate ( );

       if ( stopRequested )
       {
         synchronized ( this )
         {
           while ( stopRequested )
```

```
                     {
                        wait ( );
                     }
                  }
               }
            }
         }
         catch ( InterruptedException  ex )
         {
         }
      }
   }


   public synchronized void  destroy ( )
   ///////////////////////////////////////////////////////////////
   {
      animationThread = null;

      stopRequested = false;

      notify ( );
   }
```

The preceding code demonstrates how to prevent old and new animation threads from overlapping even momentarily during the transition by relying upon a single thread that is suspended and resumed using a boolean flag stopRequested and the Object class wait() method. Note that the code uses synchronization, which tends to slow things down. This should not be a major problem because no synchronization requests are within the main animation loop when the animation is not stopped.

Methods start(), destroy(), and part of method run() are synchronized because any thread that calls the notify() or wait() method must be the owner of the object monitor. Method stop() is synchronized because it modifies the shared variable stopRequested.

Note that the stop() method calls animationThread.interrupt(). This is because the animate() method in the loop might monitor the interrupted status to determine if it should exit early. It might check the status at successive steps in a lengthy animation-frame generation process. It definitely checks the status if it uses Thread.sleep() to delay within the animate() implementation to slow down the loop to a desired frame rate.

The animation loop exits when the destroy() method dereferences the animationThread. Note that the animation loop does not exit immediately when destroy() is called but only upon the check at the beginning of the next loop iteration. This means that the loop could still be using resources in the next-to-last loop iteration for animation after the destroy() method has completed. This is most likely to occur if the container calls the destroy() method immediately after the stop() method. If you intend to add additional code to the preceding destroy() method to de-allocate resources used during animation, you might need to place some of it at the end of the run() method instead.

The try/catch block within the loop is used to catch InterruptedExceptions thrown either by the animate() method or by the wait() method. Note that it will probably be thrown most of the time by the animate() method as the animationThread.interrupt() call is in the stop() method. The stop() method is normally not called when the thread is already suspended on the wait().

Calling the stop() method without an intervening call to start() advances the animation by exactly one frame. This is because the wait() throws an InterruptedException and the loop then continues for half an iteration. It calls animate() just once before stalling on the wait() command again. Normally, a lifecycle container does not call stop() twice in a row and this single frame advance feature was not planned when the code was designed. You might, however, find it useful nonetheless.

Because I believe that this last technique for animation-thread management is the most robust, I selected it for the design of the reusable animation library described in the following chapter.

Reading from a JAR File

A Java archive (JAR) file is simply a compressed zip file containing all the code and multimedia files that you need for your game. It greatly reduces the amount of time that is required to launch your applet because players can download the game in a single HTTP request.

Before JAR files, one of the techniques developers used to reduce applet download times was to copy all the images to a single file. As shown in Figure 2-1, the individual smaller images would be located at different positions in the larger combined image in the form of a grid or a strip. Coordinate data and custom code was then used to cut out rectangles of image data from the different positions within the combined image once downloaded. Fortunately with JAR files today, such additional code is no longer necessary. You can access the individual images simply by opening them by their unique file names and directory paths relative to the archive root. If you have a sprite set that comes to you as a single image, you probably want to crop it into smaller images using an image editor before deployment. If for some reason you do need to crop smaller images from a larger image during run time, you can use the static method crop() in class ImageLib of package com.croftsoft.core.awt.image for that purpose.

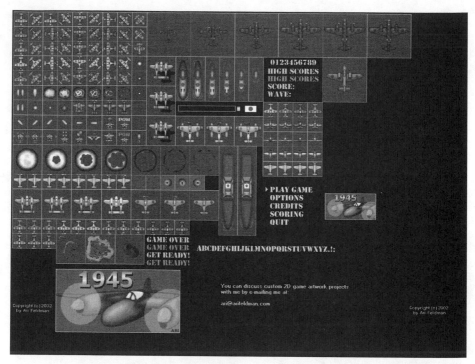

Figure 2-1. Ari Feldman's "1945" Sprite set. Artwork copyright 2002, 2003 by Ari Feldman.

Another pre-JAR complication Java applet developers used to have to deal with was writing code to delay using an image until it was completely downloaded. In the early days of the Web, Internet connections were so slow that browsers would display incomplete image data as it was downloading so users could get a sense of what was coming and decide whether it was worth the wait. Applet developers that did not want to use an image until it was entirely loaded used the class `java.awt.MediaTracker` to track the progress of the download. This was especially important as HTTP requests were less reliable back then and sometimes requests to download images would fail completely. If game programmers did not track this, game players would occasionally be frustrated by playing shoot-em-up against enemy sprites that had the unfair advantage of invisibility due to a bad Internet connection.

Fortunately the necessity to program all that tracking, stalling, and download request reattempt logic goes away when you simply include your multimedia files in the same JAR file as your code. When you take this approach, you know your game code is guaranteed to load your images reliably and quickly without needing to resort to special precautions. If by chance your images do fail to download successfully, you cannot do much about it, as your code probably did not download either because it was in the same package.

One of the catches to placing all your image and other resource files within a JAR file is that you need to access these files using the java.lang.ClassLoader getResource() method. The ClassLoader reference that you use for this purpose must come from a class that is in the same JAR file as the resource file you are trying to access. This is because classes loaded from different JAR files are assigned their own ClassLoaders. The path and file name argument to the getResource() method is then relative to the root of the JAR file that is associated with that instance of the ClassLoader.

```
URL  imageURL
  = getClass ( ).getClassLoader ( ).getResource ( imageFilename );

Image  image = ImageIO.read ( imageURL );
```

Note that the object returned from getResource() is an instance of the class URL instead of File. Here is another example that uses a URL to access the data:

```
URL  bangAudioURL = getClass ( ).getClassLoader ( )
  .getResource ( BANG_AUDIO_FILENAME );

AudioClip  bangAudioClip = Applet.newAudioClip ( bangAudioURL );
```

Another trick to this is that your path and file name argument to the getResource() method, although relative to the root of the JAR archive, must not be preceded by a leading forward slash (/) to indicate the root directory. For example, media/dodger/bang.wav would work but /media/dodger/bang.wav would not. This is different from using the getResource() method to pull files from the hard drive outside of the JAR file.

Upgrading Clients with the Plug-In

One of the main problems with applets embedded in browser clients is that many of them only support older versions of Java such as 1.1. I have always held the position that it is better to upgrade the client rather than downgrade the code and the skills of the developer. Upgrading the client is not as easy as asking your users to upgrade to the latest version of their favorite browser, however, as the latest version might still contain old versions of Java. For example, at the time of this writing, Internet Explorer ships with Java 1.1 and Netscape with Java 1.3. Because this book promotes code based upon Java 1.4, this can be a problem.

To the rescue is the Java Plug-in, formerly known as the Activator. It upgrades the version of Java embedded in your browser when your favorite browser vendor will not. It does this by adding special tags to the HTML web page that contain instructions to treat the applet like a browser plug-in. When the browser determines it does not have the required version of the plug-in, it prompts the user to download the latest version.

```
<html>
<body>
<applet
  code="com.croftsoft.apps.collection.CroftSoftCollection.class"
  archive="collection.jar"
  width="600"
  height="400">
</applet>
</body>
</html>
```

The preceding code is an example of a simple web page with an applet tag.

```
<html>
<body>
<!--"CONVERTED_APPLET"-->
<!-- HTML CONVERTER -->
<OBJECT
    classid = "clsid:8AD9C840-044E-11D1-B3E9-00805F499D93"
    codebase = "http://java.sun.com/products/plugin/autodl/jinstall-1_4-
      windows-i586.cab#Version=1,4,0,0"
    WIDTH = "600" HEIGHT = "400" >
    <PARAM NAME = CODE VALUE =
      "com.croftsoft.apps.collection.CroftSoftCollection.class" >
    <PARAM NAME = ARCHIVE VALUE = "collection.jar" >
    <PARAM NAME = "type" VALUE = "application/x-java-applet;version=1.4">
    <PARAM NAME = "scriptable" VALUE = "false">

    <COMMENT>
    <EMBED
            type = "application/x-java-applet;version=1.4"
            CODE
              = "com.croftsoft.apps.collection.CroftSoftCollection.class"
            ARCHIVE = "collection.jar"
            WIDTH = "600"
            HEIGHT = "400"
        scriptable = false
        pluginspage
            = "http://java.sun.com/products/plugin/index.html#download">
```

```
        <NOEMBED>

               </NOEMBED>
      </EMBED>
      </COMMENT>
</OBJECT>

<!--
<APPLET CODE = "com.croftsoft.apps.collection.CroftSoftCollection.class"
   ARCHIVE = "collection.jar" WIDTH = "600" HEIGHT = "400">


</APPLET>
-->



<!--"END_CONVERTED_APPLET"-->

</body>
</html>
```

Except for a few liberties that I have taken to wrap long lines to fit the page, the preceding code is what the page looks like after conversion by the Java Plug-in.

The Java Plug-in tool that performs the conversion is called, appropriately enough, HtmlConverter. It resides in the bin subdirectory of your Java SDK installation. It has both a command-line and a graphical user interface (GUI).

```
C:\jdk\bin\HtmlConverter.exe -backup original -latest index.html
```

The preceding code is the command that I used to convert the page. The name of the file to be converted is index.html. Because HtmlConverter replaces the original file, I had it save a backup copy to a subdirectory called original. I also told it to allow the use of any version of Java on the client machine that is the same as or later than the latest version of Java. If I did not include the -latest option, the code would require the user to download a specific version of Java, even when a later version might already be installed.

The Java Plug-in has many more features beyond what I have mentioned here. The 150+ page online book *Java Plug-in 1.4.2 Developer Guide* describes these features in detail.[2]

---

2. http://java.sun.com/j2se/1.4.2/docs/guide/plugin/

Knowing Your Limitations

Browser applets run within a security *sandbox* on the client where they can play without being able to cause harm. This means that there are restrictions on what an applet can do. Much to the relief of users surfing the Web, downloaded applets do not, for example, have read and write access to their hard drives. To prevent applets from using the client machine as a platform to stage an attack on other machines on the Internet, applets can only create network connections back to the server from which they were downloaded. Keep in mind that the server contacted must be the same one from which the applet was down-loaded—the *codebase*—which is not always the same as the server for the HTML web page that contains the embedded applet—the *document base*.

There are other additional restraints but these are the two that might be the most onerous to the game developer. The inability to access the hard drive makes it impossible to save the high scores or the preference settings for a player. The inability to contact machines other than the applet server means that game applets cannot contact other peer machines directly for multi-user game play.

The way to get around both these limitations is to perform these functions through the applet codebase server. After prompting the player for a user name and password, the applet can make a network connection back to the applet server to load user data. Later the applet can make another network connection to save the game state on the server when the player chooses to do so, or auto-matically at periodic intervals during play. In the case of multi-user play, all messages between players are routed to each other indirectly through the central server. For example, when the sprite of one player moves in a virtual space, the applet views of the other players are updated by a message passed first from the acting applet to the applet server and then from there to the receiving applets.

Applet networking, including applet-servlet messaging with firewall tunnel-ing capability, is covered in detail in the last three chapters of this book.

Signing Applets

You can make the applet security restrictions go away by digitally signing your applet. Digitally signing your applets permits the framework to authenticate that the applet was created by you—the developer—and not by someone posing as you. It also allows the framework to verify that someone else has not modified it since you created it. Once authenticated, the applet framework, such as a browser or the Java Plug-in, then prompts the user for permission to run the applet without any limiting security restrictions.

If the user grants this permission, the signed applet is said to be *trusted*. Unsigned applets, then, are run in untrusted mode. I find this confusing as the only applets I trust are the unsigned applets running within the restrictions of the security sandbox. When you consider that the authentication safeguard is not fool-proof, granting an applet complete access to your machine seems foolhardy.

But do not let me discourage you from signing your applets. You might be discouraged instead by the fact that support for digitally signed applets varies from browser to browser and sometimes requires a browser-specific signing process. Additionally, you might need to pay a few hundred dollars to a trusted certificate authority so that you can be positively identified. Finally, you might want to consider the reaction of your more paranoid and privacy-conscious users when they are prompted to decide whether to give your game applet complete control of their home or workplace computers.

For more information on signed applets, please see the *Java Plug-in Developer Guide for J2SE 1.4*.[3]

Caching Applets

One of the main advantages of applet distribution is that the latest version of your code is downloaded every time users play the game. On the other hand, one of the main disadvantages of applet distribution is that your code is downloaded every time users play the game. What you need, then, is for browsers to cache the applet and only download your code again when a new version is available. Although browsers have always been able to cache web pages and images between browser sessions, this has not been the case for applets. When the user would close the browser window, the browser would discard the applet download, most likely for security reasons.

In the past I have written custom code to implement applet caching. This involved digitally signing the applet and intimate knowledge of the different security policies of the major web browsers. Nowadays, however, custom code is no longer necessary as the Java Plug-in supports applet caching. I cannot vouch for the effectiveness of this feature as I have not used it but the documentation describes it. If your applets are fat and your users are using slow Internet con-nections or you just want to save on bandwidth-distribution costs, the applet caching mechanism of the Java Plug-in is definitely worth investigating.

Deploying as an Executable JAR

Besides applet distribution, you can also use JAR files as self-contained executa-bles. The user simply copies the JAR file to the desktop or a directory on the hard

---

3. http://java.sun.com/j2se/1.4.2/docs/guide/plugin/

drive and it is ready to run. If the executable is a Swing application, the user double-clicks the JAR and it launches the program in a new window. If the executable is a command-line application, the user enters the `java` command with the -jar option.

```
java -jar fraction.jar
java -cp J:\lib com.croftsoft.apps.fraction.FractionAction
```

Double-clicking or using the command-line -jar option to launch the game is much easier on the player than specifying the classpath and class name with the full package-name prefix on the command line. Contrast the two preceding java commands, one that uses the -jar option and the other that does not.

```
public static void  main ( String [ ]  args )
```

When players launch an executable JAR file, the java command framework looks for a static main() method within a designated class and calls it. This causes your game to start running. In this sense the main() method can be considered a lifecycle method. I realize that I am stretching this a bit.

Making the Manifest

A JAR file often contains many classes, and more than one of these classes could have a main() method. To distinguish which class should have its main() method launched, the java command looks for a Main-Class entry in the manifest file.

```
Main-Class: com.croftsoft.apps.fraction.FractionAction
```

The preceding code is a line in a manifest file, possibly the only line. It is written in the standard name-value pair format commonly used in property files before XML came about. You separate the class name value from the property name by a colon and a space.

 CAUTION   Keep in mind that only one space can follow the colon. If you put two spaces before the class name, it simply does not work.

```
jar -cvfm collection.jar manifest.txt .
```

Your JAR file normally includes a blank manifest file automatically as `META-INF/MANIFEST.MF` when you use the `jar` command. To include a non-empty manifest file that contains your `Main-Class` entry, you need to use the `-m` option to the `jar` command. In the above example, the `jar` command is instructed to include the text file `manifest.txt`. When `manifest.txt` is included, it is automatically named `MANIFEST.MF` and stored in the `META-INF` directory within the archive.

```
<jar
    jarfile="collection.jar"
    basedir="jar"
    manifest="bld/apps/collection/manifest.txt"/>
```

In an Ant build file, you use the `manifest` attribute to specify the path to the manifest file to include.

Securing the Insecure

Executable JAR files generally run on the client platform with unrestricted access to sensitive resources such as the hard drive and Internet connections by default. This can make some knowledgeable users leery of playing games distributed as executable JARs, especially when they do not know the distributor well. Such users would generally prefer to play games that are automatically restricted to a security sandbox such as those distributed as a browser applet or as a Java Web Start application.

```
java -Djava.security.manager -jar collection.jar
```

You can specify the security manager to use when you run JAR files using the `java` command property `java.security.manager`. In the preceding command-line example, no value for this property is given so the restrictions that would be imposed upon an unsigned applet running in a browser are enforced upon the executable JAR. If you use this property, you should be safe. Keep in mind that the game might throw some `SecurityExceptions` and fail to run properly if it was not designed to run within a security sandbox.

Deploying with Java Web Start

Java Web Start has all the advantages of browser-based applet distribution and persistent desktop-application distribution without the disadvantages. When users visit your web page, they are prompted to download your game and run it just like a desktop application. Because the game is persistently installed on the client machine, they can play it without an Internet connection in the future. Whenever you revise the code on your web page, Java Web Start updates the user client installations automatically with the latest version. Users can feel comfortable downloading and running these games because they run within a security sandbox just like an applet. Unlike an applet, you do not need server-side code to centrally store user game data because the Java Web Start sandbox is loose enough to allow you to persist a small amount of game data in a manner akin to browser cookies.

For all these reasons, Java Web Start is, in my opinion, the best way to distribute your Java games. As a player, I want to be able to play sophisticated and detailed Java games without having to download a huge JAR file each time I play. At the same time, I worry about giving programs written by strangers access to my hard drive. As a game developer, I want to be able to make great games and only pay the bandwidth distribution costs when I release a new version. Additionally, I do not want to support a cluster of servers just to persist single-player game data such as high scores and user-preference settings. Java Web Start gives me what I need in both roles.

Java Web Start is automatically installed when you install version 1.4 of the Sun Microsystems implementation of the Java Runtime Environment (JRE) for Windows. It is also bundled with their implementation of Java 1.4 for Linux but requires a separate manual installation. Apple pre-installs Java Web Start with its Macintosh OS X 10.1 operating system.

Java Web Start is the Sun Microsystems implementation of the Java Network Launching Protocol (JNLP) client specification. Because Java Web Start is based upon the JNLP standard, your Java Web Start-compatible games also run in the JNLP client frameworks implemented by other vendors. These include Open Source project implementations such as OpenJNLP.

Preparing the Distribution Files

Setting up your Java Web Start application for distribution requires that you upload a web page plus a number of supporting files in addition to your code. Although the JNLP specification and the Java Web Start developer guide covers these in detail (see the reference below), the following code gives you a quick introduction to what is required.

```
<html>
<body>
<a href="collection.jnlp">Install the CroftSoft Collection</a>
</body>
</html>
```

The preceding code is a simple HTML web page with a hyperlink that downloads and installs a Java Web Start application when the user clicks it.

```
<?xml version="1.0" encoding="UTF-8"?>

<jnlp
  spec="1.0+"
  codebase="http://www.croftsoft.com/portfolio/collection/install"
  href="collection.jnlp">

  <information>
    <title>CroftSoft Collection</title>
    <vendor>CroftSoft Inc</vendor>
    <description kind="one-line">Java programs from CroftSoft.</description>
    <description kind="short">
      A collection of Java programs from CroftSoft.
    </description>
    <description kind="tooltip">CroftSoft Collection</description>
    <homepage href="http://www.croftsoft.com/portfolio/collection/"/>
    <icon kind="default" href="default_icon.gif"/>
    <offline-allowed/>
  </information>

  <resources>
    <j2se version="1.4+" href="http://java.sun.com/products/autodl/j2se"/>
    <jar href="collection.jar"/>
  </resources>

  <application-desc main-
class="com.croftsoft.apps.collection.CroftSoftCollection"/>

</jnlp>
```

The preceding code is the content of the collection.jnlp file referenced by the web page. Like Ant, JNLP uses XML for configuration instructions. This XML file tells a JNLP client such as Java Web Start to prompt the user to install the latest release of Java if version 1.4 or later is not already on the client. It then launches the code in the archive collection.jar. The next-to-last line designates the class containing the main() method used to launch the program.

```
AddType application/x-java-jnlp-file .jnlp
```

In addition to the JAR file containing your program and a desktop icon for your program once installed, you might need to include one additional file in your distribution directory. The preceding single-line file shown is named `.htaccess` and you might need it if you are using a web server that is not already configured to associate files automatically with the `.jnlp` file name extension with the MIME type `application/x-java-jnlp-file`. If your web service provider is unwilling to reconfigure its MIME type settings for you, you can place this file in your distribution directory as an override setting instruction if you are using the Apache Web Server. This is necessary because the browser uses the MIME type sent by the web server to identify which plug-in to use—in this case Java Web Start or another JNLP-compatible client.

 CAUTION   Forgetting to reconfigure the web server so it associates the `.jnlp` file name extension with the MIME type was a common stumbling block for me and the students in the course that I taught on Java game programming. If you click the hyperlink for your game and your browser displays the `.jnlp` file as a plain-text file instead of launching the JNLP client, you probably forgot too. Try uploading `.htaccess` and see if this fixes the problem.

```
<security>
  <all-permissions/>
</security>
```

If you really need to, you can run your Java Web Start applications without being limited by the security sandbox. If your JAR file is digitally signed, you can insert XML code into your `.jnlp` file like the preceding code. This gives your game free rein to read and write anywhere on the hard drive and make all the Internet socket connections it wants to anywhere.

```
<signjar
  jar="mygame.jar"
  storepass="${password}"
  alias="myself"
  keystore="myKeystore"
  keypass="${password}" />
```

You can automate digitally signing your JAR files using an Ant build instruction such as the preceding code. The purpose is to ensure that you are who you say you are before users make a decision to trust running your code without restraints on their systems. If you do not want to spend the money to get a certificate of identification from a trusted third party, you can self-sign the JAR file. When you self-sign, the JNLP client warns the users that it cannot authenticate the identity of the distributor and advises them of the security risk. It then prompts users to cancel or continue.

For additional information, please see the *Java Network Launching Protocol & API Specification* and the *Java Web Start 1.4.2 Developer Guide.*[4]

Accessing the Default Browser

Java desktop applications sometimes need to present the user with online web pages for news, documentation, and registration forms. Although Java currently supports the limited ability to display HTML using class javax.swing.JEditorPane, web browsers such as Netscape or Internet Explorer have additional advanced capabilities such as supporting HTML scripting languages and various multimedia formats. This section describes how to enable your Java desktop applications to launch the default web browser external to your application on the client platform in a platform-independent manner.

Method showDocument()

Java has always supported the ability of an applet to control its browser container via the showDocument() method of interface java.applet.AppletContext. Unfortunately, Java desktop applications, as opposed to applets, do not have access to instances of AppletContext. The JNLP API provides an interface—javax.jnlp.BasicService—which provides a similar method for JNLP desktop applications.

Isolating Optional Packages

Assuming a JNLP API implementation is available on the client platform, the showDocument() method of class BasicService automatically launches the default web browser on the client platform using platform-independent code. However, you will often want to write your game code in such a way that it can still run in an environment where the JNLP libraries are not installed. Ideally, your compiled game code should be able to run as a browser applet, an executable JAR, and as a JNLP Java Web Start application without modification. You can do this by including code that loads the JNLP class libraries, if available on the client machine, or gracefully continue on if not.

---

4. http://java.sun.com/products/javawebstart/download-spec.html,
   http://java.sun.com/j2se/1.4.2/docs/guide/jws/developersguide/contents.html

```
    private static JnlpServices  createJnlpServices ( )
    /////////////////////////////////////////////////////////////////////
    {
      try
      {
        return ( JnlpServices )
          Class.forName ( JnlpServices.IMPL_CLASS_NAME ).newInstance ( );
      }
      catch ( Exception  ex )
      {
        return null;
      }
      catch ( NoClassDefFoundError  er )
      {
        return null;
      }
    }
```

The trick to this is to use dynamic class loading. You could also use reflection to accomplish this feat, but I find that as a general rule it is better to use custom interfaces and dynamic class loading. You start by first separating out the code that statically links to the optional package library javax.jnlp. You then attempt to dynamically load that code using Class.forName().newInstance(). If JNLP is not installed, the attempt generates a NoClassDefFoundError which you can then catch and handle gracefully. The preceding code from class JnlpLib in package com.croftsoft.core.jnlp does just that.

```
    package com.croftsoft.core.jnlp;

    import java.io.*;
    import java.net.*;

    public interface  JnlpServices
    /////////////////////////////////////////////////////////////////////
    /////////////////////////////////////////////////////////////////////
    {

    public static final String  IMPL_CLASS_NAME
      = "com.croftsoft.core.jnlp.JnlpServicesImpl";

    [...]

    public boolean  showDocument ( URL  url )
      throws UnsupportedOperationException;
```

In this case, JnlpServices is an interface in package com.croftsoft.core.jnlp with no static links to package javax.jnlp. IMPL_CLASS_NAME is the name of a class, JnlpServicesImpl. This class provides a concrete implementation of the JnlpServices interface that does require static links to the optional package. A custom interface reference allows your code to handle optional package libraries without static linking and without using reflection.

 CAUTION   In teaching a course on Java game programming, I noted that forgetting to explicitly name dynamically linked classes in the Ant build file was one of the most common causes of grief for my students. This can be difficult to debug as it will not generate a compile-time error and might not generate a runtime error. The calling code might silently ignore a runtime error and carry on under the assumption that JnlpServicesImpl could not load dynamically because the game is not running within a JNLP client container. The truth of the matter, however, might be that JnlpServiceImpl could not be loaded because it was not compiled and included in the JAR file.

```java
public static final JnlpServices  JNLP_SERVICES
  = createJnlpServices ( );

[...]

public static boolean  showDocument ( URL  url )
  throws UnsupportedOperationException
/////////////////////////////////////////////////////////////////////
{
  check ( );

  return JNLP_SERVICES.showDocument ( url );
}

[...]

private static void  check ( )
  throws UnsupportedOperationException
/////////////////////////////////////////////////////////////////////
{
  if ( JNLP_SERVICES == null )
  {
    throw new UnsupportedOperationException ( );
  }
}
```

Static method showDocument() in class JnlpLib uses the implementation class if it can be dynamically loaded. If not, it throws an UnsupportedOperation-Exception that the calling game code can catch and handle gracefully.

```
package com.croftsoft.core.jnlp;

import java.io.*;
import java.net.*;

import javax.jnlp.*;

[...]

public final class  JnlpServicesImpl
  implements JnlpServices
//////////////////////////////////////////////////////////////////////
//////////////////////////////////////////////////////////////////////
{

[...]

public boolean  showDocument ( URL  url )
  throws UnsupportedOperationException
//////////////////////////////////////////////////////////////////////
{
  try
  {
    BasicService  basicService = ( BasicService )
      ServiceManager.lookup ( "javax.jnlp.BasicService" );

    return basicService.showDocument ( url );
  }
  catch ( UnavailableServiceException  ex )
  {
    throw ( UnsupportedOperationException )
      new UnsupportedOperationException ( ).initCause ( ex );
  }
}
```

When using the showDocument() method in AppletContext, an instance of AppletContext is retrieved using the applet instance's own getAppletContext() method. An instance of interface BasicService, however, is retrieved using the static method lookup() of class javax.jnlp.ServiceManager.

```
public static Object  lookup ( String   name )
  throws UnavailableServiceException;
```

If an implementation of BasicService is not available from the JNLP client, the ServiceManager throws an UnavailableServiceException. JnlpServicesImpl converts this exception from the optional package javax.jnlp to an Unsupported-OperationException from the core package java.lang if it is thrown. Note that the Throwable.initCause() method is used to attach the original exception to the new exception for examination by the calling code.

Dynamic Linking Using Reflection

As an alternative, you can also dynamically load the JNLP classes using reflection as shown in this code excerpt from class JnlpProxy in package com.croftsoft.core.jnlp.

```
private static Object  getBasicServiceObject ( )
//////////////////////////////////////////////////////////////////////
{
  try
  {
    Class   serviceManagerClass
      = Class.forName ( "javax.jnlp.ServiceManager" );

    Method   lookupMethod = serviceManagerClass.getMethod (
      "lookup", new Class [ ] { String.class } );

    return lookupMethod.invoke (
      null, new Object [ ] { "javax.jnlp.BasicService" } );
  }
  catch ( Exception  ex )
  {
    return null;
  }
}
```

Class Method is from core package java.lang.reflect.

```
public static boolean  showDocument ( URL   url )
//////////////////////////////////////////////////////////////////////
{
  if ( basicServiceObject == null )
```

```
  {
    return false;
  }

  try
  {
    Method  method = basicServiceClass.getMethod (
      "showDocument", new Class [ ] { URL.class } );

    Boolean  resultBoolean = ( Boolean ) method.invoke (
      basicServiceObject, new Object [ ] { url } );

    return resultBoolean.booleanValue ( );
  }
  catch ( Exception  ex )
  {
    ex.printStackTrace ( );

    throw new RuntimeException ( ex.getMessage ( ) );
  }
}
```

By saving a singleton static reference to the BasicService instance retrieved, we can then use it within our own static showDocument() method. The example method returns false if the client platform does not support JNLP, allowing the calling code to respond with a substitute behavior.

In my opinion, dynamic linking using custom interfaces instead of reflection makes for more comprehensible code. I have found that you almost never need reflection techniques if you keep this in mind.

Deploying Multiple Applets as One

In this section, I describe code you can modify and use as a demonstration framework for your own games. You can distribute it as an applet embedded in a web page, as an executable JAR file, or as a Java Web Start application. The main class, MultiApplet, is structured as a sort of super applet that can contain any number of other applets. As shown in Figure 2-2, MultiApplet allows the players to scroll through a list of your games embedded in this one applet. They can play each one at a time without having to restart the program or reload the page. MultiApplet also provides a panel for displaying news and documentation about your games.

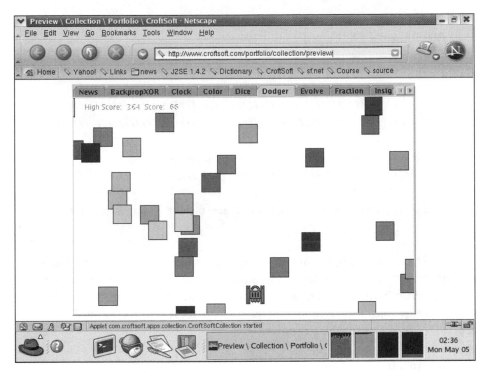

Figure 2-2. A MultiApplet *example*

MultiAppletStub

When a container first initializes an Applet instance, it first calls its setStub() method to pass an instance of interface AppletStub. The Applet uses AppletStub to access the AppletContext and other properties.

```
package com.croftsoft.core.gui.multi;

import java.applet.*;
import java.net.*;

import com.croftsoft.core.lang.NullArgumentException;

[...]

public final class  MultiAppletStub
  implements AppletStub
//////////////////////////////////////////////////////////////////////
//////////////////////////////////////////////////////////////////////
{
```

```
private final Applet   parentApplet;

private boolean   active;

//////////////////////////////////////////////////////////////////////
//////////////////////////////////////////////////////////////////////

public  MultiAppletStub ( Applet   parentApplet )
//////////////////////////////////////////////////////////////////////
{
  NullArgumentException.check ( this.parentApplet = parentApplet );
}
```

MultiApplet is an applet that contains other applets. It is also a containee of another applet container, usually a web browser, as shown in Figure 2-2. Acting as a container framework and not as a containee, MultiApplet must provide AppletStub instances to its child applets. MultiAppletStub implements the AppletStub interface for this purpose.

```
public void   appletResize (
  int   width,
  int   height )
//////////////////////////////////////////////////////////////////////
{
  parentApplet.resize ( width, height );
}

public AppletContext  getAppletContext ( )
//////////////////////////////////////////////////////////////////////
{
  return parentApplet.getAppletContext ( );
}

public URL   getCodeBase ( )
//////////////////////////////////////////////////////////////////////
{
  return parentApplet.getCodeBase ( );
}

public URL   getDocumentBase ( )
```

```
/////////////////////////////////////////////////////////////////
{
   return parentApplet.getDocumentBase ( );
}

public String  getParameter ( String  name )
/////////////////////////////////////////////////////////////////
{
   return parentApplet.getParameter ( name );
}
```

MultiAppletStub provides container services to a child applet by delegating calls to the parentApplet, usually an instance of MultiApplet. For example, when a child game applet retrieves an AppletContext to call a method such as showDocument(), it uses the same AppletContext instance that the parent applet received from the browser.

```
public boolean  isActive ( )
/////////////////////////////////////////////////////////////////
{
   return active;
}

public void  setActive ( boolean  active )
/////////////////////////////////////////////////////////////////
{
   this.active = active;
}
```

The AppletStub interface defines the isActive() accessor method so that the running state of the applet can be determined. MultiAppletStub defines the corresponding mutator method. Because a child game applet might be inactive while the parent is active, this property is not shared.

MultiAppletNews

You use class MultiAppletNews in package com.croftsoft.core.gui.multi to display online news and documentation for your games (see Figure 2-3).

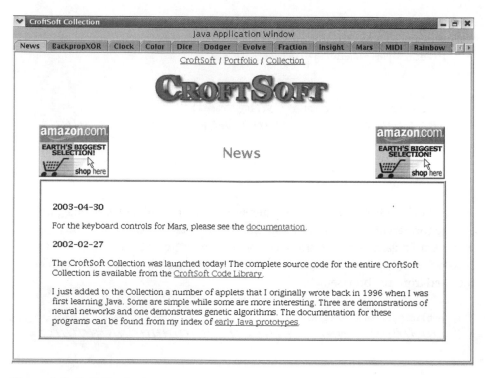

Figure 2-3. MultiAppletNews

```
package com.croftsoft.core.gui.multi;

import java.applet.*;
import java.awt.*;
import java.awt.event.*;
import java.io.*;
import java.net.*;
import javax.swing.*;
import javax.swing.event.*;
import javax.swing.text.*;
import javax.swing.text.html.*;

import com.croftsoft.core.CroftSoftConstants;
import com.croftsoft.core.lang.NullArgumentException;
import com.croftsoft.core.jnlp.JnlpLib;

public final class  MultiAppletNews
  extends JPanel
//////////////////////////////////////////////////////////////////////
//////////////////////////////////////////////////////////////////////
{
```

MultiAppletNews inherits from JPanel instead of JApplet because it is not animated and does not need the lifecycle methods.

```
private static final String  DEFAULT_NEWS_HTML
  = "<html><body><pre>"
  + CroftSoftConstants.DEFAULT_ATTRIBUTION_NOTICE
  + "</pre></body></html>";

 //

private final AppletContext   appletContext;

private final JEditorPane     jEditorPane;
```

If the framework is running as an applet in a browser instead of as a desktop application, MultiAppletNews uses its appletContext to launch new browser frames when a user clicks a hyperlink. The jEditorPane displays the initial web page. If no initial HTML is specified, DEFAULT_NEWS_HTML is used.

```
public  MultiAppletNews (
  String  newsHTML,
  String  newsPage,
  Applet  applet )
//////////////////////////////////////////////////////////////////////
{
  super ( new BorderLayout ( ) );

  AppletContext  appletContext = null;

  try
  {
    appletContext = applet.getAppletContext ( );
  }
  catch ( Exception  ex )
  {
  }

  this.appletContext = appletContext;
```

Within the constructor, the appletContext is retrieved from the applet. This might throw an exception if the applet is null or if the applet is not running within an applet container. Because instance variable appletContext is declared final, the assignment is made using a temporary method variable.

```
if ( newsHTML == null )
{
  if ( newsPage != null )
  {
    newsHTML
      = "<html><body>"
      + "Loading "
      + newsPage
      + "..."
      + "</body></html>";
  }
  else
  {
    newsHTML = DEFAULT_NEWS_HTML;
  }
}
```

The newsHTML is displayed initially while the newsPage is being downloaded. If newsPage is null or the download fails, the newsHTML will continue to be displayed. The preceding code provides default values for newsHTML.

```
jEditorPane = new JEditorPane ( "text/html", newsHTML );

jEditorPane.setEditable ( false );

jEditorPane.setCaretPosition ( 0 );

jEditorPane.addHyperlinkListener (
  new HyperlinkListener ( )
  {
    public void  hyperlinkUpdate ( HyperlinkEvent  hyperlinkEvent )
    {
      processHyperlinkEvent ( hyperlinkEvent );
    }
  } );

add ( new JScrollPane ( jEditorPane ), BorderLayout.CENTER );
```

An instance of JEditorPane from core package javax.swing is used to display the initial web page in the first panel of the multi-applet framework. The caret position is set to zero so that the top of the page will be displayed instead of scrolling to the bottom when the page is initially loaded. A HyperlinkListener is added so it can intercept mouse clicks on hypertext links and download and display the appropriate web page. For a tutorial on using JEditorPane and

HyperlinkListener, I recommend Chapter 4, "JEditorPane and the Swing HTML Package" of *Core Swing Advanced Programming* by Kim Topley.[5]

```java
    if ( newsPage != null )
    {
      try
      {
        final URL  newsURL = new URL ( newsPage );

        new Thread (
          new Runnable ( )
          {
            public void  run ( )
            {
              try
              {
                jEditorPane.setPage ( newsURL );
              }
              catch ( Exception  ex )
              {
                ex.printStackTrace ( );
              }
            }
          } ).start ( );
      }
      catch ( MalformedURLException  ex )
      {
        ex.printStackTrace ( );
      }
    }
  }
```

When initialized, MultiAppletNews attempts to download the web page at newsURL. This is launched in a separate thread because it might stall indefinitely when there is a network problem.

```java
  private void  processHyperlinkEvent ( HyperlinkEvent  hyperlinkEvent )
  /////////////////////////////////////////////////////////////////////
  {
    try
    {
```

---

5. Kim Topley, *Core Swing Advanced Programming* (Upper Saddle River, NJ: Prentice Hall PTR, 2000).

```
            if ( hyperlinkEvent.getEventType ( )
              == HyperlinkEvent.EventType.ACTIVATED )
          {
              if ( hyperlinkEvent instanceof HTMLFrameHyperlinkEvent )
              {
                HTMLDocument   htmlDocument
                  = ( HTMLDocument ) jEditorPane.getDocument ( );

                htmlDocument.processHTMLFrameHyperlinkEvent (
                  ( HTMLFrameHyperlinkEvent ) hyperlinkEvent );
              }
              else
              {
                URL   url = hyperlinkEvent.getURL ( );

                if ( appletContext != null )
                {
                  appletContext.showDocument ( url, "_blank" );
                }
                else
                {
                  try
                  {
                    JnlpLib.showDocument ( url );
                  }
                  catch ( UnsupportedOperationException   ex )
                  {
                    jEditorPane.setPage ( url );
                  }
                }
              }
          }
        }
        catch ( Exception   ex )
        {
          ex.printStackTrace ( );
        }
      }
```

Clicking a hyperlink generates a HyperlinkEvent. The destination url can then be retrieved from the HyperlinkEvent and displayed. To display the web page, three different mechanisms are attempted. If an AppletContext is available, the code uses it to show the URL in a new browser window. Otherwise, it attempts to launch an external browser using JNLP. If this also fails, the code uses JEditorPane to display the web page. Note that the ability of JEditorPane to display web pages is limited compared to most browsers.

Lifecycle

Interface Lifecycle from package com.croftsoft.core.lang.lifecycle defines all four of the Applet lifecycle methods: init(), start(), stop(), and destroy(). The purpose of the interface is to allow you to build a framework for manipulating lifecycle objects without requiring that they extend from the superclass Applet. For example, you might have a non-visual component that must be initialized, started, stopped, and destroyed that does not need to extend Applet or its super-class Panel.

You might have a framework that needs to initialize a number of objects upon startup and then destroy them upon shutdown. You could pass the objects to the framework as an array of interface Lifecycle instances so that a generic routine could initialize and destroy them. This is somewhat less than satisfactory, however, as the start() and stop() methods would be superfluous and you would need to implement them as blank method bodies.

Over time, I came to the conclusion that the best approach is to define an interface for each method and then extend those interfaces using multiple interface inheritance. Within package com.croftsoft.core.lang.lifecycle, you also find the interfaces Initializable, Startable, Stoppable, and Destroyable, each one defining a single lifecycle method. Interface Commissionable extends both Initializable and Destroyable. Interface Resumable extends Startable and Stoppable. Interface Lifecycle indirectly extends Initializable, Startable, Stoppable, and Destroyable by directly extending Commissionable and Resumable.

Class LifecycleLib in the same package contains a library of static methods for manipulating objects that implement the lifecycle interfaces. For example, static method destroy() takes an array of Destroyable instances as its argument and calls the destroy() method of each in turn, catching and reporting any exceptions thrown before moving on to the next element.

LifecycleWindowListener

For the demonstration framework to run as a Swing desktop application independent of a container such as a browser, it must be able to translate windowing events into the appropriate lifecycle method calls to your game. For example, when the window is activated for the first time, it should call the init() and start() methods to start animation. It should call stop() to suspend the animation when the window is minimized and destroy() when the window is closed.

```
package com.croftsoft.core.gui;

import java.awt.*;
import java.awt.event.*;
import javax.swing.*;

import com.croftsoft.core.awt.image.ImageLib;
import com.croftsoft.core.gui.FullScreenToggler;
import com.croftsoft.core.lang.NullArgumentException;
import com.croftsoft.core.lang.lifecycle.AppletLifecycle;
import com.croftsoft.core.lang.lifecycle.Lifecycle;
import com.croftsoft.core.lang.lifecycle.LifecycleLib;

public final class  LifecycleWindowListener
  implements WindowListener
//////////////////////////////////////////////////////////////////////
//////////////////////////////////////////////////////////////////////
{

private final Lifecycle [ ]  lifecycles;

private final String          shutdownConfirmationPrompt;

private final String          shutdownConfirmationTitle;

//

private boolean  initialized;

[...]

public  LifecycleWindowListener (
  Lifecycle [ ]  lifecycles,
  String          shutdownConfirmationPrompt,
  String          shutdownConfirmationTitle )
//////////////////////////////////////////////////////////////////////
{
  this.lifecycles                 = lifecycles;

  this.shutdownConfirmationPrompt = shutdownConfirmationPrompt;

  this.shutdownConfirmationTitle  = shutdownConfirmationTitle;
}
```

```
[...]

public void  windowActivated ( WindowEvent  windowEvent )
//////////////////////////////////////////////////////////////////
{
  if ( !initialized )
  {
    LifecycleLib.init ( lifecycles );

    initialized = true;
  }

  LifecycleLib.start ( lifecycles );
}

[...]

public void  windowClosing ( WindowEvent  windowEvent )
//////////////////////////////////////////////////////////////////
{
  Window  window = windowEvent.getWindow ( );

  if ( shutdownConfirmationPrompt != null )
  {
    int  confirm = JOptionPane.showOptionDialog ( window,
      shutdownConfirmationPrompt,
      shutdownConfirmationTitle != null
        ? shutdownConfirmationTitle : shutdownConfirmationPrompt,
      JOptionPane.YES_NO_OPTION, JOptionPane.QUESTION_MESSAGE,
      null, null, null );

    if ( confirm != JOptionPane.YES_OPTION )
    {
      return;
    }
  }

  window.hide ( );

  if ( shutdownConfirmationPrompt == null )
  {
    LifecycleLib.stop ( lifecycles );
  }
```

```
        LifecycleLib.destroy ( lifecycles );

        window.dispose ( );

        System.exit ( o );
    }

    public void  windowDeactivated ( WindowEvent  windowEvent )
    //////////////////////////////////////////////////////////////////
    {
        LifecycleLib.stop ( lifecycles );
    }

    [...]
```

Class LifecycleWindowListener in package com.croftsoft.core.gui is an
implementation of abstract class WindowListener in package java.awt.event. You
use it by passing it an array of objects that implement the Lifecycle interface.
When the window is activated for the first time it calls the init() method on the
Lifecycle objects. It also calls the start() method every time. When the window
is deactivated, it calls the stop() method. This means that your game animation
resumes when the user clicks the window or maximizes it and is suspended
when the user clicks outside the window or minimizes it.

When the user clicks the close window icon, it displays a confirmation dis-
play window on top. This deactivates the parent window which results in a call to
the game object stop() method, suspending game animation. If the user then
decides to proceed with the shutdown, it will call the destroy() method before
exit. If the user decides to cancel instead, the confirmation display is dismissed.
This reactivates the parent window and results in a call to the game object
start() method, resuming game animation.

```
    public static void  launchFrameAsDesktopApp (
        JFrame                jFrame,
        final Lifecycle [ ]   lifecycles,
        Dimension             frameSize,
        String                shutdownConfirmationPrompt )
    //////////////////////////////////////////////////////////////////
    {
        NullArgumentException.check ( jFrame );

        jFrame.setDefaultCloseOperation (
            WindowConstants.DO_NOTHING_ON_CLOSE );

        jFrame.addWindowListener ( new LifecycleWindowListener (
```

```
     lifecycles, shutdownConfirmationPrompt ) );

   if ( frameSize != null )
   {
     WindowLib.centerOnScreen ( jFrame, frameSize );
   }
   else
   {
     WindowLib.centerOnScreen ( jFrame, 0.8 );
   }

   jFrame.show ( );
 }
```

Static method `launchFrameAsDesktopApp()` is available within the same class. It adds a new `LifecycleWindowListener` instance to the frame and then calls its `show()` method. Showing the window activates it, which calls the lifecycle `init()` and `start()` methods of your game object. The `Lifecycle` array constructor argument passes in the game object. If no `frameSize` is specified, it defaults to 80 percent of the screen size.

```
public static void  main ( String [ ]  args )
////////////////////////////////////////////////////////////////
{
  launchFrameAsDesktopApp (
    new JFrame ( "Test" ),
    new Lifecycle [ ] {
      new Lifecycle ( )
      {
        public void  init    ( ) { System.out.println ( "init"    ); }
        public void  start   ( ) { System.out.println ( "start"   ); }
        public void  stop    ( ) { System.out.println ( "stop"    ); }
        public void  destroy ( ) { System.out.println ( "destroy" ); }
      } },
    null, // frameSize
    "Exit Test?" );
}
```

Class `LifecycleWindowListener` contains a static `main()` method that you can use to test and demonstrate its functionality by launching it from the command-line prompt. As you manipulate the window containing the test program, the lifecycle methods print debugging messages to the standard output.

MultiApplet

```
package com.croftsoft.core.gui.multi;

[...]

import com.croftsoft.core.CroftSoftConstants;
import com.croftsoft.core.awt.image.ImageLib;
import com.croftsoft.core.gui.FullScreenToggler;
import com.croftsoft.core.gui.LifecycleWindowListener;
import com.croftsoft.core.lang.NullArgumentException;
import com.croftsoft.core.lang.Pair;
import com.croftsoft.core.lang.lifecycle.Lifecycle;

public class  MultiApplet
  extends JApplet
  implements Lifecycle

////////////////////////////////////////////////////////////////////
////////////////////////////////////////////////////////////////////
{
```

The main class, MultiApplet, extends the Swing version of the Applet class, JApplet. It imports a number of other classes from the CroftSoft reusable code library. It implements the Lifecycle interface with its init(), start(), stop(), and destroy() methods so that it can be integrated into a generic Lifecycle framework container.

```
public static final String  DEFAULT_NEWS_NAME = "News";

//

private final String    appletInfo;

private final Pair [ ]  appletPairs;

private final String    newsName;

private final String    newsHTML;

private final String    newsPage;
```

The instance variable appletInfo is returned when the getAppletInfo() method is called. Variables DEFAULT_NEWS_NAME, newsName, newsHTML, and newsPage are used to create an instance of MultiAppletNews.

A Pair is a convenience class from package com.croftsoft.core.lang that I use to hold together a related pair of String objects, usually a name-value pair. I like to use an array of Pair instead of two separate String arrays because then I do not have to worry about the String arrays accidentally being of unequal length. In the MultiApplet class, I use the name to store the short name of a game applet to be displayed on a tab at the top of a JTabbedPane. The value is the class name of the corresponding game applet.

```
private JTabbedPane       jTabbedPane;

private Component         appletComponent;

private boolean           isStarted;

private int               index;

private MultiAppletStub   multiAppletStub;
```

This JApplet subclass maintains an instance reference to a JTabbedPane Swing component. The JTabbedPane is used to contain your game applets. When the user clicks a tab, a different game is loaded.

The appletComponent is a reference to the game currently loaded. Note that it is an instance of Component, not Applet. The boolean flag isStarted provides life-cycle state information. The index variable indicates which tab is currently selected. The MultiAppletStub instance is used to propagate the AppletContext to the game applets.

```
public static void  main ( String [ ]  args )
/////////////////////////////////////////////////////////////////
{
  launch (
    CroftSoftConstants.DEFAULT_APPLET_INFO,
    new Pair [ ] {
      new Pair ( "Applet1", "javax.swing.JApplet" ),
      new Pair ( "Applet2", "javax.swing.JApplet" ) },
    DEFAULT_NEWS_NAME,
    ( String ) null,
    CroftSoftConstants.HOME_PAGE,
    "CroftSoft MultiApplet",
    CroftSoftConstants.FRAME_ICON_FILENAME,
    MultiApplet.class.getClassLoader ( ),
```

```
        ( Dimension ) null,
        "Close CroftSoft MultiApplet?" );
    }
```

You use static method main() to test the MultiApplet from the command line. It passes test data to the following launch() method.

```
public static void  launch (
  String       appletInfo,
  Pair [ ]     appletPairs,
  String       newsName,
  String       newsHTML,
  String       newsPage,
  String       frameTitle,
  String       frameIconFilename,
  ClassLoader  frameIconClassLoader,
  Dimension    frameSize,
  String       shutdownConfirmationPrompt )
//////////////////////////////////////////////////////////////////////
{
  JFrame  jFrame = new JFrame ( frameTitle );

  try
  {
    Image  iconImage = ImageLib.loadBufferedImage (
      frameIconFilename, frameIconClassLoader );

    if ( iconImage != null )
    {
      jFrame.setIconImage ( iconImage );
    }
  }
  catch ( Exception  ex )
  {
  }
```

The static launch() method launches the program when it is not embedded in a web page as an applet. This allows it to be run as an executable JAR desktop application or as a Java Web Start application. It starts by creating a new frame and setting the frame icon image, that little picture at the top left corner of the frame. If it cannot find the image, it ignores it and moves on.

```
MultiApplet  multiApplet = new MultiApplet (
  appletInfo, appletPairs, newsName, newsHTML, newsPage );
```

```
        jFrame.setContentPane ( multiApplet );

        FullScreenToggler.monitor ( jFrame );

        LifecycleWindowListener.launchFrameAsDesktopApp (
            jFrame,
            new Lifecycle [ ] { multiApplet },
            frameSize,
            shutdownConfirmationPrompt );
    }
```

It then creates an instance of the MultiApplet and sets it as the content page for the frame. Method FullScreenToggler.monitor(), described in Chapter 5, is used to allow the user to toggle between windowed and full screen mode. The static convenience method launchFrameAsDesktopApp in class LifecycleWindowListener shows the frame and calls the appropriate lifecycle methods on the MultiApplet instance when the user activates, deactivates, or closes the window.

```
    public  MultiApplet (
        String    appletInfo,
        Pair [ ]  appletPairs,
        String    newsName,
        String    newsHTML,
        String    newsPage )
    ////////////////////////////////////////////////////////////////////
    {
        NullArgumentException.check ( this.appletInfo  = appletInfo  );

        NullArgumentException.check ( this.appletPairs = appletPairs );

        NullArgumentException.check ( this.newsName    = newsName    );

        this.newsHTML = newsHTML;

        this.newsPage = newsPage;
    }
```

The constructor method simply saves references to the constructor arguments for later use in the init() method.

```
    public String  getAppletInfo ( )
    ////////////////////////////////////////////////////////////////////
```

```
   {
     return appletInfo;
   }


   public void  init ( )
   //////////////////////////////////////////////////////////////////////
   {
     Container  contentPane = getContentPane ( );

     contentPane.setLayout ( new BorderLayout ( ) );

     jTabbedPane = new JTabbedPane (
       JTabbedPane.TOP, JTabbedPane.SCROLL_TAB_LAYOUT );

     contentPane.add ( jTabbedPane, BorderLayout.CENTER );
```

The init() code makes the JTabbedPane fill the frame. The tabs run along the top and can be scrolled left and right when there are too many to fit in the width of the window. By using the scroll tab layout, you can have a large number of tabs, one for each game, without using up additional screen real estate.

```
     jTabbedPane.add (
       new MultiAppletNews ( newsHTML, newsPage, this ), newsName );
```

On the first tab, I put the special component called MultiAppletNews. I treat this component differently from the others because it downloads a web page from my web site. I do not want it to be destroyed when a user clicks another tab because it would then have to download the web page again when the user comes back to it. For this reason, as documented in the following code, the code treats this particular panel differently from the others.

```
     for ( int  i = 0; i < appletPairs.length; i++ )
     {
       jTabbedPane.add ( new JPanel ( ), appletPairs [ i ].name );
     }
```

I then create all the other tabs as labeled with the short names of the games.

```
     jTabbedPane.addChangeListener (
       new ChangeListener ( )
       {
         public void  stateChanged ( ChangeEvent  changeEvent )
         {
```

```
        handleStateChange ( );
      }
    } );

  multiAppletStub = new MultiAppletStub ( this );
}
```

I add a ChangeListener to the JTabbedPane so that I can tell when a user clicks a different tab. I end the initialization method by creating a MultiAppletStub instance.

```
public void  start ( )
////////////////////////////////////////////////////////////////////
{
  multiAppletStub.setActive ( true );

  try
  {
    if ( appletComponent instanceof Applet )
    {
      ( ( Applet ) appletComponent ).start ( );
    }
    else if ( appletComponent instanceof Lifecycle )
    {
      ( ( Lifecycle ) appletComponent ).start ( );
    }
  }
  catch ( Exception  ex )
  {
    ex.printStackTrace ( );
  }

  isStarted = true;
}
```

The start() method of MultiApplet delegates to the start() method of the current appletComponent if it can determine that it is an instance of Applet or Lifecycle. Note that to be included within MultiApplet, a game must extend Component but it does not have to extend Applet or implement Lifecycle. An example of this might be a game where the updates are driven exclusively by user-input events such as mouse clicks instead of a continuously running animation thread.

```java
public void   stop ( )
///////////////////////////////////////////////////////////////////
{
   multiAppletStub.setActive ( false );

   try
   {
     if ( appletComponent instanceof Applet )
     {
       ( ( Applet ) appletComponent ).stop ( );
     }
     else if ( appletComponent instanceof Lifecycle )
     {
       ( ( Lifecycle ) appletComponent ).stop ( );
     }
   }
   catch ( Exception   ex )
   {
     ex.printStackTrace ( );
   }

   isStarted = false;
}

public synchronized void   destroy ( )
///////////////////////////////////////////////////////////////////
{
   try
   {
     if ( appletComponent instanceof Applet )
     {
       ( ( Applet ) appletComponent ).destroy ( );
     }
     else if ( appletComponent instanceof Lifecycle )
     {
       ( ( Lifecycle ) appletComponent ).destroy ( );
     }
   }
   catch ( Exception   ex )
   {
     ex.printStackTrace ( );
   }
}
```

The stop() and destroy() methods are similar. The start() and stop() methods mutate the active state of the MultiAppletStub. These methods are usually called in response to windowing events such as window activated or deactivated, window minimized or maximized, or window closed.

```
private void  handleStateChange ( )
/////////////////////////////////////////////////////////////////////
{
   if ( isStarted )
   {
     stop ( );
   }
```

If the user clicks a different tab and the currently selected game is running, the handleStateChange() method stops it.

```
if ( index > 0 )
{
   jTabbedPane.setComponentAt ( index, new JPanel ( ) );

   destroy ( );

   appletComponent = null;

   System.gc ( );
}

index = jTabbedPane.getSelectedIndex ( );
```

An index position of zero indicates that the tab panel containing Multi-AppletNews is being displayed. Unless the current index position is zero, the current appletComponent is destroyed and all references to it are removed. A garbage collection of system memory is forced at this point to reduce the chances that it will automatically run later and interrupt the animation of the newly selected game. The index position is updated to point to the newly selected tab panel.

```
if ( index > 0 )
{
   try
   {
     appletComponent = ( Component ) Class.forName (
       appletPairs [ index - 1 ].value ).newInstance ( );
```

If the new index position is not zero, the game is loaded into memory using dynamic linking.

```
            if ( appletComponent instanceof Applet )
            {
                ( ( Applet ) appletComponent ).setStub ( multiAppletStub );
            }

            if ( appletComponent instanceof JComponent )
            {
                FullScreenToggler.monitor ( ( JComponent ) appletComponent );
            }

            jTabbedPane.setComponentAt ( index, appletComponent );
```

If the appletComponent is an instance of Applet, the AppletStub is set. If it is an instance of JComponent, we can monitor it for keyboard events that toggle full screen mode. All the dynamically loaded classes must at least extend Component so that they can be added to the JTabbedPane.

```
            try
            {
                if ( appletComponent instanceof Applet )
                {
                    ( ( Applet ) appletComponent ).init ( );
                }
                else if ( appletComponent instanceof Lifecycle )
                {
                    ( ( Lifecycle ) appletComponent ).init ( );
                }
            }
            catch ( Exception  ex )
            {
                ex.printStackTrace ( );
            }

            start ( );
        }
        catch ( Exception  ex )
        {
            ex.printStackTrace ( );
        }
    }
}
```

The init() method of the new appletComponent instance is followed by a call to the start() method of the MultiApplet. Note that the init() method of the

MultiApplet initializes the `MultiApplet` but its `start()` method initializes the
`appletComponent`.

CroftSoftCollection

`CroftSoftCollection` is the demonstration program that is compiled and
launched when you run the default target in the Ant build file. By modifying the
constants, you can use it as template code to distribute your own collection of
games within a `MultiApplet`.

```
package com.croftsoft.apps.collection;

import java.awt.Dimension;
import java.net.URL;

import com.croftsoft.core.CroftSoftConstants;
import com.croftsoft.core.gui.multi.MultiApplet;
import com.croftsoft.core.lang.Pair;

public final class  CroftSoftCollection
  extends MultiApplet
//////////////////////////////////////////////////////////////////////
//////////////////////////////////////////////////////////////////////
{

[...]
```

`CroftSoftCollection` extends `MultiApplet` so that it can run within an applet
container.

```
private static final Pair [ ]  APPLET_PAIRS = {
  new Pair (
    "BackpropXOR",
    "com.croftsoft.apps.backpropxor.BackpropXor" ),
  new Pair (
    "Clock",
    "com.croftsoft.apps.clock.DigitalClock" ),
  [...]
  new Pair (
    "Zombie",
    "com.croftsoft.apps.zombie.Zombie" ) };
```

It defines the APPLET_PAIRS array to be passed as an argument to MultiApplet. There is no pre-defined limit to the length of the array. Whenever I create a new game, I usually insert it into the array in alphabetical order. The preceding code shows only three of the array elements.

```
private static final String  NEWS_NAME
  = MultiApplet.DEFAULT_NEWS_NAME;

private static final String  NEWS_HTML
  = "<html><body><pre>" + APPLET_INFO + "</pre></body></html>";

private static final String  NEWS_PAGE
  = "http://www.croftsoft.com/portfolio/collection/news/";
```

When you create your own subclass of MultiApplet to deploy your own games, you will want to change these MultiAppletNews constants. You will also probably want to load the text of NEWS_HTML from a resource file within the JAR instead of defining it as a compiled constant as I have done here.

```
private static final String  FRAME_TITLE = TITLE;

private static final String  FRAME_ICON_FILENAME
  = CroftSoftConstants.FRAME_ICON_FILENAME;

private static final Dimension  FRAME_SIZE = null;

private static final String  SHUTDOWN_CONFIRMATION_PROMPT
  = "Close " + TITLE + "?";
```

You can also customize the frame variables in your own subclass. You will probably want to start by copying CroftSoftCollection.java, renaming the package and class name, and replacing one of the games with one of your own.

```
public static void  main ( String [ ]  args )
  throws Exception
////////////////////////////////////////////////////////////////////////
{
  System.out.println ( APPLET_INFO );

  MultiApplet.launch (
    APPLET_INFO,
    APPLET_PAIRS,
    NEWS_NAME,
    NEWS_HTML,
```

```
      NEWS_PAGE,
      FRAME_TITLE,
      FRAME_ICON_FILENAME,
      CroftSoftCollection.class.getClassLoader ( ),
      FRAME_SIZE,
      SHUTDOWN_CONFIRMATION_PROMPT );
  }
```

Note that the main() method does not create an instance of CroftSoft-Collection. It simply passes the static constants defined in that class to the static launch() method of MultiApplet.

```
public  CroftSoftCollection ( )
//////////////////////////////////////////////////////////////////
{
  super (
    APPLET_INFO,
    APPLET_PAIRS,
    NEWS_NAME,
    NEWS_HTML,
    NEWS_PAGE );
}
```

When the CroftSoftCollection is used as an applet, however, you must provide a no-argument constructor that passes these constants to the constructor method of the superclass MultiApplet.

```
<javac srcdir="${srcdir}" destdir="jar">
  <include name="com/croftsoft/apps/collection/CroftSoftCollection.java"/>
  <include name="com/croftsoft/apps/backpropxor/BackpropXor.java"/>
  <include name="com/croftsoft/apps/clock/DigitalClock.java"/>
  [...]
  <include name="com/croftsoft/apps/zombie/Zombie.java"/>
</javac>
<jar
  jarfile="collection.jar"
  basedir="jar"
  manifest="bld/apps/collection/manifest.txt"/>
```

Because these game applets are dynamically linked, you have to take care to make sure that they are explicitly included in your build. The preceding code is an excerpt from my Ant build.xml file. Note that if the classes were statically linked, you would only need the first include tag.

Summary

In this chapter, I introduced three standard Java game deployment frameworks: browser-based applets, executable JARs, and Java Web Start. I discussed the advantages and disadvantages of each with regard to different features including security. Throughout the chapter, I covered programming techniques for creating your own games including animation thread management, isolating optional packages using custom interfaces and dynamic linking, external browser access through JNLP, using a frame as a stand-alone container, and displaying web pages using Swing. The chapter ended with an examination of the source code of MultiApplet, a reusable framework that you can use to deploy your own games.

Further Reading

Schmidt, Rene W. *Java Network Launching Protocol & API Specification.*
http://java.sun.com/products/javawebstart/download-spec.html.
Sun Microsystems. *Java Plug-in 1.4.2 Developer Guide.*
http://java.sun.com/j2se/1.4.2/docs/guide/plugin/.
Sun Microsystems. *Java Web Start 1.4.2 Developer Guide.*
http://java.sun.com/j2se/1.4.2/docs/guide/jws/developersguide/
contents.html.
Sun Microsystems. "Why Are Thread.stop, Thread.suspend, Thread.resume and Runtime.runFinalizersOnExit Deprecated?"
http://java.sun.com/j2se/1.4.1/docs/guide/misc/threadPrimitiveDeprecation.
html.
Topley, Kim. "JEditorPane and the Swing HTML Package." Chapter 4 in *Core Swing Advanced Programming*. Upper Saddle River, NJ: Prentice-Hall PTR, 2000.

CHAPTER 3

Swing Animation

Do not squander time, for that is the stuff life is made of. —Benjamin Franklin

In this chapter, we examine in detail three interfaces and one class that form the backbone of the reusable Swing-based animation library. Additionally covered are one or more implementations of each interface. Understanding how these core classes operate is key to understanding the implementation trade-offs. It is also useful to understand how these classes work when it comes to creating and integrating your own animation classes to create a unique game.

- ComponentAnimator

- RepaintCollector

- LoopGovernor

- AnimatedComponent

These classes work together to generate successive frames in an animation loop with three major phases. In the first phase, the *update phase*, the Component-Animator updates the sprite positions and generates the repaint requests. These repaint requests are gathered and consolidated by the RepaintCollector. During the second phase, the *paint phase*, the RepaintCollector is queried for those regions of the component surface that need to be repainted. The Component-Animator then paints them. In the third phase, the *delay phase*, the LoopGovernor is used to delay the thread that is running the animation loop just long enough for it to slow down to the desired frame rate. The AnimatedComponent is the Swing component that brings it all together by providing the surface on which the painting occurs, the animation loop that calls the other classes, and the lifecycle methods that allow the animation to be integrated into a framework.

ComponentAnimator

Our first core animation class is ComponentAnimator. Implementations of interface ComponentAnimator are responsible for updating the sprite positions, identifying

which areas of the component need to be repainted as a result, and then painting those regions on the surface of the component. An implementation of ComponentAnimator contains your game-specific code.

```
package com.croftsoft.core.animation;

public interface  ComponentAnimator
   extends ComponentUpdater, ComponentPainter
```

ComponentAnimator is an interface that extends two other interfaces, ComponentUpdater and ComponentPainter. It defines no additional methods.

```
public void  update ( JComponent  component );
```

Interface ComponentUpdater defines a single method, update(JComponent), which is used to update the positions of the sprites and request repaints of the component where necessary. update(JComponent) makes the repaint requests by calling the JComponent repaint methods, including those repaint methods inherited from the JComponent superclass Component. Note that the special JComponent subclass AnimatedComponent overrides its repaint() methods to improve animation performance. A ComponentUpdater can be used with any JComponent subclass, not just AnimatedComponent.

```
public void  paint (
   JComponent  component,
   Graphics2D  graphics );
```

The ComponentPainter interface defines an object that knows how and where to paint a graphical JComponent. Contrast the paint() method signature shown above with the paintIcon() method signature defined in the Swing interface Icon as shown below.

```
public void  paintIcon (
   Component  c,
   Graphics   g,
   int        x,
   int        y );
```

The comparison shows that a Swing Icon knows how to paint a component but not where. The "where" must be provided as x and y coordinates. A ComponentPainter, however, is assumed to already know where to paint the component and will usually encapsulate these coordinates, if needed, as internal state.

A couple of other minor differences are that the ComponentPainter interface uses JComponent instead of the superclass Component, and Graphics2D instead of the superclass `Graphics` in its method arguments. This means that `ComponentPainter` implementations do not need to cast a `Graphics` reference to a `Graphics2D` reference to get at the extended functionality of a `Graphics2D` object.

Update and Paint Phases

A `ComponentAnimator` is usually accessed in two phases by the animation loop. First, its `update()` method is called to update the sprite positions and make repaint requests in the update phase. Second, its `paint()` method is called to paint the component with the sprites in their new positions in the paint phase.

These two operations are separated for two reasons. The first reason is to make it easy to repaint the component without having to update the sprite positions. This is often necessary, for example, when the animation is paused, but a repaint is needed because the component has been briefly covered and then uncovered by another window. The second reason is that it makes more sense to perform all of the sprite position updates and repaint requests at once before the paint event. This is because the sprites are moving simultaneously and you do not want to paint part of a sprite in its old position while painting another over-lapping sprite in its new position. It also makes it easier to collect and then coalesce repaint requests, possibly merging them into a single request, before any paint operations.

Sprite Defined

Keep in mind that usually when I use the term *sprite*, I am using a very loose definition in which a sprite can be anything that can update some state, paint a component, or both when called upon to do so. In this book, I am usually referring to an implementation of a `ComponentUpdater`, `ComponentPainter`, or `ComponentAnimator` interface when I use that term without being specific as to which it is.

This differs from the traditional definition of sprite, or in some books *actor*, which seems to be an object that can both update state and paint a component like a `ComponentAnimator`, but with some additional qualifications. First, the term *sprite* usually refers to an iconic actor on the scene such as a character, as opposed to the background or a decoration. Under this definition, a spaceship object would qualify but an object that depicts a sliding field of stars in the background might not. Second, it usually defines some properties related to the physics of movement and methods for handling movement. In a later chapter, I introduce a subinterface of `ComponentAnimator` named `Sprite` that defines properties for spatial coordinates, velocity, and heading, and provides methods to determine if the object collided with another object in virtual space.

In this chapter, however, I do not get that specific. A sprite could be a background color for the component, a non-moving object in the scene, an overlying fog, text that displays the current score, or a swarm of bad guys treated as a single composite object. It could be just about anything that can be called from the animation loop to update state or paint the component.

ExampleAnimator

```
package com.croftsoft.ajgp.anim;

import java.awt.Graphics2D;
import javax.swing.JComponent;

import com.croftsoft.core.animation.ComponentAnimator;
import com.croftsoft.core.lang.NullArgumentException;

public final class  ExampleAnimator
  implements ComponentAnimator
//////////////////////////////////////////////////////////////////////
//////////////////////////////////////////////////////////////////////
{

private final String   text;

private final int      deltaX;

private final int      deltaY;

//

private int  x;

private int  y;

//////////////////////////////////////////////////////////////////////
//////////////////////////////////////////////////////////////////////

public  ExampleAnimator (
  String   text,
  int      deltaX,
  int      deltaY )
//////////////////////////////////////////////////////////////////////
```

```
{
  NullArgumentException.check ( this.text = text );

  this.deltaX = deltaX;

  this.deltaY = deltaY;
}

///////////////////////////////////////////////////////////////////
///////////////////////////////////////////////////////////////////

public void  update ( JComponent  component )
///////////////////////////////////////////////////////////////////
{
  x += deltaX;

  y += deltaY;

  int  componentWidth  = component.getWidth  ( );

  int  componentHeight = component.getHeight ( );

  if ( x > componentWidth )
  {
    x = 0;
  }
  else if ( x < 0 )
  {
    x = componentWidth;
  }

  if ( y > componentHeight )
  {
    y = 0;
  }
  else if ( y < 0 )
  {
    y = componentHeight;
  }

  component.repaint ( );
}

public void  paint (
```

```
    JComponent   component,
    Graphics2D   graphics )
    /////////////////////////////////////////////////////////////////////
    {
      graphics.setColor ( component.getForeground ( ) );

      graphics.drawString ( text, x, y );
    }
```

ExampleAnimator from package com.croftsoft.ajgp.anim is a simple Component-
Animator implementation that slides text across a component. In the update()
method, the x and y coordinates are shifted by deltaX and deltaY respectively
with each new frame of the animation. If the text slides off the edge of the com-
ponent, it is wrapped around to the other side. The final act of the update()
method is to request a repaint of the entire component to show the updated
position. When the repaint request is processed later, the paint() method simply
paints the text at that position.

RepaintCollector

It has been my experience that the most significant performance optimization
one can make in Java game programming is to minimize the number of pixels
painted in each new frame of animation. Sometimes you can simply repaint the
entire screen every time and still achieve your desired frame rate. Example-
Animator, for example, requests a repaint of the entire component each time its
update() method is called. On slower computers or platforms without graphics
acceleration, however, your animation may be so slow that the game is unplay-
able. The following describes a mechanism for ensuring that your game will run
with acceptable performance on a wide range of platforms.

Swing Serialization

The Swing GUI library code has been optimized for efficiency, which means that
there are very few synchronized methods that would prevent methods from
being called simultaneously by different threads. In other words, most Swing
methods are not *thread-safe* and should only be executed serially, i.e., one at a
time. If you do manage to call the methods simultaneously, you will sometimes
see funny effects such as components not properly redrawing themselves on the
screen in response to multiple simultaneous external events.

Most of the time, however, this is not a problem, as Swing methods such as
repaint() do not actually repaint the screen immediately but instead simply
queue the requests for serial execution later by another special thread. This

special thread is called the *event dispatch thread* and it continuously monitors the AWT `EventQueue` for operations to perform serially.

The `repaint()` method is smart enough that if multiple repaint requests pile up in the AWT `EventQueue` faster than the event dispatch thread can process them, they will be coalesced, i.e., merged, into a single request for efficiency. If the repaint areas for the multiple requests are not exactly identical, the new merged request will cover a rectangular area that encloses the union of both of the original requested areas.

Animation Problems

This attempt at efficiency causes a perverse effect when it comes to high-speed animation in Swing. Often it would take less time to process the requests separately than if they were merged into one. For example, suppose that you have a single sprite roaming around in the top-left corner of your scene with a stationary background. Your repaint request can be handled quickly just by repainting the background over a very small square covering the old position and another at the sprite's new position. If the sprite is 32 pixels in width and 32 pixels in height (32×32), this is just $2 \times 32 \times 32 = 2048$ pixels.

You can often get away with drawing even fewer pixels because the new sprite area will overlap the old sprite area. For example, if the maximum sprite velocity and the frame rate is such that you know that the sprite can only move one pixel per frame at the most, you could just repaint over a single 33×33 pixel area. This is just 1089 pixels, about half the 2048 if we drew both separately. In this case, collapsing two repaint requests, one for the old sprite position and another for the new one, into a single request has helped us. Before Just-In-Time (JIT) compilers, gigahertz computers, and accelerated graphics came on the scene, this is a trick that I used in the early days of Java to achieve fast animation.

But suppose now that you have two sprites wandering around the scene on a stationary background, one in the upper right corner and the other in the lower left. If the requests to repaint these sprites are processed separately, only $2 \times 33 \times 33 = 2178$ pixels need to be painted. But if they are merged into one request, it is a different story. Suppose the two sprites are separated by 300 pixels vertically and horizontally. Any merged repaint request for two separate sprites would have to use a rectangle that enclosed this 300×300 inner area, which is 90,000 extra pixels to draw. As the sprites approached each other, the animation would speed up. As they got farther apart, it would slow down.

As shown in Figure 3-1, you can observe this phenomenon using the Sprite program in the CroftSoft Collection. When the Sprite program starts, the target frame rate is set to the default maximum value as measured in frames per second (fps). Since most machines today cannot repaint the component that fast, the actual frame rate achieved will be less. Under Options, select "Only sprite regions." The frame rate should suddenly increase dramatically since only the sprite regions, not the entire component, are being repainted in each frame. You should be able to distinguish these repaint regions clearly, as the background brick pattern will be moving within their bounds but not outside of them. After observing the behavior for a bit, select the option "Use Swing RepaintManager." The sprite repaint regions will then coalesce into a single repaint region that expands as the sprites move away from each other and contracts as they approach. The frame rate will be inversely proportional to the size of this region.

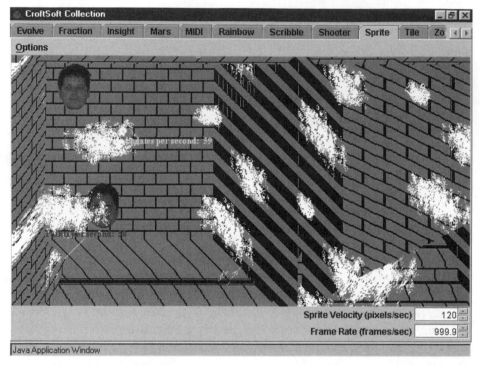

Figure 3-1. Coalescing repaint requests

Another problem with the default Swing repaint behavior for animation is that some repaints may occur before you want them to. Suppose that you have two sprites sailing along side by side from left to right. In this case you want to update the position of the first sprite, then the second, and then repaint both simultaneously so that one does not appear to be leading the other momentarily. Whether the default Swing repaint behavior repaints each sprite separately or at the same time depends upon the timing of the repaint requests and whether they get coalesced or not.

RepaintCollector

Class `AnimatedComponent`, described in detail at the end of this chapter, allows you to override the default behavior of the repaint operations by delegating all repaint requests to an instance of interface RepaintCollector from package com.croftsoft.core.animation. RepaintCollector is responsible for collecting the repaint requests generated during the update phase. This allows you to provide your own strategy for how you want to merge multiple repaint requests and control when they are processed.

```
public int  getCount ( );

public Rectangle [ ]  getRepaintRegions ( );
```

Interface RepaintCollector method getCount() returns the number of repaint requests made during the current animation-loop iteration. The requested repaint areas are returned by method getRepaintRegions(). The length of the Rectangle array returned may be longer than the request count; in this case only the first count positions will contain valid data.

```
public void  repaint ( );

public void  repaint (
    int  x,
    int  y,
    int  width,
    int  height );
```

AnimatedComponent delegates repaint requests to the RepaintCollector using these two methods. The first method requests a repaint of the entire component and the second generates a request to repaint a limited rectangular area on the component. Painting the entire component is useful, for example, when the entire background of the scene is moving.

```
public void  reset ( );
```

The reset() method is called at the end of each animation loop iteration after the component has been repainted. It resets the request count to zero in preparation for the next loop.

SimpleRepaintCollector

```
public class  SimpleRepaintCollector
  implements RepaintCollector
```

SimpleRepaintCollector is a very simple concrete implementation of interface RepaintCollector. It exists in package com.croftsoft.core.animation.collector. The subpackage collector contains other concrete RepaintCollector implementations such as BooleanRepaintCollector, CoalescingRepaintCollector, NullRepaintCollector, and SwingRepaintCollector. I have organized the animation classes by grouping concrete implementations of an interface within a subpackage with the same name as the interface.

```
private int            count;

private Rectangle [ ]  repaintRegions;

public  SimpleRepaintCollector ( )
//////////////////////////////////////////////////////////////////////
{
  repaintRegions = new Rectangle [ 0 ];
}

public int  getCount ( ) { return count; }

public Rectangle [ ]  getRepaintRegions ( )
//////////////////////////////////////////////////////////////////////
{
  return repaintRegions;
}
```

SimpleRepaintCollector reacts to repaint requests by incrementing the request count and storing the request area. When its accessor methods are called, SimpleRepaintCollector simply returns the stored data as given.

```
public void  repaint (
  int  x,
  int  y,
  int  width,
  int  height )
//////////////////////////////////////////////////////////////////////
{
  if ( count == repaintRegions.length )
  {
    repaintRegions = ( Rectangle [ ] ) ArrayLib.append (
      repaintRegions, new Rectangle ( x, y, width, height ) );
  }
  else
  {
```

```
      repaintRegions [ count ].setBounds ( x, y, width, height );
   }


   count++;
}
```

A request to repaint an area is simply appended to the Rectangle array repaintRegions and the count is incremented. If the array is not long enough, it is replaced by a new array using the ArrayLib.append() method from package com.croftsoft.core.util. If the array is already long enough, an old Rectangle instance in the array is reused to hold the new data. Assuming the length of the array eventually stabilizes to some maximum value, probably equal to the number of sprites in the game, this technique ensures that new Rectangle instances do not need to be created with every animation loop.

This method is unsynchronized, as it is assumed that the repaint requests generated during the update phase will be serialized through the event dispatch thread. If this is not the case and this method is called simultaneously by more than one thread, the data could become garbled.

```
public void  repaint ( )
//////////////////////////////////////////////////////////////////
{
   repaint ( 0, 0, Integer.MAX_VALUE, Integer.MAX_VALUE );
}
```

The ArrayLib.append() method handles requests to repaint the entire component. The implementation simply delegates to the previous repaint() method using the maximum dimensions.

```
public void  reset ( )
//////////////////////////////////////////////////////////////////
{
   count = 0;
}
```

The reset method simply resets the count to zero. The Rectangle array repaintRegions is not cleared, as the old data will simply be overwritten during the next loop.

BooleanRepaintCollector

BooleanRepaintCollector is another simple RepaintCollector implementation in that it simply repaints the entire component in response to one or more repaint requests, regardless of the sizes of the requested repaint areas. If there is no repaint request during the animation loop, no repaint will occur. Another way to think of this RepaintCollector implementation is as an all-or-nothing strategy that coalesces multiple requests into one.

The BooleanRepaintCollector is often adequate for many animation tasks. Since you know that this implementation is going to repaint the entire component with each frame if there is at least one repaint request, the Component-Animator implementations do not need to calculate the repaint areas when they perform the sprite position updates. This makes a lot of sense when the scene background is always moving around and you know that the entire component would have to be repainted anyway.

```
private static final Rectangle [ ]  REPAINT_REGIONS
  = new Rectangle [ ] {
  new Rectangle ( Integer.MAX_VALUE, Integer.MAX_VALUE ) };

//

private boolean  doRepaint;
```

Constant Rectangle array REPAINT_REGIONS contains a single rectangle of maximum size. Boolean doRepaint is a flag that indicates whether there has been a repaint request during the current animation-loop iteration.

```
public int  getCount ( )
//////////////////////////////////////////////////////////////////
{
  return doRepaint ? 1 : 0;
}

public Rectangle [ ]  getRepaintRegions ( )
//////////////////////////////////////////////////////////////////
{
  return REPAINT_REGIONS;
}
```

The getCount() method simply returns a value of one if there have been any number of repaint requests whatsoever during the current animation-loop iteration. If the getCount() method returns zero instead, the array returned by method getRepaintRegions() will not be used, as only its first zero elements are assumed to contain valid data.

```
public void  repaint (
  int  x,
```

```
  int  y,
  int  width,
  int  height )
/////////////////////////////////////////////////////////////////////
{
  doRepaint = true;
}


public void  repaint ( )
/////////////////////////////////////////////////////////////////////
{
  doRepaint = true;
}
```

These two methods simply set the doRepaint flag. Note that the area arguments in the first method are not used. If the sprites are not moving, neither of these methods will be called. In this case, the doRepaint flag will remain false.

```
public void  reset ( )
/////////////////////////////////////////////////////////////////////
{
  doRepaint = false;
}
```

At the end of each animation loop iteration, the doRepaint flag is reset to false.

CoalescingRepaintCollector

Using SimpleRepaintCollector can be inappropriate when you have requests to repaint small areas of the component, mixed with requests to repaint the entire component. In this case, you will end up repainting the small areas and then immediately repainting over them again in the same frame when you repaint the entire component one or more times. It would be better to use BooleanRepaint-Collector in this case to coalesce all of the repaint requests into one.

Using BooleanRepaintCollector, however, can be inappropriate when you only have requests to repaint a few small areas of the component. In this case you will repaint the entire component unnecessarily, which can slow the animation frame rate down. What is needed, then, is a strategy that is smart enough to behave like SimpleRepaintCollector when there are just a few small repaint areas, and like BooleanRepaintCollector when there is at least one request to repaint the entire component.

At the beginning of each animation loop iteration, CoalescingRepaint-Collector stores the repaint requests individually. If it receives a request to repaint the entire component, however, it will collapse the multiple individual requests into a single request. This makes CoalescingRepaintCollector a good implementation to use when it is not known beforehand whether the Component-Animator will make a request to repaint the entire component during every animation loop iteration.

```java
package com.croftsoft.core.animation.collector;

import java.awt.Rectangle;
import java.awt.geom.Rectangle2D;

import com.croftsoft.core.animation.RepaintCollector;
import com.croftsoft.core.util.ArrayLib;

public class  CoalescingRepaintCollector
  implements RepaintCollector
//////////////////////////////////////////////////////////////////////
//////////////////////////////////////////////////////////////////////
{

private static final Rectangle [ ]  ALL_REGIONS = new Rectangle [ ] {
  new Rectangle ( Integer.MAX_VALUE, Integer.MAX_VALUE ) };

//

private int              count;

private boolean          repaintAll;

private Rectangle [ ]  repaintRegions;

//////////////////////////////////////////////////////////////////////
//////////////////////////////////////////////////////////////////////

public  CoalescingRepaintCollector ( )
//////////////////////////////////////////////////////////////////////
{
  repaintRegions = new Rectangle [ 0 ];
}
```

Boolean repaintAll is the flag that indicates whether the entire component should be repainted during this animation loop iteration. As you can see,

CoalescingRepaintCollector has most of the same instance variables as both SimpleRepaintCollector and BooleanRepaintCollector.

```
public int  getCount ( )
//////////////////////////////////////////////////////////////////
{
  if ( repaintAll )
  {
    return 1;
  }

  boolean  hasIntersections = true;

  while ( hasIntersections )
  {
    hasIntersections = false;

    iLoop:

    for ( int  i = 0; i < count - 1; i++ )
    {
      Rectangle  iRectangle = repaintRegions [ i ];

      for ( int  j = i + 1; j < count; j++ )
      {
        Rectangle  jRectangle = repaintRegions [ j ];

        if ( iRectangle.intersects ( jRectangle ) )
        {
          hasIntersections = true;

          Rectangle2D.union ( iRectangle, jRectangle, iRectangle );

          repaintRegions [ j ] = repaintRegions [ count - 1 ];

          repaintRegions [ count - 1 ] = jRectangle;

          count--;

          break iLoop;
        }
      }
    }
  }
```

```
        return count;
    }


    public Rectangle [ ]  getRepaintRegions ( )
    /////////////////////////////////////////////////////////////////////
    {
        return repaintAll ? ALL_REGIONS : repaintRegions;
    }
```

If the repaintAll flag is set, the accessor methods of CoalescingRepaint-
Collector return the same values that the BooleanRepaintCollector would. If the
repaintAll flag is false, the accessor methods return the same values that the
SimpleRepaintCollector would, with the exception that repaint regions that over-
lap are coalesced when the getCount() method is called. Whereas the standard
Swing RepaintManager will coalesce all repaint regions on the screen, no matter
how far apart they are separated into a single large repaint region, Coalescing-
RepaintCollector coalesces only those repaint regions that overlap.

```
    public void  repaint (
        int  x,
        int  y,
        int  width,
        int  height )
    /////////////////////////////////////////////////////////////////////
    {
        if ( repaintAll )
        {
            return;
        }

        if ( count == repaintRegions.length )
        {
            repaintRegions = ( Rectangle [ ] ) ArrayLib.append (
                repaintRegions, new Rectangle ( x, y, width, height ) );
        }
        else
        {
            repaintRegions [ count ].setBounds ( x, y, width, height );
        }

        count++;
    }
```

Any requests that come in after the `repaintAll` flag has been set are simply ignored.

```
public void  repaint ( )
///////////////////////////////////////////////////////////////////
{
  repaintAll = true;
}

public void  reset ( )
///////////////////////////////////////////////////////////////////
{
  count = 0;

  repaintAll = false;
}
```

The `repaintAll` flag is set the first time a request to repaint the entire component is made during an animation loop iteration and reset at the end of the iteration.

Other Implementations

You should feel free to create your own implementations of interface `Repaint-Collector` if you feel it would improve animation performance. Another implementation that I have tried, for example, is one that coalesces multiple small repaint requests into a single request after a maximum count is reached. This could be useful when you have a large number of sprites swarming about the entire scene. Since you know the intimate details of your own game, you may be able to come up with a custom implementation of `RepaintCollector` that is more efficient than general-purpose implementations.

LoopGovernor

When it comes to animation, timing is everything. If the frame rate is too fast, you will be burning unnecessary processing time generating new frames faster than the human eye can detect, faster than the monitor can display, and faster than the sprites can move. If the frame rate is too slow or the time period between frames is inconsistent, the animation will appear jerky.

As shown in Figure 3-2, you can observe the smoothness of animation using the Sprite demonstration. In the options, turn off all painting except for the head sprites. You may need to disable double buffering as well. Set the target frame rate to some reasonable value, such as 30 fps. Since the background is not being painted, you should see the head sprites being drawn at each new position with the old positions remaining on the screen. From this you should be able to determine the distance and consistency of the displacement between old and new sprite positions.

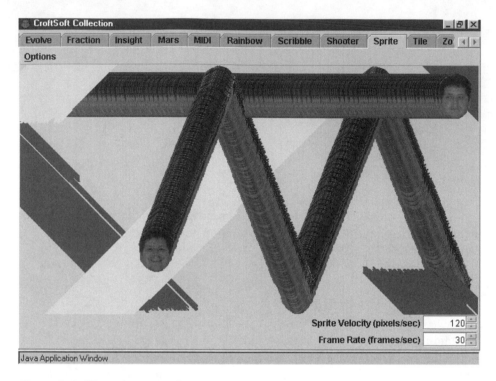

Figure 3-2. Observing smoothness

The smoothness of your animation depends primarily on your choice of LoopGovernor from package com.croftsoft.core.util.loop. Concrete implementations of interface LoopGovernor regulate the frame rate by putting the animationThread to sleep for a limited time. The term *governor* refers to a feedback device that regulates the speed of the machine, in this case the animation loop.

```
public void  govern ( )
   throws InterruptedException;
```

The LoopGovernor interface simply defines a single method, govern(), which is called by the animation loop. The magic occurs in the concrete implementations.

Fixed Delay

Our first LoopGovernor implementation from package com.croftsoft.core.util.
loop, FixedDelayLoopGovernor, maintains a periodic rate by stalling the loop by a
fixed delay given in milliseconds plus some additional number of nanoseconds.

```
package com.croftsoft.core.util.loop;

import com.croftsoft.core.math.MathConstants;

public final class  FixedDelayLoopGovernor
  implements LoopGovernor
//////////////////////////////////////////////////////////////////////
//////////////////////////////////////////////////////////////////////
{

private final long  delayMillis;

private final int   delayNanos;

//////////////////////////////////////////////////////////////////////
//////////////////////////////////////////////////////////////////////

public  FixedDelayLoopGovernor (
  long  delayMillis,
  int   delayNanos )
//////////////////////////////////////////////////////////////////////
{
  this.delayMillis = delayMillis;

  this.delayNanos  = delayNanos;
}

public  FixedDelayLoopGovernor ( double  frequency )
//////////////////////////////////////////////////////////////////////
{
  if ( frequency <= 0.0 )
  {
    throw new IllegalArgumentException ( "frequency <= 0.0" );
  }

  long  periodNanos
    = ( long ) ( MathConstants.NANOSECONDS_PER_SECOND / frequency );
```

```
delayMillis
  = periodNanos / MathConstants.NANOSECONDS_PER_MILLISECOND;

delayNanos = ( int )
  ( periodNanos % MathConstants.NANOSECONDS_PER_MILLISECOND );
}
```

An alternate constructor accepts the frequency in units of fps as a constructor argument. This is converted into the delay period by simply taking the reciprocal of the frequency.

```
public void  govern ( )
  throws InterruptedException
//////////////////////////////////////////////////////////////////////
{
  Thread.sleep ( delayMillis, delayNanos );
}
```

Using a fixed delay works pretty well when the time it takes to update the sprite positions and repaint the component is short. In this case, the total time for the loop will be about equal to the fixed delay period, since update and repaint times are negligible. This will usually be the case when you have a small, simple animation.

Using a fixed delay also works well when you are not concerned with the actual frame rate achieved so long as it is consistent on a given machine. In this case you can set your target frame rate to some large limiting value. Twenty-four to thirty fps is fast enough to maintain the illusion of animation in most cases, but this may depend on how large your frame-to-frame sprite displacement is. You will want the highest frame rate you can achieve so that your sprite displacement is minimized no matter how fast your sprite velocity is. At the same time, there is no point in exceeding the monitor refresh rate since then this would waste processing time drawing frames faster than the monitor could display them. Many people such as myself can see annoying screen flicker at the monitor refresh rate of 60 Hz, especially out of the corner of the eye. For this reason, the recommended standard for the monitor refresh rate is now 85 Hz. I recommend a maximum target frame rate of 85 fps.

Frame Rate Synchronization

Suppose you set your sprite velocity to 30 pixels per second and your average frame rate was 24 fps. The average frame-to-frame displacement for your sprite would be 1.25 pixels per frame. In other words, the sprite would move just one pixel in most frames but two pixels every fourth frame. This periodic displacement inconsistency may be noticeable.

You can avoid this by synchronizing your sprite velocity to your frame rate. Your sprite velocity is then expressed in integer values of pixels per frame instead of floating point values of pixels per second. Since your sprite velocities are now tied to your frame rate, it is important to know that you can achieve the same frame rate on both slow and fast machines. FixedDelayLoopGovernor cannot be used in these situations because it will only approach the targeted frame rate. On slower machines where the time spent in the paint and update phases may not be negligible, the frame rate could be drastically reduced.

What you need, then, is an implementation of LoopGovernor that uses a variable loop delay that is just long enough to achieve a desired frame rate no matter how fast or how slow the host machine is running. Unfortunately, however, this is hard to achieve. If you had access to a high-resolution clock, you could simply subtract out the update and repaint times from the desired total loop time and add a delay for whatever amount remains.

```
while ( animationIsRunning )
{
  long  startTime = System.currentTimeMillis ( );

  update ( );

  repaint ( );

  long  finishTime = System.currentTimeMillis ( );

  long  elapsedTime = finishTime - startTime;

  long  variableDelay = desiredLoopTime - elapsedTime;

  if ( variableDelay < 0 )
  {
    variableDelay = 0;
  }

  Thread.sleep ( variableDelay );
}
```

The above code will not work because the clock resolution on many machines is too coarse. On Windows/Intel (Wintel) machines, for example, the clock resolution jumps around between 50 and 60 ms. Keep in mind that animation starts to appear smooth to the human eye around 24 fps, which has a period of less than 42 ms per frame. Trying to measure the deviation of a 42 ms period requires a clock with a much finer resolution than 50 or 60 ms.

This is probably also the reason you cannot use the Swing Timer class to drive animation frame rates faster than about 20 fps. The Timer implementation appears to be dependent upon the System clock. This is unfortunate, as it is just a tad short of the acceptable film-quality animation frame rate of 24 fps. Using Thread.sleep() within a loop seems to give much finer control.

The second reason the above code would not work is that it is measuring the time it takes to request a repaint instead of the actual repaint time. Recall that the repaint() method merely queues a repaint request for serial execution by the event dispatch thread at some point in the future; it does not actually repaint the component when called.

SamplerLoopGovernor

While you can get high-resolution clock timing on the Windows operating system by calling native code instead of System.currentTimeMillis(), doing so means that your game cannot run as an unsigned applet or Java Web Start application due to security restrictions. I have experimented with a fair number of ways to achieve frame rate synchronization in pure portable Java. One technique that I have tried is to set the delay period based upon an estimate of the frame rate calculated over a fairly long sample time. To do this you simply count the number of frames that were painted and then divide by the time it took to draw those frames. Using this technique, it does not matter how coarse your clock resolution is so long as your sample period is large enough.

I implemented this technique in class SamplerLoopGovernor from package com.croftsoft.core.util.loop that uses a default sample period of three seconds. To prevent the animation frame rate from suddenly speeding up or slowing down from one sample period to the next, the delay to be used during the next sample period is the average of the newly calculated estimated-target delay and the delay used during the previous sample period.

Even with this smoothing operation, however, there are still problems related to the length of the sample period. An excessively long sample period can mean that the system cannot adapt fast enough to sudden changes in animation complexity or available processing time. On the other hand, if the sample period is too short, the number of frames counted during the period approaches one and the resolution of the estimate drops.

WindowedLoopGovernor

Class WindowedLoopGovernor from package com.croftsoft.core.util.loop avoids these problems by using a technique known as *windowed averaging*. Rather than estimate the target loop delay over a fixed sample period, the target delay is continuously reestimated for each frame by averaging over the measurements for the most recent frames. The number of frames over which the averaging occurs is the *window*. The window is said to *slide* as time passes such that only the most recent measurements are included in the calculation; older measurements are discarded.

If there is a sudden change in the average paint and update time, the delay will begin to adapt with the very next frame. This is an improvement over SamplerLoopGovernor where adaptation would not begin until the end of the current sample period.

Like SamplerLoopGovernor, WindowedLoopGovernor estimates the delay by using averaging. In SamplerLoopGovernor, the average frame rate is calculated by dividing the number of frames by the sample time. In WindowedLoopGovernor, the average update and paint time per frame is calculated by dividing the sum of the update and paint times by the number of frames in the sampling window.

```
package com.croftsoft.core.util.loop;

[...]

public final class  WindowedLoopGovernor
  implements LoopGovernor
///////////////////////////////////////////////////////////////////
///////////////////////////////////////////////////////////////////
{

private static final int   DEFAULT_MAX_WINDOW_SIZE = 100;

private static final long  DEFAULT_RESET_TIME_NANOS
  = MathConstants.NANOSECONDS_PER_SECOND;
```

WindowedLoopGovernor uses one extra trick: a variable window size. Initially, the window size is one frame and then grows to some maximum, by default 100 frames. This allows the adaptation to begin immediately without having to wait until the initial 100 measurements have been made.

If there is some oddball measurement of the update and paint time that falls out of range, greater than one full second by default, the measurements are discarded by resetting the window size to zero. This prevents the average from being influenced by pauses in the game loop.

```
private final long       periodNanos;

private final int        maxWindowSize;

private final long       resetTimeNanos;

private final long [ ]   nonDelayTimes;
```

The final variable periodNanos is the reciprocal of the desired loop frequency in nanoseconds. maxWindowSize is the maximum number of frames to be used for averaging the measurements. resetTimeNanos is the threshold in nanoseconds for discarding a measurement and resetting the window size. The nonDelayTimes array holds the most recent measurements of the update and paint times for each frame, up to maxWindowSize measurements.

```
private int    index;

private int    windowSize;

private long   delayMillis;

private int    delayNanos;

private long   previousTimeNanos;

private long   totalDelayNanos;

private long   sumNonDelayTimes;
```

The non-final instance variable index points to the next position to be used to store a measurement in the nonDelayTimes array. The current windowSize ranges from zero to maxWindowSize. The totalDelayNanos array is the delay used for the current loop and is the sum of the delayMillis and the delayNanos arrays. previousTimeNanos stores the time the previous measurement was made in nanoseconds. The sumNonDelayTimes array is the sum of all of the measurements in the array nonDelayTimes that are part of the current window.

```
   [...]

public  WindowedLoopGovernor (
   long    periodNanos,
   int     maxWindowSize,
   long    resetTimeNanos )
///////////////////////////////////////////////////////////////////////
{
   if ( periodNanos < 1 )
   {
      throw new IllegalArgumentException ( "periodNanos < 1" );
   }

   this.periodNanos = periodNanos;
```

```
    if ( maxWindowSize < 1 )
    {
      throw new IllegalArgumentException ( "maxWindowSize < 1" );
    }

    this.maxWindowSize = maxWindowSize;

    if ( resetTimeNanos < 1 )
    {
      throw new IllegalArgumentException ( "resetTimeNanos < 1" );
    }

    this.resetTimeNanos = resetTimeNanos;

    nonDelayTimes = new long [ maxWindowSize ];

    delayMillis
      = periodNanos / MathConstants.NANOSECONDS_PER_MILLISECOND;

    delayNanos = ( int )
      ( periodNanos % MathConstants.NANOSECONDS_PER_MILLISECOND );

    totalDelayNanos = periodNanos;
  }
```

The main constructor initializes the delay variables to the desired loop period, periodNanos, which is given in nanoseconds.

```
  public  WindowedLoopGovernor ( double  frequency )
  ///////////////////////////////////////////////////////////////////////
  {
    this (
      ( long ) ( MathConstants.NANOSECONDS_PER_SECOND / frequency ),
      DEFAULT_MAX_WINDOW_SIZE,
      DEFAULT_RESET_TIME_NANOS );
  }
```

The convenience constructor calculates periodNanos as the reciprocal of the desired loop frequency given in loops per second. Reasonable frequency values for animation range from 24.0 to 85.0. The convenience constructor also provides default values for the maxWindowSize and the resetTimeNanos arguments.

```
  public void  govern ( )
    throws InterruptedException
```

```
/////////////////////////////////////////////////////////////////////
{
  long  currentTimeNanos = System.currentTimeMillis ( )
    * MathConstants.NANOSECONDS_PER_MILLISECOND;

  long  nonDelayTime
    = currentTimeNanos - previousTimeNanos - totalDelayNanos;

  previousTimeNanos = currentTimeNanos;
```

The time elapsed since the previous frame is measured and the previous delay time is subtracted to get the nonDelayTime. As an animation loop is divided into the three phases of update, paint, and delay, the nonDelayTime is assumed to measure the time it took for the update and paint phases to complete in the most recent frame.

Note that with a low-resolution system clock, the currentTimeNanos and previousTimeNanos may be the same even though some time has passed. In this case, the calculated nonDelayTime may be negative. By averaging the negative values with the positive values over time, a reasonable value will emerge.

```
  long  oldNonDelayTime = nonDelayTimes [ index ];

  nonDelayTimes [ index ] = nonDelayTime;

  sumNonDelayTimes += nonDelayTime;
```

The new nonDelayTime measurement is stored in the nonDelayTimes array and added to the sumNonDelayTimes. The oldNonDelayTime that was previously stored at that index position is preserved temporarily in case it needs to be subtracted from the sumNonDelayTimes.

```
  index = ( index + 1 ) % maxWindowSize;
```

The index is incremented, resetting to zero if it reaches the maxWindowSize.

```
  if ( nonDelayTime > resetTimeNanos )
  {
    windowSize = 0;

    sumNonDelayTimes = 0;

    Thread.sleep ( delayMillis, delayNanos );

    return;
  }
```

If the measured nonDelayTime is greater than the resetTimeNanos, by default one second, it is assumed that game loop must have been paused or abnormally stalled. In this case, the measurements in the nonDelayTimes are discarded by resetting the windowSize and sumNonDelayTimes to zero. The previously calculated delay value is used and the method returns immediately.

Note that this block of code will always be triggered the first time the govern() method is called. In this case, the initial value for previousTimeNanos will be zero, as the method was never called before. Subtracting the previousTimeNanos value of zero from the currentTimeNanos to get the elapsed time since the previous frame will generate an invalid value. This will result in an out of range nonDelayTime which is intercepted by this if statement.

```
if ( windowSize == maxWindowSize )
{
  sumNonDelayTimes -= oldNonDelayTime;
}
else
{
  windowSize++;
}
```

If the windowSize has grown such that it equals the length of the nonDelayTimes array, maxWindowSize, new measurements will overwrite old measurements in the array. Before the old measurements are discarded, however, they must be subtracted from the sumNonDelayTimes. If the windowSize is less than the maxWindowSize, it is incremented and the oldNonDelayTime is not used, as it was not previously included in the sum.

```
long   averageNonDelayTime = sumNonDelayTimes / windowSize;

totalDelayNanos = periodNanos - averageNonDelayTime;

if ( totalDelayNanos < 0 )
{
  totalDelayNanos = 0;
}

delayMillis
  = totalDelayNanos / MathConstants.NANOSECONDS_PER_MILLISECOND;

delayNanos = ( int )
  ( totalDelayNanos % MathConstants.NANOSECONDS_PER_MILLISECOND );

Thread.sleep ( delayMillis, delayNanos );
}
```

The averageNonDelayTime is calculated by dividing the sum of the measured nonDelayTimes by the current windowSize. The target delay time, totalDelayNanos, is estimated by subtracting the averageNonDelayTime from the total loop time, periodNanos. The thread will then be delayed by the totalDelayNanos, as decomposed into a delayMillis argument plus a delayNanos argument required by the sleep() method.

From my observations, WindowedLoopGovernor does an excellent job of achieving high-resolution frame-rate synchronization using a low-resolution system clock. It can be fooled, however, if the update and paint times vary wildly from one frame to the next. In this odd case, you may have to resort to including native code in your game to get high-resolution clock timings on certain operating systems. Normally, however, the variance of your update and paint times will be reasonably low and you can avoid stepping outside the default security sandbox.

AnimatedComponent

Class AnimatedComponent from package com.croftsoft.core.animation is the Swing component that brings it all together by providing the surface on which the painting occurs, the animation loop that calls the other classes, and the lifecycle methods that allow Swing components to be integrated into a framework.

```
package com.croftsoft.core.animation;

import java.awt.EventQueue;
import java.awt.Graphics;
import java.awt.Graphics2D;
import java.awt.Rectangle;
import java.lang.reflect.InvocationTargetException;
import javax.swing.JComponent;

import com.croftsoft.core.animation.factory.DefaultAnimationFactory;
import com.croftsoft.core.lang.NullArgumentException;
import com.croftsoft.core.lang.lifecycle.Lifecycle;
import com.croftsoft.core.util.loop.LoopGovernor;

public class  AnimatedComponent
  extends JComponent
  implements Lifecycle
//////////////////////////////////////////////////////////////////////
//////////////////////////////////////////////////////////////////////
  {
```

AnimatedComponent is a Swing JComponent subclass implementation. It implements interface Lifecycle so that its animation can be stopped and restarted as necessary.

```
public static final String  ANIMATION_THREAD_NAME = "Animation";

//

protected final Runnable   animationRunner;

//

protected ComponentAnimator   componentAnimator;

protected RepaintCollector   repaintCollector;

protected LoopGovernor        loopGovernor;

protected Thread              animationThread;

protected boolean             stopRequested;
```

Runnable instance animationRunner is used to call the update() and paint() methods within a separate thread. ComponentAnimator is used to animate the AnimatedComponent. RepaintCollector is used to aggregate repaint requests. LoopGovernor regulates the animation speed. The animationThread variable refers to the current Thread instance that drives the animation loop. The boolean flag stopRequested is used to indicate that animation should stop.

The references to the instances of the interfaces ComponentAnimator, Repaint-Collector, and LoopGovernor are not final, as they may be replaced during runtime if desired. This is used in the demonstration Sprite program to compare the performance of different implementations.

```
public  AnimatedComponent (
   ComponentAnimator  componentAnimator,
   RepaintCollector   repaintCollector,
   LoopGovernor       loopGovernor )
   /////////////////////////////////////////////////////////////////
   {
   setComponentAnimator ( componentAnimator );

   setRepaintCollector ( repaintCollector );
```

```
        setLoopGovernor ( loopGovernor );

        setOpaque ( true );

        animationRunner =
          new Runnable ( )
          {
            public void  run ( )
            {
              animate ( );
            }
          };
    }
```

Methods setComponentAnimator(), setRepaintCollector(), and setLoop-Governor() simply save references to the constructor arguments and are described below.

JComponent method setOpaque() is used to indicate whether a subclass implementation has any transparent areas. For reasons of efficiency, the Animated-Component subclass marks itself as opaque, i.e., it has no transparent regions, so that any components behind and completely obscured by this object will not be drawn unnecessarily. If AnimatedComponent were to be displayed as an odd shape such as a circle, it would be necessary to set opaque to false so that components behind the transparent regions would be repainted as necessary. For this implementation, however, a simple rectangular display is assumed and the default JComponent property value of false is overridden.

The constructor method initializes the final variable animationRunner to an anonymous inner class implementation of Runnable that simply redirects to the protected method animate(). The animationRunner is created only once during the constructor method, as the animation loop will use it over and over again instead of creating a new instance with each iteration.

```
    public  AnimatedComponent (
      ComponentAnimator  componentAnimator,
      AnimationFactory   animationFactory,
      double             frequency )
    ///////////////////////////////////////////////////////////////////////
    {
      this (
        componentAnimator,
        animationFactory.createRepaintCollector ( ),
        animationFactory.createLoopGovernor ( frequency ) );
    }
```

```
  public  AnimatedComponent (
    ComponentAnimator  componentAnimator,
    AnimationFactory    animationFactory )
  //////////////////////////////////////////////////////////////////
  {
    this (
      componentAnimator,
      animationFactory.createRepaintCollector ( ),
      animationFactory.createLoopGovernor ( ) );
  }
```

These convenience constructors use an instance of the interface AnimationFactory from package com.croftsoft.core.animation to create the RepaintCollector and LoopGovernor objects required by the main constructor. The choice of RepaintCollector and LoopGovernor implementations will significantly impact the animation performance. Providing an AnimationFactory implementation as an argument allows you to choose a preferred strategy.

The constructor argument frequency is used to determine the animation speed. Film provides the eye with the illusion of smooth motion by displaying sampled snapshots of the world at the rate of 24 fps. By repainting itself at periodic intervals of 1/24th of a second per frame, AnimatedComponent can achieve a similar result.

The second convenience constructor does not take a frequency argument. In this case, a LoopGovernor will be created that runs the animation at the default frame rate as determined by the AnimationFactory.

```
  public  AnimatedComponent (
    ComponentAnimator  componentAnimator,
    double                frequency )
  //////////////////////////////////////////////////////////////////
  {
    this (
      componentAnimator,
      DefaultAnimationFactory.INSTANCE,
      frequency );
  }

  public  AnimatedComponent ( ComponentAnimator  componentAnimator )
  //////////////////////////////////////////////////////////////////
  {
    this (
      componentAnimator,
      DefaultAnimationFactory.INSTANCE );
  }
```

DefaultAnimationFactory from package com.croftsoft.core.animation.factory
is a recommended AnimationFactory implementation. The concrete implementa-
tions produced by this factory may change over time as new research suggests
better algorithms.

```java
public synchronized ComponentAnimator  setComponentAnimator (
  ComponentAnimator  componentAnimator )
//////////////////////////////////////////////////////////////////////
{
  NullArgumentException.check ( componentAnimator );

  ComponentAnimator  oldComponentAnimator = this.componentAnimator;

  this.componentAnimator = componentAnimator;

  return oldComponentAnimator;
}

public synchronized RepaintCollector  setRepaintCollector (
  RepaintCollector  repaintCollector )
//////////////////////////////////////////////////////////////////////
{
  NullArgumentException.check ( repaintCollector );

  RepaintCollector  oldRepaintCollector = this.repaintCollector;

  this.repaintCollector = repaintCollector;

  return oldRepaintCollector;
}

public synchronized LoopGovernor  setLoopGovernor (
  LoopGovernor  loopGovernor )
//////////////////////////////////////////////////////////////////////
{
  NullArgumentException.check ( loopGovernor );

  LoopGovernor  oldLoopGovernor = this.loopGovernor;

  this.loopGovernor = loopGovernor;

  return oldLoopGovernor;
}
```

These mutator methods permit the ComponentAnimator, RepaintCollector, and LoopGovernor instances to be replaced as necessary during animation. The methods return the replaced instances for future use. These methods are synchronized to prevent them from being called simultaneously by multiple threads. It is assumed that the methods are called infrequently, much less than once per animation loop on average, so the performance hit from synchronizing these methods should be negligible.

Multiple ComponentAnimator, RepaintCollector, and LoopGovernor instances can be pre-constructed in memory and then instantly swapped in and out of the AnimatedComponent as required. For example, alternating the ComponentAnimator can cause the scene to suddenly switch to a different view, such as an animated pause screen, and just as suddenly, back again.

The static method check() throws a NullArgumentException if the argument is null. For this reason, the ComponentAnimator, RepaintCollector, and LoopGovernor instance variables can never be assigned null values. Knowing this removes the need to check for a null reference during animation operations that are called repeatedly. Classes such as NullRepaintCollector are useful as temporary do-nothing placeholders, or *null objects*, when no other instance would be appropriate or available.

```
public void  init ( )
//////////////////////////////////////////////////////////////////////
{
}
```

This init() method is empty. Subclass implementations may override this method without bothering to call the superclass implementation, but probably should do so anyway in case a future version is non-empty.

Lifecycle methods in general and the particular technique of animation thread management used in the following are described in detail in the previous chapter. The reader is advised to review that material before proceeding.

```
public synchronized void  start ( )
//////////////////////////////////////////////////////////////////////
{
  stopRequested = false;

  if ( animationThread == null )
  {
    animationThread = new Thread (
      new Runnable ( )
      {
```

```
                  public void  run ( )
                  {
                    loop ( );
                  }
                },
                ANIMATION_THREAD_NAME );

            animationThread.setPriority ( Thread.MIN_PRIORITY );

            animationThread.setDaemon ( true );

            animationThread.start ( );
        }
        else
        {
          notify ( );
        }
    }
```

When the start() method is called for the first time, it creates the animation-Thread and starts it. When the start() method is called again to resume animation after it has been paused, it resets the stopRequested flag to false and notifies the animation loop that it should resume.

The thread priority is set to the minimum value to prevent the animation from blocking other Swing events. Given that the animation is running continuously in a fast loop, setting it to a low priority is necessary to prevent the user from experiencing poor responsiveness due to delayed processing of mouse and keyboard inputs.

The setDaemon() method call indicates that the animationThread is to be used as a *daemon* thread. Daemon threads differ from normal threads in that they terminate automatically when all normal threads have expired. This makes them ideal for running fire-and-forget background processes. By specifying the use of a daemon thread, AnimatedComponent ensures that a containing program can complete without requiring explicit control of the animationThread.

```
public synchronized void  stop ( )
/////////////////////////////////////////////////////////////////////
{
   stopRequested = true;

   animationThread.interrupt ( );
}
```

The stop() method sets the flag stopRequested. As described below, this causes the animation loop to stop. It also interrupts the animationThread in order to get it to stop what it is doing and check the state of the stopRequested flag.

```
public synchronized void  destroy ( )
///////////////////////////////////////////////////////////////////
{
   animationThread = null;

   stopRequested = false;

   notify ( );
}
```

The destroy() method dereferences the animationThread, which will cause the animation loop to terminate at the beginning of the next iteration. In order for the loop to reach the beginning of the next iteration when it is suspended, it must be restarted by resetting the stopRequested flag to false and generating a notification.

```
public void  paintComponent ( Graphics  graphics )
///////////////////////////////////////////////////////////////////
{
   componentAnimator.paint ( this, ( Graphics2D ) graphics );
}
```

This method simply delegates paint operations to the ComponentAnimator. The paintComponent() method overrides the superclass JComponent method. With Abstract Window Toolkit (AWT)-based animation, subclasses of Component override method paint() to provide the custom code to paint the component surface. With Swing JComponent subclasses, however, the paint() method is also responsible for painting the component borders and children, if any. It does so by calling methods paintComponent(), paintBorder(), and paintChildren(), in that order. For this reason, JComponent subclass AnimatedComponent overrides the paintComponent() method instead of paint().

As it is often unnecessary, the AnimatedComponent paintComponent() method does not clear the component rectangle by filling it with the background color prior to delegating to the ComponentAnimator paint() method. For example, a ComponentAnimator that paints an opaque background image across the entire area of the component would simply overwrite any previous frame painting, making pointless any first step of clearing the surface. The JComponent superclass implementation of paintComponent() clears the surface in this manner as a convenience for subclass implementations. Under the assumption that this preliminary step will frequently be unnecessary, however, the AnimatedComponent subclass implementation does not call super.paintComponent(). AnimatedComponent instead relies upon the ComponentAnimator instance to completely repaint the component area to cover up any outdated pixels if necessary.

Note that the paintComponent() method may be called when the animation loop has been stopped. In this case, the screen needs to be refreshed without updating the sprite positions. This might occur, for example, when the window is resized or when it is covered and then uncovered by another window while the game is paused.

```
public void  repaint ( )
/////////////////////////////////////////////////////////////////////
{
  repaintCollector.repaint ( );
}


public void  repaint ( long  tm )
/////////////////////////////////////////////////////////////////////
{
  repaintCollector.repaint ( );
}
```

These overridden JComponent repaint methods delegate requests to repaint the entire component to the RepaintCollector.

```
public void  repaint (
  int  x,
  int  y,
  int  width,
  int  height )
/////////////////////////////////////////////////////////////////////
{
  repaintCollector.repaint ( x, y, width, height );
}

public void  repaint (
  long  tm,
  int   x,
  int   y,
  int   width,
  int   height )
/////////////////////////////////////////////////////////////////////
{
  repaintCollector.repaint ( x, y, width, height );
}
```

```
public void  repaint ( Rectangle  r )
///////////////////////////////////////////////////////////////////
{
  repaintCollector.repaint ( r.x, r.y, r.width, r.height );
}
```

These three repaint methods are similar to the first two except that they request a repaint of a smaller area of the AnimatedComponent instead of the entire surface. This can result in a significant performance improvement.

```
protected void  loop ( )
///////////////////////////////////////////////////////////////////
{
  while ( animationThread != null )
  {
    try
    {
      EventQueue.invokeAndWait ( animationRunner );

      loopGovernor.govern ( );

      if ( stopRequested )
      {
        synchronized ( this )
        {
          while ( stopRequested )
          {
            wait ( );
          }
        }
      }
    }
    catch ( InterruptedException  ex )
    {
    }
    catch ( InvocationTargetException  ex )
    {
      ex.getCause ( ).printStackTrace ( );
    }
  }
}
```

The loop() method is the heart of AnimatedComponent; it is what keeps the animation beating. It periodically queues the animationRunner for execution within the event dispatch thread and then stalls until it is finished. The LoopGovernor govern() method is then used to delay the loop just long enough to achieve the desired animation frame rate.

As the stop() method also calls Thread.interrupt() on the animationThread, the govern() method can throw an InterruptedException if it checks the status of Thread.interrupted(). This check normally occurs automatically if Thread.sleep() is called within the implementation of method govern().

The loop exits when the animationThread is dereferenced by the destroy() method. Note that it does not exit immediately when destroy() is called, but only upon the check at the beginning of the next loop iteration. This can cause complications if a subclass implementation needs to delay the deallocation of resources used in animation until after the loop has completed. Since the destroy() method will most likely complete before the loop() method, these resources must be destroyed at the end of the loop() method instead. This can be accomplished by overriding the loop() method in a subclass implementation.

```
protected void  animate ( )
///////////////////////////////////////////////////////////////////////
{
    componentAnimator.update ( this );

    int  count = repaintCollector.getCount ( );

    Rectangle [ ]  repaintRegions
       = repaintCollector.getRepaintRegions ( );

    for ( int  i = 0; i < count; i++ )
    {
        paintImmediately ( repaintRegions [ i ] );
    }

    repaintCollector.reset ( );
}
```

The private animate() method starts by calling the ComponentAnimator update() method, which updates the positions of the sprites on the screen and requests that the AnimatedComponent repaint itself where necessary. After all of the sprite positions have been updated and all of the repaint requests have been collected, paintImmediately() is called for each repaint region. The paint-Immediately() method calls the paintComponent() method, which is overridden to call the ComponentAnimator paint() method. Directly and indirectly then, the job of animate() is to call the ComponentAnimator update() and paint() methods in that order. When it is finished, it resets the `repaintCollector` for the next animation loop.

When the animation loop is stopped, the `animate()` method is not called and any repaint requests redirected by the overridden `repaint()` methods to the `repaintCollector` continue to accumulate without being processed. Fortunately, the system windowing events that require a repaint of the component will bypass the `repaint()` method and call `paintComponent()` directly. This permits the screen to be repainted while the game is paused without sending a repaint request to the `RepaintCollector`.

Since the `animate()` method is only called within the event dispatch thread, the update, paint, and reset operations are properly serialized. One might worry that a `repaint()` method call generated by the application from a place other than the animation loop might cause a problem in two ways. First, it might try to repaint the screen while the sprite positions are being updated. Second, the repaint request might be lost if it is collected just before the `RepaintCollector` `reset()` method is called. Neither one of these is a problem, however, since the repaint requests are processed serially in the event dispatch thread.

Summary

In this chapter you learned about the four basic animation classes: `Component-Animator`, `RepaintCollector`, `LoopGovernor`, and `AnimatedComponent`. An implementation of the interface `ComponentAnimator` represents the bulk of your application-specific code, as it provides the game logic for updating the sprite positions. `AnimatedComponent` and the general-purpose implementations of the interfaces `RepaintCollector` and `LoopGovernor` form the reusable core of the Swing-based animation engine. Understanding how these classes operate and interoperate is crucial to fine-tuning animation performance.

Further Reading

Robinson, Matthew and Pavel Vorobiev, "Swing Mechanics." Chapter 2 in *Swing*. Greenwich, CT: Manning Publications Company, 2000.

CHAPTER 4

Animation Library

Lost time is never found again. —*Benjamin Franklin*

In the previous chapter, AnimatedComponent was introduced as the heart of the game engine since it provides the game loop heartbeat that drives the animation. I like to think of implementations of interface ComponentAnimator, then, as the brains of the game since they provide the game-specific logic that decides how to move things about the screen and respond to user inputs.

Recall that the ComponentAnimator extends both ComponentUpdater and ComponentPainter, which provide the update() and paint() methods respectively. This suggests a means of grouping classes in a reusable animation library. Some classes implement ComponentUpdater, some ComponentPainter, and others implement ComponentAnimator, which extends from both. Interface Sprite, the last topic of this chapter, is a reusable ComponentAnimator extension that provides common methods for game entities that move through a virtual world.

ComponentPainter Implementations

A number of useful ComponentPainter implementations can be found in package com.croftsoft.core.animation.painter. A brief one-sentence description of each is given here and more detailed descriptions follow. A NullComponentPainter does nothing and simply serves as a placeholder. An ArrayComponentPainter is a composite object that makes multiple ComponentPainter instances look like one. A ColorPainter paints the component with a Color. A SpacePainter paints an outerspace background. A TilePainter paints a grid of Icons.

NullComponentPainter

A NullComponentPainter is a null object singleton implementation of ComponentPainter. When its paint() method is called, it does not do anything. It is simply used as a placeholder to prevent a NullPointerException from being thrown.

ArrayComponentPainter

Class ArrayComponentPainter is a composite object that makes an array of ComponentPainter instances look like a single ComponentPainter. Since iterating over an array of ComponentPainter instances to paint them one by one is a common operation, class ArrayComponentPainter encapsulates that logic in a reusable fashion.

```
package com.croftsoft.core.animation.painter;

import java.awt.Graphics2D;
import javax.swing.JComponent;

import com.croftsoft.core.animation.ComponentPainter;
import com.croftsoft.core.lang.NullArgumentException;
import com.croftsoft.core.util.ArrayLib;

public final class  ArrayComponentPainter
  implements ComponentPainter
//////////////////////////////////////////////////////////////////////
//////////////////////////////////////////////////////////////////////
{

private ComponentPainter [ ]   componentPainters;

//////////////////////////////////////////////////////////////////////
// constructor methods
//////////////////////////////////////////////////////////////////////

public  ArrayComponentPainter (
  ComponentPainter [ ]   componentPainters )
//////////////////////////////////////////////////////////////////////
{
  setComponentPainters ( componentPainters );
}

public  ArrayComponentPainter ( )
//////////////////////////////////////////////////////////////////////
{
  this ( new ComponentPainter [ 0 ] );
}

//////////////////////////////////////////////////////////////////////
// accessor/mutator methods
//////////////////////////////////////////////////////////////////////
```

```
public ComponentPainter [ ]  getComponentPainters ( )
///////////////////////////////////////////////////////////////////
{
  return componentPainters;
}

public void  add ( ComponentPainter  componentPainter )
///////////////////////////////////////////////////////////////////
{
  componentPainters = ( ComponentPainter [ ] )
    ArrayLib.append ( componentPainters, componentPainter );
}

public void  setComponentPainters (
  ComponentPainter [ ]  componentPainters )
///////////////////////////////////////////////////////////////////
{
  NullArgumentException.check (
    this.componentPainters = componentPainters );
}


///////////////////////////////////////////////////////////////////
///////////////////////////////////////////////////////////////////

public void  paint (
  JComponent  component,
  Graphics2D  graphics )
///////////////////////////////////////////////////////////////////
{
  for ( int  i = 0; i < componentPainters.length; i++ )
  {
    componentPainters [ i ].paint ( component, graphics );
  }
}
```

By calling the paint() method of an ArrayComponentPainter, you call the paint() method of every ComponentPainter instance in the componentPainters array. Note that those ComponentPainter instances added to the ArrayComponentPainter first are painted before instances added later. For this reason, you should add your background ComponentPainter instances before the foreground instances. If some of your ComponentPainters do not seem to be painting, it may be that they are painting but that their pixels are being immediately covered.

Some of the instances in the componentPainters array may implement ComponentAnimator, since ComponentAnimator extends ComponentPainter. Also, since ArrayComponentPainter implements ComponentPainter, an ArrayComponentPainter may contain other ArrayComponentPainter instances. This permits you to assemble a composite ComponentPainter that is arranged in a hierarchical structure.

ColorPainter

A ColorPainter paints an area of the JComponent with a solid Color.

```
package com.croftsoft.core.animation.painter;

import java.awt.Color;
import java.awt.Graphics2D;
import java.awt.Shape;
import java.io.Serializable;
import javax.swing.JComponent;

import com.croftsoft.core.animation.ComponentPainter;

public final class  ColorPainter
  implements ComponentPainter, Serializable
//////////////////////////////////////////////////////////////////////
//////////////////////////////////////////////////////////////////////
{

private static final long  serialVersionUID = 0L;

//

private Color   color;

private Shape   shape;

//////////////////////////////////////////////////////////////////////
//////////////////////////////////////////////////////////////////////

public  ColorPainter (
  Color   color,
  Shape   shape )
//////////////////////////////////////////////////////////////////////
```

```
{
    this.color = color;

    this.shape = shape;
}
```

If the `color` argument to the constructor is null, the background color of the component will be used. If the `shape` is null, the entire component will be painted. Setting `shape` to null is useful when you want to color the entire component with a background color. If the `color` is semi-transparent, it could be used to tint any pixels drawn previously. For example, a semi-transparent black could be used to darken the scene and a semi-transparent white could be used to represent fog.

[...]

```
public void  paint (
    JComponent  component,
    Graphics2D  graphics )
/////////////////////////////////////////////////////////////////
{
    if ( color == null )
    {
        graphics.setColor ( component.getBackground ( ) );
    }
    else
    {
        graphics.setColor ( color );
    }

    if ( shape == null )
    {
        graphics.fillRect ( 0, 0, Integer.MAX_VALUE, Integer.MAX_VALUE );
    }
    else
    {
        graphics.fill ( shape );
    }
}
```

Note that you can fill any shape of your choosing with a solid color. This includes basic shapes such as rectangles and circles and more complicated shapes such as arbitrarily defined polygons.

SpacePainter

Class SpacePainter serves as a ComponentPainter example implementation. It fills
an area of the component with stars against a black space. It is useful whenever
you want to depict a night sky or outer space as a backdrop. As shown in Figure
4-1, SpacePainter is demonstrated in applet Shooter in the CroftSoft Collection.

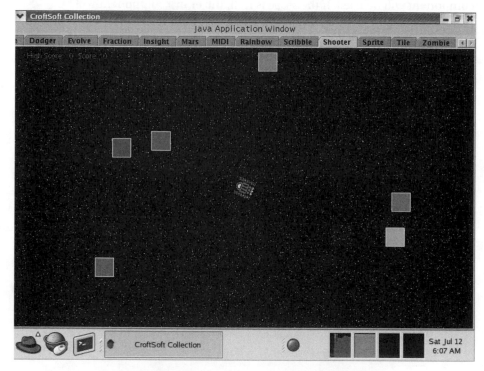

Figure 4-1. SpacePainter *example*

```
package com.croftsoft.core.animation.painter;

import java.awt.Color;
import java.awt.Graphics;
import java.awt.Graphics2D;
import java.awt.Image;
import java.awt.Rectangle;
import java.util.Random;
import javax.swing.JComponent;

import com.croftsoft.core.lang.NullArgumentException;
import com.croftsoft.core.animation.ComponentPainter;
```

```
public final class  SpacePainter
  implements ComponentPainter
//////////////////////////////////////////////////////////////////
//////////////////////////////////////////////////////////////////
{

private static final double  DEFAULT_STAR_DENSITY = 0.01;

//

/** Probability of a star at any given pixel. */
private final double  starDensity;

private final Random  random;

private final long     seed;
```

The default probability for a star to exist at any given pixel is one percent. The random seed is saved so that the stars can be regenerated when the screen is resized.

```
private Rectangle  paintArea;

private boolean     useComponentBounds;
```

The painting of the space can be confined to a limited paintArea. For example, if you wanted to draw a field of stars shining above distant mountains, you might limit the paintArea to the top half of the screen since the bottom half is going to painted over with the mountains. If useComponentBounds is set to true, the entire component will be painted by SpacePainter.

```
private Image       image;

private int         width;

private int         height;
```

It takes a while to generate all those stars when you have to generate a random number for each pixel. Rather than do this each time an animation frame is drawn, it is done just once and saved in memory as an image. From then on, painting is performed by copying the image data. When the width or height of the component changes, the image must be re-created at the new size.

```
public  SpacePainter (
  Rectangle  paintArea,
```

```
      double      starDensity )
//////////////////////////////////////////////////////////////////////
{
   setPaintArea ( paintArea );

   this.starDensity = starDensity;

   random = new Random ( );

   seed = random.nextLong ( );
}

public  SpacePainter ( )
//////////////////////////////////////////////////////////////////////
{
   this ( null, DEFAULT_STAR_DENSITY );
}
```

Calling the no-argument convenience constructor will create a `SpacePainter`
instance that paints the entire component using the default star density.

```
public void  setPaintArea ( Rectangle  paintArea )
//////////////////////////////////////////////////////////////////////
{
   useComponentBounds = ( paintArea == null );

   if ( useComponentBounds )
   {
      this.paintArea = new Rectangle ( );
   }
}
```

If the `paintArea` is null, the entire component will be painted. In this case,
the `paintArea` variable is used to store the component bounds.

```
public void  paint (
   JComponent  component,
   Graphics2D  graphics )
//////////////////////////////////////////////////////////////////////
{
   if ( useComponentBounds )
   {
      component.getBounds ( paintArea );

      if ( ( width  != paintArea.width  )
         || ( height != paintArea.height ) )
```

```
      {
        if ( image != null )
        {
          image.flush ( );

          image = null;
        }
      }
    }

    if ( image == null )
    {
      width  = paintArea.width;

      height = paintArea.height;

      createImage ( component );
    }

    graphics.drawImage ( image, paintArea.x, paintArea.y, null );
  }
```

If this is the first time the paint() method has been called or the component has been resized, any old image will be destroyed and a new image will be created before it is drawn.

```
private void  createImage ( JComponent  component )
/////////////////////////////////////////////////////////////////
{
  image = component.createImage ( width, height );

  Graphics  graphics = image.getGraphics ( );

  graphics.setColor ( Color.BLACK );

  graphics.fillRect ( 0, 0, width, height );

  random.setSeed ( seed );

  graphics.setColor ( Color.WHITE );

  for ( int  x = 0; x < width; x++ )
  {
    for ( int  y = 0; y < height; y++ )
    {
```

```
        if ( random.nextDouble ( ) <= starDensity )
        {
          graphics.fillOval ( x, y, 1, 1 );
        }
      }
    }
  }
```

The private method createImage() creates an image of the desired width and height. The entire image is painted black. createImage() then iterates over each pixel and decides whether to make it a star. Stars are painted as white ovals with a width and height of one pixel.

TilePainter

Class TilePainter paints Icons across the Component in a tile or grid pattern. TilePainter is extremely flexible and can be used as a *scene manager*. When the player icon is moving in a side-scroller or a top-down view of the world, the scene manager manages the shifting of the background animation. As shown in Figure 4-2, TilePainter is demonstrated in applet Tile in the CroftSoft Collection.

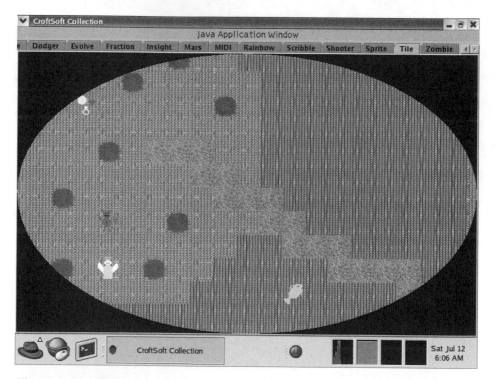

Figure 4-2. TilePainter *example*

```
package com.croftsoft.core.animation.painter;

import java.awt.*;
import java.awt.geom.Rectangle2D;
import javax.swing.*;

import com.croftsoft.core.animation.ComponentPainter;
import com.croftsoft.core.lang.NullArgumentException;

public final class  TilePainter
  implements ComponentPainter
//////////////////////////////////////////////////////////////////////
//////////////////////////////////////////////////////////////////////
{

private final Shape          tileShape;

private final int            tileWidth;

private final int            tileHeight;

private final Icon [ ]       tileIcons;

private final byte [ ] [ ]   tileMap;

private final Rectangle      clipBounds;

private final Rectangle      originalClipBounds;
```

The `tileShape` is the area of the component on which the tiles will be drawn. The `tileWidth` is the width of an individual tile in pixels and the `tileHeight` is its height. The `tileIcons` array holds the `Icon` instances. The `tileMap` is a two-dimensional map identifying where the tiles go in the virtual world. The `clipBounds` holds the adjusted clipping area for the graphics context. The `originalClipBounds` saves the original unadjusted clipping area so that it can be restored.

```
private int  offsetX;

private int  offsetY;
```

Non-final instance variables `offsetX` and `offsetY` are used to shift the tile pattern horizontally and vertically. For example, in applet Sprite in the CroftSoft Collection, a single tile `Icon` depicting a brick pattern is used. The `offsetX` and `offsetY` is changed by one pixel in each frame to give the illusion of a sliding background.

```
public  TilePainter (
  int             offsetX,
  int             offsetY,
  Icon  [ ]       tileIcons,
  byte  [ ] [ ]   tileMap,
  Dimension       tileSize,
  Shape           tileShape )
///////////////////////////////////////////////////////////////////////
{
  this.offsetX = offsetX;

  this.offsetY = offsetY;

  NullArgumentException.check ( this.tileIcons = tileIcons );

  NullArgumentException.check ( this.tileMap  = tileMap  );

  if ( tileIcons.length < 1 )
  {
    throw new IllegalArgumentException ( "tileIcons.length < 1" );
  }

  if ( tileIcons.length > 256 )
  {
    throw new IllegalArgumentException ( "tileIcons.length > 256" );
  }
```

The length of the tileIcons array cannot exceed 256 since the tileMap is stored as an array of arrays of bytes. The tileMap byte values are indices into the tileIcons array. For example, if the byte value at a given two-dimensional cell position in tileMap is one, this means that the second Icon in the tileIcons array will be used.

```
for ( int  i = 0; i < tileIcons.length; i++ )
{
  if ( tileIcons [ i ] == null )
  {
    throw new IllegalArgumentException (
      "tileIcons[" + i + "] == null" );
  }
}
```

The tileIcons array cannot have a null element.

```
if ( tileMap.length < 1 )
{
  throw new IllegalArgumentException ( "tileMap.length < 1" );
}
```

The tileMap must have at least one row.

```
int  tilesWide = tileMap [ 0 ].length;

if ( tilesWide < 1 )
{
  throw new IllegalArgumentException ( "tileMap[0].length < 1" );
}
```

The tileMap must have at least one column.

```
for ( int  row = 0; row < tileMap.length; row++ )
{
  if ( tileMap [ row ].length != tilesWide )
  {
    throw new IllegalArgumentException (
      "tileMap[" + row + "].length != tileMap[0].length" );
  }
```

Each row in the tileMap must have the same number of columns.

```
  for ( int  column = 0; column < tileMap [ row ].length; column++ )
  {
    int  paletteIndex = 0xFF & tileMap [ row ] [ column ];

    if ( paletteIndex >= tileIcons.length )
    {
      throw new IllegalArgumentException (
        "tileMap[" + row + "][" + column + "] >= tileIcons.length" );
    }
  }
}
```

Each paletteIndex value in the tileMap must point to a valid position within the tileIcons array. Note that the bit masking operation converts a byte value between -128 and +127 to an integer index position between 0 and 255.

```
if ( tileSize == null )
{
```

```
    tileWidth  = tileIcons [ 0 ].getIconWidth  ( );

    tileHeight = tileIcons [ 0 ].getIconHeight ( );
}
else
{
  tileWidth  = tileSize.width;

  tileHeight = tileSize.height;
}
```

If the `tileSize` is null, the width and height of the first `Icon` in the `tileIcons` array will be used to space out the cells. If the `tileSize` dimensions differ from the actual `Icon` width and height values, the tiles may be spaced too far apart or overlap. Overlapping the tiles can be useful when you want to create an isometric perspective.

```
if ( ( tileWidth  < 1 )
  || ( tileHeight < 1 ) )
{
  throw new IllegalArgumentException (
    "tileWidth < 1 or tileHeight < 1" );
}

this.tileShape = tileShape;

clipBounds = new Rectangle ( );

originalClipBounds = new Rectangle ( );
}
```

The `tileWidth` and `tileHeight` must be greater than zero. If the `tileShape` is null, the entire component will be painted with tiles. Final variables `clipBounds` and `originalClipBounds` are initialized once in the constructor, then reused repeatedly to store updated values.

```
public  TilePainter (
  int     offsetX,
  int     offsetY,
  Icon    icon,
  Shape   tileShape )
  ////////////////////////////////////////////////////////////////////
  {
```

```
' this (
    offsetX,
    offsetY,
    new Icon [ ] { icon },
    new byte [ ] [ ] { { 0 } },
    ( Dimension ) null,
    tileShape );
}
```

This convenience constructor is used when you want just one icon and a tileMap that has only one row and one column. Normally you would break up your scene into multiple tiles for efficiency, but you may have a case where you have a large image to be used as a background. The size of the image may exceed the viewable area. The offsetX and offsetY values are then used to determine which part of the scene is currently visible. The tileShape can limit visibility further.

For example, assume that you have a highly detailed image of an undersea landscape. Only a portion of the image is visible at any time through the submarine porthole. The tileShape limits the display area to the size of the circular porthole window. Which portion of the large image is visible at any given time as the submarine moves along the ocean floor is determined by the offsetX and offsetY values.

[...]

```
public void  setOffsetX ( int  offsetX ) { this.offsetX = offsetX; }

public void  setOffsetY ( int  offsetY ) { this.offsetY = offsetY; }
```

The mutator methods can be used to vary the offset values. An additional convenience constructor and a number of accessor methods are omitted from the code listing above.

```
public int  getTileRow ( Point  mousePoint )
/////////////////////////////////////////////////////////////////
{
    int  row = floorDivision ( mousePoint.y, offsetY, tileHeight );

    row = row % getTileRows ( );

    if ( row < 0 )
    {
        row += getTileRows ( );
    }
```

```
        return row;
    }


    [...]
```

In applet Tile in the CroftSoft Collection, the user can change a tile by clicking it. Methods getTileRow() and getTileColumn() are used to convert the mousePoint x and y coordinate values in pixels to row and column values as measured in tile cells. Since the tiles may repeat and wrap around the screen, a calculated row value may have to be normalized, i.e., converted so that it falls within a normal range of values. The code for getTileColumn() is similar.

```
public void   paint (
  JComponent   component,
  Graphics2D   graphics )
/////////////////////////////////////////////////////////////////////
{
  graphics.getClipBounds ( clipBounds );

  if ( tileShape != null )
  {
    if ( !tileShape.intersects ( clipBounds ) )
    {
      return;
    }

    graphics.setClip ( tileShape );

    originalClipBounds.setBounds ( clipBounds );

    Rectangle2D.intersect (
      originalClipBounds, tileShape.getBounds2D ( ), clipBounds );
  }
```

If the rectangular clipBounds does not overlap the tileShape, the paint() method does nothing, as there is nothing to do. Otherwise the clipping area is set to the tileShape, since the area to be tiled may have an odd shape such as a circle. The originalClipBounds are saved so that they can be restored when the paint() method returns. The adjusted clipBounds is reduced to the smaller rectangular area that intersects the tileShape. The crosshatched area in Figure 4-3 is what will actually be painted to the screen. Note that if tileShape is null, the original unadjusted clipBounds will be used to decide the extent of the area to be tiled.

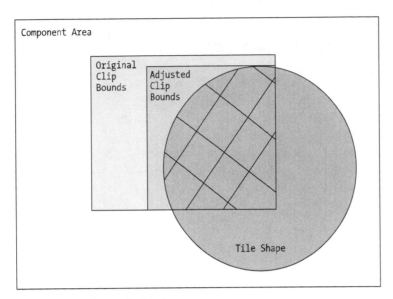

Figure 4-3. Adjusted clipping area

```
int  minX = clipBounds.x;

int  maxX = clipBounds.x + clipBounds.width  - 1;

int  minY = clipBounds.y;

int  maxY = clipBounds.y + clipBounds.height - 1;

int  minColumn = floorDivision ( minX, offsetX, tileWidth  );

int  maxColumn = floorDivision ( maxX, offsetX, tileWidth  );

int  minRow    = floorDivision ( minY, offsetY, tileHeight );

int  maxRow    = floorDivision ( maxY, offsetY, tileHeight );
```

Only those tiles that overlap the clipBounds, whether adjusted or unadjusted, will be painted. The minimum and maximum clipBounds values, as measured in pixels, are converted to minimum and maximum tile column and row index values. Figure 4-4 shows tiles overlapping adjusted clipBounds with the circle representing the tileShape clipping area.

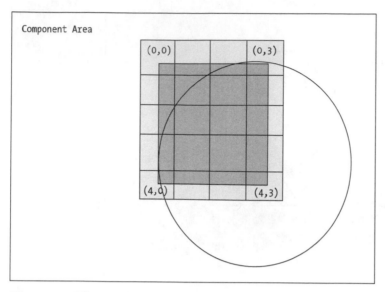

Figure 4-4. Tiles overlapping adjusted clipping area

As shown in Figure 4-5, note that any portion of an overlapping tile that falls outside of the adjusted `clipBounds` but is still within the `tileShape` clipping area will be painted. This means that a portion of a tile may be painted outside of the `originalClipBounds`. Normally this is not a problem, as the `originalClipBounds` indicates a minimum area to be repainted, and any extra painting beyond this is tolerable. Achieving finer control would require computing the intersection of the `originalClipBounds` with the actual `tileShape` instead of the simple rectangle that encloses the `tileShape`. This could be computationally expensive for arbitrarily shaped `tileShape` instances. If you do need finer control in some circumstances, you may want to consider dynamically adjusting the `tileShape` instead.

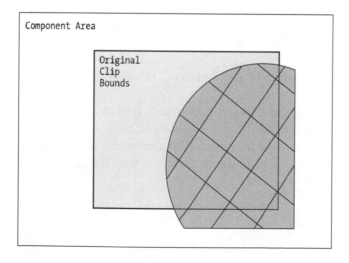

Figure 4-5. Tile portions painted outside original clip bounds

```
int  rows    = getTileRows   ( );

int  columns = getTileColumns ( );

for ( int  row = minRow; row <= maxRow; row++ )
{
  int  r = row % rows;

  if ( r < 0 )
  {
    r += rows;
  }

  byte [ ]  rowTileData = tileMap [ r ];
```

Variable r is the normalized row value. For example, there may only be two rows in the tileMap, but the area to paint may extend from a minRow of -2 and a maxRow of +3 due to repeating and wraparound. In this case, the 6 values for r would be 0, 1, 0, 1, 0, 1.

```
  for ( int  column = minColumn; column <= maxColumn; column++ )
  {
    int  c = column % columns;

    if ( c < 0 )
    {
      c += columns;
    }
```

A similar normalization step is performed for the column.

```
    tileIcons [ 0xFF & rowTileData [ c ] ].paintIcon (
      component,
      graphics,
      column * tileWidth  + offsetX,
      row     * tileHeight + offsetY);
  }
}
```

Note that the rowTileData array is retrieved in the outer loop and the specific column selected within the row is selected within the inner loop. This avoids addressing the data using both the row and column indices within the inner loop. Note also how the bit-masking operation transforms the byte value into an integer with a range of 0 to 255.

```
      if ( tileShape != null )
      {
        graphics.setClip ( originalClipBounds );
      }
    }
```

The `originalClipBounds` is restored as the last step before the `paint()` method returns.

```
    private static int  floorDivision (
      int  point,
      int  zero,
      int  length )
    //////////////////////////////////////////////////////////////////
    {
      if ( point >= zero )
      {
        return ( point - zero ) / length;
      }

      return ( point - zero + 1 ) / length - 1;
    }
```

Private method `floorDivision()` is used to convert pixel coordinates to cell positions. The `point` is the pixel position in the virtual world. The `zero` or baseline is the offset. The `length` is the width or height of the cell. For example, if the `zero` is 10 pixels and the `length` is 40 pixels, any point values between 10 and 49 will map to cell index position 0. Point values between -30 and +9 would map to -1.

ComponentUpdater Implementations

A `NullComponentUpdater` does nothing. An `ArrayComponentUpdater` makes multiple `ComponentUpdater` instances look like one. An `EdgeScrollUpdater` scrolls the view whenever the mouse approaches the edges of the screen. All of these `Component-Updater` implementations can be found in package `com.croftsoft.core.animation.updater`.

NullComponentUpdater

A `NullComponentUpdater` is a null-object singleton implementation of `Component-Updater`. When its `update()` method is called, it does not do anything.

ArrayComponentUpdater

Class `ArrayComponentUpdater` makes an array of `ComponentUpdater` instances look like a single `ComponentUpdater`. Its implementation is similar to `ArrayComponent-Painter` except that it iterates over an array of `ComponentUpdater` instead of `ComponentPainter`. It is useful when you want to associate an array of different behaviors with a single sprite.

EdgeScrollUpdater

Class `EdgeScrollUpdater` scrolls the view whenever the mouse approaches the edge of the screen. It is useful for games with a top-down view where the virtual world is much larger than what can be displayed on the screen at one time. The user can use the mouse to indicate that the view should slide so that greater areas of the world can be explored. `EdgeScrollUpdater` is demonstrated in applet Tile within the CroftSoft Collection.

```java
package com.croftsoft.core.animation.updater;

import java.awt.*;
import java.awt.event.*;
import javax.swing.*;

import com.croftsoft.core.animation.ComponentUpdater;

public final class  EdgeScrollUpdater
  implements ComponentUpdater
//////////////////////////////////////////////////////////////////////
//////////////////////////////////////////////////////////////////////
{

private final static int  DEFAULT_SCROLL_RATE = 1;

private final static int  EDGE_SIZE_DIVIDER   = 10;

//

private final int         width;

private final int         height;
```

When the user holds the mouse at the left edge of the screen for a long time, the view of the world will slide to the west until the end of the world is reached. At that point, the view can either come to a complete stop or wrap around to the other side of the world and continue on. In order to determine when the end of this flat world has been reached, the width and height of the world in pixels is given. Note that the dimensions of the world will frequently be much larger than the dimensions of the view.

```
private final Dimension  edgeSize;

private final Rectangle  bounds;

private final int        scrollRate;

private final boolean    wrapAround;
```

The edgeSize determines how wide the edge borders around the screen are in pixels. The bounds stores the current size of the component. The scrollRate determines how fast the view will slide in any direction as given in pixels per frame. The boolean flag wrapAround indicates whether the view should wrap around to the other side of the world or stop when the limits of the world are reached.

```
private Point  mousePoint;

private int    translateX;

private int    translateY;
```

Non-final instance variable mousePoint records the position of the mouse. Integers translateX and translateY store the current translation of the view of the world.

```
public  EdgeScrollUpdater (
  JComponent  component,
  int         width,
  int         height,
  Dimension   edgeSize,
  int         scrollRate,
  boolean     wrapAround )
  ////////////////////////////////////////////////////////////////////////
  {
    this.width    = width;
```

```
    this.height    = height;

    this.edgeSize = edgeSize;

    if ( scrollRate < 1 )
    {
      throw new IllegalArgumentException ( "scrollRate < 1" );
    }

    this.scrollRate = scrollRate;

    this.wrapAround = wrapAround;

    bounds = new Rectangle ( );

    component.addMouseMotionListener (
      new MouseMotionAdapter ( )
      {
        public void  mouseMoved ( MouseEvent  mouseEvent )
        {
          mousePoint = mouseEvent.getPoint ( );
        }
      } );
}
```

The main constructor method attaches a `MouseListener` to the `component`, possibly an `AnimatedComponent`, which provides the view of the world. As the user slides the mouse cursor over the `component`, instances of `MouseEvent` are generated that store the current x and y position of the mouse as a `Point`. The anonymous inner-class extension of `MouseMotionAdapter` captures these mouse events and stores the `mousePoint` for later processing during the update phase of the game loop.

```
public  EdgeScrollUpdater (
  JComponent  component,
  int         width,
  int         height )
/////////////////////////////////////////////////////////////////////
{
  this ( component, width, height, null, DEFAULT_SCROLL_RATE, false );
}
```

The convenience constructor delegates to the main constructor with a null edgeSize, a `DEFAULT_SCROLL_RATE` of one pixel per frame, and no wraparound.

```
            public int  getTranslateX ( ) { return translateX; }

            public int  getTranslateY ( ) { return translateY; }
```

The accessor methods return the current translation of the view in pixels.

```
public void  update ( JComponent  component )
//////////////////////////////////////////////////////////////////
{
  if ( mousePoint == null )
  {
    return;
  }
```

If the previous mousePoint was not on the edge of the component and a new mouse event has not been generated since the last update, the edge scrolling logic will not be performed.

```
    component.getBounds ( bounds );

    int  x = mousePoint.x;

    int  y = mousePoint.y;

    boolean  onEdge = false;

    int  edgeWidth;

    int  edgeHeight;

    if ( edgeSize == null )
    {
      edgeWidth  = bounds.width  / EDGE_SIZE_DIVIDER;

      edgeHeight = bounds.height / EDGE_SIZE_DIVIDER;
    }
    else
    {
      edgeWidth  = edgeSize.width;

      edgeHeight = edgeSize.height;
    }
```

If the `edgeSize` is null, a default `edgeWidth` of one-tenth of the component width and a default `edgeHeight` of one-tenth of the component height is used. Note that the component width and height may vary if the component is resized during game play.

```
if ( x < edgeWidth )
{
  if ( wrapAround || ( translateX < 0 ) )
  {
    onEdge = true;

    translateX += scrollRate;

    if ( translateX > 0 )
    {
      if ( wrapAround )
      {
        translateX -= width;
      }
      else
      {
        translateX = 0;
      }
    }
  }
}
```

If the mouse is on the left edge of the screen, the view will shift if either wraparound mode is enabled or if the view is not already at the edge of the world. If scrolling is possible, the view will be shifted by a number of pixels in the horizontal direction as determined by the `scrollRate`. If this would cause the view to shift off of the edge of the world, the view is shifted to the other side of the world if wraparound mode is enabled. If the wraparound option is disabled, the view is set to the limiting edge of the world.

```
else if ( x > bounds.width - edgeWidth )
{
  if ( wrapAround || ( translateX > -( width - bounds.width ) ) )
  {
    onEdge = true;

    translateX -= scrollRate;
  }
}
```

```
    if ( translateX < -( width - bounds.width ) )
    {
      if ( wrapAround )
      {
        translateX += width;
      }
      else
      {
        translateX = -( width - bounds.width );
      }
    }

  [...]
```

If the mouse is on the right edge of the screen, a similar operation is performed except that edge values and direction of scrolling are changed. For sliding the view to the left, the translateX boundary is zero. For sliding the view to the right, however, the translateX boundary is the width of the world minus the width of the view.

The code for modifying translateY is similar except that world and component height is used instead of the width. Note that when the mouse is over the corners of the component, the view will shift diagonally.

```
    if ( !onEdge )
    {
      mousePoint = null;
    }
    else
    {
      component.repaint ( );
    }
  }
```

When the mouse is no longer over the edge of the screen, the mousePoint is set to null. This will prevent the mousePoint from being checked again during the next update. If the mouse is on the edge, a repaint of the entire component is requested since the view has been translated.

```
public void  translate ( Graphics  graphics )
/////////////////////////////////////////////////////////////////
{
  graphics.translate ( translateX, translateY );
}
```

```
public void  translate ( Point  point )
//////////////////////////////////////////////////////////////
{
  point.x += translateX;

  point.y += translateY;
}

public void  translateReverse ( Graphics  graphics )
//////////////////////////////////////////////////////////////
{
  graphics.translate ( -translateX, -translateY );
}

public void  translateReverse ( Point  point )
//////////////////////////////////////////////////////////////
{
  point.x -= translateX;

  point.y -= translateY;
}
```

These convenience methods provide common operations for translating between world and view coordinates. The translate(Graphics) method, for example, can be called during the paint phase of the game loop to shift the view by applying the translation to the given graphics context. The translate-Reverse(Point) method can be used to convert mouse coordinates into world coordinates.

ComponentAnimator Implementations

A NullComponentAnimator does not do anything. A TileAnimator animates a sliding tile pattern. A FrameRateAnimator is used to sample and display the frame rate. CursorAnimator animates an Icon at the mouse cursor position. These classes can be found in package com.croftsoft.core.animation.animator.

NullComponentAnimator

A NullComponentAnimator is a null object singleton implementation of Component-Animator. When its update() or paint() methods are called, it does not do anything.

TileAnimator

Class TileAnimator animates a sliding tile pattern. It uses a TilePainter to paint the tiles during the paint phase. During the update phase, it modifies the Tile-Painter offsets.

```
package com.croftsoft.core.animation.animator;

import java.awt.*;
import javax.swing.*;

import com.croftsoft.core.lang.NullArgumentException;
import com.croftsoft.core.animation.ComponentAnimator;
import com.croftsoft.core.animation.painter.TilePainter;

public final class  TileAnimator
  implements ComponentAnimator
//////////////////////////////////////////////////////////////////////
//////////////////////////////////////////////////////////////////////
{

private final TilePainter  tilePainter;

private final int          deltaX;

private final int          deltaY;
```

The deltaX and deltaY variables hold the horizontal and vertical offset rates in pixels per frame.

```
public  TileAnimator (
  TilePainter  tilePainter,
  int          deltaX,
  int          deltaY )
//////////////////////////////////////////////////////////////////////
{
  NullArgumentException.check ( this.tilePainter = tilePainter );

  this.deltaX = deltaX;

  this.deltaY = deltaY;

  if ( ( deltaX == 0 )
    && ( deltaY == 0 ) )
```

```
   {
     throw new IllegalArgumentException ( "deltaX and deltaY both 0" );
   }
 }

 public  TileAnimator (
   int    offsetX,
   int    offsetY,
   Icon   icon,
   Shape  tileShape,
   int    deltaX,
   int    deltaY )
 ///////////////////////////////////////////////////////////////////////
 {
   this (
     new TilePainter ( offsetX, offsetY, icon, tileShape ),
     deltaX,
     deltaY );
 }
```

The constructor methods store or create a TilePainter and the delta values.

```
 public void  update ( JComponent  component )
 ///////////////////////////////////////////////////////////////////////
 {
   int  offsetX = tilePainter.getOffsetX ( );

   int  offsetY = tilePainter.getOffsetY ( );

   int  x = offsetX - deltaX;

   int  y = offsetY - deltaY;
```

Variables x and y store the updated offsetX and offsetY values.

```
   int  tileWidth  = tilePainter.getTileWidth ( );

   int  tileHeight = tilePainter.getTileHeight ( );

   int  tilesWide  = tilePainter.getTileColumns ( );

   int  tilesHigh  = tilePainter.getTileRows    ( );

   if ( x < 0 )
```

```
  {
    x += ( tileWidth * tilesWide );
  }
  else if ( x >= tileWidth * tilesWide )
  {
    x -= ( tileWidth * tilesWide );
  }

  if ( y < 0 )
  {
    y += ( tilesHigh * tileHeight );
  }
  else if ( y >= tilesHigh * tileHeight )
  {
    y -= ( tilesHigh * tileHeight );
  }
```

The new offset values are normalized to fall within range.

```
  tilePainter.setOffsetX ( x );

  tilePainter.setOffsetY ( y );

  component.repaint ( );
}
```

The offset values are updated and a repaint of the entire component is requested.

```
public void  paint (
  JComponent  component,
  Graphics2D  graphics )
////////////////////////////////////////////////////////////////////
{
  tilePainter.paint ( component, graphics );
}
```

The paint() method simply delegates to the tilePainter.

Use TileAnimator when you need a continuously running animation, such as the brick background and the clouds in applet Sprite of the CroftSoft Collection. Use TilePainter when you need to dynamically adjust the offsets in a custom manner.

FrameRateAnimator

Class `FrameRateAnimator` is used to sample and display the frame rate. The frame rate is simply the number of frames counted during the sample period divided by the actual time elapsed. It is demonstrated in applet Mars of the CroftSoft Collection and can be toggled on and off by pressing the "F" key.

```
package com.croftsoft.core.animation.animator;

import java.awt.*;
import java.awt.geom.*;
import javax.swing.JComponent;

import com.croftsoft.core.animation.ComponentAnimator;
import com.croftsoft.core.awt.font.FontLib;
import com.croftsoft.core.lang.NullArgumentException;
import com.croftsoft.core.math.MathConstants;

public final class  FrameRateAnimator
  implements ComponentAnimator
//////////////////////////////////////////////////////////////////////
//////////////////////////////////////////////////////////////////////
{

private static final long  SAMPLE_PERIOD_IN_MILLIS
  = 10 * MathConstants.MILLISECONDS_PER_SECOND;

private static final int   MAX_FRAME_RATE = 999;
```

The sample period is ten seconds. `FrameRateAnimator` can display a frame rate that is up to 3 digits in width, i.e., 999 fps.

```
private final Color      color;

private final Font       font;

private final Rectangle  repaintBounds;

private final float      x;

private final float      y;

//
```

157

```
            private boolean   disabled;

            private boolean   oldDisabled;

            private long      frameCount;

            private long      lastUpdateTime;

            private double    frameRate;

            private String    frameRateString;

            ///////////////////////////////////////////////////////////////
            ///////////////////////////////////////////////////////////////

            public  FrameRateAnimator (
              Color        color,
              Font         font,
              Rectangle2D  textLayoutBounds )
            ///////////////////////////////////////////////////////////////
            {
              NullArgumentException.check ( this.color = color );

              NullArgumentException.check ( this.font  = font );

              NullArgumentException.check ( textLayoutBounds );

              x = ( float ) textLayoutBounds.getX ( );

              y = ( float ) -textLayoutBounds.getY ( );

              repaintBounds = textLayoutBounds.getBounds ( );

              repaintBounds.y = 0;

              frameRateString = "???";
            }

            public  FrameRateAnimator (
              Component  component,
              Color      color )
            ///////////////////////////////////////////////////////////////
            {
              this (
```

```
    color,
    component.getFont ( ),
    FontLib.getTextLayoutBounds (
      component, Integer.toString ( MAX_FRAME_RATE ) ) );
}

public  FrameRateAnimator ( Component  component )
/////////////////////////////////////////////////////////////////
{
  this ( component, component.getForeground ( ) );
}


/////////////////////////////////////////////////////////////////
/////////////////////////////////////////////////////////////////

public void  update ( JComponent  component )
/////////////////////////////////////////////////////////////////
{
  if ( oldDisabled != disabled )
  {
    component.repaint ( );

    oldDisabled = disabled;
  }
```

If the FrameRateAnimator was disabled in the previous frame and is now enabled by the keyboard toggle or vice versa, the update() method requests a repaint of the component in order to paint or erase the frame rate.

```
  if ( disabled )
  {
    return;
  }

  long  updateTime = System.currentTimeMillis ( );

  frameCount++;
```

Each time the update() method is called, the frameCount is incremented.

```
  long  timeDelta = updateTime - lastUpdateTime;

  if ( timeDelta < SAMPLE_PERIOD_IN_MILLIS )
  {
```

```
      return;
   }
```

If the sample period of ten seconds has not elapsed, the update() method does not continue.

```
frameRate = frameCount * MathConstants.MILLISECONDS_PER_SECOND
   / ( double ) timeDelta;
```

Note that the timeDelta must be converted from milliseconds to seconds as part of this calculation.

```
if ( frameRate > MAX_FRAME_RATE )
{
   frameRateString = ">>>";
}
else
{
   frameRateString = Long.toString ( Math.round ( frameRate ) );
}
```

The frameRate is rounded to the nearest long value and then converted to a String. If the frameRate is greater than 999, i.e., 3 digits in width, the String ">>>" is displayed instead.

```
frameCount = 0;

lastUpdateTime = updateTime;

component.repaint ( repaintBounds );
   }
```

When the frameRateString is updated, a repaint of the component is requested in the area where the frame rate is displayed. The frameCount and lastUpdateTime are reset and another sample period begins.

```
public void  paint (
   JComponent  component,
   Graphics2D  graphics )
   ////////////////////////////////////////////////////////////////
   {
   if ( disabled )
   {
      return;
   }
```

```
    graphics.setColor ( color );

    graphics.setFont ( font );

    graphics.drawString ( frameRateString, x, y );
  }
```

If not disabled, method paint() paints the frameRateString in the upper-left corner of the screen.

```
  [...]

  public void  toggle ( )
  //////////////////////////////////////////////////////////////////
  {
    disabled = !disabled;
  }
```

Since FrameRateAnimator can be toggled on and off, it probably does not hurt to include it in all of your games. Players that know the magic keyboard combination can turn it on and let you know how fast your animation is running on their platform.

CursorAnimator

CursorAnimator animates an Icon at the mouse cursor position. When the mouse cursor moves, the Icon will follow it. When the mouse is pressed, the Icon changes. It is demonstrated in applet Sprite of the CroftSoft Collection.

```
  package com.croftsoft.core.animation.animator;

  import java.awt.*;
  import java.awt.event.*;
  import javax.swing.*;

  import com.croftsoft.core.animation.ComponentAnimator;

  public class  CursorAnimator
    implements ComponentAnimator, MouseListener, MouseMotionListener
  //////////////////////////////////////////////////////////////////
  //////////////////////////////////////////////////////////////////
  {
```

```
private final Rectangle  oldPaintBounds;

private final Rectangle  newPaintBounds;
```

The final variables oldPaintBounds and newPaintBounds are used to request repaints during the update phase.

```
private Icon      currentIcon;

private Icon      nextIcon;

private Icon      mouseReleasedIcon;

private Icon      mousePressedIcon;

private int       hotSpotX;

private int       hotSpotY;

private int       x;

private int       y;

private boolean   updated;
```

The currentIcon is the Icon currently being painted. The nextIcon is the Icon to be used after the next update. The mouseReleasedIcon is the Icon to use when the mouse is not pressed. Otherwise, the mousePressedIcon is used. The hotSpotX and hotSpotY are offsets for painting the currentIcon at the mouse cursor position. The x and y values are the latest coordinates of the mouse cursor position. Boolean flag updated indicates that something has changed since the last update.

```
public  CursorAnimator (
  Icon         mouseReleasedIcon,
  Icon         mousePressedIcon,
  Point        hotSpot,
  Component    component )
///////////////////////////////////////////////////////////////////
{
  setMouseReleasedIcon ( mouseReleasedIcon, hotSpot );

  setMousePressedIcon  ( mousePressedIcon , hotSpot );
```

```
    oldPaintBounds = new Rectangle ( );

    newPaintBounds = new Rectangle ( );

    if ( component != null )
    {
      component.addMouseMotionListener ( this );

      component.addMouseListener        ( this );

      component.setCursor ( new Cursor ( Cursor.CROSSHAIR_CURSOR ) );
    }
  }
}
```

If a non-null component is passed as an argument to the constructor method, the CursorAnimator will be added as a MouseListener and a MouseMotionListener so that it can monitor mouse events. Additionally, the Cursor of the component is changed to the CROSSHAIR_CURSOR.

```
[...]

public void  setMouseReleasedIcon (
  Icon    mouseReleasedIcon,
  Point   hotSpot )
//////////////////////////////////////////////////////////////////////
{
  this.mouseReleasedIcon = mouseReleasedIcon;

  updateHotSpot ( hotSpot );
}

[...]
```

When the mousePressedIcon or mouseReleasedIcon is changed, the hotSpot is updated.

```
public void  update ( JComponent  component )
//////////////////////////////////////////////////////////////////////
{
  if ( !updated )
  {
    return;
  }

  updated = false;
```

If there have been no changes since the last update, the update() method does nothing and no repaint is requested.

```
currentIcon = nextIcon;

if ( currentIcon != null )
{
  newPaintBounds.x        = x;

  newPaintBounds.y        = y;

  newPaintBounds.width  = currentIcon.getIconWidth  ( );

  newPaintBounds.height = currentIcon.getIconHeight ( );
}
else
{
  newPaintBounds.width = 0;
}
```

If the currentIcon has been changed or the mouse cursor position has moved, the newPaintBounds must be updated.

```
component.repaint ( oldPaintBounds );

component.repaint ( newPaintBounds );

oldPaintBounds.setBounds ( newPaintBounds );
}
```

The update() method ends by requesting a repaint of the old cursor position and the new cursor position.

```
public void  paint (
  JComponent  component,
  Graphics2D  graphics )
//////////////////////////////////////////////////////////////////
{
  if ( currentIcon != null )
  {
    currentIcon.paintIcon ( component, graphics, x, y );
  }
}
```

When the mouse cursor is outside of the component, the currentIcon will be null.

```
public void  mouseClicked ( MouseEvent  mouseEvent )
///////////////////////////////////////////////////////////////
{
}

public void  mouseEntered ( MouseEvent  mouseEvent )
///////////////////////////////////////////////////////////////
{
  updated = true;

  nextIcon = mouseReleasedIcon;
}

public void  mouseExited ( MouseEvent  mouseEvent )
///////////////////////////////////////////////////////////////
{
  updated = true;

  nextIcon = null;
}

public void  mousePressed ( MouseEvent  mouseEvent )
///////////////////////////////////////////////////////////////
{
  updated = true;

  nextIcon = mousePressedIcon;
}

public void  mouseReleased ( MouseEvent  mouseEvent )
///////////////////////////////////////////////////////////////
{
  updated = true;

  nextIcon = mouseReleasedIcon;
}
```

These interface MouseListener methods trigger changes to the nextIcon. The nextIcon will become the currentIcon after the next update.

```
public void  mouseDragged ( MouseEvent  mouseEvent )
///////////////////////////////////////////////////////////////////////
{
  mouseMoved ( mouseEvent );
}

public void  mouseMoved ( MouseEvent  mouseEvent )
///////////////////////////////////////////////////////////////////////
{
  if ( currentIcon == null )
  {
    return;
  }

  updated = true;

  x = mouseEvent.getX ( ) - hotSpotX;

  y = mouseEvent.getY ( ) - hotSpotY;
}
```

These interface MouseMotionListener methods change the position of the Icon so that it follows the mouse cursor.

```
private void  updateHotSpot ( Point  hotSpot )
///////////////////////////////////////////////////////////////////////
{
  updated = true;

  if ( hotSpot != null )
  {
    hotSpotX = hotSpot.x;

    hotSpotY = hotSpot.y;
  }
  else if ( mouseReleasedIcon != null )
  {
    hotSpotX = mouseReleasedIcon.getIconWidth  ( ) / 2;

    hotSpotY = mouseReleasedIcon.getIconHeight ( ) / 2;
  }
  else if ( mousePressedIcon != null )
  {
    hotSpotX = mousePressedIcon.getIconWidth  ( ) / 2;
```

```
      hotSpotY = mousePressedIcon.getIconHeight ( ) / 2;
    }
    else
    {
      hotSpotX = 0;

      hotSpotY = 0;
    }
  }
```

Private method updateHotSpot() sets the hotSpotX and hotSpotY values. If a null hotSpot argument is provided, the hot spot will be centered on the Icon.

Sprite Implementations

In this section, I introduce an interface ComponentAnimator extension, Sprite, which represents an object that moves through virtual space. Abstract class AbstractSprite provides a partial implementation. Class IconSprite provides a full implementation by using an Icon. Class BounceUpdater is an example of a ComponentUpdater that knows how to manipulate a Sprite. IconSequenceUpdater makes an IconSprite sequence through an array of Icons.

Sprite

Interface Sprite from package com.croftsoft.core.animation extends Component-Animator to provide additional methods for moving a game entity through virtual space. It also provides methods for determining whether a collision occurs and what areas of the screen need to be repainted.

```
package com.croftsoft.core.animation;

import java.awt.Rectangle;
import java.awt.Shape;

public interface  Sprite
  extends ComponentAnimator
//////////////////////////////////////////////////////////////////////
//////////////////////////////////////////////////////////////////////
{
```

```
public double  getX        ( );

public double  getY        ( );

public double  getZ        ( );
```

A Sprite uses double instead of int for the coordinates in virtual space.
A Sprite is assumed to live in a layered two-dimensional virtual world. The z
property represents the z-order of the Sprite so that the animation engine can
determine which sprites to draw first.

```
public double  getHeading ( );

public double  getVelocity ( );
```

A Sprite maintains its own heading and velocity as internal state. Usually the
heading is given in radians and the velocity in meters per second, but this may
not always be the case. A particular implementation may use velocity units of
pixels per second instead, for example.

```
public void    getCollisionBounds ( Rectangle  collisionBounds );

public Shape   getCollisionShape ( );
```

A Sprite can collide with other entities in the virtual world. Method get-
CollisionBounds() is used to determine the bounds of a Rectangle that would
completely enclose the collision area for the Sprite. Method getCollisionShape()
is more precise in that it returns the actual collision area. Note that interface
Shape from core package java.awt and its implementations such as Rectangle
provide methods to test whether the Shape intersects a rectangle or contains a
point. These can be used to determine whether a collision has occurred in vir-
tual space or whether the player has clicked a particular Sprite with the mouse.

```
public void    getPaintBounds    ( Rectangle  paintBounds );
```

The paintBounds determines the area to be repainted as the Sprite moves
across the screen. It may differ from the collisionBounds or collisionShape. For
example, in an isometric view of the game, the paintBounds may be much taller
than the collisionBounds. As another example, a pool ball Sprite may have a cir-
cular collisionShape even though the paintBounds is rectangular.

```
public void  setX        ( double  x );

public void  setY        ( double  y );
```

```
public void   setZ          ( double  z );

public void   setHeading ( double  heading );

public void   setVelocity ( double  velocity );
```

You move the sprite in virtual space by setting the x and y properties. Changing the z property determines whether a Sprite will be in the foreground or background. You can also change the heading and velocity of the Sprite.

AbstractSprite

Abstract class AbstractSprite from package com.croftsoft.core.animation.sprite provides a partial implementation of interface Sprite.

```
package com.croftsoft.core.animation.sprite;

import java.awt.Graphics2D;
import java.awt.Rectangle;
import javax.swing.JComponent;

import com.croftsoft.core.animation.ComponentPainter;
import com.croftsoft.core.animation.ComponentUpdater;
import com.croftsoft.core.animation.Sprite;
import com.croftsoft.core.animation.painter.NullComponentPainter;
import com.croftsoft.core.animation.updater.NullComponentUpdater;
import com.croftsoft.core.lang.NullArgumentException;

public abstract class  AbstractSprite
  implements Sprite
//////////////////////////////////////////////////////////////////////
//////////////////////////////////////////////////////////////////////
{

protected double            x;

protected double            y;

protected double            z;

protected double            heading;

protected double            velocity;
```

```
      protected ComponentUpdater   componentUpdater;

      protected ComponentPainter   componentPainter;
```

Since Sprite extends interface ComponentAnimator, any implementation of Sprite must provide the ComponentAnimator methods update() and paint(). AbstractSprite delegates these two methods to a componentUpdater and a componentPainter, respectively.

```
    public  AbstractSprite (
       double          x,
       double          y,
       double          z,
       double          heading,
       double          velocity,
       ComponentUpdater   componentUpdater,
       ComponentPainter   componentPainter )
    ////////////////////////////////////////////////////////////////////
    {
       this.x = x;

       this.y = y;

       this.z = z;

       this.heading  = heading;

       this.velocity = velocity;

       setComponentUpdater ( componentUpdater );

       setComponentPainter ( componentPainter );
    }

    public  AbstractSprite ( )
    ////////////////////////////////////////////////////////////////////
    {
       this ( 0.0, 0.0, 0.0, 0.0, 0.0, null, null );
    }
```

The main constructor method simply stores the arguments as instance variables. The no-argument convenience constructor simply passes zero or null as arguments to the main constructor.

```
public double   getX          ( ) { return x;          }

[...]

public void  getCollisionBounds ( Rectangle  collisionBounds )
/////////////////////////////////////////////////////////////////
{
   collisionBounds.setBounds ( getCollisionShape ( ).getBounds ( ) );
}
```

Most of the accessor methods simply return the value stored as an instance variable. Note that default implementations of methods getCollisionShape() and getPaintBounds() are not provided in AbstractSprite. Method getCollision-Bounds() uses the getCollisionShape() method of interface Sprite and the getBounds() method of interface Shape to get the collisionBounds. You may want to override this default implementation of getCollisionBounds() for efficiency when you implement getCollisionShape().

```
public void   setX ( double  x ) { this.x = x; }

[...]

public void  setComponentUpdater (
   ComponentUpdater  componentUpdater )
/////////////////////////////////////////////////////////////////
{
   if ( componentUpdater == null )
   {
      componentUpdater = NullComponentUpdater.INSTANCE;
   }

   this.componentUpdater = componentUpdater;
}

[...]
```

Most of the mutator methods simply store the value as an instance variable. Methods setComponentUpdater() and setComponentPainter() store a reference to a null object singleton if the argument is null.

```
public void   update ( JComponent  component )
/////////////////////////////////////////////////////////////////
{
   componentUpdater.update ( component );
```

```
    }

    public void  paint (
      JComponent  component,
      Graphics2D  graphics )
    ///////////////////////////////////////////////////////////////////////
    {
      componentPainter.paint ( component, graphics );
    }
```

The update() and paint() methods simply delegate to the componentUpdater and componentPainter, respectively. You can also override these methods in the subclass.

IconSprite

Class IconSprite is a Sprite implementation that is backed by an instance of class Icon.

```
    package com.croftsoft.core.animation.sprite;

    import java.awt.Graphics2D;
    import java.awt.Rectangle;
    import java.awt.Shape;
    import javax.swing.Icon;
    import javax.swing.JComponent;

    import com.croftsoft.core.lang.NullArgumentException;
    import com.croftsoft.core.animation.ComponentUpdater;
    import com.croftsoft.core.animation.painter.NullComponentPainter;
    import com.croftsoft.core.animation.updater.NullComponentUpdater;

    public class  IconSprite
      extends AbstractSprite
    ///////////////////////////////////////////////////////////////////////
    ///////////////////////////////////////////////////////////////////////
    {

    private final Rectangle  paintBounds;

    //

    private Icon  icon;
```

Class `IconSprite` extends `AbstractSprite`. It maintains its `paintBounds` as a mutable final variable and its `icon` as a non-final variable so that it can be changed.

```
public  IconSprite (
   double           x,
   double           y,
   double           z,
   double           heading,
   double           velocity,
   ComponentUpdater  componentUpdater,
   Icon             icon )
//////////////////////////////////////////////////////////////////////
{
   super ( x, y, z, heading, velocity, componentUpdater,
      NullComponentPainter.INSTANCE );

   paintBounds = new Rectangle ( );

   setX ( x );

   setY ( y );

   setIcon ( icon );
}
```

Since `IconSprite` overrides the `paint()` method in superclass `AbstractSprite`, a `componentPainter` delegate is not needed. A `NullComponentPainter` instance is provided as a null object to the superclass constructor. Since methods `setX()`, `setY()`, and `setIcon()` update the `paintBounds`, they must be called after the `paintBounds` object is initialized in the constructor.

```
public  IconSprite ( Icon  icon )
//////////////////////////////////////////////////////////////////////
{
   this ( 0.0, 0.0, 0.0, 0.0, 0.0,
      NullComponentUpdater.INSTANCE, icon );
}
```

This convenience constructor initializes all of the values to zero or a null object with the exception of the `icon`.

```
public Icon  getIcon ( ) { return icon; }
```

```
public Shape  getCollisionShape ( )
//////////////////////////////////////////////////////////////////////
{
  return paintBounds;
}

public void  getCollisionBounds ( Rectangle  collisionBounds )
//////////////////////////////////////////////////////////////////////
{
  collisionBounds.setBounds ( paintBounds );
}

public void  getPaintBounds ( Rectangle  paintBounds )
//////////////////////////////////////////////////////////////////////
{
  paintBounds.setBounds ( this.paintBounds );
}
```

IconSprite also uses the paintBounds for the collisionBounds and collisionShape.

```
public void  setX ( double  x )
//////////////////////////////////////////////////////////////////////
{
  super.setX ( x );

  paintBounds.x = ( int ) x;
}

public void  setY ( double  y )
//////////////////////////////////////////////////////////////////////
{
  super.setY ( y );

  paintBounds.y = ( int ) y;
}
```

When the position in virtual space of the IconSprite is updated, the paintBounds is updated.

```
public void  setIcon ( Icon  icon )
//////////////////////////////////////////////////////////////////////
{
  NullArgumentException.check ( this.icon = icon );
```

```
    paintBounds.width  = icon.getIconWidth  ( );

    paintBounds.height = icon.getIconHeight ( );
}
```

When the `icon` changes, the `width` and `height` of the `paintBounds` is updated simultaneously.

```
public void  paint (
  JComponent  component,
  Graphics2D  graphics )
//////////////////////////////////////////////////////////////////
{
  icon.paintIcon ( component, graphics, ( int ) x, ( int ) y );
}
```

The paint() method of `IconSprite` provides the `paintIcon()` method of the icon with the x and y values. This assumes that the coordinates in virtual space are in units of pixels or are mapped to pixels with a one-to-one ratio.

BounceUpdater

In order to make an `AbstractSprite` subclass such as `IconSprite` do something, you need to override its update() method in a subclass or provide a delegate `ComponentUpdater` implementation. Class `BounceUpdater` from package `com.croftsoft.core.animation.update` is a `ComponentUpdater` implementation that knows how to manipulate a `Sprite`. It bounces a `Sprite` off of the walls of a `Rectangle`. `BounceUpdater` is used in applet Sprite within the CroftSoft Collection.

```
package com.croftsoft.core.animation.updater;

import java.awt.Rectangle;
import java.awt.Shape;
import javax.swing.JComponent;

import com.croftsoft.core.animation.Clock;
import com.croftsoft.core.animation.ComponentUpdater;
import com.croftsoft.core.animation.Sprite;
import com.croftsoft.core.lang.NullArgumentException;
import com.croftsoft.core.math.MathConstants;
```

Class BounceUpdater imports interface Clock from package com.croftsoft. core.animation. A Clock implementation provides the current time in nanoseconds. Implementations of interface Clock can be found in package com.croftsoft.core.animation.clock.

```
public final class  BounceUpdater
  implements ComponentUpdater
///////////////////////////////////////////////////////////////////////////
///////////////////////////////////////////////////////////////////////////
{

private final Sprite       sprite;

private final Rectangle  bounds;

private final Clock        clock;

private final Rectangle  collisionBounds;

private final Rectangle  newPaintBounds;

private final Rectangle  oldPaintBounds;
```

The Sprite is bounced within the rectangular bounds. The clock is used to determine how far to move the sprite in a single update. The collisionBounds is used to determine whether the sprite has hit a wall. The requested repaint area will be the union of the oldPaintBounds and the newPaintBounds of the Sprite.

```
private long  lastUpdateTimeNanos;
```

The lastUpdateTimeNanos records the time of the last update in nanoseconds.

```
public  BounceUpdater (
  Sprite      sprite,
  Rectangle  bounds,
  Clock        clock )
///////////////////////////////////////////////////////////////////////////
{
  NullArgumentException.check ( this.sprite = sprite );

  NullArgumentException.check ( this.bounds = bounds );

  NullArgumentException.check ( this.clock   = clock  );
```

```
collisionBounds = new Rectangle ( );

newPaintBounds  = new Rectangle ( );

oldPaintBounds  = new Rectangle ( );
}
```

Final instance variables collisionBounds, newPaintBounds, and oldPaintBounds are created once within the constructor method and reused repeatedly to store new values since they are mutable.

```
public void  update ( JComponent  component )
///////////////////////////////////////////////////////////////
{
  long  updateTimeNanos = clock.currentTimeNanos ( );

  if ( updateTimeNanos == lastUpdateTimeNanos )
  {
    return;
  }
```

If you are using a low-resolution clock, the current updateTimeNanos may be the same as the lastUpdateTimeNanos, even though some time has obviously elapsed since the last call to update(). In this case, no update of the sprite is possible.

```
double  timeDelta
  = ( updateTimeNanos - lastUpdateTimeNanos )
  / ( double ) MathConstants.NANOSECONDS_PER_SECOND;

lastUpdateTimeNanos = updateTimeNanos;
```

Before the lastUpdateTimeNanos is updated, it is used to determine the timeDelta, in seconds, since the previous update.

```
double  x = sprite.getX ( );

double  y = sprite.getY ( );

double  heading  = sprite.getHeading ( );

double  velocity = sprite.getVelocity ( );

double  delta_x = Math.cos ( heading ) * velocity * timeDelta;
```

```
double   delta_y = Math.sin ( heading ) * velocity * timeDelta;

x += delta_x;

y += delta_y;
```

The updated coordinates are calculated based upon the heading, velocity, and timeDelta.

```
int   minX = bounds.x;

int   minY = bounds.y;

sprite.getCollisionBounds ( collisionBounds );

int   maxX = bounds.x + bounds.width  - collisionBounds.width;

int   maxY = bounds.y + bounds.height - collisionBounds.height;
```

The x and y values are the coordinates of the top-left corner of the sprite. To prevent the sprite from overlapping the right and bottom edges of the bounds, the maxX and maxY values are adjusted by the width and height of the sprite, respectively.

```
boolean   headingAlreadyAdjusted = false;

if ( x < minX )
{
  x = minX;

  if ( delta_x < 0.0 )
  {
    if ( heading > Math.PI )
    {
      heading = 3.0 * Math.PI - heading;
    }
    else
    {
      heading = Math.PI - heading;
    }

    headingAlreadyAdjusted = true;
  }
}
```

If the updated x coordinate is less than the minX, the position of the sprite is outside of the bounds, so the x must be set to minX to move it back in. If the sprite went outside of the bounds by moving left, it will bounce against the left wall. The bounce causes its heading to change in the same way that light reflects off of a mirror.

```
else if ( x > maxX )
{
  [...]
}
```

The code for bouncing the sprite off of the right wall is similar.

```
if ( y < minY )
{
  y = minY;

  if ( delta_y < 0.0 )
  {
    if ( !headingAlreadyAdjusted )
    {
      heading = 2.0 * Math.PI - heading;
    }
  }
}
```

This code causes the sprite to bounce off of the top edge. If the heading was already adjusted when the x value was checked, no additional heading change is made. This prevents the y check from undoing the heading change that was just made in the x check.

```
else if ( y > maxY )
{
  [...]
}
```

The code for bouncing the sprite off of the bottom edge is similar.

```
sprite.getPaintBounds ( oldPaintBounds );

sprite.setX ( x );

sprite.setY ( y );
```

Before the sprite coordinates are updated, the oldPaintBounds values are saved.

```
        sprite.setHeading ( heading );

        sprite.getPaintBounds ( newPaintBounds );

        oldPaintBounds.add ( newPaintBounds );

        component.repaint ( oldPaintBounds );
    }
```

The requested repaint area is the union of the oldPaintBounds and the newPaintBounds. It is assumed that old position and the new position are close enough together that the old and new sprite areas overlap.

IconSequenceUpdater

An IconSequenceUpdater from package com.croftsoft.core.animation.updater manipulates an IconSprite (see Figure 4-6). It causes the IconSprite to sequence through an Icon array. In applet Zombie of the CroftSoft Collection, the Icon array contains an ImageIcon of a zombie with its left foot forward and another with its right foot forward. By alternating between these two images every second, it appears that the zombies are walking.

```
package com.croftsoft.core.animation.updater;

    import java.awt.Rectangle;
    import javax.swing.Icon;
    import javax.swing.JComponent;

    import com.croftsoft.core.lang.NullArgumentException;
    import com.croftsoft.core.animation.Clock;
    import com.croftsoft.core.animation.ComponentUpdater;
    import com.croftsoft.core.animation.sprite.IconSprite;

    public final class   IconSequenceUpdater
      implements ComponentUpdater
    ////////////////////////////////////////////////////////////////////
    ////////////////////////////////////////////////////////////////////
    {
```

```
private final IconSprite   iconSprite;

private final Icon [ ]     icons;

private final long         framePeriodNanos;

private final Clock        clock;

private final Rectangle    oldPaintBounds;

private final Rectangle    newPaintBounds;
```

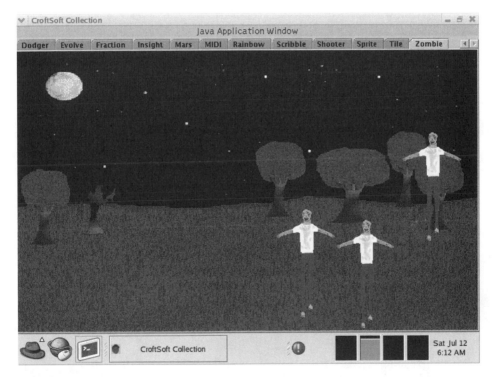

Figure 4-6. `IconSequenceUpdater` *example*

The `iconSprite` will sequence through the array of `icons` with a delay of `framePeriodNanos` nanoseconds between each `Icon` as measured by the `clock`. The requested repaint area will be the union of the `oldPaintBounds` and the `newPaintBounds` of the `iconSprite`.

```
private long   lastUpdateTimeNanos;

private int    index;
```

The `lastUpdateTimeNanos` records the time of the last update in nanoseconds. The `index` points to the next `Icon` in the `icons` array.

```
public   IconSequenceUpdater (
  IconSprite  iconSprite,
  Icon [ ]     icons,
  long          framePeriodNanos,
  Clock        clock )
//////////////////////////////////////////////////////////////////////
{
  NullArgumentException.check ( this.iconSprite = iconSprite );

  NullArgumentException.check ( this.icons      = icons      );

  this.framePeriodNanos = framePeriodNanos;

  NullArgumentException.check ( this.clock      = clock      );

  oldPaintBounds = new Rectangle ( );

  newPaintBounds = new Rectangle ( );
}
```

The constructor method simply stores or initializes the final variables.

```
public void   update ( JComponent   component )
//////////////////////////////////////////////////////////////////////
{
  long   updateTimeNanos = clock.currentTimeNanos ( );

  if ( updateTimeNanos < lastUpdateTimeNanos + framePeriodNanos )
  {
    return;
  }

  lastUpdateTimeNanos = updateTimeNanos;
```

If it has not been at least `framePeriodNanos` nanoseconds since the `Icon` was updated, the `update()` method does nothing.

```
  iconSprite.getPaintBounds ( oldPaintBounds );

  iconSprite.setIcon ( icons [ index ] );
```

```
    iconSprite.getPaintBounds ( newPaintBounds );

    newPaintBounds.add ( oldPaintBounds );

    component.repaint ( newPaintBounds );

    index = ( index + 1 ) % icons.length;
  }
```

Since each Icon in the icons array may be of a different size, the oldPaint-
Bounds may not equal the newPaintBounds when the next Icon is selected. They
are expected to overlap, however, and the union of these two areas is used for
the repaint request.

Summary

This chapter described a number of ComponentUpdater, ComponentPainter,
ComponentAnimator, and Sprite implementations compatible with the core anima-
tion engine classes detailed in the previous chapter. These implementations
serve as working examples of how you might implement game-specific classes
and build your own reusable animation library.

CHAPTER 5

Advanced Graphics

Employ thy time well, if thou meanest to gain leisure. —Benjamin Franklin

In this chapter, I will introduce you to a number of advanced graphics topics including hardware-accelerated images, multi-buffering, and full-screen exclusive mode. Hardware-accelerated images can be used to increase the frame rate by storing and manipulating image data directly in video memory. Multi-buffering uses additional image buffers so that the generation of the screen image can take place in a thread separate from the event dispatch thread. Running your game in full-screen exclusive mode allows it to fill the entire screen and is also required for setting the display mode and preventing *tearing*, that little ripple that sometimes appears if the video memory is being updated while the monitor is being refreshed.

Hardware-Accelerated Images

Hardware-accelerated images can be used to increase the frame rate by storing and manipulating image data directly in video memory. The availability of hardware acceleration varies from machine to machine, so your game must be able to run with acceptable performance without it. The Image class from core package java.awt and its subclasses provide the abstraction layer so that your game code will continue to run whether or not hardware acceleration is available on any given platform.

Image

Abstract class Image holds picture element (*pixel*) data. As this class is abstract, you cannot instantiate it directly using a constructor method. The following code demonstrates a simple technique for loading an Image from a JAR file using an instance of class ImageIcon from core package javax.swing.

```
URL  imageURL = classLoader.getResource ( imageFilename );

if ( imageURL == null )
```

```
    {
      throw new IllegalArgumentException (
        "unknown imageFilename:  " + imageFilename );
    }

    ImageIcon  imageIcon = new ImageIcon ( imageURL );

    Image  image = imageIcon.getImage ( );
```

The two subclasses of Image are BufferedImage and VolatileImage.

BufferedImage

Class BufferedImage from core package java.awt.image provides methods to
access and modify pixel data directly. This means that you can get the color of a
particular pixel at a given row and column within the Image and then change it.

You can create a blank instance of a BufferedImage in memory simply by call-
ing one of the constructor methods. The pixel data of a BufferedImage is stored in
regular system memory and not in hardware-accelerated video memory. This
means that when you modify BufferedImage pixel data, you are not taking advan-
tage of any hardware-accelerated drawing operations that may be available on
the current platform. Furthermore, each time the BufferedImage is displayed, the
pixel data must be copied from system memory to video memory, which can be
quite slow. Copying pixel data from one area of memory to another is known as a
block line transfer or *blit*.

You can load a BufferedImage from a JAR file using the following static
method from class ImageLib in package com.croftsoft.core.awt.image.

```
public static BufferedImage  loadBufferedImage (
  String         imageFilename,
  ClassLoader  classLoader )
  throws IOException
/////////////////////////////////////////////////////////////////////
{
  InputStream  inputStream
    = classLoader.getResourceAsStream ( imageFilename );

  if ( inputStream == null )
  {
    return null;
  }
```

```
BufferedInputStream  bufferedInputStream
  = new BufferedInputStream ( inputStream );

BufferedImage  bufferedImage = ImageIO.read ( bufferedInputStream );

bufferedInputStream.close ( );

return bufferedImage;
}
```

Note that the getImage() method in class ImageIcon returns an instance of Image, while the loadBufferedImage() method in class ImageLib returns an instance of BufferedImage. This permits you to manipulate the pixel data directly once the BufferedImage is loaded into memory.

VolatileImage

Class VolatileImage from core package java.awt.image does not provide pixel-data accessor and mutator methods, but it does store pixel data in hardware-accelerated video memory if available on the current platform. Displaying a VolatileImage can be extremely fast, as the data may already be in video memory on the video card.

With regard to Java game programming, the most significant enhancement to the Java programming language in recent years may be the introduction of class VolatileImage in version 1.4 of the core API. On a machine with a good graphics card, you can now get amazingly fast frame rates, even when the entire screen is repainted with each frame. Given this, it may be simpler to request a repaint of the entire component during the update phase instead of requesting a repaint of just those areas that actually need to be repainted. This eliminates the need to calculate what those repaint areas are, but it can cause a severe performance hit on those platforms where the hardware-acceleration performance advantages of VolatileImage are not currently available. Until Moore's Law has had a chance to work its magic for a few more years, I recommend that you continue to focus your optimization efforts on minimizing the average number of pixels repainted per frame.

One drawback to using a VolatileImage is that the pixel data is volatile, i.e., it can be wiped out at any time on some platforms. This can happen when another process, such as a screen saver, decides to overwrite the video memory. Using a VolatileImage instance directly requires that you poll its contentsLost() method to determine whether the image data needs to be restored.

I have created two classes in package com.croftsoft.core.animation.icon that perform these check-and-restore operations automatically. Both classes are implementations of Icon, and both perform the check and restore each time the paintIcon() method is called. Class VolatileImageIcon restores the VolatileImage content using a regular non-volatile Image that is stored as an instance variable. Class ResourceImageIcon restores the content by reloading the data from the JAR file whenever it is lost in order to conserve system memory.

Another drawback to using a VolatileImage is that it currently does not support translucent colors. This is quite a problem for sprites, as they are usually centered on a transparent background. For this reason, I do not often use VolatileImageIcon and ResourceImageIcon. Instead, I almost always use an automatic image, as I discuss next.

Automatic Image

The term *automatic image* was first coined by Jeffrey Kesselman, Sun Microsystems Staff Engineer and Video Game and Entertainment Electronics (VGEE) Specialist, in his 2001 article "Understanding the AWT Image Types." The article describes an image type which combines the advantages of both a BufferedImage and a VolatileImage by relying upon internal instances of both. When the pixel data needs to be modified, it is modified in the BufferedImage memory area and then copied to the VolatileImage, which serves as a high-speed cache. When the pixel data needs to be displayed to the screen, the accelerated VolatileImage video memory is used.

If the VolatileImage memory content is lost, the automatic image detects this condition and the pixel data is restored from the BufferedImage in system memory. Transparent color information is successfully transferred from the BufferedImage to the VolatileImage using what the article describes as an undocumented "internal trick."

These two features make using an automatic image indistinguishable from using a regular Image except for the increased performance. As of the release of Java version 1.4, the automatic image type is now the default image type returned when you call the class Component method createImage(). The createImage() method was introduced in Java version 1.0, so many older Java games that rely upon it may suddenly see a dramatic increase in frame-rate performance.

Compatible Image

The createImage() method returns an instance of Image that does not allow you to access and modify the pixel data directly. To create an automatic image type that you can manipulate using the BufferedImage methods, you will need to use the createCompatibleImage() method of class GraphicsConfiguration from core package java.awt.

A *compatible image* is an Image in which the pixel data is already in the format that the GraphicsConfiguration uses. This can speed things up, as the pixel data does not need to be transformed into the required format each time the Image is painted onto the screen.

When you call the createCompatibleImage() method, you can specify what kind of transparency is used as an argument. The integer transparency values are defined in class Transparency from core package java.awt. Integer value OPAQUE is used for images with no translucent pixels, such as background tiles. BITMASK is used for images that contain pixels that are completely translucent, in addition to pixels that are completely opaque, such as sprites with transparent backgrounds. TRANSLUCENT is used for semi-transparent see-through images.

As currently implemented, there is a heavy performance hit to using TRANSLUCENT images, as they are not accelerated. You can observe this in program Sprite within the CroftSoft Collection by enabling the option "Paint fog and night?" The frame rate will drop dramatically when this option is checked, as the fog and night effect is created by using semi-transparent colors. In general, you will almost always want to use OPAQUE or BITMASK for your images.

Another performance issue to consider is scaling. If you provide width and height arguments to the drawImage() method of class Graphics, the image data will be scaled to that width and height each time it is drawn. The hardware-acceleration advantages of VolatileImage are lost when scaling is used on some platforms. The solution to this problem is to pre-scale your images to the desired height and width as soon as they are loaded from the JAR.

The following static convenience method loadAutomaticImage() from class ImageLib loads a BufferedImage from a JAR file, creates a blank compatible automatic image of the desired height and width, and then copies the pixel data from the BufferedImage to the automatic image, transforming and scaling the data in the process.

```java
public static BufferedImage  loadAutomaticImage (
   String        imageFilename,
   int           transparency,
   Component     component,
   ClassLoader   classLoader,
   Dimension     dimension )
   throws IOException
//////////////////////////////////////////////////////////////////////
{
  NullArgumentException.check ( imageFilename );

  NullArgumentException.check ( component );

  if ( classLoader == null )
  {
    classLoader = component.getClass ( ).getClassLoader ( );
  }
```

```
BufferedImage  bufferedImage
  = loadBufferedImage ( imageFilename, classLoader );

GraphicsConfiguration  graphicsConfiguration
  = component.getGraphicsConfiguration ( );

if ( graphicsConfiguration == null )
{
  throw new IllegalStateException ( "null graphicsConfiguration" );
}

int  width, height;

if ( dimension == null )
{
  width  = bufferedImage.getWidth ( );

  height = bufferedImage.getHeight ( );
}
else
{
  width  = dimension.width;

  height = dimension.height;

  if ( width < 1 )
  {
    throw new IllegalArgumentException (
      "dimension.width < 1:  " + width );
  }

  if ( height < 1 )
  {
    throw new IllegalArgumentException (
      "dimension.height < 1:  " + height );
  }
}

BufferedImage  automaticImage
  = graphicsConfiguration.createCompatibleImage (
  width, height, transparency );

Graphics  graphics = automaticImage.getGraphics ( );
```

```
    if ( dimension == null )
    {
      graphics.drawImage ( bufferedImage, 0, 0, null );
    }
    else
    {
      graphics.drawImage ( bufferedImage, 0, 0, width, height, null );
    }

    graphics.dispose ( );

    bufferedImage.flush ( );

    return automaticImage;
  }
```

The component argument is required in order to get the graphicsConfiguration so that a compatible image can be created. If the classLoader argument to the method is null, the ClassLoader of the component will be used. If the dimension argument is null, the original image size will be used and no scaling will take place.

Note that loadAutomaticImage() may throw an IllegalStateException if the getGraphicsConfiguration() method returns null. This can occur if a Graphics-Configuration has not yet been associated with the component. You can avoid this by delaying your calls to loadAutomaticImage() until after the component has been added to a Container. It is usually safe to call loadAutomaticImage() within the init() method of your game applet, but calling it within the constructor method may be premature.

Caching Algorithm

In my opinion, using automatic images is almost always preferred over the direct creation and manipulation of VolatileImage instances using methods such as createVolatileImage() from class Component or createCompatibleVolatileImage() from class GraphicsConfiguration. Automatic images provide built-in logic to take care of restoring the internal VolatileImage when the content stored in video memory is lost to a competing process such as a screen saver. An automatic image also takes care of the translucency problem with VolatileImage so that users can use hardware acceleration with sprites with transparent backgrounds. However, one reason why you might want to use VolatileImage directly instead of automatic images is if you are having problems with the automatic-image caching algorithm.

The caching algorithm is what determines the performance characteristics of an automatic image, depending upon how it is used. I have observed that the caching algorithm appears to be pretty smart. If you frequently modify the pixel data in an automatic image, say once every frame, successful cache hits to the VolatileImage will be infrequent or non-existent since the data is always changing. In this case, the VolatileImage cache is disabled by the caching algorithm, since there is no need to copy modifications of the internal BufferedImage to the internal VolatileImage cache if the cache is almost never used. On the other hand, if the only time you ever modify the image data is when the automatic image is first created, the caching algorithm uses the VolatileImage cache repeatedly.

How does the caching algorithm know when to disable or re-enable the VolatileImage cache? From my own personal observation, the algorithm appears to switch between caching and non-caching modes depending on whether the pixels are modified within an interval delay that doubles each time. Note that since the source code for an automatic image is not available, I could very well be wrong about this. Furthermore, since the algorithm is not documented, the implementation could be changed in a future version of Java in an attempt to improve performance in the general case.

The current implementation of the caching algorithm can cause problems if modifications to the image pixel data are infrequent but periodic. In this situation, most of the time the automatic image is running with caching enabled. When the pixel data is modified, you would normally like the caching algorithm to revert back to caching mode immediately, since it will be awhile before the data is modified again. The caching algorithm does not know this, however, and will wait awhile before switching from non-caching mode back to caching mode. This delay doubles each time modifications to the image pixel data occur, so the benefits of VolatileImage hardware acceleration are gradually lost. Furthermore, the switch between non-caching and caching mode may be noticeable to your players as a sudden increase in the frame rate for no apparent reason.

If you find the behavior of the caching algorithm unacceptable or you worry about a future change to the implementation, you may wish to implement your own automatic image class. In this case, you may wish to study my implementations of VolatileImageIcon and ResourceImageIcon. Recall that the "internal trick" for transferring translucent pixel data from a non-volatile image to a VolatileImage in the default automatic image is not documented and may not be possible using the public API methods. For this reason, you may not be able to use sprite images with transparent backgrounds in your custom automatic-image implementation unless you can come up with your own trick.

Generally, however, you will almost always modify the pixel data of an image in either every frame or just once when the image is initialized. In these two commonly occurring end-point cases, you can expect the caching algorithm as implemented in the default automatic image to do what you would want it to do: Behave like a BufferedImage in the former case and like a VolatileImage in the latter. Rarely do you need to instantiate and manipulate a VolatileImage directly. For best performance, I recommend that you almost always load your static images such as sprites and background tiles using the convenience method loadAutomaticImage() with a transparency argument of either OPAQUE or BITMASK.

Multi-Buffering and Multi-Threading

To prevent partially completed updates of the component surface from being displayed while it is in the process of being repainted, a technique known as *double-buffering* is used. In double-buffering, updates are first drawn to a separate offscreen memory buffer and then rapidly copied to the onscreen graphics buffer upon completion. In AWT Component subclasses, the update() method is often overridden to implement custom code for double-buffering to eliminate animation flicker when the background color is redrawn. In Swing, however, custom code is unnecessary and the update() method is not used for this purpose, as JComponent is already double-buffered by default. You can disable double-buffering and observe the effect using the class JComponent method setDouble-Buffered(boolean).

In standard Swing double-buffering, thread coordination is not a problem because only a single thread is used: the event dispatch thread. This works well when the component needs to be updated in response to a mouse click or a windowing event. In Swing animation, however, a separate thread is usually used to drive periodic updates of the offscreen buffer in a fast loop. This could potentially cause problems if the event dispatch thread is copying from the offscreen buffer to the onscreen buffer while the animation thread is simultaneously updating the offscreen buffer. As described in Chapter 3, AnimatedComponent gets around this by using the invokeAndWait() method of class EventQueue to synchronize the call to animate() in the animationThread loop to the event dispatch thread paint operation.

This can cause a problem, however, if the animate() method takes an extraordinarily long time to execute. This might occur for a number of reasons, including running the animation on a very slow machine, complex pixel calculations, large amounts of data to process, or accessing the update data via a slow network connection. This can overburden the event dispatch thread, which then stalls all other Swing event processing. For example, the processing of repaint and window close requests might be delayed for an indefinite period. This means that the user cannot control the window and the program will appear to be locked up.

The delay in the govern() method of class LoopGovernor cannot cause such a problem because it runs inside of the animationThread and not the event dispatch thread. The animate() method, however, which performs the sprite updates and paint operations, does run inside the event dispatch thread and can cause serious problems if it is too slow.

When you have excessively lengthy update and paint operations, the solution is to use *triple-buffering*. Triple-buffering is used when you have two unsynchronized threads working together to create the animation. The first thread is typically just copying from the active offscreen buffer to the onscreen buffer in a fast loop. The second thread is responsible for updating the active offscreen buffer. The catch is that the first thread is not synchronized to the second and may attempt to use the active offscreen buffer at any time. The second thread deals with this timing problem by instead updating an inactive offscreen buffer and, upon completion, quickly swapping a pointer to make it the active offscreen buffer.

BufferedAnimatedComponent is an AnimatedComponent subclass that uses triple-buffering to prevent lengthy update and paint phases from interfering with the timely processing of Swing events. The use of BufferedAnimatedComponent is demonstrated in program Evolve within the CroftSoft Collection.

```
package com.croftsoft.core.animation.component;

[...]

public class  BufferedAnimatedComponent
   extends AnimatedComponent
```

BufferedAnimatedComponent is a subclass of AnimatedComponent that resides in package com.croftsoft.core.animation.component.

```
private boolean        doReset;

private VolatileImage  activeImage;

private VolatileImage  updateImage;

private Graphics2D     activeGraphics;

private Graphics2D     updateGraphics;

private int            oldCount;

private Rectangle [ ]  oldRepaintRegions;

private Rectangle [ ]  newRepaintRegions;
```

In addition to the protected variables that it inherits from its superclass AnimatedComponent, BufferedAnimatedComponent defines additional instance variables. Boolean flag doReset is used to indicate that the two offscreen buffers need to be resized or refreshed. The active and inactive offscreen buffers are referenced by `activeImage` and `updateImage` respectively. As you would expect, the graphics context `activeGraphics` belongs to `activeImage`, and `updateGraphics` belongs to `updateImage`. The `oldCount` array records the number of repaint requests in the previous frame. The `oldRepaintRegions` array stores them. The `newRepaintRegions` array is a temporary storage place for the repaint requests generated in the current frame.

```
public  BufferedAnimatedComponent (
   ComponentAnimator   componentAnimator,
   RepaintCollector    repaintCollector,
   LoopGovernor        loopGovernor )
///////////////////////////////////////////////////////////////////
{
   super (
     componentAnimator,
     repaintCollector,
     loopGovernor );

   setDoubleBuffered ( false );

   activeImage = NullVolatileImage.INSTANCE;
}

[...]
```

The main constructor disables the default double-buffering mechanism in Swing, as it would be redundant with the triple-buffering technique implemented by this subclass. As buffers can be very expensive in terms of memory consumed, especially if they are sized to the full screen, one would hope that disabling double-buffering would eliminate an unneeded offscreen buffer and free up some memory. However, this command only disables the use of the Swing offscreen buffer, not the creation of the buffer itself, as the buffer might be still used by Swing components other than this class. In practice, then, you will end up with four memory buffers: the onscreen video memory buffer, the Swing offscreen buffer, the active offscreen buffer `activeImage`, and the inactive offscreen buffer `updateImage`.

If you are worried about memory problems and there are no other Swing components besides `BufferedAnimatedComponent` sharing the `Window`, you can safely eliminate the Swing offscreen buffer by using the following command in class `javax.swing.RepaintManager`:

```
RepaintManager   repaintManager
   = RepaintManager.currentManager ( null );

repaintManager.setDoubleBufferingEnabled ( false );
```

The last act of the main constructor method for BufferedAnimatedComponent is to initialize the activeImage reference to a singleton instance of class NullVolatile-Image from package com.croftsoft.core.awt.image. NullVolatileImage is a null object subclass implementation of the VolatileImage class in package java.awt.image. This is described later in the section on method paintComponent().

Omitted from the code listing above are four convenience constructors that operate much like the convenience constructors previously described in the superclass AnimatedComponent, as documented in Chapter 3.

```java
public void  init ( )
/////////////////////////////////////////////////////////////////////////
{
  super.init ( );

  addComponentListener (
    new ComponentAdapter ( )
    {
      public void  componentResized ( ComponentEvent  componentEvent )
      {
        doReset = true;
      }
    } );

  oldRepaintRegions = new Rectangle [ ] { };

  newRepaintRegions = new Rectangle [ ] { };
}
```

The superclass reacts to a component-resized event by setting the doReset flag to true. The animation loop periodically checks this flag to determine whether the offscreen buffers should be resized. The init() method also initializes the repaint-region storage arrays to zero length.

This init() method overrides the init() method in the superclass Animated-Component. The other lifecycle methods—start(), stop(), and destroy()—are not overridden and are inherited and used without change.

```java
public void  paintComponent ( Graphics  graphics )
/////////////////////////////////////////////////////////////////////////
{
  graphics.drawImage ( activeImage, 0, 0, null );
}
```

This method simply copies the active offscreen buffer to the onscreen video-memory buffer. This method is called as a serialized task within the event dispatch thread. You will recall from a previous chapter that the Animated-Component superclass implementation calls the paint() method in a Component-Animator instance. This behavior is overridden, since calling the paint() method could take an excessively long amount of time within the event dispatch thread and block other Swing events. Instead, a quick transfer of the pre-generated activeImage is made.

Note that the framework may call this method before the active offscreen buffer activeImage is ready. This can occur because the activeImage will be assigned a valid object within the animation loop when the frames are generated, but the paintComponent() method may be called before the animation loop is started. If activeImage were null, calling this method would generate a Null-PointerException since the code does not check to see if activeImage is non-null before using it.

We get around this problem by using a *null object*. A null object implementation serves as a placeholder where you do not want to insert the code to check for a null value, but you do not always have a valid object ready. A null object subclass implements the class of the object that should be in that spot in the code, so the code treats it as its polymorphic kin and calls its methods without treating it any differently. All the methods of a null object do nothing, however, and those that return a value usually simply return zero or null.

Since the paintComponent() method is called frequently during animation, usually several times a second, it would seem useful to eliminate the check for a null value, especially since the value will usually only be null the first one or two times this method is called, if ever. As shown earlier, the main constructor method of BufferedAnimatedComponent assigns activeImage to a singleton instance of NullVolatileImage, a null object implementation of VolatileImage. The Graphics class drawImage() method seems happy to process this zero-width and zero-height dummy Image subclass without complaint, even though it consistently throws a NullPointerException if provided with a null argument instead. Variable activeImage is later reassigned to a valid VolatileImage object when animation begins.

You may wonder why I do not just assign activeImage to a small blank instance of VolatileImage in the constructor instead of using a special null object class such as NullVolatileImage. The problem there is that VolatileImage, just like its superclass parent Image, is an abstract class, and so cannot be instantiated directly. It must be created instead using a method such as createVolatile-Image() in class java.awt.Component. This method returns null, however, when called immediately after the component has been instantiated, and before or while it is in the process of being displayed for the first time by the Swing framework. Look for this kind of problem if in your own game implementations you notice that your code dumps a NullPointerException stack trace the first time or two that method paintComponent() is called, but works happily on subsequent calls once it has warmed up.

```
protected void  loop ( )
//////////////////////////////////////////////////////////////////
{
   doReset = true;
```

The loop() method starts by setting the doReset flag to true in order to mark the offscreen buffers for initialization.

```
while ( animationThread != null )
{
  try
  {
    animateOffscreen ( );

    if ( doReset )
    {
      continue;
    }
```

The loop will run until the destroy() method dereferences the animation-Thread. The loop() method starts by calling the animateOffscreen() method, which resets the offscreen buffers, if necessary, and performs the update and paint operations on the inactive offscreen buffer in order to generate the next frame of animation. Since this could take quite a while, upon return the loop immediately checks to see if a reset request was made during that time. If there was, it restarts the loop without displaying the invalid frame.

```
EventQueue.invokeAndWait ( animationRunner );

loopGovernor.govern ( );

if ( stopRequested )
{
  synchronized ( this )
  {
    while ( stopRequested )
    {
      wait ( );
    }
  }
}
}
catch ( InterruptedException  ex )
{
```

```
    }
    catch ( InvocationTargetException  ex )
    {
      ex.getCause ( ).printStackTrace ( );
    }
  }
```

The above section of code is the same as that in the superclass implementation and was described in Chapter 3.

```
  if ( activeImage != null )
  {
    activeImage.flush ( );

    activeImage = null;
  }

  if ( updateImage != null )
  {
    updateImage.flush ( );

    updateImage = null;
  }

  if ( updateGraphics != null )
  {
    updateGraphics.dispose ( );

    updateGraphics = null;
  }

  if ( activeGraphics != null )
  {
    activeGraphics.dispose ( );

    activeGraphics = null;
  }
}
```

When the loop exits normally, it will deallocate the offscreen buffers and their graphics contexts. This deallocation code is not placed in the destroy() method as the offscreen buffers will continue to be used even after the destroy() method has completed, so long as the animation loop is wrapping up its last iteration. Deallocating the buffers before the destroy method's completion can cause an annoying NullPointerException to be thrown during the last iteration of the loop.

```
protected void  animateOffscreen ( )
////////////////////////////////////////////////////////////////////////
{
  if ( doReset )
  {
    if ( activeGraphics != null )
    {
      activeGraphics.dispose ( );
    }

    if ( updateGraphics != null )
    {
      updateGraphics.dispose ( );
    }

    if ( updateImage != null )
    {
      updateImage.flush ( );
    }
```

When the animateOffscreen() method starts, it first checks to see if a reset has been requested. If it has, the animateOffscreen() method deallocates the off-screen graphics contexts and the inactive offscreen buffer. The active offscreen buffer is not yet deallocated as it will be used a bit later within this method.

```
    int  width  = getWidth  ( );

    int  height = getHeight ( );

    VolatileImage  oldActiveImage = activeImage;

    VolatileImage  newActiveImage
      = createVolatileImage ( width, height );

    if ( newActiveImage == null )
    {
      return;
    }
```

In case the reset request was generated because the component was resized, its dimensions are fetched so that the offscreen buffers can be resized to match.

The old active offscreen buffer is saved for later use and its instance reference is reassigned. If creation of the new image returns null, the component is probably not ready for display and the method returns without doing anything.

```
activeGraphics = newActiveImage.createGraphics ( );

if ( oldActiveImage != null )
{
  activeGraphics.drawImage ( oldActiveImage, 0, 0, null );

  oldActiveImage.flush ( );
}

activeImage = newActiveImage;
```

If the new active offscreen buffer was successfully created, we create a new graphics context for it and copy the old active offscreen buffer pixel data to it. We then deallocate the old buffer. This is done so that the new buffer will not be completely blank while new pixel data is being generated by what could be a fairly lengthy process.

Since the old active offscreen buffer may have been smaller than the new one, some portions of the component may still end up being blank. In the past I have covered these blank areas by using the Graphics class drawImage() method variant that allows you to scale the old buffer to the size of the new buffer by providing width and height arguments. This rescaling, however, tended to distort the information on the screen each time the component was resized, which made the image incomprehensible until the next frame was generated. For that reason, the current implementation does not rescale.

The instance variable activeImage is then assigned to the working variable newActiveImage. The method variable newActiveImage was used instead of using the instance variable activeImage directly for two reasons. The first is that if the earlier call to createVolatileImage() returns null, using newActiveImage ensures that the null value is never assigned to activeImage. Having a null value for activeImage, even for a moment, could cause method paintComponent() to throw a NullPointerException. The second reason is that we want to wait to make the transfer until after the old activeImage has been copied onto the new active-Image. This eliminates the risk of a momentary flicker of a blank white screen if paintComponent() is called by a system windowing event during the transition.

```
updateImage = createVolatileImage ( width, height );

if ( updateImage == null )
{
```

```
      return;
   }

   updateGraphics = updateImage.createGraphics ( );
```

The inactive offscreen buffer is allocated and a graphics context is created for it.

```
   activeGraphics.setFont ( getFont ( ) );

   updateGraphics.setFont ( getFont ( ) );
```

The default font for text written to the newly allocated graphics context is set to be the same as that of the component.

```
   repaintCollector.repaint ( );

   doReset = false;
}
```

Since we just finished processing a reset request that may have been generated due to a resizing of the component, we generate a request to repaint the entire component. The doReset flag is then itself reset to false so that the offscreen buffers are not unnecessarily reset once again in the next loop.

```
if ( stopRequested || animationThread == null )
{
   return;
}

componentAnimator.update ( this );
```

Before the code proceeds to the sprite position update step, it first checks to see that it is still needed. If a request to stop or exit the animation loop has been made, this method returns immediately.

```
int  count = repaintCollector.getCount ( );

Rectangle [ ]  repaintRegions
  = repaintCollector.getRepaintRegions ( );

for ( int  i = 0; i < count; i++ )
{
   if ( i == newRepaintRegions.length )
```

```
    {
      newRepaintRegions = ( Rectangle [ ] ) ArrayLib.append (
        newRepaintRegions, new Rectangle ( repaintRegions [ i ] ) );
    }
    else
    {
      newRepaintRegions [ i ].setBounds ( repaintRegions [ i ] );
    }
  }
```

The repaint requests gathered during the update phase by the Repaint-Collector are copied to newRepaintRegions. This is done because the data needs to be preserved for later use even though the RepaintCollector object is about to be modified.

```
for ( int  i = 0; i < oldCount; i++ )
{
  Rectangle  oldRepaintRegion = oldRepaintRegions [ i ];

  repaintCollector.repaint (
    oldRepaintRegion.x,
    oldRepaintRegion.y,
    oldRepaintRegion.width,
    oldRepaintRegion.height );
}
```

All of the repaint requests that were collected in the previous update phase are added to repaint requests collected by the RepaintCollector in the current update phase. This is performed because the offscreen buffers are being alternated and only receive repaints for every other update phase. If this were not done, sprites would leave a dirty trail behind themselves.

```
oldCount = count;

Rectangle [ ]  tempRepaintRegions = oldRepaintRegions;

oldRepaintRegions = newRepaintRegions;

newRepaintRegions = tempRepaintRegions;
```

The oldCount variable is set to the count of repaint requests generated during the current update phase in preparation for the next loop iteration. The references to oldRepaintRegions and newRepaintRegions are swapped using the temporary placeholder reference tempRepaintRegions. This swap is performed because we want to save the new repaint requests as the old repaint requests in preparation for next time. We also want to save the old repaint requests so that we can reuse them to store the new repaint request data generated, without having to reallocate a new array of Rectangle objects.

```
count = repaintCollector.getCount ( );

repaintRegions = repaintCollector.getRepaintRegions ( );
```

Now that the repaint requests from the previous update phase have been combined with the repaint requests from the current update phase in the RepaintCollector, we then get the new request count. A smart RepaintCollector implementation will probably coalesce overlapping repaint requests from the prior and current update phases so that the combined count is likely to be less than the sum of the two. For example, if a request to repaint the entire component was generated during the update phase of either the current or the previous frame, all of the requests collected during those two phases will probably be combined into one.

```
for ( int  i = 0; i < count; i++ )
{
  if ( doReset || stopRequested || animationThread == null )
  {
    return;
  }

  updateGraphics.setClip ( repaintRegions [ i ] );

  componentAnimator.paint ( this, updateGraphics );
}
```

Painting the updated regions could take a very long time, so we check at the beginning of each iteration to see if repaint requests are still necessary. If they are, the code paints the inactive offscreen buffer in just the updated area. Using setClip() reduces the amount of work paint() has to do, which can increase the animation frame rate dramatically.

```
if ( updateImage.contentsLost ( ) )
    {
      doReset = true;
    }
  }
```

If the inactive offscreen buffer data was lost, a reset of the buffer is requested. The loop() method returns and the status of this flag is checked immediately by the calling animation loop code.

```
protected void  animate ( )
//////////////////////////////////////////////////////////////////////
{
  VolatileImage  tempImage = activeImage;

  activeImage = updateImage;

  updateImage = tempImage;

  Graphics2D  tempGraphics = activeGraphics;

  activeGraphics = updateGraphics;

  updateGraphics = tempGraphics;
```

The animate() method begins by flipping the reference to the active off-screen buffer with the inactive offscreen buffer. The buffers' corresponding graphics context references are likewise flipped. This quick flip of the pointers is where all of the magic is in triple-buffering.

What if the paintComponent() method is still using the old activeImage when the flip occurs? We know that this cannot happen because all calls to paint-Component() are executed serially by the event dispatch thread. Since the animate() method that does the flipping was invoked using the invokeAndWait() method of class EventQueue, paintComponent() is also being executed serially by the event dispatch thread and could not possibly overlap.

Since the invocation of invokeAndWait() stalls the animation loop in the animationThread until animate() can be completed, invokeAndWait() prevents the animationThread from racing ahead of the event dispatch thread. If this were not the case, the animation loop might generate frames faster than they could be displayed and write to the offscreen buffer while it was being flipped.

```
  int  count = repaintCollector.getCount ( );

  Rectangle [ ]  repaintRegions
    = repaintCollector.getRepaintRegions ( );

  for ( int  i = 0; i < count; i++ )
  {
    paintImmediately ( repaintRegions [ i ] );
  }

  repaintCollector.reset ( );
}
```

The combined repaint requests are used once again. Earlier they were used to paint the inactive offscreen buffer. Now that it has been flipped to become the active offscreen buffer, the requests are used to copy the data to the onscreen buffer. Each call to paintImmediately() will result in a call to paintComponent(), which transfers the pixel data.

When completed, the RepaintCollector is reset and its data is lost. Remember, however, that the repaint requests collected during this iteration have been copied to oldRepaintRegions for use in the next iteration.

This completes the review of the source code of BufferedAnimatedComponent. When deciding whether to use it or its superclass AnimatedComponent, keep in mind that using additional buffers can consume lots of memory. I have had problems with running out of memory and crashing my game applets in the past when I would expand the component to full-screen size. Generally you will want to use AnimatedComponent instead of BufferedAnimatedComponent, unless you suspect that the time to perform the update and paint operations in the animate() method is going to be excessive. An indicator that you may have reached that point is a continued sluggishness in the responsiveness of your GUI to user inputs, despite your best efforts to optimize the update and paint phases.

Full-Screen Exclusive Mode

Running your game in full-screen exclusive mode causes it to fill the entire screen. Besides increasing the animation area and aesthetics, full-screen exclusive mode is required for setting the display mode and preventing tearing.

Enabling Full-Screen Mode

Method setFullScreenWindow() in class GraphicsDevice from core package java.awt is used to put the game in full-screen exclusive mode. A Window instance is provided as the argument. Once enabled, you can disable full-screen mode and return to windowed mode by calling the method again with a null argument.

On some platforms, full-screen exclusive mode is not supported, so it is emulated by simply enlarging the game window to the full size of the screen. Some of the techniques described later in this chapter, such as setting the display mode and preventing tearing, require non-emulated full-screen exclusive mode. You can determine whether a particular platform supports the true non-emulated mode by calling the GraphicsDevice method isFullScreenSupported().

Requesting full-screen exclusive mode may throw an AccessControlException from core package java.security if the game is running within an unsigned applet-security sandbox. The screen will still be resized in the process, however.

FullScreenToggler

Class FullScreenToggler from package com.croftsoft.core.gui is used to toggle a Window into and out of full-screen exclusive mode. The toggle can occur whenever the user presses the Alt-Enter key combination or programmatically whenever the toggle() method is called. FullScreenToggler is demonstrated in the CroftSoft Collection by pressing Alt-Enter.

When I speak of *full-screen mode* without the word *exclusive*, I mean either emulated or non-emulated mode. When I use the term *full-screen exclusive mode*, I refer to the true non-emulated mode that is only available on some platforms. Class FullScreenToggler functions in either emulated or non-emulated mode.

```
package com.croftsoft.core.gui;

import java.awt.*;
import java.awt.event.*;
import java.security.AccessControlException;
import javax.swing.*;

import com.croftsoft.core.lang.NullArgumentException;

public final class  FullScreenToggler
  extends AbstractAction
//////////////////////////////////////////////////////////////////////
//////////////////////////////////////////////////////////////////////
{
```

FullScreenToggler extends AbstractAction from core package javax.swing so that it can be triggered by keyboard input.

```
public static final String  ACTION_KEY_TOGGLE_FULLSCREEN
  = "com.croftsoft.core.gui.FullScreenToggler";
```

The keyboard combination Alt-Enter will be mapped to the String ACTION_KEY_TOGGLE_FULLSCREEN. That String will then be mapped to the FullScreenToggler.

```
private final Window  window;
```

Class JFrame is a subclass of Window, so instances of either class can be manipulated by a FullScreenToggler.

```
  public static void  main ( String [ ]  args )
  ////////////////////////////////////////////////////////////////////
  {
    JFrame  jFrame = new JFrame ( "Press ALT-ENTER to toggle" );

    jFrame.setDefaultCloseOperation (
      WindowConstants.DO_NOTHING_ON_CLOSE );

    jFrame.addWindowListener ( new ShutdownWindowAdapter ( ) );

    WindowLib.centerOnScreen ( jFrame, 0.8 );

    toggle ( jFrame, true );

    monitor ( jFrame );

    jFrame.show ( );
  }
```

The static method main() is used to test and demonstrate FullScreenToggler
from the command-line prompt. It creates a Window with dimensions that are 80
percent of the screen size and then expands the window to full-screen. The user
can toggle the Window back to the original size by pressing the Alt-Enter keyboard
combination. Supporting classes ShutdownWindowAdapter and WindowLib can be
found in the same package as FullScreenToggler.

```
  public static boolean  monitor ( JComponent  component )
  ////////////////////////////////////////////////////////////////////
  {
    NullArgumentException.check ( component );

    Component  parent = component;

    while ( parent != null )
    {
      if ( parent instanceof Window )
      {
        KeyStroke  keyStroke = KeyStroke.getKeyStroke (
          KeyEvent.VK_ENTER, InputEvent.ALT_MASK, false );

        InputMap  inputMap = component.getInputMap (
          JComponent.WHEN_IN_FOCUSED_WINDOW );

        inputMap.put ( keyStroke, ACTION_KEY_TOGGLE_FULLSCREEN );
```

```
                  inputMap = component.getInputMap ( JComponent.WHEN_FOCUSED );

                  inputMap.put ( keyStroke, ACTION_KEY_TOGGLE_FULLSCREEN );

                  inputMap = component.getInputMap (
                    JComponent.WHEN_ANCESTOR_OF_FOCUSED_COMPONENT );

                  inputMap.put ( keyStroke, ACTION_KEY_TOGGLE_FULLSCREEN );

                  component.getActionMap ( ).put (
                    ACTION_KEY_TOGGLE_FULLSCREEN,
                    new FullScreenToggler ( ( Window ) parent ) );

                  return true;
                }

              parent = parent.getParent ( );
            }

          return false;
        }
```

When a `component` argument is passed to static method `monitor()`, the method first climbs the `Container` hierarchy until it finds the `parent` `Window` that contains the `component`. In the case of an applet embedded in a browser, the `Window` may not exist. The `InputMap` and `ActionMap` for the component are modified so that an Alt-Enter `keyStroke` will activate the `FullScreenToggler` that manipulates the `Window`. Classes `InputMap` and `ActionMap` can be found in core package `javax.swing`.

```
public static void  monitor ( JFrame  jFrame )
/////////////////////////////////////////////////////////////////
{
  NullArgumentException.check ( jFrame );

  monitor ( jFrame.getRootPane ( ) );
}
```

The previous `monitor()` method accepted an argument of class `JComponent`. A `JFrame` is not a subclass of `JComponent` but its `JRootPane` is.

```
public static void  toggle (
  Window    window,
```

```
     boolean   fullScreen )
////////////////////////////////////////////////////////////////////////////
{
  NullArgumentException.check ( window );

  GraphicsConfiguration   graphicsConfiguration
    = window.getGraphicsConfiguration ( );

  GraphicsDevice   graphicsDevice
    = graphicsConfiguration.getDevice ( );

  if ( fullScreen )
  {
    try
    {
      graphicsDevice.setFullScreenWindow ( window );

      window.validate ( );

      window.repaint ( );
    }
    catch ( AccessControlException   ex )
    {
    }
  }
  else
  {
    try
    {
      graphicsDevice.setFullScreenWindow ( null );

      window.validate ( );

      window.repaint ( );
    }
    catch ( AccessControlException   ex )
    {
    }
  }
}
```

If the method argument fullScreen is true, static method toggle() will expand the window to full screen. If fullScreen is false, it will return the window to its normal dimensions.

```
public static void  toggle ( Window  window )
////////////////////////////////////////////////////////////////////
{
  NullArgumentException.check ( window );

  GraphicsConfiguration  graphicsConfiguration
    = window.getGraphicsConfiguration ( );

  GraphicsDevice  graphicsDevice
    = graphicsConfiguration.getDevice ( );

  toggle ( window, graphicsDevice.getFullScreenWindow ( ) != window );
}
```

The second toggle() method is similar except that it does not take a boolean fullScreen argument. It will toggle the window into full-screen mode if it is not already in it, or toggle it back into windowed mode if it already is in full-screen mode.

```
public  FullScreenToggler ( Window  window )
////////////////////////////////////////////////////////////////////
{
  NullArgumentException.check ( this.window = window );
}


////////////////////////////////////////////////////////////////////
////////////////////////////////////////////////////////////////////

public void  toggle ( )
////////////////////////////////////////////////////////////////////
{
  toggle ( window );
}

public void  toggle ( boolean  fullScreen )
////////////////////////////////////////////////////////////////////
{
  toggle ( window, fullScreen );
}
```

The toggle() instance methods simply delegate to the static methods.

```
public void  actionPerformed ( ActionEvent  actionEvent )
////////////////////////////////////////////////////////////////////
```

```
  {
    toggle ( window );
  }
```

When called, method `actionPerformed()` will toggle the window into and out of full-screen mode. The `actionPerformed()` method is normally called whenever the player presses the Alt-Enter keyboard combination.

Configuring Frames

When your game window is in full-screen mode, you may want to remove the frame borders and controls. This makes sense since the game is the only window on the screen and the desktop is not visible behind it. Removing the frame decorations can improve the appearance of your game. It can also prevent your very young players from becoming frustrated when they accidentally click window controls and disrupt their play.

Class `Frame` from core package `java.awt` provides the method `setUndecorated()` for this purpose. The method must be called before the `Frame` is displayed for the first time. Because of this restriction, you will not be able to remove the decorations from a `Frame` when the player toggles from windowed to full-screen mode. To achieve that same effect, however, you can create a new `Frame` each time the mode is toggled.

Class `Frame` also provides a `setResizable()` method that you can use to disable accidental window resizing when the `Frame` is in full-screen mode. You may want to disable resizing when the player toggles into full-screen mode and re-enable it when the player toggles back into windowed mode. Even if you are not in full-screen mode, you may want to disable `Frame` resizing if your graphics are not scalable.

A splash screen is an example of where you might not have scalable graphics. The splash screen is usually a high-quality image of a fixed size that is displayed over the desktop temporarily while the game is loading and initializing itself. The splash screen `Frame` is usually undecorated with resizing disabled. Keep in mind that since splash screens cannot be minimized, moved, or resized, they make it difficult or impossible for the users to do anything else with their computers until the game has finished loading.

Changing the Display Mode

You might have bitmapped graphic images that are best displayed at a particular screen resolution and bit depth. For example, if you are only using 8-bit color graphics, you can save memory and increase frame-rate performance by switching the display mode to 8 bits per pixel instead of the default desktop setting that may be much higher, such as 32. In these cases, you can set the display mode of the monitor using method setDisplayMode() in class GraphicsDevice from core package java.awt.

Method isDisplayChangeSupported() from the same class indicates whether setting the display mode is possible on the current platform. Note that usually the game must be in full-screen exclusive mode before you can set the display mode.

Class DisplayMode from core package java.awt is a data object that stores a screen height, width, bit depth, and refresh rate. Method getDisplayModes() in class GraphicsDevice returns an array of display modes available on the current platform. You can iterate through this array looking for a DisplayMode that maximizes compatibility with your game graphics.

DisplayModeLib

Class DisplayModeLib from package com.croftsoft.core.gui is a library of static methods for manipulating DisplayMode objects. It provides the matches() method for performing template matching of a supported DisplayMode to a desired DisplayMode. Values of zero in the desiredDisplayMode are treated as wildcards. DisplayModeLib also provides a print() method to print the values of a DisplayMode object to the standard output.

GraphicsDeviceLib

Class GraphicsDeviceLib from package com.croftsoft.core.gui is a library of static methods for manipulating GraphicsDevice objects. It provides the changeDisplay-Mode() method to change the display mode to one of the other display modes supported on the current platform. A prioritized array of desired DisplayMode instances is provided as an argument. To reduce the number of possible combinations, the template matching algorithm matches() from class DisplayModeLib is used.

```
public static boolean  changeDisplayMode (
  GraphicsDevice     graphicsDevice,
  DisplayMode [ ]  desiredDisplayModes )
///////////////////////////////////////////////////////////////////
{
  NullArgumentException.check ( graphicsDevice );

  NullArgumentException.check ( desiredDisplayModes );

  if ( !graphicsDevice.isDisplayChangeSupported ( ) )
```

```
{
  return false;
}
```

The method returns `true` if the display mode was changed. If the display mode cannot be changed, it returns `false` immediately.

```
DisplayMode  currentDisplayMode = graphicsDevice.getDisplayMode ( );

DisplayMode [ ]  supportedDisplayModes
  = graphicsDevice.getDisplayModes ( );
```

The `currentDisplayMode` and an array of `supportedDisplayModes` are retrieved.

```
for ( int  i = 0; i < desiredDisplayModes.length; i++ )
{
  DisplayMode  desiredDisplayMode = desiredDisplayModes [ i ];

  if ( DisplayModeLib.matches (
    currentDisplayMode, desiredDisplayMode ) )
  {
    return false;
  }
```

If the `currentDisplayMode` is a match for one of the `desiredDisplayModes`, the method returns without changing anything.

```
  for ( int  j = 0; j < supportedDisplayModes.length; j++ )
  {
    DisplayMode  supportedDisplayMode = supportedDisplayModes [ j ];

    if ( DisplayModeLib.matches (
      supportedDisplayMode, desiredDisplayMode ) )
    {
      graphicsDevice.setDisplayMode ( supportedDisplayMode );

      return true;
    }
  }
}

return false;
}
```

If one of the supportedDisplayModes is a match for one of the desiredDisplay-Modes, the display mode is changed.

Eliminating Tearing

When animation is not synchronized to the monitor refresh rate, you can sometimes see a little ripple as the video memory is being updated while it is being displayed. This little ripple, initially imperceptible to some viewers, is known as tearing. It is especially pronounced when the background animation is moving. This can be observed in the example program Sprite in the CroftSoft Collection when the brick tile background is moving.

Tearing can be eliminated by synchronizing the animation to the monitor refresh rate. This is accomplished using multi-buffering. When the painting of an offscreen buffer is completed, a video memory display pointer is updated so that the offscreen buffer becomes the onscreen buffer. This switch occurs right after a monitor refresh ends and just before the next one begins, so that the update is synchronized. This technique is known as *page flipping*. It may not be available on all platforms and is usually only available when the game is in full-screen exclusive mode.

On some platforms, the pixel data may need to be copied, or *blitted*, from the offscreen buffer to the onscreen buffer instead of simply updating the video-memory display pointer. Hopefully this can be done using hardware-accelerated video memory buffers in order to increase the frame rate. If this is not available, you may end up using unaccelerated system memory.

When your animation loop cannot keep up with the refresh rate because painting the offscreen buffer is taking too long, you will want to use an additional offscreen buffer. When you finish painting the first offscreen buffer, you can immediately start painting the second offscreen buffer without waiting for the first offscreen buffer to be flipped or blitted to the onscreen buffer before you proceed.

If your animation consistently runs faster than the refresh rate, it is a waste of memory to create a second offscreen buffer, as the first offscreen buffer will always be completely painted when the monitor refresh is ready for it. Note that in this case it may be feasible to use frame-rate synchronization to time your animation instead of a LoopGovernor. For example, if you set the display mode to a refresh rate of 85 Hz and your animation is not falling behind, a sprite velocity of 1 pixel per frame would be equivalent to 85 pixels per second.

You can specify the number of buffers and desired buffer capabilities as arguments to method createBufferStrategy() in class Window. The first form of the method takes a single argument—the number of buffers—and attempts to use page flipping. If page flipping is not available, it will attempt to use accelerated blitting. If that is also not available, it will then use unaccelerated blitting.

After createBufferStrategy() is called, method getBufferStrategy() in class Window is used to retrieve an instance of BufferStrategy from class java.awt.image. Method getDrawGraphics() in BufferStrategy provides the Graphics object that wraps the offscreen buffer. After the offscreen buffer is painted, method show() in BufferStrategy is called to perform the flip or blit.

BufferStrategyAnimatedComponent

Class BufferStrategyAnimatedComponent from package com.croftsoft.core.anima-tion.component is a subclass of AnimatedComponent that uses a BufferStrategy. It can be used when you want to eliminate tearing by synchronizing the onscreen buffer update with the monitor refresh.

```
package com.croftsoft.core.animation.component;

import java.awt.Graphics2D;
import java.awt.Rectangle;
import java.awt.geom.Rectangle2D;
import java.awt.image.BufferStrategy;

import com.croftsoft.core.animation.AnimatedComponent;
import com.croftsoft.core.animation.ComponentAnimator;
import com.croftsoft.core.animation.RepaintCollector;
import com.croftsoft.core.animation.factory.DefaultAnimationFactory;
import com.croftsoft.core.lang.NullArgumentException;
import com.croftsoft.core.util.loop.FixedDelayLoopGovernor;
import com.croftsoft.core.util.loop.LoopGovernor;

public class  BufferStrategyAnimatedComponent
  extends AnimatedComponent
//////////////////////////////////////////////////////////////////////
//////////////////////////////////////////////////////////////////////
{

protected final BufferStrategy  bufferStrategy;

//

private final Rectangle  componentBounds;

private final Rectangle  clipBounds;
```

Unlike `AnimatedComponent`, which relies upon the `paintImmediately()` method, `BufferStrategyAnimatedComponent` must explicitly set the `clipBounds` to fall within the `componentBounds`. An excessively large `clipBounds` can be generated when a request is made to repaint the entire component by using `Integer.MAX_VALUE` instead of the actual component bounds.

```
public  BufferStrategyAnimatedComponent (
  ComponentAnimator   componentAnimator,
  RepaintCollector    repaintCollector,
  LoopGovernor        loopGovernor,
  BufferStrategy       bufferStrategy )
/////////////////////////////////////////////////////////////////////
{
  super ( componentAnimator, repaintCollector, loopGovernor );

  NullArgumentException.check (
    this.bufferStrategy = bufferStrategy );

  componentBounds = new Rectangle ( );

  clipBounds       = new Rectangle ( );
}
```

The `bufferStrategy` must be passed in as an argument to the main constructor.

```
public  BufferStrategyAnimatedComponent (
  ComponentAnimator   componentAnimator,
  BufferStrategy       bufferStrategy )
/////////////////////////////////////////////////////////////////////
{
  this (
    componentAnimator,
    DefaultAnimationFactory.INSTANCE.createRepaintCollector ( ),
    new FixedDelayLoopGovernor ( 0, 0 ),
    bufferStrategy );
}
```

When the fixed delay is zero, the maximum frame-rate limit will equal the monitor refresh rate, since `BufferStrategyAnimatedComponent` cannot race ahead of the refresh. Ideally, the actual frame rate achieved will equal the monitor refresh rate if the animation and graphics processing is quick enough.

```
protected void  animate ( )
/////////////////////////////////////////////////////////////////////
```

```
        {
          componentAnimator.update ( this );

        int   count = repaintCollector.getCount ( );

        Rectangle [ ]   repaintRegions
          = repaintCollector.getRepaintRegions ( );

        getBounds ( componentBounds );

        Graphics2D   graphics2D
          = ( Graphics2D ) bufferStrategy.getDrawGraphics ( );

        for ( int   i = 0; i < count; i++ )
        {
          Rectangle   repaintRegion = repaintRegions [ i ];

          if ( !componentBounds.intersects ( repaintRegion ) )
          {
            continue;
          }

          Rectangle2D.intersect (
            componentBounds, repaintRegion, clipBounds );

          graphics2D.setClip ( clipBounds );

          componentAnimator.paint ( this, graphics2D );
        }

        bufferStrategy.show ( );

        graphics2D.dispose ( );

        repaintCollector.reset ( );
      }
```

The animate() method in the superclass AnimatedComponent is overridden to use the bufferStrategy. Note that the paint() method of the componentAnimator does not know nor care where the graphics argument is coming from. In this animate() method, it is generated by the bufferStrategy using the getDraw-Graphics() method. When show() is called on the bufferStrategy, the code will suspend until the flip is performed in between monitor refreshes.

FullScreenDemo

Class `FullScreenDemo` from package `com.croftsoft.ajgp.grap` demonstrates the use of full-screen exclusive mode in order to change the display mode and eliminate tearing. It slides a brick tile pattern across the entire screen at the rate of one pixel per frame. The sampled frame rate actually achieved is displayed in the upper left-hand corner. On a fast computer with a good graphics card, I have seen `FullScreenDemo` successfully synchronize to the monitor refresh rate of 75 Hz while the display mode was set to 1280×1024 pixels and 32-bit color. A mouse click ends the demonstration. It is compiled and executed using the Ant build target `fullscreen`.

If full-screen exclusive mode is not available or not permitted in the current deployment, then `FullScreenDemo` will run in emulated full-screen mode. You can observe what happens when you run it within a secure sandbox where full-screen exclusive mode is not permitted by providing the `java` command with the `-Djava.security.manager` command-line argument.

```
java -jar fullscreen.jar 1280 1024 32 75
```

As shown immediately above, you can choose a desired display mode by providing the width, height, bit depth, and refresh rate as arguments to the command line. Use the value zero to indicate a wildcard where the display mode can be set to any supported value.

```
package com.croftsoft.ajgp.grap;

import java.awt.*;
import java.awt.image.BufferStrategy;
import java.awt.event.*;
import java.io.*;
import java.security.*;
import javax.swing.*;

import com.croftsoft.core.CroftSoftConstants;
import com.croftsoft.core.animation.AnimatedComponent;
import com.croftsoft.core.animation.ComponentAnimator;
import com.croftsoft.core.animation.ComponentPainter;
import com.croftsoft.core.animation.animator.FrameRateAnimator;
import com.croftsoft.core.animation.animator.NullComponentAnimator;
import com.croftsoft.core.animation.animator.TileAnimator;
import com.croftsoft.core.animation.component
    .BufferStrategyAnimatedComponent;
import com.croftsoft.core.animation.painter.ColorPainter;
import com.croftsoft.core.animation.painter.NullComponentPainter;
```

```
import com.croftsoft.core.awt.image.ImageLib;
import com.croftsoft.core.gui.BufferCapabilitiesLib;
import com.croftsoft.core.gui.DisplayModeLib;
import com.croftsoft.core.gui.FullScreenToggler;
import com.croftsoft.core.gui.GraphicsDeviceLib;
import com.croftsoft.core.gui.WindowLib;
import com.croftsoft.core.lang.lifecycle.Lifecycle;

public final class  FullScreenDemo
  extends JApplet
  implements ComponentAnimator, Lifecycle
//////////////////////////////////////////////////////////////////////
//////////////////////////////////////////////////////////////////////
{

[...]

private static final DisplayMode [ ]  DESIRED_DISPLAY_MODES
  = new DisplayMode [ ] {
    new DisplayMode ( 640, 480, 8, 85 ),
    new DisplayMode ( 640, 480, 8, 75 ),
    new DisplayMode ( 640, 480, 8, 70 ),
    new DisplayMode ( 640, 480, 8,  0 ),
    new DisplayMode ( 640, 480, 0,  0 ),
    new DisplayMode ( 800, 600, 8, 85 ),
    new DisplayMode ( 800, 600, 8, 75 ),
    new DisplayMode ( 800, 600, 8, 70 ),
    new DisplayMode ( 800, 600, 8,  0 ),
    new DisplayMode ( 800, 600, 0,  0 ) };
```

If no display mode values are provided as command-line arguments, FullScreenDemo will attempt to use one of the default DESIRED_DISPLAYED_MODES. I like to try the higher refresh rates first, since I find 60 Hz flicker annoying. If 640×480 is not supported, 800×600 may be used, but it will be slower as more pixels need to be updated in each frame.

```
private static final int     BUFFER_COUNT = 2;
```

Under the assumption that the animation will be able to keep up with the monitor refresh rate, only two buffers are used, an onscreen and an offscreen buffer.

```
private static final String  MEDIA_DIR    = "media/fullscreen/";

private static final String  TILE_IMAGE_FILENAME
  = "clear_brick_32x32.png";
```

The 8-bit color tile image has a completely transparent background. No intermediate translucency values are stored, so hardware acceleration should work.

```
private final BufferStrategy  bufferStrategy;
```

The bufferStrategy is stored as an instance variable until it is needed in the init() method.

```
private AnimatedComponent   animatedComponent;

private ComponentPainter    brickColorPainter;

private ComponentAnimator   brickTileAnimator;

private ComponentAnimator   frameRateAnimator;
```

Depending on whether full-screen exclusive mode is available at runtime, the class of animatedComponent will be either AnimatedComponent or its subclass BufferStrategyAnimatedComponent. The brickColorPainter paints the background red. The brickTileAnimator animates a sliding brick pattern over the background. The frameRateAnimator samples and displays the actual frame rate achieved.

```
public static void  main ( String [ ]  args )
//////////////////////////////////////////////////////////////////
{
  System.out.println ( INFO );

  JFrame  jFrame = new JFrame ( );

  jFrame.setUndecorated ( true );

  GraphicsConfiguration  graphicsConfiguration
    = jFrame.getGraphicsConfiguration ( );

  GraphicsDevice  graphicsDevice
    = graphicsConfiguration.getDevice ( );
```

The main() method begins by creating an undecorated JFrame. It then retrieves its graphicsDevice by way of its graphicsConfiguration.

```
System.out.println ( "Initial display mode:" );

DisplayModeLib.print ( graphicsDevice.getDisplayMode ( ) );
```

The values of the initial display mode, before they are changed, are printed to the standard output.

```
BufferStrategy  bufferStrategy = null;
```

The bufferStrategy is initialized to null. If full-screen exclusive mode is not available or not permitted, the bufferStrategy will remain null and emulated full-screen mode will be used instead.

```
try
{
  graphicsDevice.setFullScreenWindow ( jFrame );
```

If running within the restrictions of an unsigned applet-security sandbox, this method will throw an AccessControlException. Curiously, it will successfully switch to emulated full-screen mode before it throws the SecurityException subclass instance.

```
jFrame.validate ( );

jFrame.repaint  ( );
```

I am not absolutely certain that you actually need to validate and repaint the jFrame after you set it as the full-screen Window. Consider it a superstition on my part. If you have a problem where you get a completely gray screen after calling setFullScreenWindow() where the only possible means of escape is to reboot the computer, you might want to give this a try.

```
System.out.println ( "\nisDisplayChangeSupported:  "
  + graphicsDevice.isDisplayChangeSupported ( ) );

DisplayMode [ ]  desiredDisplayModes = DESIRED_DISPLAY_MODES;

if ( args.length == 4 )
{
  desiredDisplayModes = new DisplayMode [ ] {
    new DisplayMode (
      Integer.parseInt ( args [ 0 ] ),
      Integer.parseInt ( args [ 1 ] ),
```

```
          Integer.parseInt ( args [ 2 ] ),
          Integer.parseInt ( args [ 3 ] ) ) };
   }
```

The values for a desired DisplayMode can be parsed in as command-line arguments.

```
      boolean  displayModeChanged
        = GraphicsDeviceLib.changeDisplayMode (
        graphicsDevice, desiredDisplayModes );

      if ( displayModeChanged )
      {
        System.out.println ( "\nNew display mode:" );

        DisplayModeLib.print ( graphicsDevice.getDisplayMode ( ) );
      }
```

If the display mode was changed, the values for the new display mode are printed to the standard output.

```
      if ( graphicsDevice.isFullScreenSupported ( ) )
      {
        System.out.println ( "\nFull-screen exclusive mode supported" );

        jFrame.setIgnoreRepaint ( true );

        jFrame.createBufferStrategy ( BUFFER_COUNT );

        bufferStrategy = jFrame.getBufferStrategy ( );

        BufferCapabilitiesLib.print (
          bufferStrategy.getCapabilities ( ) );
      }
```

If full-screen exclusive mode is supported, there is no need to handle repaints generated by windowing events. A bufferStrategy is created and its capabilities are printed to the standard output using a static method from class BufferCapabilitiesLib in package com.croftsoft.core.gui.

```
      else
      {
        System.out.println (
          "\nFull-screen exclusive mode unsupported" );
      }
```

```
      }
      catch ( AccessControlException  ex )
      {
        System.out.println ( "\nFull-screen exclusive mode not allowed" );
      }

      FullScreenDemo  fullScreenDemo
        = new FullScreenDemo ( bufferStrategy );
```

The bufferStrategy passed as the constructor argument may be null if full-screen exclusive mode is not available.

```
      jFrame.setContentPane ( fullScreenDemo );

      jFrame.show ( );

      fullScreenDemo.init  ( );

      fullScreenDemo.start ( );
    }
```

The jFrame is made displayable before the init() method is called so that a compatible image can be loaded within the init() method. The animation is initialized and started.

```
    public  FullScreenDemo ( BufferStrategy  bufferStrategy )
    ///////////////////////////////////////////////////////////////////
    {
      this.bufferStrategy = bufferStrategy;

      brickColorPainter = NullComponentPainter .INSTANCE;

      brickTileAnimator = NullComponentAnimator.INSTANCE;

      frameRateAnimator = NullComponentAnimator.INSTANCE;
    }
```

The null object singleton instances are used as temporary placeholders just in case a call to the paint() method is made after the constructor but before the init() method is called. This prevents a NullPointerException from being thrown.

```
      [...]

    public void  init ( )
```

```
/////////////////////////////////////////////////////////////////
{
  if ( bufferStrategy == null )
  {
    animatedComponent = new AnimatedComponent ( this );
  }
  else
  {
    animatedComponent
       = new BufferStrategyAnimatedComponent ( this, bufferStrategy );
  }
```

The decision to run in full-screen exclusive mode using a bufferStrategy is made at runtime depending on the capabilities of the machine, the operating system, and the application it is running on.

```
animatedComponent.addMouseListener (
  new MouseAdapter ( )
  {
    public void  mousePressed ( MouseEvent  mouseEvent )
    {
      FullScreenToggler.toggle (
        WindowLib.getParentWindow ( animatedComponent ), false );

      System.exit ( 0 );
    }
  } );
```

A mouse click will disable full-screen mode and exit the program without further clean-up.

```
Container  contentPane = getContentPane ( );

contentPane.setLayout ( new BorderLayout ( ) );

contentPane.add ( animatedComponent, BorderLayout.CENTER );

validate ( );
```

After the animatedComponent is added to the contentPane of this JApplet sub-class, validate() is called to refresh the layout.

```
animatedComponent.init ( );

brickColorPainter = new ColorPainter ( Color.RED );
```

```
   try
   {
      Image  brickTileImage = ImageLib.loadAutomaticImage (
         MEDIA_DIR + TILE_IMAGE_FILENAME,
         Transparency.BITMASK,
         animatedComponent,
         getClass ( ).getClassLoader ( ),
         null );

      Icon  brickTileIcon = new ImageIcon ( brickTileImage );

      brickTileAnimator = new TileAnimator (
         0, 0, brickTileIcon, ( Shape ) null,  1, 1 );
   }
   catch ( IOException  ex )
   {
      ex.printStackTrace ( );
   }

   frameRateAnimator = new FrameRateAnimator ( this, Color.ORANGE );
}
```

The `ComponentPainter` and `ComponentAnimator` instances are initialized, replacing the null object singleton instances.

```
public void  start   ( ) { animatedComponent.start   ( ); }

public void  stop    ( ) { animatedComponent.stop    ( ); }

public void  destroy ( ) { animatedComponent.destroy ( ); }
```

Methods `stop()` and `destroy()` are never used in this example, as the mouse click causes the program to exit abruptly.

```
public void  update ( JComponent  component )
//////////////////////////////////////////////////////////////////
{
   brickTileAnimator.update ( component );

   frameRateAnimator.update ( component );
}
```

CHAPTER 6

Persistent Data

Early to bed and early to rise,
Makes a man healthy, wealthy, and wise.—Benjamin Franklin

Simply put, *persistence* is the ability to save data to disk. My philosophy with regard to persistent data in game programming is that you should minimize your effort in this area. You really do not want to spend a lot of energy optimizing and tweaking in this department. Your game players are not going to really care that much about your data formats or even your disk storage efficiency. They will care a lot, however, about more visible aspects such as your sprite behaviors and the user interface.

A lot of programming effort goes into encoding objects into a custom binary-data format and then parsing the objects back in. Rather than reinvent the wheel each time you write a new program, I suggest to you that you use instances of data object classes that can be simply saved as objects and then reloaded back in as objects. In this chapter I am going to show you some convenient static-library methods that will do this for you. I will also talk about common persistence-mechanism options for game applications, detecting changes to player data files, and caching downloaded files.

Data Formats

In this section, I discuss four persistent data formats that are simple to use: object serialization, properties files, XML, and image formats. Each of these shares an advantage over custom data formats in that the encoders and decoders or parsers are already available in the core Java libraries. I also discuss the use of random seeds to generate static data.

Object Serialization

One of the quickest methods of converting a live data object into a flattened array of bytes is the standard object-serialization mechanism native to the Java programming language.

```
public static byte [ ]  compress ( Serializable  serializable )
  throws IOException
//////////////////////////////////////////////////////////////////////
{
  NullArgumentException.check ( serializable );

  ByteArrayOutputStream  byteArrayOutputStream
    = new ByteArrayOutputStream ( );

  save ( serializable, byteArrayOutputStream );

  return byteArrayOutputStream.toByteArray ( );
}
```

The compress() convenience method listed above from class SerializableLib
in package com.croftsoft.core.io will flatten any object that implements the
interface java.io.Serializable into a compressed array of bytes. Keep in mind
that interface Serializable is a *semantic interface*. A semantic interface defines
no methods or constants; it simply indicates that some meaning, or semantic,
should be attached to the implementing class—in this case, that it can be serial-
ized.

```
public static void  save (
  Serializable  serializable,
  OutputStream  outputStream )
  throws IOException
//////////////////////////////////////////////////////////////////////
{
  NullArgumentException.check ( serializable );

  NullArgumentException.check ( outputStream );

  ObjectOutputStream  objectOutputStream = null;

  try
  {
    objectOutputStream = new ObjectOutputStream (
      new GZIPOutputStream (
        new BufferedOutputStream ( outputStream ) ) );

    objectOutputStream.writeObject ( serializable );
  }
  finally
  {
    if ( objectOutputStream != null )
```

```
      {
        objectOutputStream.close ( );
      }
      else
      {
        outputStream.close ( );
      }
    }
  }
```

Method `compress()` depends upon the reusable static method `save()` within the same class, which will write serialized and compressed object data to an `OutputStream`. Note that the `OutputStream` is wrapped in a `BufferedOutputStream`, which is wrapped in `GZIPOutputStream`, which is wrapped in an `ObjectOutput-Stream`. Each of these wrapper classes will modify the data it receives before passing it along to the class it wraps.

The `writeObject()` method of class `ObjectOutputStream` from core package `java.io` converts the live `Serializable` object within memory into a flattened sequence of bytes. The `GZIPOutputStream` class from core package `java.util.zip` compresses these bytes to reduce storage requirements. The `BufferedOutput-Stream` class from core package `java.io` buffers the write operations to the destination `OutputStream` of the compressed and serialized data so that it will be written in multi-byte blocks instead of one byte at a time. This can significantly improve performance when writing to a file, as writing in multi-byte blocks reduces the number of calls to the underlying operating system.

```
public static Serializable  load ( InputStream  inputStream )
  throws ClassNotFoundException, IOException
//////////////////////////////////////////////////////////////////
{
  NullArgumentException.check ( inputStream );

  ObjectInputStream  objectInputStream = null;

  try
  {
    objectInputStream
      = new ObjectInputStream (
          new GZIPInputStream (
            new BufferedInputStream ( inputStream ) ) );

    return ( Serializable ) objectInputStream.readObject ( );
  }
  finally
```

```
            {
              if ( objectInputStream != null )
              {
                objectInputStream.close ( );
              }
              else
              {
                inputStream.close ( );
              }
            }
        }
```

The corresponding load() method reverses the operation, returning a decompressed and deserialized object from an InputStream. Note that the returned object is cast to Serializable before being returned, under the assumption that the returned object implements this interface.

```
public class  GameData
  implements java.io.Serializable
///////////////////////////////////////////////////////////////////
///////////////////////////////////////////////////////////////////
{

private static final long  serialVersionUID = 1L;

//

public int  health;

public int  wealth;

public int  wisdom;


///////////////////////////////////////////////////////////////////
///////////////////////////////////////////////////////////////////
}
```

I sometimes like to keep my data objects simple, as shown in the example code above. An object is usually defined as encapsulated data together with the methods used to manipulate that data. Since class GameData does not declare any methods and the instance variables are all public, it cannot really be considered an object in the usual sense. Once this *data object* is loaded into memory, I will usually transfer the data to a real object that will encapsulate and protect the data with proper accessor and mutator methods.

Note that in addition to implementing interface Serializable, class GameData declares the constant serialVersionUID, where the acronym "UID" stands for *unique identifier*. Assuming you are using a unique package and class name combination, the value you choose for the serialVersionUID does not matter, so I usually just choose the number zero initially. When I want to force an incompatibility with previous versions of saved data, I change this value, usually by simply incrementing it by one. ObjectInputStream will notice the change and throw an exception if you try to load old data into an instance of the modified class with a different serialVersionUID. If the class changes but the serialVersionUID does not, ObjectInputStream will do its best to make the old data fit the new version of the class, dropping data no longer used and setting previously unused new variables to the default values of null or zero.

The two lines of example code below show how simple it can be to save and load data objects using object serialization in Java.

```
SerializableLib.save ( gameData, outputStream );

[...]

gameData = ( GameData ) SerializableLib.load ( inputStream );
```

Note that the object returned from the load() method is usually cast to a more specific class or interface before it is used to manipulate its data.

Properties

While object serialization is great as a binary data format, sometimes you want to load and save data in a human-readable text format. A good reason for this is to allow your game developers and artists to change the game content. For example, the damage range for a weapon might be stored in a plain-text configuration file. If a game designer can tweak the game play by modifying the parameters in a resource file without needing the assistance of the programmers, game development can proceed much quicker. Your more clever players will also appreciate the ability to easily change the file names for the images of the level boss, perhaps to file names for images of their own real-life supervisor.

```
#Game Data
#Tue Mar 25 15:18:22 CST 2003
wisdom=18
wealth=99
health=10
```

You might initially consider using the store() and load() methods of class java.util.Properties for storing name-value pairs in plain text format. I do not recommend this, however, as the data fields are always returned as instances of class String. While it is quite easy to parse in a simple field type such as an integer or a name from a String, dealing with complex object values can be problematic. This is especially true if you are attempting to store a hierarchical object graph as a property value.

XML

An alternative to using name-value pair properties files for storing data in a human-readable format is XML. The content of an example file is shown in the following:

```
<gameData>
   <health>10</health>
   <wealth>99</wealth>
   <wisdom>18</wisdom>
</gameData>
```

Rather than writing your own custom object parser using java.util.String-Tokenizer to parse in hierarchical data from a properties file, I recommend that you adopt XML instead as your text format and use one of the XML parsers that come standard with the core Java APIs. In addition to ready parser support, the XML data format has a couple of other advantages over other text formats. First, it is rather self-explanatory. Each hierarchical data element value comes wrapped in a tag that labels what it is. The example XML above shows how the data can be labeled in a way that is easily understood by a non-programmer viewing, and possibly modifying, the file using a simple text editor.

Second, you can write a *schema* that will define and validate the data. When your game designers and artists modify the XML data using an XML editor that enforces the data schema, you can eliminate a number of runtime bugs. Products such as XML Quik Builder from NETBRYX Technologies can read in an XML schema definition (XSD) file and present it as a GUI for data entry.[1] For example, if your schema limits valid data values for an element to three choices, the GUI might present a pull-down list with three options. This is much simpler, in my opinion, than creating your own custom GUI content editor for the game designers and artists. This does require some expertise with the XML Schema standard on your part as a programmer, however.

You can use a Simple API for XML (SAX) or Document Object Model (DOM) parser via the classes in core package javax.xml.parsers, but I prefer using

---

1. http://www.editml.com/QuikBuilder.aspx

XMLEncoder and XMLDecoder in core package java.beans. The reason for my preference is that XMLEncoder and XMLDecoder can save and load objects directly, just as ObjectOutputStream and ObjectInputStream do for Serializable objects. SAX and DOM parsers require an intermediate data representation, which usually means that you have to write custom code to bind the data to the object representations. The Java Architecture for XML Binding (JAXB) API solves this problem by automatically generating the code to perform this object-data binding,[2] but unfortunately it is not widely available yet, at least not in the core J2SE API.

```
XMLDecoder  xmlDecoder
  = new XMLDecoder ( new BufferedInputStream ( inputStream ) );

GameConfig  gameConfig = ( GameConfig ) xmlDecoder.readObject ( );
```

Compare the XmlDecoder example code immediately above to the ObjectInputStream example in the previous section. Note that like object serialization, you must cast the returned object. Unlike object serialization, the data does not need to be decompressed. Data compression would change your human-readable text data into binary.

```
public class  GameData
///////////////////////////////////////////////////////////////////
///////////////////////////////////////////////////////////////////
{

private int  health;

private int  wealth;

private int  wisdom;

///////////////////////////////////////////////////////////////////
// accessor methods
///////////////////////////////////////////////////////////////////

public int  getHealth ( ) { return health; }

public int  getWealth ( ) { return wealth; }

public int  getWisdom ( ) { return wisdom; }
```

---

2. http://java.sun.com/xml/jaxb/

```
//////////////////////////////////////////////////////////////////////
// mutator methods
//////////////////////////////////////////////////////////////////////

public void  setHealth ( int  health ) { this.health = health; }

public void  setWealth ( int  wealth ) { this.wealth = wealth; }

public void  setWisdom ( int  wisdom ) { this.wisdom = wisdom; }
```

With `XMLEncoder` and `XMLDecoder`, your data object class does not need to implement interface `Serializable`, but it does need to comply with the Java Beans standard. Essentially this means that you need to define accessor and mutator methods for all of your data and provide a no-argument constructor that sets the default data values. In the example above, the no-argument constructor is implicit since no other constructor is defined, and the integer data values are initialized to the default of zero.

```
package com.croftsoft.ajgp.data;

import java.beans.XMLDecoder;
import java.beans.XMLEncoder;
import java.io.ByteArrayInputStream;
import java.io.ByteArrayOutputStream;
import java.io.Serializable;

import com.croftsoft.core.lang.Testable;

public final class  SerializableGameData
  implements Serializable, GameData, Testable
//////////////////////////////////////////////////////////////////////
//////////////////////////////////////////////////////////////////////
{

private static final long  serialVersionUID = 1L;

//

private int  health;

private int  wealth;

private int  wisdom;
```

```
////////////////////////////////////////////////////////////////////
// static methods
////////////////////////////////////////////////////////////////////

[...]

////////////////////////////////////////////////////////////////////
// no-argument constructor method
////////////////////////////////////////////////////////////////////

public  SerializableGameData ( )
////////////////////////////////////////////////////////////////////
{
  setHealth ( DEFAULT_HEALTH );

  setWealth ( DEFAULT_WEALTH );

  setWisdom ( DEFAULT_WISDOM );
}


////////////////////////////////////////////////////////////////////
// accessor methods
////////////////////////////////////////////////////////////////////

public int  getHealth ( ) { return health; }

public int  getWealth ( ) { return wealth; }

public int  getWisdom ( ) { return wisdom; }

////////////////////////////////////////////////////////////////////
// mutator methods
////////////////////////////////////////////////////////////////////

public void  setHealth ( int  health )
////////////////////////////////////////////////////////////////////
{
  if ( health < MINIMUM_HEALTH )
  {
    throw new IllegalArgumentException ( "health < minimum" );
  }

  this.health = health;
}
```

```
public void  setWealth ( int  wealth )
//////////////////////////////////////////////////////////////////
{
  if ( wealth < MINIMUM_WEALTH )
  {
    throw new IllegalArgumentException ( "wealth < minimum" );
  }

  this.wealth = wealth;
}

public void  setWisdom ( int  wisdom )
//////////////////////////////////////////////////////////////////
{
  if ( wisdom < MINIMUM_WISDOM )
  {
    throw new IllegalArgumentException ( "wisdom < minimum" );
  }

  this.wisdom = wisdom;
}
```

If I create a data object class that complies with the Java Beans standard, I am probably going to make it Serializable as well. Instances of the example class SerializableGameData above can be flattened to a file using either ObjectOutputStream or XMLEncoder.

```
package com.croftsoft.ajgp.data;

public interface  GameData
//////////////////////////////////////////////////////////////////
//////////////////////////////////////////////////////////////////
{

public static final int  DEFAULT_HEALTH = 10;

public static final int  DEFAULT_WEALTH = 99;

public static final int  DEFAULT_WISDOM = 18;

//

public static final int  MINIMUM_HEALTH = -10;
```

```
public static final int  MINIMUM_WEALTH =   0;

public static final int  MINIMUM_WISDOM =   3;

//////////////////////////////////////////////////////////////////
// accessor methods
//////////////////////////////////////////////////////////////////

public int  getHealth ( );

public int  getWealth ( );

public int  getWisdom ( );

//////////////////////////////////////////////////////////////////
// mutator methods
//////////////////////////////////////////////////////////////////

public void  setHealth ( int  health );

public void  setWealth ( int  wealth );

public void  setWisdom ( int  wisdom );
```

In this example, SerializableGameData implements an interface called
GameData that defines the accessor methods and the mutator methods. When I
cast my object after loading it in from a byte stream using method readObject(),
whether from ObjectInputStream or XMLDecoder, I will cast it to the interface
GameData instead of the concrete class SerializableGameData. If my game applica-
tion is written to access data using an interface reference, I can change the
implementation of my data object without having to change my application
code. This can be helpful if I decide to upgrade the data object implementation.
For example, alternative implementations of interface GameData that use different
persistence mechanisms might be called RandomAccessFileGameData or Relational-
DatabaseGameData.

When I initially begin programming a new game, I usually start with some-
thing simple like SerializableGameData that loads everything into memory and
saves to disk using simple object serialization or Java Beans XML encoding and
decoding. If I need to change my persistence mechanism later for any reason, I
can easily do so because of the use of interface references throughout my code
that abstract away the actual persistence mechanism.

```
public static final int  DEFAULT_HEALTH = 10;

[...]

public static final int  MINIMUM_HEALTH = -10;
```

Note that the interface also defines constants for the default and minimum values. It is generally a good idea to define your constants within an interface instead of a class. This way your classes that implement the interface can automatically inherit these values without having to extend an abstract or concrete class or instantiate an object. Recall that Java supports multiple interface inheritance but does not support multiple abstract or concrete class inheritance.

```
<?xml version="1.0" encoding="UTF-8"?>
<java version="1.4.1_01" class="java.beans.XMLDecoder">
 <object class="com.croftsoft.ajgp.data.SerializableGameData">
  <void property="health">
   <int>-1</int>
  </void>
 </object>
</java>
```

When XMLEncoder writes an object out to a data stream, it will not bother to record values for properties that are the same as the initial default values set by the no-argument constructor. When XMLDecoder reads the object back in, it will first instantiate the object using the no-argument constructor. Any values explicitly given in the XML data will then be set using the mutator methods. All of the other values remain at their default values. This can reduce the amount of data that needs to be stored in the XML data file substantially, especially if you have a lot of data objects with values that are usually at their defaults. For example, most of the monsters within your persistent world game will eventually heal back to their default health after sustaining player-inflicted damage. In the example XML data above, only the property health is not at its default value as set in the no-argument constructor and so only that property is recorded.

```
public static void  main ( String [ ]  args )
//////////////////////////////////////////////////////////////////
{
  System.out.println ( test ( args ) );
}

public static boolean  test ( String [ ]  args )
//////////////////////////////////////////////////////////////////
{
```

```
try
{
  final int  TEST_HEALTH = -1;

  GameData  gameData1 = new SerializableGameData ( );

  System.out.println ( "health = " + gameData1.getHealth ( ) );

  System.out.println ( "wealth = " + gameData1.getWealth ( ) );

  System.out.println ( "wisdom = " + gameData1.getWisdom ( ) );

  gameData1.setHealth ( TEST_HEALTH );

  ByteArrayOutputStream  byteArrayOutputStream
    = new ByteArrayOutputStream ( );

  XMLEncoder  xmlEncoder = new XMLEncoder ( byteArrayOutputStream );

  xmlEncoder.writeObject ( gameData1 );

  xmlEncoder.close ( );

  byte [ ]  xmlBytes = byteArrayOutputStream.toByteArray ( );

  System.out.println ( new String ( xmlBytes ) );

  XMLDecoder  xmlDecoder
    = new XMLDecoder ( new ByteArrayInputStream ( xmlBytes ) );

  GameData  gameData2 = ( GameData ) xmlDecoder.readObject ( );

  System.out.println ( "health = " + gameData2.getHealth ( ) );

  System.out.println ( "wealth = " + gameData2.getWealth ( ) );

  System.out.println ( "wisdom = " + gameData2.getWisdom ( ) );

  return gameData2.getHealth ( ) == TEST_HEALTH
    &&   gameData2.getWealth ( ) == DEFAULT_WEALTH
    &&   gameData2.getWisdom ( ) == DEFAULT_WISDOM;
}
catch ( Exception  ex )
{
  ex.printStackTrace ( );
```

```
      return false;
   }
}
```

The static test method shown above demonstrates successful Java Beans
XML encoding and decoding of game data. It was also used to generate the
example XML output shown previously.

```
import com.croftsoft.core.lang.Testable;

public final class  SerializableGameData
   implements Serializable, GameData, Testable
```

When I include a static test method like the one shown above in a class, I
also indicate that the class is prepared for nightly automated code library testing
by flagging the class using the semantic marker interface Testable in package
com.croftsoft.core.lang. See the javadoc for Testable for more information
about this unit testing technique.

```
public  SerializableGameData ( )
//////////////////////////////////////////////////////////////////
{
   setHealth ( DEFAULT_HEALTH );

   setWealth ( DEFAULT_WEALTH );

   setWisdom ( DEFAULT_WISDOM );
}
```

The no-argument constructor passes the arguments to the mutator meth-
ods. It does this instead of setting the private instance variables directly itself
so that it does not bypass the data range checks defined in the mutator methods.
The mutators throw IllegalArgumentException if the values are out of range, in
this example if below predefined minimums. This helps catch mistakes, espe-
cially if you change a default constant to an invalid value accidentally. The
no-argument constructor will also throw an Exception when the valid data
ranges change and old data with out-of-range values is being loaded. The data
instance variables are also declared private so that the range checks in the
mutator methods cannot be bypassed.

```
public  SerializableGameData (
   int  health,
   int  wealth,
   int  wisdom )
```

```
//////////////////////////////////////////////////////////////
{
  setHealth ( health );

  setWealth ( health );

  setWisdom ( wisdom );
}

public  SerializableGameData ( )
//////////////////////////////////////////////////////////////
{
  this (
    DEFAULT_HEALTH,
    DEFAULT_WEALTH,
    DEFAULT_WISDOM );
}
```

You may wish to consider adding a primary constructor that takes arguments for convenience, such as the example above. If you do this, make sure that you also include a no-argument constructor. If you do not, the Java Beans XML encoding and decoding will not work. In this case your no-argument constructor might delegate to the main constructor to minimize the amount of duplicate code.

```
GameData  gameData = new SerializableGameData ( );

gameData.setHealth (   4 );

gameData.setWealth ( 200 );

gameData.setWisdom (  16 );
```

Creating a constructor that takes arguments could cause problems down the road, however, as you change your data. Imagine that you decide to change the order of your arguments or their meaning, say from health, wealth, and wisdom to goldPieces, armorClass, and hitPoints, for example. If your new method arguments have the same or similar data types—in this example the primitive type integer—and the number of arguments is the same—in this example three—your application code that was written for the old constructor will not generate an error during the compile. If you only provide a no-argument constructor, however, developers using your library will be forced to set the initial values using mutator methods as shown in the example code above. Setting values using mutator methods is usually order independent. For example, it should not matter whether you call setHealth() or setWealth() first.

For more on the subject of preventing mistakes related to mismatched method arguments, please see the sidebar "Named Notation."

Named Notation

```
GameData  gameData = new SerializableGameData (
  wealth => 2,
  health => 4 );
```

One of the items on my wish list for the Java programming language is a feature found in the Ada programming language where you can optionally specify the argument names when you pass in method parameter values. This notation uses the arrow (=>) symbol, which is not to be confused with the greater-than-or-equal-to (>=) symbol. This is called "named notation," as distinguished from the "positional notation" currently used by Java exclusively. Arguments that are not named, such as wisdom in the hypothetical code example, are assumed to take on a default value. Named notation makes code resistant to changes in method signatures, such as the reordering of the arguments and the removal and addition of arguments, especially those of the same type. All this leads to fewer runtime errors, greater productivity, and higher reliability.

```
GameData  gameData = new SerializableGameData (
  10,    // health
  99,    // wealth
  18 ); // wisdom
```

Named notation also helps self-document your code. In the example above, I label my method arguments using human-readable remarks to get something of the same effect when writing code in the Java programming language. It should be easier to debug the code when the arguments are out of order if the intent is annotated in this manner. If named notation were supported in Java, this check would be performed automatically during the compile.

A few years back I had written code using an early beta version of Swing that had a method that took column and row integer values as arguments in that order. In the same way that people are used to saying "width and height" instead of "height and width," it is more common to say "row and column" rather than "column and row." When the API was later changed so that the row argument came before the column argument as is traditional, my code continued to compile and would run happily except that now my display axes were flipped. Named notation, if available in the Java programming language, could have prevented this.

Tile Map Images

You can use a graphics image file to store tile map data. In this case, the game designer uses an image editor to draw the map of the area to be explored. The programmer then loads the image into memory and converts the pixels into map data. A green pixel at a given (x,y) coordinate could represent an acre of grassland on the map whereas brown could indicate barrier mountains, for example.

Two standard image formats that you may want to consider are Graphics Interchange Format (GIF) and Portable Network Graphics (PNG). Both use lossless compression, which makes them ideal for this purpose. Between the two image formats, I prefer PNG. It seems to compress better than GIF and it appears to have a number of other format feature advantages.

PNG is an extensible file format for the lossless, portable, well-compressed storage of raster images. PNG provides a patent-free replacement for GIF and can also replace many common uses of TIFF. Indexed-color, grayscale, and truecolor images are supported, plus an optional alpha channel for transparency. Sample depths range from 1 to 16 bits per component (up to 48bit images for RGB, or 64bit for RGBA).

—*World Wide Web Consortium*[3]

The first advantage of using tile map images is that they avoid the need to create a custom map or tile editor for game content creation. A map can be hand-drawn on paper and then loaded onto the computer using a color scanner. Common image editing programs such as the basic Windows MS Paint or the more powerful GIMP can also be used to generate a tile map.

The second advantage may be that image editors may be more powerful and feature-rich than your custom level, map, and tile editors. Need to construct a large and perfectly round pool out of square water tiles? Draw a circle and flood-fill it blue. Want to spell out a cryptic message in trees? Draw some text in an unusual font and color it dark green. Want to cut, paste, rotate, skew, fill, pan, and zoom? Use these features as already available in your image editors.

The third advantage is that the data is visual. This data can be simply examined as an image using any image viewer to get an overall top-down or side view of the tile map. Granted that a stair-step platform may only appear as a black pixel on a field of brown representing a brick wall, but it is sufficient to get an overall feel for the layout.

Figure 6-1 shows an example tile-map image that is 100 pixels in width and height. Figure 6-2 shows an example tile image that is 40 pixels on a side. As determined by an arbitrary color-to-tile mapping function, this particular tile is

3. http://www.w3.org/Graphics/PNG/

used wherever a cyan-colored pixel is located in the tile map image. Figure 6-3 shows a section of the resulting world, which is 4,000 pixels on a side (40×100).

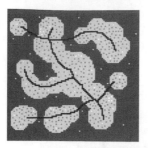

Figure 6-1. 100×100 tile map image

Figure 6-2. 40×40 tile image

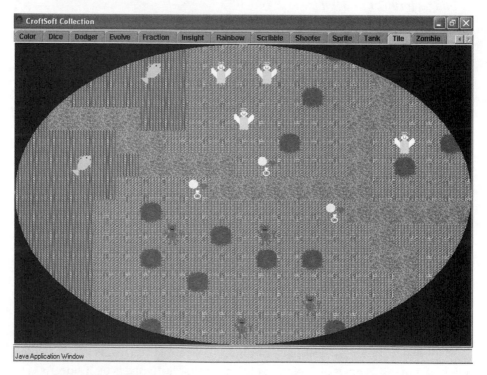

Figure 6-3. Section of 4,000×4,000 tile world

```
public static TileData  loadTileDataFromImage (
  String        filename,
  ClassLoader  classLoader )
  throws IOException
//////////////////////////////////////////////////////////////////
{
  BufferedImage  bufferedImage
    = ImageLib.loadBufferedImage ( filename, classLoader );

  int  rows    = bufferedImage.getHeight ( );

  int  columns = bufferedImage.getWidth  ( );

  int [ ]  palette = new int [ 0 ];

  byte [ ] [ ]  tileMap = new byte [ rows ] [ columns ];

  for ( int  row = 0; row < rows; row++ )
  {
    for ( int  column = 0; column < columns; column++ )
    {
      int  rgb = bufferedImage.getRGB ( column, row );

      boolean  inPalette = false;

      for ( int  i = 0; i < palette.length; i++ )
      {
        if ( palette [ i ] == rgb )
        {
          tileMap [ row ] [ column ] = ( byte ) i;

          inPalette = true;

          break;
        }
      }

      if ( !inPalette )
      {
        tileMap [ row ] [ column ] = ( byte ) palette.length;

        palette = ( int [ ] ) ArrayLib.append ( palette, rgb );
      }
    }
```

```
    }

    return new TileData ( palette, tileMap );
  }
```

Method `loadTileDataFromImage()` can be found in class `TileData` from package `com.croftsoft.apps.tile`. It loads the tile map image as a `BufferedImage`. It then reads in the color components as alpha-red-green-blue (ARGB) integer values using `BufferedImage.getRGB()`. Each color found in the tile map image is appended to the `palette` array if it does not already exist. The values of the `tileMap` matrix point to index positions within the color palette. The palette is limited to 256 different colors since the `tileMap` values are of byte type.

Note that if you are loading tile data from a tile map image that was created from a scan of a map drawn on paper, you may need to clean up the tile map image a bit using an image editor prior to use. For example, if a green pixel indicates the position of a tree, you may end up with multiple shades of green in your initial tile map image after scanning. An image editor or custom program can be used to round these different shades of green into the specific color of green required.

Random Seeds

Consider that you can effectively store an infinite amount of game data using just eight bytes. The trick to this is to use your random number generator. Keep in mind that all random-number generation algorithms are actually *pseudorandom*. They deterministically crank out an infinite sequence of numbers from a given starting point using an algorithm that is designed to generate numbers that appear random by any statistical test. Restart them from some previous point and the sequence will be repeated.

Where they start is based upon the seed value. If you use the default no-argument constructor of class `java.util.Random`, it will create a unique seed value for you based upon the current time and a number of other parameters. You can, however, provide a constant seed value as a constructor argument to ensure that the random number generator will create the same sequence of pseudo-random numbers every time.

Depending upon the selection of your seed value and the probabilities you assign to occurrences of any particular terrain feature or opponent placement in your probability mapping function, you can present an unlimited amount of game data that is the same each time the game is played, just as if it were stored in some massive resource file. In this case, however, you need only store the random seed as an eight-byte long value plus the data generation code that depends on it. With eight bytes, you should be able to store 1 of 2 to the 64th power different sequences of infinite length.

The downside to this, of course, is that you may have to go through a lot of different seeds or tweak your probability mapping function quite a bit before you are able to generate a game level or map that is both playable and enjoyable. Imagine generating mazes using random numbers. Some of the mazes automatically generated may have no way to get from one side to the other. In this example you might manually check the randomly generated mazes or write an algorithm to do so automatically and then store only those seeds that meet your criteria for playability.

```
public static byte [ ] [ ]  generateRandomTileMap (
   Random    random,
   int [ ]   palette,
   int       rows,
   int       columns,
   int       smoothingLoops )
////////////////////////////////////////////////////////////////////
{
   byte [ ] [ ]  tileMap = new byte [ rows ] [ columns ];

   for ( int  row = 0; row < rows; row++ )
   {
      for ( int  column = 0; column < columns; column++ )
      {
         int  paletteIndex = random.nextInt ( palette.length );

         tileMap [ row ] [ column ] = ( byte ) paletteIndex;
      }
   }

   for ( int  i = 0; i < smoothingLoops; i++ )
   {
      for ( int  row = 0; row < rows; row++ )
      {
         for ( int  column = 0; column < columns; column++ )
         {
            int  left  = column > 0 ? column - 1 : columns - 1;

            int  right = column < columns - 1 ? column + 1 : 0;

            int  up    = row > 0 ? row - 1 : rows - 1;

            int  down  = row < rows - 1 ? row + 1 : 0;

            byte [ ]  neighbors = {
```

```
                tileMap [ row  ] [ column ],   // center
                tileMap [ row  ] [ left   ],   // west
                tileMap [ row  ] [ right  ],   // east
                tileMap [ up   ] [ column ],   // north
                tileMap [ up   ] [ left   ],   // north west
                tileMap [ up   ] [ right  ],   // north east
                tileMap [ down ] [ column ],   // south
                tileMap [ down ] [ left   ],   // south west
                tileMap [ down ] [ right  ] }; // south east

            tileMap [ row ] [ column ]
                = neighbors [ random.nextInt ( neighbors.length ) ];
          }
        }
      }

      return tileMap;
    }
```

The generateRandomTileMap() method from class TileData randomly assigns tile values from the color palette. It then uses a smoothing algorithm to create "islands" of color patches. The color clustering algorithm works by iterating over each tile position and randomly flipping it to the color of one of its nearest neighbors with a probability of eight in nine. Larger smoothingLoops values lead to larger clusters. If you do too much smoothing, your world will eventually become a single color.

Figure 6-4 shows a section of randomly generated terrain. I used a palette of two colors: blue for ocean and green for land. My random seed value was 0 and the number of smoothing loops was 1,000. It takes a while on a slow computer to loop 1,000 times. Akin to the use of maximum compression for storing and loading data, I have decided here to sacrifice initial processing time in order to minimize data storage.

Persistence Mechanisms

In this section I discuss the various mechanisms for data persistence and their applicability to game programming. These mechanisms are usually independent of the data format in that they will store a compressed binary file just as easily as text.

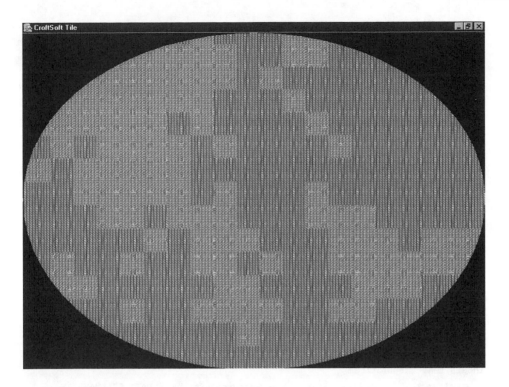

Figure 6-4. Randomly generated terrain

JAR Resource Files

Probably the best persistence mechanism for your static game content is to stick it in the JAR file along with your code. This includes your resource files such as graphics, audio, and music loop multimedia files; any text files that you use such as credits, the story, and nonplayer character (NPC) dialogue; plus your initial game world or level data.

Keep in mind that a JAR file is really a compressed zip file by another name, so there is no point in compressing these files before you include them in the archive. Doing so would make debugging more difficult and would not substantially reduce your JAR file size. Even though it is redundant, I will usually pre-compress my serialized object binary data format files anyway, since I usually initially create these resource files using my `SerializableLib.save()` method, which applies GZIP compression by default.

```
*.au  -k 'b'
[...]
*.dat -k 'b'
[...]
*.zip -k 'b'
```

I chose the .dat file name extension for my serialized object binary data format files. To ensure that this type of resource file is not garbled when stored in the CVS repository by the automatic plain-text end-of-line substitution, I flag it as binary by including the .dat file name extension in my CVSROOT/cvswrappers file. An example of this is shown above, in which I also include common file name extensions for well-known standard binary-data formats such as AU for audio and zip for compression. Please see Appendix B for more information on this topic.

One of my favorite features about storing static data in a JAR file is that there are no restrictions to reading the data, since it is packaged with the code. Whether your game is deployed as an unsigned applet, a Java Web Start application, or a desktop application, you can get to this data without throwing a security access exception.

```
InputStream  inputStream
  = getClass ( ).getClassLoader ( ).getResourceAsStream ( DATA_FILENAME );
```

Method getResourceAsStream(filename) of class ClassLoader in the core package java.lang will return an InputStream that you can use to access your resource data stored in a JAR file. Fortunately you do not have to worry about the location of the JAR file on the hard drive, just the path of the file relative to the archive root. If you keep your resource files within the same JAR file as your compile game code, you can use Object.getClass() and then Class.getClassLoader() to get the proper ClassLoader instance for this purpose.

```
public static Serializable  load (
  ClassLoader  classLoader,
  String       filename )
  throws ClassNotFoundException, IOException
  ///////////////////////////////////////////////////////////////////////
  {
    NullArgumentException.check ( classLoader );

    NullArgumentException.check ( filename    );

    InputStream  inputStream
      = classLoader.getResourceAsStream ( filename );
```

```
    if ( inputStream == null )
    {
      return null;
    }

    return load ( inputStream );
  }
```

The `ClassLoader` method `getResourceAsStream()` returns null if the resource file cannot be found. If that happens, the `load()` method shown immediately above will also returns null. If the resource is found, it will delegate to the serializable object `load()` method shown earlier by passing it the `InputStream` retrieved. Basically all that this method does is assign a particular persistence mechanism to a file format, in this case loading a serialized object from a static JAR file where it is freeze-dried as GZIP-compressed binary data.

You will notice that there is not a corresponding `save(classLoader,filename)` method within the `SerializableLib` class. While JAR files are great for loading static game content, this is generally a read-only operation. To persist dynamic data such as updated player character (PC) data or the new high score, you will need to use one of the following additional techniques.

User Home-Directory Files

Writing and reading data directly to and from a file is probably the best persistence mechanism for games that are not constrained by security restrictions that limit access to the hard drive. You can use the classes `FileInputStream` and `FileOutputStream` in core package `java.io` for this purpose.

```java
public static Serializable  load ( String  filename )
  throws ClassNotFoundException, IOException
//////////////////////////////////////////////////////////////////
{
  NullArgumentException.check ( filename );

  return load ( new FileInputStream ( filename ) );
}
```

This `SerializableLib` convenience method passes a `FileInputStream` instance to the `load(InputStream)` method discussed previously. Simply specify the file name and the object is loaded into memory.

```java
public static void  save (
  Serializable  serializable,
```

```
   String         filename,
   boolean        makeDirs )
   throws IOException
///////////////////////////////////////////////////////////////////
{
   NullArgumentException.check ( serializable );

   NullArgumentException.check ( filename    );

   if ( makeDirs )
   {
     FileLib.makeParents ( filename );
   }

   save ( serializable, new FileOutputStream ( filename ) );
}
```

The corresponding save() method provides an option to create the directory path to the file name if necessary. I find this useful, as I usually want to tuck my data files in an out-of-the-way directory that usually does not previously exist. I like to use a universally unique path such as .croftsoft/tank/ where the first directory in the path is my company name and the second directory uses the name of my game. The period at the beginning of the company name indicates that the directory should be hidden when using Unix-based operating systems such as Linux, Solaris, and Mac OS X.

I also use lower case for all of my directories and file names with the sole exception of my Java source-code files. Until I started doing this, I would often waste many hours tracking down elusive bugs that eventually turned out to be a problem related to case sensitivity. Frequently this would occur when shifting my code from a case-insensitive development environment such as Windows to a case-sensitive deployment environment such as the Web or a Unix-based server.

```
/home/croft/.croftsoft/dodger/dodger.dat
```

```
C:\Documents and Settings\David\.croftsoft\dodger\dodger.dat
```

I put the user-specific game data files within the user home directory, since this is the directory that gets backed up. This path will vary depending upon the operating system, its version, and its configuration. Two examples are shown above, the first for Red Hat Linux and the second for Windows XP.

```
String  userHomePath = System.getProperty ( "user.home" );
```

It is very easy to get the user home-directory path and prepend it to the rest of your path using the System.getProperty() method. This method will throw an exception if you attempt to use it within the constraints of the security sandbox of an unsigned applet or Java Web Start application. Recall that in those deployment environments you also do not have security access to reading and writing files on the user hard drive, so the inability to get the user home directory path in those situations is moot.

```
public static void  save (
  Serializable  serializable,
  String          latestFilename,
  String          backupFilename )
  throws IOException
///////////////////////////////////////////////////////////////////
{
  NullArgumentException.check ( serializable );

  NullArgumentException.check ( latestFilename );

  NullArgumentException.check ( backupFilename );

  File  latestFile = new File ( latestFilename );

  if ( latestFile.exists ( ) )
  {
    File  backupFile = new File ( backupFilename );

    if ( backupFile.exists ( ) )
    {
      backupFile.delete ( );
    }
    else
    {
      FileLib.makeParents ( backupFilename );
    }

    latestFile.renameTo ( backupFile );
  }

  save ( serializable, latestFilename );
}
```

I worry sometimes about the power failing while game data is being saved. An interrupted save operation will both fail to persist the current game and will also destroy the previous game if saved under the same file name. To prevent this, the save() method listed above takes two file name arguments, a latestFilename and a backupFilename. Before saving the current game as latestFilename, the save() method will rename the previously saved game to backupFilename. If a power outage occurs during the save, the old data is preserved.

```
public static Serializable  load (
  String  primaryFilename,
  String  fallbackFilename )
  throws ClassNotFoundException, IOException
//////////////////////////////////////////////////////////////////////
{
  NullArgumentException.check ( primaryFilename );

  NullArgumentException.check ( fallbackFilename  );

  try
  {
    return load ( primaryFilename );
  }
  catch ( FileNotFoundException  ex )
  {
  }
  catch ( Exception  ex )
  {
    ex.printStackTrace ( );
  }

  return load ( fallbackFilename );
}
```

The corresponding load() method will first attempt to load the data saved as primaryFilename. If this fails for any reason, it will then attempt to load the previous game saved as fallbackFilename. In this method I renamed latestFilename to primaryFilename and backupFilename to fallbackFilename because you can also use this method in a different way. Instead of loading a saved game or its backup, you can also use this method to load a user configuration file or, if the user has not previously modified the configuration, the default configuration file.

JNLP Persistence

If your game is deployed as an unsigned Java Web Start application, you will want to use the JNLP persistence service to save user data. Like cookies in web browsers, JNLP clients such as Java Web Start provide a mechanism for storing a limited amount of persistent data in a manner that does not intrude upon user security. These *muffins* can be fairly hefty, as the JNLP specification requires that client implementations provide at least 128 kilobytes of storage per application. For the limited requirements of user-specific data such as high scores and saved games, I find this minimum amount of storage to be quite impressive.

The URL associated with the muffin storage area must be at the same directory level as your codebase URL or anywhere in the hierarchy path above that level. For example, if you downloaded the code from http://croftsoft.com/arcade/, you could store and retrieve data using a URL such as http://croftsoft.com/arcade/data or http://croftsoft.com/user_preferences, but not http://croftsoft.com/arcade/data/ nor http://croftsoft.com/arcade/tank/. Keep in mind that the data is stored client-side despite the use of muffin URLs that look like server addresses.

```
public URL  createFileContentsURL ( String  fileContentsSpec )
  throws MalformedURLException, UnsupportedOperationException
//////////////////////////////////////////////////////////////////
{
  return new URL ( getCodeBase ( ), fileContentsSpec );
}


public URL  getCodeBase ( )
  throws UnsupportedOperationException
//////////////////////////////////////////////////////////////////
{
  try
  {
    BasicService  basicService = ( BasicService )
      ServiceManager.lookup ( "javax.jnlp.BasicService" );

    return basicService.getCodeBase ( );
  }
  catch ( UnavailableServiceException  ex )
  {
    throw ( UnsupportedOperationException )
      new UnsupportedOperationException ( ).initCause ( ex );
  }
}
```

Since the URLs are always relative to the codebase, convenience method createFileContentsURL() in class JnlpServicesImpl of package com.croftsoft.core.jnlp combines the codebase URL with a somewhat arbitrary specification (spec) that you provide to create a new URL. For example, if your game is downloaded

from http://croftsoft.com/arcade/ and you provide a fileContentsSpec value of
"data," the resulting file contents URL will be http://croftsoft.com/arcade/data.

```
public void  saveBytesUsingPersistenceService (
  String     fileContentsSpec,
  byte [ ]  bytes )
  throws IOException, UnsupportedOperationException
//////////////////////////////////////////////////////////////////////
{
  BufferedOutputStream  bufferedOutputStream = null;

  try
  {
    PersistenceService  persistenceService = ( PersistenceService )
      ServiceManager.lookup ( "javax.jnlp.PersistenceService" );

    URL  fileContentsURL
      = createFileContentsURL ( fileContentsSpec );

    try
    {
      persistenceService.delete ( fileContentsURL );
    }
    catch ( FileNotFoundException  ex )
    {
    }

    persistenceService.create ( fileContentsURL, bytes.length );

    FileContents  fileContents
      = persistenceService.get ( fileContentsURL );

    bufferedOutputStream = new BufferedOutputStream (
      fileContents.getOutputStream ( true ) );

    bufferedOutputStream.write ( bytes );
  }
  catch ( UnavailableServiceException  ex )
  {
    throw ( UnsupportedOperationException )
      new UnsupportedOperationException ( ).initCause ( ex );
  }
  finally
  {
```

```
          if ( bufferedOutputStream != null )
          {
             bufferedOutputStream.close ( );
          }
       }
   }
```

Within the same class, method saveBytesUsingPersistenceService() uses createFileContentsURL(). Instead of a file name argument, this method takes a fileContentsSpec that serves much the same purpose but without specifying a particular hard drive path. I usually just use the name of the game for the fileContentsSpec value, e.g., "tank."

After acquiring a reference to the PersistenceService, this method begins by deleting old data previously associated with the fileContentsURL if it exists. It then requests a new allocation of storage space exactly equal in size to the length of the byte array to be stored.

Note that this code uses an instance of class FileContents from the optional package javax.jnlp instead of class File from the standard core package java.io. Since this code does use the optional package javax.jnlp, which may or may not exist within your deployment environment, the UnavailableServiceException from package javax.jnlp is wrapped in an UnsupportedOperationException from the standard core package java.lang.

```
   public static void  saveBytesUsingPersistenceService (
      String     fileContentsSpec,
      byte [ ]   bytes )
      throws IOException, UnsupportedOperationException
      ///////////////////////////////////////////////////////////////
   {
      check ( );

      JNLP_SERVICES.saveBytesUsingPersistenceService (
         fileContentsSpec, bytes );
   }
```

As described in a previous chapter, dynamic class loading and a custom interface is used to isolate the JnlpServicesImpl class—which contains static links to the optional javax.jnlp package—from the rest of your game code, which does not. In order for your game to load in both JNLP and non-JNLP environments, you will need to access the JnlpServicesImpl saveBytesUsingPersistenceService() method indirectly by instead calling the method with the same method signature in JnlpLib as shown above. If JNLP or the JNLP PersistenceService is not available within the current deployment environment, this proxy method will throw UnsupportedOperationException.

```
public void  saveSerializableUsingPersistenceService (
  String          fileContentsSpec,
  Serializable  serializable )
  throws IOException, UnsupportedOperationException
///////////////////////////////////////////////////////////////////
{
  saveBytesUsingPersistenceService (
    fileContentsSpec,
    SerializableLib.compress ( serializable ) );
}
```

To save a `Serializable` object instead of an array of bytes, use the save-
SerializableUsingPersistenceService() method. Note that this method first
converts the `Serializable` object to an array of bytes using the `SerializableLib`
compress() method. This intermediate step is taken since we must know the
length of the byte array in order to request the exact amount of storage required
from the `PersistenceService` for the `Serializable` data object.

```
public Serializable  loadSerializableUsingPersistenceService (
  String  fileContentsSpec )
  throws ClassNotFoundException, IOException,
    UnsupportedOperationException
///////////////////////////////////////////////////////////////////
{
  try
  {
    PersistenceService  persistenceService = ( PersistenceService )
      ServiceManager.lookup ( "javax.jnlp.PersistenceService" );

    FileContents  fileContents = persistenceService.get (
      createFileContentsURL ( fileContentsSpec ) );

    return SerializableLib.load ( fileContents.getInputStream ( ) );
  }
  catch ( FileNotFoundException  ex )
  {
    return null;
  }
  catch ( UnavailableServiceException  ex )
  {
    throw ( UnsupportedOperationException )
      new UnsupportedOperationException ( ).initCause ( ex );
  }
}
```

The above is the corresponding load() method in class JnlpServicesImpl. It also has a proxy method with the same signature in class JnlpLib.

```
public byte [ ]  loadBytesUsingPersistenceService (
   String  fileContentsSpec )
   throws IOException, UnsupportedOperationException
```

Given that a JNLP client normally guarantees a minimum of at least 128 kilobytes of data storage space for your game, you can probably be a little sloppy and just store your game data as a compressed serialized object without bothering to count bytes. If you are worried that you will come near or possibly exceed this minimum, you will need to start tracking your data count more carefully. In that case, you will want to use the loadBytesUsingPersistenceService() method. You can then wrap a DataInputStream around a ByteArrayInputStream to parse Object and primitive type data at known index positions within the byte array.

Applet Persistence

In the past, applet developers would share data between applet instances by using static class variables. This would also allow them to persist data temporarily beyond the life of a single applet because the applet classes and static variables would remain in memory even after the applet instance was destroyed. When the user reloaded the applet, the new instance would read the static variable values created by the earlier instance.

Java 1.4 introduced new methods in class java.applet.AppletContext called the Applet Persistence API.

> *These new methods enable the applet developer to stream data and objects from one browser session so that they can be reused in subsequent browser sessions. This provides applet persistence and makes it unnecessary to use static objects in applets for this same purpose.*

> —*Java Plug-in 1.4 Developer Guide*[4]

The documentation quoted above appears to be incorrect, not yet implemented, or confusing. Static objects only persist as long as the classes are stored in memory. When the browser session ends, the JVM instance ends, and all of the data, including static variables, is lost. My own experimentation shows that the Applet Persistence API methods behave similarly: The data is lost between browser sessions. These methods are useful, however, for saving and sharing data temporarily. This means, for example, that an applet instance can save the high score for a game upon ending. If the applet is reloaded later during the

---

4. http://java.sun.com/j2se/1.4/docs/guide/plugin/developer_guide/persistence.html

same browser session, the applet will be able to retrieve this data. If multiple instances of the applet are loaded, they will be able to share the high score data.

Class java.applet.AppletContext now provides two new methods for this purpose, setStream(key, inputStream) and getStream(key). These new methods allow you to store and retrieve the data as a stream as referenced by an arbitrary String. I like to think of this as similar to the put() and get() methods of interface java.util.Map where you store key-value Object pairs. In this case, however, it is a String key and an InputStream value.

```
public static void  saveSerializableUsingAppletPersistence (
  Applet        applet,
  String        key,
  Serializable  serializable )
  throws IOException, UnsupportedOperationException
////////////////////////////////////////////////////////////////////
{
  NullArgumentException.check ( applet, "null applet" );

  NullArgumentException.check ( key, "null key" );

  NullArgumentException.check ( serializable, "null serializable" );

  AppletContext  appletContext = null;

  try
  {
    appletContext = applet.getAppletContext ( );
  }
  catch ( NullPointerException  ex )
  {
  }

  if ( appletContext == null )
  {
    throw new UnsupportedOperationException ( "null AppletContext" );
  }

  InputStream  inputStream = new ByteArrayInputStream (
    SerializableLib.compress ( serializable ) );

  appletContext.setStream ( key, inputStream );
}
```

Here is a static method from class AppletLib in package com.croftsoft.
core.applet that you can use to store your applet game data. Your game data must
be provided as a Serializable object. The key parameter can be any arbitrary
String value. The code throws UnsupportedOperationException if it cannot access
the AppletContext. This seems a bit unusual until you consider that your game
code may be written to run both as a browser-based applet and as a standalone
desktop application. In the latter case, applet persistence may not be available.

```
public static Serializable  loadSerializableUsingAppletPersistence (
  Applet   applet,
  String   key )
  throws ClassNotFoundException, IOException,
    UnsupportedOperationException
//////////////////////////////////////////////////////////////////////
{
  NullArgumentException.check ( applet, "null applet" );

  NullArgumentException.check ( key, "null key" );

  AppletContext   appletContext = null;

  try
  {
    appletContext = applet.getAppletContext ( );
  }
  catch ( NullPointerException   ex )
  {
  }

  if ( appletContext == null )
  {
    throw new UnsupportedOperationException ( "null AppletContext" );
  }

  InputStream   inputStream = appletContext.getStream ( key );

  if ( inputStream == null )
  {
    return null;
  }

  return SerializableLib.load ( inputStream );
}
```

Here is the corresponding static method in the same class to retrieve the data using the same key value.

```
GameData  gameData = ( GameData )
  AppletLib.loadSerializableUsingAppletPersistence (
  this, PERSISTENCE_KEY );

highScore = gameData.getHighScore ( );
```

When the method returns, you will need to cast the Serializable object back into its original class in order to access the data.

When using these methods, bear in mind that, despite the name, the new Applet Persistence API methods cannot persist data beyond the life of the browser JVM instance. Unless this changes in the future, possibly in updated applet-container implementations, you will need to use signed applets or server-side code in order to truly persist your data.

Persistent Persistence

You may want your game to be deployable as a desktop application, a Java Web Start application, and an applet. In that case, you will want your code to use whatever persistence mechanism is available in the environment it is currently in.

```
public static boolean  save (
  Serializable  serializable,
  String         latestFilename,
  String         backupFilename,
  String         fileContentsSpec,
  Applet         applet,
  String         persistenceKey )
  throws IOException
//////////////////////////////////////////////////////////////////////
{
  NullArgumentException.check ( serializable );

  if ( latestFilename != null )
  {
    try
    {
      String  userHomeDir = System.getProperty ( PROPERTY_USER_HOME );

      String  latestPath
        = userHomeDir + File.separator + latestFilename;
```

```
      if ( backupFilename != null )
      {
        String  backupPath
          = userHomeDir + File.separator + backupFilename;

        save ( serializable, latestPath, backupPath );
      }
      else
      {
        save ( serializable, latestPath );
      }

      return true;
    }
    catch ( SecurityException  ex )
    {
    }
}

if ( fileContentsSpec != null )
{
  try
  {
    JnlpLib.saveSerializableUsingPersistenceService (
      fileContentsSpec, serializable );

    return true;
  }
  catch ( UnsupportedOperationException  ex )
  {
  }
}

if ( ( applet         != null )
  && ( persistenceKey != null ) )
{
  try
  {
    AppletLib.saveSerializableUsingAppletPersistence (
      applet, persistenceKey, serializable );

    return true;
  }
```

```
        catch ( UnsupportedOperationException   ex )
        {
        }
    }

    return false;
}
```

The save() method listed above from SerializableLib will attempt to persist a Serializable object using three different mechanisms. It first tries to save the object as a file in the user home directory. If the game is deployed as an unsigned Java Web Start application or as a web-based applet, this will fail by throwing a SecurityException. The save() method will then attempt to save the file using JNLP persistence. If the game is not deployed using Java Web Start or some other JNLP client, this will fail by throwing an UnsupportedOperationException. It will finally attempt applet persistence, returning false if this last attempt was unsuccessful. Note that you can disable any of the persistence mechanisms attempted by this convenience method by providing a null value for the appropriate arguments.

```
public static Serializable  load (
    String        primaryFilename,
    String        fallbackFilename,
    String        fileContentsSpec,
    Applet        applet,
    String        persistenceKey,
    ClassLoader   classLoader,
    String        resourcePathFilename )
    throws ClassNotFoundException, IOException
    /////////////////////////////////////////////////////////////////////
{
    Serializable  serializable = null;

    if ( primaryFilename != null )
    {
      try
      {
        String  userHomeDir = System.getProperty ( PROPERTY_USER_HOME );

        String  primaryPath
          = userHomeDir + File.separator + primaryFilename;

        if ( fallbackFilename != null )
        {
```

```
      String   fallbackPath
        = userHomeDir + File.separator + fallbackFilename;

      serializable
        = ( Serializable ) load ( primaryPath, fallbackPath );
    }
    else
    {
      serializable = ( Serializable ) load ( primaryPath );
    }
  }
  catch ( FileNotFoundException   ex )
  {
  }
  catch ( SecurityException   ex )
  {
  }
}

if ( ( serializable     == null )
  && ( fileContentsSpec != null ) )
{
  try
  {
    serializable = ( Serializable )
      JnlpLib.loadSerializableUsingPersistenceService (
      fileContentsSpec );
  }
  catch ( UnsupportedOperationException   ex )
  {
  }
}

if ( ( serializable    == null )
  && ( applet          != null )
  && ( persistenceKey != null ) )
{
  try
  {
    serializable = ( Serializable )
      AppletLib.loadSerializableUsingAppletPersistence (
      applet, persistenceKey );
  }
```

```
        catch ( UnsupportedOperationException  ex )
        {
        }
    }

    if ( ( serializable          == null )
      && ( classLoader           != null )
      && ( resourcePathFilename != null ) )
    {
      serializable
        = ( Serializable ) load ( classLoader, resourcePathFilename );
    }

    return serializable;
  }
```

The corresponding load() method also attempts the three persistence mechanisms found in the save() method, but it also adds a fourth option. It assumes that if the data file cannot be loaded from a hard drive file, a JNLP muffin, or an applet context, it may be that no user data has been previously saved. The load() method will then attempt to load fixed initialization data from a JAR file.

An example program that uses these methods is class Tile in package com.croftsoft.apps.tile, introduced earlier in the section on tile map images. This program loads and displays a virtual world that is laid out in square tiles of different terrain types such as grass, water, trees, etc. The user can change the ground type by simply clicking the targeted square. When the user exits the tile editor, the changes are saved using whatever persistence mechanism is available.

```
public void  init ( )
/////////////////////////////////////////////////////////////////////
{
  super.init ( );

  TileData  tileData = null;

  try
  {
    tileData = ( TileData ) SerializableLib.load (
      LATEST_FILENAME,
      BACKUP_FILENAME,
      FILE_CONTENTS_SPEC,
      ( Applet ) this,
      PERSISTENCE_KEY,
      getClass ( ).getClassLoader ( ),
```

```
          RESOURCE_PATH_FILENAME );
}
catch ( Exception  ex )
{
  ex.printStackTrace ( );
}

if ( tileData == null )
{
  try
  {
    tileData = TileData.loadTileDataFromImage (
      TILE_MAP_IMAGE_FILENAME,
      getClass ( ).getClassLoader ( ) );
  }
  catch ( IOException  ex )
  {
    ex.printStackTrace ( );
  }
}

if ( tileData != null )
{
  palette = tileData.getPalette ( );

  tileMap = tileData.getTileMap ( );
}

try
{
  TileData.remapToPalette ( palette, tileMap, DEFAULT_PALETTE_INDEX );
}
catch ( IllegalArgumentException  ex )
{
  palette = new int [ ] {
    0xFF0000FF,   // blue water
    0xFF00FF00 }; // green land

  tileMap = TileData.generateRandomTileMap (
    new Random ( RANDOM_SEED ),
    palette,
    DEFAULT_MAP_SIZE, // rows
    DEFAULT_MAP_SIZE, // columns
```

```
                    SMOOTHING_LOOPS );
      }

      [...]
   }
```

The example code above was taken from the `Tile.init()` method. Each time `Tile` starts, it will attempt to load the terrain from a user home-directory file, a JNLP muffin, an applet context, a JAR resource file, and a tile map image, in that order. If all five of these load mechanisms fail or the loaded data is bad, `Tile` will then generate random terrain data.

```
public void  destroy ( )
/////////////////////////////////////////////////////////////////
{
   if ( dataIsDirty )
   {
     try
     {
       SerializableLib.save (
         new TileData ( palette, tileMap ),
         LATEST_FILENAME,
         BACKUP_FILENAME,
         FILE_CONTENTS_SPEC,
         ( Applet ) this,
         PERSISTENCE_KEY );
     }
     catch ( Exception  ex )
     {
       ex.printStackTrace ( );
     }
   }

   super.destroy ( );
}
```

The `destroy()` method will save the terrain data if it has been changed, using whatever persistence mechanism is available. It first checks the boolean flag `dataIsDirty` to see if this is necessary. The `dataIsDirty` flag is set whenever a user changes a tile by clicking it.

As shown in the `Tile` example, using the `load()` and `save()` convenience methods from `SerializableLib` can substantially reduce the amount of custom code that you need to write in order to implement basic persistence in your game. Most of your effort will go toward creating your `Serializable` data object class, which will probably be fairly application-specific and may change frequently throughout development.

There are a number of other persistence mechanisms, of course. While I am not as fond of these alternatives for most game development, there are situations where they are necessary. A few of these options and their relevance to game programming are discussed below.

Embedded Database

When it comes to data, one of the persistence mechanisms that leaps to mind is a database. While it is probably too much to expect that your game players should already have a database management system (DBMS) installed that your game application can use, it may now be more feasible to include a DBMS as part of your game installation. You can embed a pure Java lightweight relational DBMS (RDBMS) or an object-oriented DBMS (OODBMS) in your game. If you choose an RDBMS, you can use Structured Query Language (SQL) and the Java Database Connectivity (JDBC) API to access your data using the core package java .sql.

In my opinion, however, paying a licensing fee for the right to ship an embedded database system with your game is probably a bit extravagant. Databases are best for applications that require robust concurrent read-write access to the data by multiple users simultaneously. Client-side games, on the other hand, are usually single player and have low data integrity, reporting, and analysis requirements.

Besides concurrent access, one of the other reasons that you may consider using a DBMS is so that you do not have to load all of the data into memory at the same time. An embedded database, especially an OODBMS, can be a quick and convenient method for querying and loading only those objects into memory that you need at any given time. In contrast, using serialized or XML-encoded objects may require that you load an entire object graph into memory in order to search it for the one data object that you need.

You will know when you hit this point when you start running out of memory. Another sign is when it takes too long to load the data from disk because you are loading all of it, when you really only need a little bit at any given time. An example of this might be loading just the first game level into memory instead of all of the levels during startup initialization. Of course, you might also solve this problem by storing the data in a separate file for each level. A better example might be loading into memory the terrain and creature object data for just the immediate vicinity of an arbitrary view in a virtual world.

In this case, I would still probably go with a random access data file instead of a database to get around this problem. In my opinion, most games probably will not need something as exotic as an embedded database. I may change my tune in the near future, however, as I see Open Source implementations of the Java Data Objects (JDO) API appearing on the horizon.

Server-side Persistence

If you cannot save data on the user client because of the security sandbox, you may want to save it on a server. Recall that an applet is not restricted from making an Internet connection back to its codebase server. This server can either store or relay for storage any user data uploaded to it. The advantage to server-side persistence is that the user can then resume play of saved games from any computer with access to the Internet. The disadvantage is that you now need to support server-side code. If your game is a centralized or semi-centralized networked multiplayer game, you will need this kind of infrastructure anyway.

My advice is that you start small but write your server-side code in such a way that your game can easily scale up when it becomes popular. For multiplayer online games, you can ensure scalability by using the J2EE Enterprise Java Beans (EJB) standard from the beginning. You can start small by using an Open Source EJB application server.

The application server that I recommend is the Open Source product JBoss.[5] JBoss is free, as you would expect from an Open Source product, but that does not mean that it is inferior to the commercial products. Rumor has it that it may actually be superior to some competitors in terms of performance. Plus, you can find web hosting services that provide JBoss support at the low prices you may need to get started on a shoestring budget. WebAppCabaret, for example, offers a package that includes JBoss support for less than $30 a month.[6]

I used to recommend that you start small by using the Open Source servlet container Tomcat and simple `SerializableLib` object serialization to get basic server-side persistence up and running quickly. Later, after the design had settled, I would then go back and switch to JDBC relational database persistence. I would use a data access object (DAO) interface to shield the rest of my server-side code from the persistence mechanism switch.

```
package com.croftsoft.apps.wyrm.entity;

[...]

import javax.ejb.*;

[...]
```

---

5. http://www.jboss.org
6. http://www.webappcabaret.com

```
public abstract class  PcBean
  implements EntityBean
///////////////////////////////////////////////////////////////////
///////////////////////////////////////////////////////////////////
{

public abstract Long    getId       ( );

public abstract String  getName     ( );

public abstract String  getState    ( );

public abstract long    getHealth   ( );

public abstract long    getWealth   ( );

public abstract long    getLevel    ( );

public abstract long    getExperience ( );

//

public abstract void    setId         ( Long    id         );

public abstract void    setName       ( String  name       );

public abstract void    setState      ( String  state      );

public abstract void    setHealth     ( long    health     );

public abstract void    setWealth     ( long    wealth     );

public abstract void    setLevel      ( long    level      );

public abstract void    setExperience ( long    experience );

[...]

///////////////////////////////////////////////////////////////////
///////////////////////////////////////////////////////////////////
}
```

Today, however, I suggest that you go with EJB entity bean persistence from the very beginning. I changed my tune because EJB Container Managed Persistence (CMP) is now working. You provide an abstract class with your object data properties described by abstract accessor and mutator method signatures, and the CMP feature of the application server will automatically generate the necessary database tables and queries for you. I have successfully tested the PC entity bean code shown above using the CMP implementation in JBoss, along with the default Open Source DBMS that comes with it. I have also had success with a JBoss and Oracle DBMS combination. Since the particular DBMS used is abstracted away by the EJB standards, I was able to easily switch from one DBMS implementation to the other without having to change my game application code.

Data Integrity

You may have a networked game where you want to store player data on the player client machine even though there is a server in the loop. It might be that you just want to use the server as a message relay between multiple players. Another possibility is that you have a single or multiplayer game in which the server acts as referee, processing player client requests and generating the results, without the possibility of cheating since the server code is trusted. Because of the expense or because of liability issues, you may not want to provide the infrastructure for server-side player data persistence.

The problem with storing player data on the client is that some players will hack it in order to cheat. While there is little that you can do to prevent them from doing whatever they want on the client side of the network, you can reliably detect the corruption of their personal game data. This is where some of the encryption classes from the core package `java.security` are useful.

Message Digests

Class `MessageDigest` is used to store a unique identifier for an ordered sequence of bytes of any size, including a saved game data file. If as much as a single bit is changed in the file, its *digital fingerprint* will change completely. You can think of a message digest as a parity bit or cyclical redundancy check (CRC) value that is almost impossible to fake.

When you send a data file from the server to the client for persistent storage, you can archive the message digest on the server. If you choose the Secure Hashing Algorithm (SHA), the message digest you store for the player will be exactly 20 bytes long, regardless of the length of the data file. When the player wants to resume the game, the client software will upload the saved game data to the server. A quick server-side comparison of the old message digest with a

newly computed value will confirm whether or not the data file has been hacked
or corrupted.

```
public static byte [ ]  digest (
  InputStream   inputStream,
  String        algorithm )
  throws IOException, NoSuchAlgorithmException
///////////////////////////////////////////////////////////////////////
{
  BufferedInputStream  bufferedInputStream
    = new BufferedInputStream ( inputStream );

  MessageDigest  messageDigest
    = MessageDigest.getInstance ( algorithm );

  int  i;

  while ( ( i = bufferedInputStream.read ( ) ) > -1 )
  {
    messageDigest.update ( ( byte ) i );
  }

  bufferedInputStream.close ( );

  return messageDigest.digest ( );
}

public static byte [ ]  digest (
  File    file,
  String  algorithm )
  throws IOException, NoSuchAlgorithmException
///////////////////////////////////////////////////////////////////////
{
  return digest ( new FileInputStream ( file ), algorithm );
}

public static byte [ ]  digest ( File  file )
  throws IOException, NoSuchAlgorithmException
///////////////////////////////////////////////////////////////////////
{
  return digest ( file, "SHA-1" );
}
```

Class DigestLib in package com.croftsoft.core.security contains a few convenience methods for this purpose, as shown above. Keep in mind that, in order to ensure data integrity, this operation must be performed server-side on data that was updated exclusively on the server. You must always assume that data coming from the client is suspect and not to be trusted, as client software can be hacked or network messages can be faked or replaced.

If you like this idea, you may wish to also consider digitally signing the data. With this encryption method, you can verify that your server generated the saved game data file and that it has not been changed, without even needing to store a digest for comparison. I have no personal experience or code to share with you when it comes to digital signature technology, but I do know that it is well supported in the core Java programming language. See class Security in package java.security for more information.

Hash Cache

I used to spend a lot of time developing persistent caching mechanisms. The problem was that Java game applets and desktop applications would grow in size over time and would frequently need to be updated incrementally as the development process continued. By downloading just what was needed when it was needed and only if it changed, large quality games with lots of code and multimedia could be played on computers with slow modem connections.

I no longer worry about this now that Java Web Start and Java Plug-in applet caching technology is available. If you want to see what I used to do, you can take a peek at my source code files in package com.croftsoft.core.lang.classloader. The basic idea was that I would implement a custom ClassLoader subclass that would pull class files and multimedia files as needed off the network and then persistently cache them to disk for future use.

The reason that I mention this obsolete technique now is that there is a component of this technology that may still be useful in certain circumstances. One of the things that my custom ClassLoader evolved to do was to automatically and incrementally update cached classes and multimedia files when new versions became available on the server. When the game started, it would download a manifest from the server containing the latest message digests for all of the compiled classes and resource files used by the application. When the game would request that the ClassLoader load a class, image, or audio file into memory, it would first check to see if the digest of the cached copy on the client matched the digest for the latest version on the server. If it did not, the new version would be downloaded and the persistent disk cache updated.

This was great for incremental updates, especially during development when changes were frequent. I also included an option to validate all of the cached files up front when the game started so that any network delays would not interrupt later game play. This helped eliminate technical support requests caused by users accidentally corrupting their game application files. Changes to the message digests would be detected and the garbled files replaced.

It eventually occurred to me that this technology could be used to create a persistent cache that could be shared by multiple applications. A class or resource file downloaded by one game could be pulled out of the cache and used by another. This would work even if the application that originally downloaded and cached the file was untrusted. This would also work if the download server that served the file was untrusted. As long as the cached file is known to be an exact bit-for-bit match of the desired file, as confirmed by a check of the message digest, its origin is irrelevant.

Whether the file is authenticated, i.e., digitally signed and confirmed by some certificate authority, is also irrelevant. If you can confirm that the file is an exact match for what your game needs, based upon a digest listed in your manifest, not only do you not care where it came from, but you also do not care who originally generated it.

This excites me because this puts the developer back in charge of which libraries to use. For example, you might want to choose a better GUI component library, perhaps one that is Open Source. You might be reluctant to deploy it, however, because it is not pre-installed and you will have to bundle a multi-megabyte library in your game download. Imagine then that you run a few tests and discover, to your delight, that while not pre-installed by the vendor of the JVM or browser used by most client machines, it is already installed and accessible on most clients within the shared persistent cache. The more popular a library becomes with developers, the more it is cached. The more it is cached, the more popular with developers it becomes.

This idea also works with resource files such as Public Domain sprite graphics libraries and sound banks. Regardless of the type of file, vendor domination and pre-installation becomes a less relevant factor over time when shared caching is in place, because distribution monopolies are no longer relevant. I would expect that Public Domain and Open Source files would come to dominate within client caches. Developers with files to distribute that improved over the old, as measured by criteria such as efficiency or quality, could just start distributing them directly from their web site, with or without the support of the JVM or browser vendors. Other developers would no longer be dissuaded from adopting the new libraries based upon distribution obstacles.

I put some effort into hash caching and I developed a working prototype. I also pursued a patent on this until I abandoned it after discovering prior art. If you would like to use my Hash Cache prototype, so named because of the secure hash algorithm employed in the message digest generation, please see the Open Source classes in package `com.croftsoft.core.util.cache.secure`. Documentation, including my abandoned patent application, is available by following the "Hash Cache" link from the CroftSoft Tutorials web page.[7] It is my hope that this type

---

7. http://www.croftsoft.com/library/tutorials/

of unauthenticated secure shared caching technology will eventually find its way into most web browsers and JNLP clients.

Summary

I highly recommend that you use the "persistent persistence" save() and load() convenience methods in SerializableLib in order to minimize your effort when it comes to data persistence. Unless you have a good reason to do otherwise, I would just stick with object serialization for saving and loading game data. Most of the time this should be good enough. If not, I would still probably start with the SerializableLib methods as my initial client-side persistent data implementation and postpone any fine-tuning for efficiency until the rest of the game was completed. Keep in mind that you usually want to get this kind of infrastructure work out of the way quickly and move on to the fun programming.

Further Reading

Croft, David Wallace. "Hash Cache," 2000-08-19.
   http://www.croftsoft.com/ library/tutorials/.
Marinescu, Floyd. *EJB Design Patterns: Advanced Patterns, Processes, and Idioms.* Hoboken, NJ: John Wiley & Sons, 2002.
McLaughlin, Brett. *Java & XML*, 2nd Edition. Sebastopol, CA: O'Reilly & Associates, 2001.
Monson-Haefel, Richard. *Enterprise JavaBeans*, 3rd Edition. Sebastopol, CA: O'Reilly & Associates, 2001.
Sperberg-McQueen, C.M. and Henry Thompson. "W3C XML Schema," 2003-01-01. http://www.w3.org/XML/Schema.
Van Haecke, Bernard. *JDBC 3.0: Java Database Connectivity.* New York, NY: M&T Books, 2002.

CHAPTER 7

Game Architecture

A stitch in time saves nine. —*Benjamin Franklin*

The term *game architecture* should be distinguished from *game design*. Game design is what your game looks like and how it is played. Game architecture, on the other hand, is how it is built. Within the software industry in general, the term *design* usually refers to what I call *architecture* in this book. Within the game development industry, however, Game Designers create the game design and Game Programmers create the game architecture.

Except possibly for performance, your game architecture is usually not apparent to the player. It is important, however, as the selection of the underlying architecture is crucial to your ability to complete your game and release revisions on time. Previous chapters in the book focused on the reusable game library components. This chapter discusses assembling these components into a complete game. Finally, the merits of data-driven design are briefly considered.

Interfaces

If you want to build something small, you may not need to give much thought to architecture. You can probably write many of your simpler arcade games fairly quickly in a minimum amount of code. For something more complex, however, you will need to put some forethought into the necessary objects and their interactions if you want to reduce the amount of redesign during development. This is captured in the familiar expression about building a shack versus building a skyscraper. You will probably need to start with a set of blueprints for the latter.

The skyscraper analogy does have its limitations when it comes to component-based software design, however. A better analogy might be that of building a modular space station. When you have a structure hanging in space, you have the option of attaching new components over time. You can start with a shack and work up to a skyscraper without having to replace your foundation along the way.

Your big concerns with the space station approach are future extensibility and flexibility. You will want to hook on and insert new modules as additional functionality is required and replace old modules as they wear out. As modules attach to each other at their interfaces, you can easily replace a module with an updated version as long as it is interface-compatible. When it comes to building your game, you will want use interfaces instead of abstract or concrete classes wherever possible to connect your modules. As a general rule of thumb, you can increase the flexibility of your architecture and the reusability of your components by using interface references instead of concrete class references.

Inheritance

As an object-oriented programming language, Java supports inheritance. You can create a common class shared by all of the objects in your game that provides the basic functionality and compatibility required by your game engine. Specialized logic is handled by extensions from the base. As a quick example of this, consider a Zombie class that extends the base class Thing. Your general game engine can quickly iterate over an array of Thing instances to update their positions in virtual space. Your more specific logic can determine the effects when a subclass of Thing comes into contact with holy water.

As surprising as this may sound, my recommendation is that you avoid inheritance from concrete classes. With concrete class inheritance, your subclass inherits the variables of the superclass. Being able to see and probe around in the guts of an object is dangerous unless you have a complete understanding of the object as a whole. For example, I once had the challenging assignment of updating an online trivia game written by another programmer who was no longer with the company at that time. The original programmer had structured the program as an inheritance chain ten layers deep, where the methods of each subclass would manipulate the variables and then delegate to the superclass method for further processing. Unfortunately, this meant that a variable manipulated at a child layer could have been defined in or overridden by any one of the parent layers, and often was. The only way to safely modify and debug this program was to study and understand the inner workings of each class in the chain.

Manipulating an object strictly through its methods, however, is fairly safe as it takes advantage of the benefits of object encapsulation. Instead of extending from a superclass to inherit its functionality, you can maintain an internal reference to an instance of such a class. Whenever you need that functionality, you just access through the methods of the object. This is known as *black box* reuse since you cannot see what is going on within the object. The proscribed concrete class inheritance approach is known as *white box* reuse.

```
public final class  TileAnimator
  implements ComponentAnimator
/////////////////////////////////////////////////////////////////////
/////////////////////////////////////////////////////////////////////
{
```

```
    private final TilePainter  tilePainter;

[...]

public  TileAnimator (
  TilePainter  tilePainter,
  int          deltaX,
  int          deltaY )
//////////////////////////////////////////////////////////////////////
{
  NullArgumentException.check ( this.tilePainter = tilePainter );

  this.deltaX = deltaX;

  this.deltaY = deltaY;

  [...]
}

[...]

public void  update ( JComponent  component )
//////////////////////////////////////////////////////////////////////
{
  int  offsetX = tilePainter.getOffsetX ( );

  int  offsetY = tilePainter.getOffsetY ( );

  [...]
}

public void  paint (
  JComponent  component,
  Graphics2D  graphics )
//////////////////////////////////////////////////////////////////////
{
  tilePainter.paint ( component, graphics );
}
```

Class TileAnimator from package com.croftsoft.core.animation.animator
demonstrates black box reuse. Method paint() of class TilePainter paints a grid
of tiles. Method update() of class TileAnimator animates those tiles to produce
the illusion of background movement. Access to the data maintained by Tile-
Painter and its ability to paint the tiles could have been acquired through

concrete class inheritance. Instead, the same effect is achieved by maintaining a reference to a TilePainter delegate instance within TileAnimator. The object encapsulation of TilePainter is thereby preserved.

This also helps overcome the multiple inheritance problem. Java does not support multiple inheritance from concrete classes because method implementation inheritance was a source of confusion and a detriment to productivity. Suppose, however, that you need a Zombie class that inherits from classes Humanoid, Thing, and Undead. Since Java only supports single inheritance for classes, you might try to achieve the goal by having an inheritance chain like this: Zombie, Undead, Humanoid, Thing. But not all of your Undead entities are Humanoid, the VampireBat being a case in point, so you try this instead: Zombie, Humanoid, Undead, Thing. Now all subclasses of Humanoid are also Undead and this also violates the consistency of your polymorphic relationships.

The solution to this is to use multiple interface inheritance instead. Since Java supports multiple inheritance of interfaces, your concrete Zombie class can implement the interfaces Undead, Humanoid, and Thing. While this solves your polymorphic relationship problem, you still need to inherit the concrete functionality of classes that implement those interfaces. You could solve the problem by cut-and-paste coding, duplicating the implementation of the ambulate() method in each class that implements interface Humanoid. You could then clean this up a bit using procedural coding style by passing in instances of Undead objects into a static regenerate() method.

My recommendation, however, is that you use *design by interface composition* instead. Your Zombie class can pass along or override calls to its Humanoid.ambulate() and Undead.regenerate() methods to delegate instances of concrete implementations of those interfaces. Since you are using delegate objects, you get the polymorphic advantages of multiple inheritance without the confusion normally associated with it, plus you avoid the horror of white box reuse. Furthermore, since your Zombie class holds the delegate objects as instance variables via interface references instead of concrete class references, it never knows nor cares what the concrete implementation classes are. This means that your composite object can swap its behavior at run time, changing from the standard ambulation of the concrete class DefaultHumanoid to the foot-dragging gait of MonstrousHumanoid as desired.

I sometimes think programmers would be a lot more productive if the Java programming language only allowed interface inheritance and interface references to concrete objects. I think this is especially true for reusable APIs. One of the best APIs, in my opinion, is the Java Collections API in core package java.util. It is entirely based upon interfaces. Another good example is the J2EE Java Message Service (JMS) API in the optional package javax.jms. It is almost exclusively comprised of interfaces. Concrete class implementations are provided by the vendors and are not directly referenced by application code.

On the other hand, I ran into a problem when working with an early version of the Java 3D API some years ago, since it was based on a defined set of concrete classes. Many of the methods in the API were designed to accept only concrete class arguments. This meant that any object passed in had to be an instance of the expected concrete class or a subclass. In some cases it was not feasible to create a subclass to do what I needed to do, either because the class was declared final or because of the multiple inheritance problem. This lack of flexibility stymied my efforts to create a workaround for an early bug that was blocking completion of my project. When creating your reusable game library or engine API, especially if you plan to make it available outside of your organization, please keep in mind that the "I" in API stands for "Interface."

Destination Mars

After building a space station, the next logical step is a trip to Mars. Most of the example source code used in the remainder of this chapter is from a game I wrote that simulates tank combat on the planet named for the Roman god of war (see Figure 7-1). You can play the game online at the book web site or build and launch it using the Ant target "mars." The source code can be found in package com.croftsoft.apps.mars. We will revisit this game in later chapters on multiplayer networking and artificial intelligence.

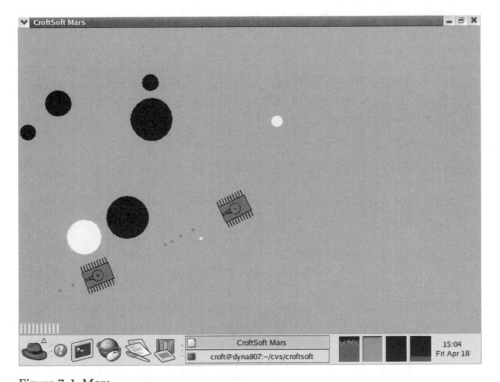

Figure 7-1. Mars

Model-View-Controller

You may have a game that starts out as a single small class. You load all of your multimedia files and data in your init() method; you implement the Mouse-Listener and KeyListener methods to handle user input; you update your sprite positions within the update() method; you paint the sprites in the paint() method; and you save the high score within the destroy() method. For smaller games, this works just fine.

Smaller games have a tendency to grow in size, however, and before you know it, your tight class has become an incomprehensible monolithic blob. You need to *refactor* this class into multiple classes so that you encapsulate data and related logic as distinct objects, just so that you can understand what is going on. Model-View-Controller (MVC) is a well-known object-oriented design pattern that you can use as a guide in the refactoring process. It helps you decide how to divide your game into manageable chunks and what the interfaces should be between these new objects.

Model

The *model* object contains the state and the behaviors of something that models an entity in your game universe, such as an armored tank. Accessor methods provide read-only access to the current state of the model and mutator methods provide the means to modify that state. State updates may be confined to a limited range of modeled behaviors. If so, the mutator methods are responsible for enforcing these restrictions and may treat a state update command as a request. In addition, the model may be capable of updating its own state according to internal rules of behavior.

ModelAccessor

```
package com.croftsoft.apps.mars.model;

import java.awt.Shape;

public interface  ModelAccessor
//////////////////////////////////////////////////////////////////////
//////////////////////////////////////////////////////////////////////
{

public boolean  isActive ( );
```

```
public Shape     getShape  ( );

public boolean   isUpdated ( );

public double    getZ      ( );
```

An *accessor interface* is used to provide read-only access to object data. It should not be possible to modify the object via an accessor interface. All of the accessor methods in an accessor interface return either primitives that are copied by value, immutable object references, or additional accessor interfaces.

ModelAccessor is an accessor interface that provides read-only access to the state of a Model in the game. Its accessor methods return primitives of type boolean and double and an object reference to the accessor interface Shape from core package java.awt. Method isActive() indicates whether the Model is currently in play. Testing the active status indicator can sometimes be more efficient than removing the Model from memory when it goes out of play, especially when it is likely to re-enter play soon. Method getShape() returns the current boundaries of the Model for the purposes of detecting collisions and point intersections. The use of a shape instead of a volume here indicates that we are modeling a 2D virtual world. Method isUpdated() indicates whether the state of the Model has been modified in the most recent game-loop iteration. Method getZ() determines the z-ordering of the Model so that background sprites will be drawn before foreground sprites. It can also be used as an additional parameter for detecting collisions, in which case the virtual world will consist of layered planes of 2D entities.

Model

```
package com.croftsoft.apps.mars.model;

public interface  Model
  extends ModelAccessor
//////////////////////////////////////////////////////////////////////
//////////////////////////////////////////////////////////////////////
{

public void   setCenter (
  double  x,
  double  y );

public void   prepare ( );

public void   update ( double   timeDelta );
```

Interface Model is the base interface for entities in the Mars game universe. An interface is used instead of an abstract or concrete class for flexibility. Model extends interface ModelAccessor by adding mutator methods. Method setCenter() relocates the entity in 2D space, updating the boundary shape in the process. There is no mutator method for the z-ordering depth, as this is assumed to be fixed in this game. Method prepare() is called to signal that the Model should reset any state transition flags in preparation for a call to its update() method. Method update(timeDelta) is used to instruct the Model to incrementally update its simulated state according to its own internal rules of behavior. The argument timeDelta indicates how many seconds the simulation should be advanced. For example, in 1/40th of a second, a tank with a velocity of 40 meters per second will advance 1 meter, and an ammunition dump that replenishes itself at the rate of 1 bullet every 2 seconds will grow by 0.0125 bullets.

Damageable

```
package com.croftsoft.apps.mars.model;

public interface  Damageable
  extends Model
//////////////////////////////////////////////////////////////////////
//////////////////////////////////////////////////////////////////////
{

public void  addDamage ( double  damage );
```

Interface Damageable extends Model by adding the method addDamage(). Not all game entities modeled are Damageable. Only those models in your game world that can take and react to damage will implement this interface. In the game Mars, this includes AmmoDump, Obstacle, and Tank but does not include Bullet. When AmmoDump instances take damage, they explode; when Obstacle instances take damage, they shrink; and when Tank instances take enough damage, they are destroyed. Because Damageable extends Model, we can iterate over just instances of interface Damageable and use the getShape() method inherited from interface Model to check for intersection with the position of a Bullet.

Impassable

```
package com.croftsoft.apps.mars.model;
```

```
public interface  Impassable
  extends Model
```

Interface `Impassable` also extends `Model`. This extension provides no additional methods but does indicate that the entity will block the movement of another entity in the game. Because we are using interfaces, we can use multiple inheritance to indicate that a `Model` sub-interface such as a `Tank` is both `Damageable` and `Impassable`.

AmmoDumpAccessor

```
package com.croftsoft.apps.mars.model;

import java.awt.Shape;

public interface  AmmoDumpAccessor
  extends ModelAccessor
//////////////////////////////////////////////////////////////////////////
//////////////////////////////////////////////////////////////////////////
{

public double    getAmmo           ( );

public boolean   isExploding       ( );

public Shape     getExplosionShape ( );
```

Accessor interface `AmmoDumpAccessor` extends `ModelAccessor` to provide read-only access to the state of an object modeling an ammunition dump entity within the game. The tanks will race to the ammunition dumps to reload when they are out of bullets. When an ammunition dump is shot, it will explode.

AmmoDump

```
package com.croftsoft.apps.mars.model;

public interface  AmmoDump
  extends Model, AmmoDumpAccessor, Damageable
```

```
//////////////////////////////////////////////////////////////////
//////////////////////////////////////////////////////////////////
{

public void  setAmmo ( double  ammo );
```

Interface `AmmoDump` extends interfaces `Model`, `AmmoDumpAccessor`, and `Damageable` and provides a mutator method for setting the current amount of ammunition. An interface is used for this specific type of a `Model` instead of a concrete class for flexibility.

Multiple Interface Inheritance

Figure 7-2 is a class diagram showing the inheritance relationships between the model interfaces in the game. The four entity types are `AmmoDump`, `Bullet`, `Obstacle`, and `Tank`. The two characteristic types are `Damageable` and `Impassable`. Do not get hung up on the arbitrary designations of what is an entity type and what is a characteristic type. As they both extend from `Model`, they can be used interchangeably.

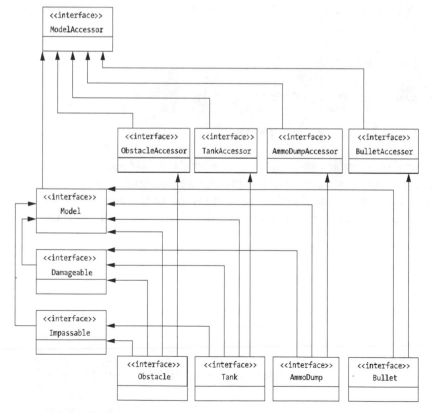

Figure 7-2. Multiple interface inheritance

Each of the entity types will have concrete class implementations. Because the Model instances will interact, they will need to reference each other. For future flexibility, these references will be limited to interface references instead of concrete class references. For example, a Bullet implementation will reference other Model implementations by the characteristic interface Damageable. If something more specific is needed, such as Obstacle or Tank for example, the entity interface will be used instead of the concrete class. To promote this, the concrete classes will not provide public methods beyond what is already available within the interfaces that they implement.

Because we are relying upon multiple interface inheritance, it should be easy to add additional characteristic types to the game over time. An example might be Flammable, indicating that an entity is susceptible to fire damage. Another might be Reflector, indicating that bullets ricochet off of an entity.

SeriModel

```
package com.croftsoft.apps.mars.model.seri;

import java.io.Serializable;

import com.croftsoft.apps.mars.model.Model;

public abstract class  SeriModel
  implements Comparable, Model, Serializable
//////////////////////////////////////////////////////////////////////
//////////////////////////////////////////////////////////////////////
{

private static final long  serialVersionUID = 0L;

//////////////////////////////////////////////////////////////////////
// interface Comparable method
//////////////////////////////////////////////////////////////////////

public int  compareTo ( Object  other )
//////////////////////////////////////////////////////////////////////
{
  double  otherZ = ( ( Model ) other ).getZ ( );

  double  z = getZ ( );

  if ( z < otherZ )
```

```
   {
      return -1;
   }

   if ( z > otherZ )
   {
      return 1;
   }

   return 0;
}
```

Class `SeriModel` implements interface `Model`. This class also implements interface `java.lang.Comparable` so that it can be sorted by z-order. It implements the semantic interface `java.io.Serializable`, indicating that it can be saved to disk or sent out over the network using standard object serialization. I usually group my concrete class implementations within a separate package named after the data access mechanism. In this case it is `com.croftsoft.apps.mars.model.seri` where the "seri" is short for serializable, indicating that I am using simple object serialization. In the future, I may create additional sub-packages for concrete class implementations based upon other mechanisms such as EJB, JDBC, JDO, JMS, Remote Method Invocation (RMI), or random access files. For now, however, assume that my game starts out small enough during initial development that I can load the entire object graph into memory during game play and that I can write it out to a file using standard object serialization when the game needs to be saved.

Class `SeriModel` is abstract, as it will be used as the base superclass for the concrete `Model` implementations in this package. You will note that there are no protected instance variables to be inherited by subclasses and that the only method, `compareTo()`, uses the `getZ()` method defined in interface `Model` to access the data in the subclass implementation. This reflects how skittish I am about white box reuse. The main purpose of this abstract class is to provide an easy way to implement methods that might be added to the `Model` interface in the future. For example, suppose that my reusable game library has advanced to the point where I now have a few hundred entity types. I then decide that I need a new method in the Model interface such as `getHeading()` or `getSpeed()`. For some of the entities, I will need to modify their concrete class implementations to add that method. For the rest, however, I can provide an implementation within the abstract superclass that they will inherit that simply returns a default value or performs a default operation.

SeriAmmoDump

```
package com.croftsoft.apps.mars.model.seri;

import java.awt.Shape;
import java.io.Serializable;

import com.croftsoft.core.lang.NullArgumentException;
import com.croftsoft.core.math.geom.Circle;

import com.croftsoft.apps.mars.model.AmmoDump;
import com.croftsoft.apps.mars.model.Damageable;
import com.croftsoft.apps.mars.model.World;

public final class  SeriAmmoDump
  extends SeriModel
  implements AmmoDump
//////////////////////////////////////////////////////////////////////
//////////////////////////////////////////////////////////////////////
{

private static final long  serialVersionUID = 0L;
```

Class SeriAmmoDump is a fair exemplar of a concrete class implementation of the model of a game entity. All of the concrete class implementations in this package extend SeriModel and then implement an entity-specific interface as well. For SeriAmmoDump, the entity-specific interface is AmmoDump.

```
public static final class  Shared
  implements Serializable
//////////////////////////////////////////////////////////////////////
//////////////////////////////////////////////////////////////////////
{

private static final long  serialVersionUID = 0L;

//

public static final double  DEFAULT_AMMO_GROWTH_RATE =  0.5;

public static final double  DEFAULT_AMMO_MAX         = 30.0;
```

```java
public static final double  DEFAULT_EXPLOSION_FACTOR =  3.0;

public static final double  DEFAULT_Z                =  0.1;

//

public final double  ammoGrowthRate;

public final double  ammoMax;

public final double  explosionFactor;

public final double  z;

///////////////////////////////////////////////////////////////////////
///////////////////////////////////////////////////////////////////////

public  Shared (
  double  ammoGrowthRate,
  double  ammoMax,
  double  explosionFactor,
  double  z )
///////////////////////////////////////////////////////////////////////
{
  this.ammoGrowthRate  = ammoGrowthRate;

  this.ammoMax         = ammoMax;

  this.explosionFactor = explosionFactor;

  this.z               = z;
}

public  Shared ( )
///////////////////////////////////////////////////////////////////////
{
  this (
    DEFAULT_AMMO_GROWTH_RATE,
    DEFAULT_AMMO_MAX,
    DEFAULT_EXPLOSION_FACTOR,
    DEFAULT_Z );
}
```

```
/////////////////////////////////////////////////////////////
/////////////////////////////////////////////////////////////
}
```

SeriAmmoDump defines a static member class called Shared. This class contains those variables that would normally be defined as static constants in the game. Because we want a game designer to be able to tweak these constants without requiring a modification of the source code, these constants are defined as non-static variables that can be initialized from a configuration file. Since most of the time these variables will have the same values, we create a single instance of Shared and share it among all instances of SeriAmmoDump in the game by passing it in as a constructor argument. Of course, if you want a particular SeriAmmoDump instance to have unique values for these variables, then it could have its own non-shared Shared instance.

```
    private final Circle   circle;

    private final Shared   shared;

    private final World    world;

    private final Circle   explosionCircle;

    //

    private double          ammo;

    private Damageable [ ]  damageables;

    private boolean         exploding;

    private boolean         updated;
```

Instance variable circle contains the Shape object used for collision detection. Class Circle is a custom class implementation of Shape and will be discussed below. The World contains links to all of the Model instances in the game and allows the SeriAmmoDump instances to discover and manipulate other Model implementations. The explosionCircle is the area covered by the explosion when the AmmoDump is damaged. The Damageable array is used for temporary storage. Variables ammo, exploding, and updated store state defined in the accessor interfaces.

```
    public  SeriAmmoDump (
      World    world,
```

```
    double   centerX,
    double   centerY,
    double   ammo,
    Shared   shared )
////////////////////////////////////////////////////////////////////////
{
  NullArgumentException.check ( this.world = world );

  circle = new Circle ( );

  setCenter ( centerX, centerY );

  setAmmo ( ammo );

  NullArgumentException.check ( this.shared = shared );

  damageables = new Damageable [ 0 ];

  explosionCircle = new Circle ( );
}
```

The constructor method assigns the final instance variables world, circle, and shared and delegates to the mutator methods setCenter() and setAmmo().

```
public boolean  isActive  ( ) { return true;      }

public Shape    getShape  ( ) { return circle;    }

public boolean  isUpdated ( ) { return updated;   }

public double   getZ      ( ) { return shared.z; }
```

These are implementations of the methods defined in interface Model-Accessor. Method isActive() always returns true since an AmmoDump never dies; it just resets.

```
public void  setCenter (
  double  x,
  double  y )
////////////////////////////////////////////////////////////////////////
{
  circle.setCenter ( x, y );
}
```

This method and the following two are defined in interface `Model`. Relocating the game entity in coordinate space will also modify its shape, in this case an instance of `Circle`, since the `Shape` methods are used to detect collisions and point intersections.

```
public void   prepare ( )
///////////////////////////////////////////////////////////////////
{
   updated    = false;

   exploding = false;
}
```

Method `prepare()` resets `updated` and `exploding` to `false`. Variable `update` will be set again if the state is changed and `exploding` will be set if the `AmmoDump` takes damage.

```
public void   update ( double   timeDelta )
///////////////////////////////////////////////////////////////////
{
   if ( !exploding )
   {
      double   newAmmo = ammo + timeDelta * shared.ammoGrowthRate;

      if ( newAmmo > shared.ammoMax )
      {
         newAmmo = shared.ammoMax;
      }
      else if ( newAmmo < 0.0 )
      {
         newAmmo = 0.0;
      }

      setAmmo ( newAmmo );
   }
}
```

When the `update()` method is called, it first checks to see if it is not exploding. This might occur, for example, if a `Bullet` instance has its `update()` method called before this `AmmoDump` during the update phase of the current game-loop iteration. If it is exploding, then the update does nothing, since no new ammunition can be added to `AmmoDump` when it is blowing up. Otherwise, the amount of ammunition grows at the specified rate. The check for a `newAmmo` value of less than zero is made in case there is a negative growth rate or the `timeDelta` is negative. When the `timeDelta` is negative, the simulation will run in reverse and bullets can fly backwards to shoot the tanks that fired them.

```
public void  addDamage ( double  damage )
//////////////////////////////////////////////////////////////////////
{
  if ( exploding )
  {
    return;
  }

  updated = true;

  exploding = true;

  explosionCircle.setCenter ( circle.getCenter ( ) );

  explosionCircle.setRadius ( shared.explosionFactor * ammo );

  damageables
    = world.getDamageables ( explosionCircle, damageables );

  for ( int  i = 0; i < damageables.length; i++ )
  {
    Damageable  damageable = damageables [ i ];

    if ( damageable == null )
    {
      break;
    }

    damageable.addDamage ( ammo );
  }

  setAmmo ( 0.0 );
}
```

Method `addDamage()` is defined in interface `Damageable`. Adding any amount of damage to an `AmmoDump` causes it to explode, unless it is already exploding. Since this is a state modification, boolean flag `updated` is set when this occurs. Exploding has two side effects. First, all of the other `Model` instances that are `Damageable` that fall within the explosion radius will be damaged. Second, the amount of ammunition in this `AmmoDump` is reduced to zero.

Method getDamageables() in interface World is used to retrieve an array of Damageable instances in the game world that overlap the AmmoDump. The explosion-Circle is passed in as a method argument to determine whether there is an intersection. The second argument, damageables, is an array of Damageable that will be used to store the returned values. If damageables is too small, a new array will be created and returned. If it is too big, a null value at a given index position will indicate the end of valid data. The array is stored as an instance variable so that it can be reused the next time this method is called. This technique reduces the amount of object creation and garbage collection that must be performed in each game loop.

Shooting an AmmoDump can cause other AmmoDump instances to explode as well in a chain reaction if they overlap, since calling the addDamage() method of one will call the same method on others. Since the getDamageables() method returns all overlapping Damageable instances, including the calling AmmoDump instance, an infinite recursion must be prevented by the initial check in the addDamage() method to see if the AmmoDump is already exploding.

```
public double    getAmmo              ( ) { return ammo;          }

public boolean  isExploding          ( ) { return exploding;      }

public Shape    getExplosionShape ( ) { return explosionCircle; }
```

These methods are defined in interface AmmoDumpAccessor. Method get-ExplosionShape() simply returns explosionCircle. If in the future I wanted to modify the explosion shape from a circle to some other Shape implementation depending on the shielding structures in the area, I could do so without needing to change the interface.

```
public void  setAmmo ( double  ammo )
/////////////////////////////////////////////////////////////////
{
  if ( this.ammo == ammo )
  {
    return;
  }

  this.ammo = ammo;

  updated = true;

  if ( ammo > 0.0 )
  {
    circle.setRadius ( ammo );
```

```
      }
    else
    {
      circle.setRadius ( 0.0 );
    }
  }
```

The final method in class SeriAmmoDump, setAmmo(), is defined in interface AmmoDump. If the amount of ammo to be set is the same as the old value, this method returns immediately without raising the updated flag, since there is no effective change to the state. Note that the radius of the circle, and therefore the size of the collision shape for this object, is determined by the amount of ammunition in the AmmoDump.

Circle

```
package com.croftsoft.core.math.geom;

[...]

public class  Circle
  extends [...]
  implements CircleAccessor, Serializable
//////////////////////////////////////////////////////////////////////
//////////////////////////////////////////////////////////////////////
{

private static final long  serialVersionUID = 0L;

//

private final Point2DD  center;

//

private double  radius;

//////////////////////////////////////////////////////////////////////
//////////////////////////////////////////////////////////////////////

public  Circle (
  double  centerX,
```

```
    double   centerY,
    double   radius )
//////////////////////////////////////////////////////////////////
{
  center = new Point2DD ( centerX, centerY );

  setRadius ( radius );
}

[...]

public boolean   contains (
  double   x,
  double   y )
//////////////////////////////////////////////////////////////////
{
  return center.distance ( x, y ) <= radius;
}

public boolean   intersectsCircle ( CircleAccessor   circleAccessor )
//////////////////////////////////////////////////////////////////
{
  double   distance
    = center.distanceXY ( circleAccessor.getCenter ( ) );

  return distance <= radius + circleAccessor.getRadius ( );
}

public boolean   intersectsShape ( Shape   shape )
//////////////////////////////////////////////////////////////////
{
  if ( shape instanceof CircleAccessor )
  {
    return intersectsCircle ( ( CircleAccessor ) shape );
  }

  if ( radius == 0.0 )
  {
    return shape.contains ( center.x, center.y );
  }

  return intersects ( shape.getBounds2D ( ) );
}
```

I like to use circles as the collision detection shape for entities that can rotate in 2D space. For that reason, I created a custom implementation of java.awt.Shape called Circle that provides specialized methods for calculating intersections. It can be found in package com.croftsoft.core.math.geom, which contains a number of other reusable geometry classes such as PointXY and Point2DD.

PointXY is a read-only interface for concrete classes that store double precision x and y coordinates. Point2DD is a PointXY implementation that subclasses Point2D.Double from core package java.awt.geom. Point2DD provides the mutator methods that PointXY does not. If I need to return a Point2DD object from a method but I do not want the calling code to attempt to modify the object, I will define the method to return interface PointXY instead of Point2DD.

An alternative approach to using accessor interfaces to prevent modification of the returned object is to return a copy instead. If the data is copied to a mutable class, the calling code may attempt to modify the data but it will have no effect. Returning the data using either an immutable concrete class or an accessor interface reference makes it clear that the data cannot be modified by the calling code, but using an accessor interface reference is more efficient in that the data does not need to be copied and a new object does not need to be created.

Class Circle uses an instance of Point2DD to store the center point. Point2DD provides two methods that can calculate the distance between itself and another point, distance(x,y) and distanceXY(PointXY). Circle methods contains(x,y) and intersectsCircle(Circle) use these distance measurements to determine whether a point or the edge of another Circle falls within its radius. Method intersectsShape(Shape) delegates to intersectsCircle(CircleAccessor) for more accurate treatment if it can determine that the Shape argument is an instance of CircleAccessor. Otherwise it delegates to the method intersects(Rectangle2D), which is defined in interface Shape and inherited from the superclass.

View

The *view* object presents the model data to the user. By separating the view from the model, we can easily change the view from one representation to another. For example, we might have a top-down, side, isometric, first person, or over-the-shoulder view. We might also have a 2D, 3D, low resolution, high resolution, low color, high color, or even a text view.

The view is not necessarily visual. Any perceivable representation of the data is possible, including sound, speech, touch, motion, and smell. The main idea is that by separating the view from the model, you get a lot of flexibility, which permits you to alternate between and combine views at runtime. For example, you might design your game to run as a 2D game on a PDA and a 3D game on a desktop. You might overlay a top-down area radar view on top of a first-person cockpit view. The model code stays the same even though the view changes.

In the traditional MVC model, the model will generate an event whenever its state has been updated. The view will listen for these events and react to them by then querying the model for the updated data. In animated games, however, the model state is usually being updated in each frame by the main loop. For that reason, our view will rely upon polling in synchronization with the main game loop instead of event-driven updates. In a later chapter on multiplayer networking, we will revisit event-driven updates.

For the 2D version of the game Mars, I use ComponentAnimator, described in an earlier chapter, as the base interface for my view objects. This means that all of my view classes will need to implement the two methods defined in that interface, update(JComponent) and paint(JComponent,Graphics2D). Recall that the update(JComponent) method is responsible for updating the state of the animation and requesting a repaint of the JComponent where necessary.

ModelAnimator

```
package com.croftsoft.apps.mars.view;

import java.awt.*;
import java.awt.geom.Rectangle2D;
import javax.swing.JComponent;

import com.croftsoft.core.animation.ComponentAnimator;
import com.croftsoft.core.lang.NullArgumentException;

import com.croftsoft.apps.mars.model.ModelAccessor;

public class  ModelAnimator
  implements ComponentAnimator
//////////////////////////////////////////////////////////////////////
//////////////////////////////////////////////////////////////////////
{

protected final ModelAccessor  modelAccessor;

protected final Rectangle      oldRepaintRectangle;

protected final Rectangle      newRepaintRectangle;

//

protected Color    color;
```

```
    protected boolean  previouslyActive;

    ////////////////////////////////////////////////////////////////
    ////////////////////////////////////////////////////////////////

    public  ModelAnimator (
      ModelAccessor  modelAccessor,
      Color           color )
    ////////////////////////////////////////////////////////////////
    {
      NullArgumentException.check ( this.modelAccessor = modelAccessor );

      this.color = color;

      oldRepaintRectangle = new Rectangle ( );

      newRepaintRectangle = new Rectangle ( );
    }
```

Class ModelAnimator can animate any object that implements the Model-Accessor interface. The read-only accessor interface ModelAccessor is used instead of Model since the view does not update the state of the Model. This animation is very generic, as there are only two accessor methods in the base interface ModelAccessor that return displayable state data: getShape() and isActive(). The shape is used to determine both the area boundaries and the position on the screen. The active flag is used to determine whether the entity should be drawn or erased.

Note that I added a touch of Color in the constructor. I now have a number of colored shapes running around the screen. This is actually more useful than it sounds. You can use ModelAnimator during development to test and debug your sprite behaviors while the more detailed model-specific view classes are being written.

Since the instance variable reference to the color is declared protected and non-final, it could be changed by a subclass implementation. This is an example of state data in the view object that is not in the model. Whether a color is used can vary depending on the implementation of the view, even though the model stays the same. Keep in mind that the flip side of this decoupling is that a view implementation may not use all of the state data in the model even though another view implementation might. One view might add view state for a rotating radar dish on top of the tank and another might ignore model state such as the tank body heading.

```
public void   update ( JComponent   component )
///////////////////////////////////////////////////////////////////
{
  boolean   currentlyActive = modelAccessor.isActive ( );

  if ( !previouslyActive )
  {
    if ( currentlyActive )
    {     —
      // went from off to on

      getRepaintRectangle ( oldRepaintRectangle );

      component.repaint ( oldRepaintRectangle );

      previouslyActive = currentlyActive;
    }

    // otherwise stayed off
  }
  else if ( !currentlyActive )
  {
    // went from on to off

    component.repaint ( oldRepaintRectangle );

    previouslyActive = currentlyActive;
  }
  else
  {
    // stayed on

    getRepaintRectangle ( newRepaintRectangle );

    if ( !oldRepaintRectangle.equals ( newRepaintRectangle ) )
    {
      Rectangle2D.union (
        oldRepaintRectangle,
        newRepaintRectangle,
        oldRepaintRectangle );

      component.repaint ( oldRepaintRectangle );

      oldRepaintRectangle.setBounds ( newRepaintRectangle );
```

```
      }
      else if ( isUpdated ( ) )
      {
        component.repaint ( newRepaintRectangle );
      }
    }
  }

  protected void  getRepaintRectangle ( Rectangle  repaintRectangle )
  ////////////////////////////////////////////////////////////////////
  {
    repaintRectangle.setBounds (
      modelAccessor.getShape ( ).getBounds ( ) );
  }

  protected boolean  isUpdated ( )
  ////////////////////////////////////////////////////////////////////
  {
    return modelAccessor.isUpdated ( );
  }

  public void  paint (
    JComponent  component,
    Graphics2D  graphics )
  ////////////////////////////////////////////////////////////////////
  {
    if ( modelAccessor.isActive ( ) )
    {
      if ( color == null )
      {
        graphics.setColor ( component.getForeground ( ) );
      }
      else
      {
        graphics.setColor ( color );
      }

      graphics.fill ( modelAccessor.getShape ( ) );
    }
  }
```

The paint() method implementation as listed above is fairly self-explanatory, but the update() method needs some clarification. First, note that nowhere within the update(JComponent) method is the state of the model updated. The update(timeDelta) method of the Model instance is not called. The assumption is that you want to update the state of the model separately from the state of the view. In the examples in previous chapters, these two were combined because model and view were combined as sprites. But now that the model is being updated separately from our view, we have more flexibility. For example, we can simultaneously display two different views of the same model without the model state being updated twice as fast. We can also present a local view of a model that is being updated under the control of a remote server.

When dealing with sprite animation, you need to apply the repaint() method to the present sprite position in the current frame in relation to the sprite position in the previous frame. Of course, if you do not mind the frame-rate performance hit, you can just repaint the entire screen with each frame, whether something is moving or not. Your update(JComponent) implementation might then consist of a just single line of code calling component.repaint(). This might be the best approach initially. If you find out later that you need additional performance, you can always go back and implement something more efficient, such as the example code in the update() method shown above.

The update() method of ModelAnimator begins by checking to see whether the ModelAccessor instance is active. If the ModelAccessor was not previously active but now is, it will need to be drawn in its new position. If it was previously active but is no longer, it will need to be erased in its old position. If it was previously active and still is, it will need to be erased in its old position and redrawn in its new position if it moved. If it did not move, but was updated in some visible way, it will need to be redrawn. This last case could occur when the body of a tank does not move from its current spot but its turret is rotating, requiring an animation update at that location.

Method update() calls two helper methods, getRepaintRectangle() and isUpdated(), that are separated out as individual methods to make it easy to override them in a subclass. Method getRepaintRectangle() returns the area of the screen to be repainted. The default behavior is to return a rectangle encompassing the collision shape. If your view area is at a different scale from the Model or entirely different from its virtual physical representation, you will need to override this method. Method isUpdated() determines whether the sprite should be repainted even though it has not moved. The default behavior is to assume that when the state of the Model is updated, the view should be updated. If this is not the case, especially if there is some aspect of the updated state that you do not represent, you will want to override this method.

The update() method calls Rectangle2D.union() to coalesce the old and new repaint areas. The assumption here is that the repaint areas overlap since movement is assumed to be continuous and incremental. If this is not the case, this attempt at optimization will cause a performance hit. This could occur, for example, if you have a game entity that rapidly teleports about the screen. In this circumstance, you would want to repaint the old and new positions separately.

AmmoDumpAnimator

```
package com.croftsoft.apps.mars.view;

import java.awt.*;
import javax.swing.JComponent;

import com.croftsoft.core.lang.NullArgumentException;
import com.croftsoft.core.media.sound.AudioClipCache;

import com.croftsoft.apps.mars.model.AmmoDumpAccessor;

public final class  AmmoDumpAnimator
  extends ModelAnimator
//////////////////////////////////////////////////////////////////////
//////////////////////////////////////////////////////////////////////
{

private static final Color   COLOR                = Color.YELLOW;

private static final Color   HIT_COLOR            = Color.RED;

private static final String  EXPLOSION_AUDIO_FILENAME = "explode.wav";

//

private final AmmoDumpAccessor   ammoDumpAccessor;

private final AudioClipCache      audioClipCache;

//////////////////////////////////////////////////////////////////////
//////////////////////////////////////////////////////////////////////

public  AmmoDumpAnimator (
  AmmoDumpAccessor   ammoDumpAccessor,
  AudioClipCache      audioClipCache )
//////////////////////////////////////////////////////////////////////
{
  super ( ammoDumpAccessor, COLOR );

  this.ammoDumpAccessor = ammoDumpAccessor;

  NullArgumentException.check (
```

```
      this.audioClipCache = audioClipCache );
   }


   ///////////////////////////////////////////////////////////////////
   ///////////////////////////////////////////////////////////////////

   public void   update ( JComponent   component )
   ///////////////////////////////////////////////////////////////////
   {
     super.update ( component );

     if ( ammoDumpAccessor.isExploding ( ) )
     {
       audioClipCache.play ( EXPLOSION_AUDIO_FILENAME );
     }
   }

   protected void   getRepaintRectangle ( Rectangle   repaintRectangle )
   ///////////////////////////////////////////////////////////////////
   {
     if ( ammoDumpAccessor.isExploding ( ) )
     {
       repaintRectangle.setBounds (
         ammoDumpAccessor.getExplosionShape ( ).getBounds ( ) );
     }
     else
     {
       super.getRepaintRectangle ( repaintRectangle );
     }
   }

   public void   paint (
     JComponent   component,
     Graphics2D   graphics )
   ///////////////////////////////////////////////////////////////////
   {
     if ( ammoDumpAccessor.isExploding ( ) )
     {
       graphics.setColor ( HIT_COLOR );

       graphics.fill ( ammoDumpAccessor.getExplosionShape ( ) );
     }
     else
     {
```

```
            super.paint ( component, graphics );
        }
    }
```

AmmoDumpAnimator extends ModelAnimator by adding special code to animate an AmmoDumpAccessor explosion. The explosion sound is played within the update() method, since update() is only called once but paint() may be called many times. For example, if the explosion sound was played in the paint() method instead and the game was paused, an explosion sound would be heard every time a repaint was needed due to a windowing event.

Controller

The *controller* object captures user inputs and passes them along to the model as requests to manipulate the state. By separating the controller from the model, we make the model independent of the user input device used. Input devices can include keyboard, mouse, voice, and the network.

```
public void  keyPressed ( KeyEvent  keyEvent )
///////////////////////////////////////////////////////////////////
{
    if ( keyEvent.getKeyCode ( ) == KeyEvent.VK_SPACE )
    {
        if ( ammo > 0 )
        {
            ammo--;

            firing = true;
        }
        else
        {
            dryFiring = true;
        }
    }
}
```

As an example, your game class may listen for keyboard events directly and modify the state of your tank sprite to fire its gun whenever the spacebar is pressed. Whether the user is actually able to fire or not is contingent upon what is permitted by your model. In this example, the model logic checks to see if there is enough ammunition to fire.

```
public void  keyPressed ( KeyEvent  keyEvent )
/////////////////////////////////////////////////////////////////
{
  if ( keyEvent.getKeyCode ( ) == KeyEvent.VK_SPACE )
  {
    requestFire ( );
  }
}

public void  mousePressed ( MouseEvent  mouseEvent )
/////////////////////////////////////////////////////////////////
{
  requestFire ( );
}

private void  requestFire ( )
/////////////////////////////////////////////////////////////////
{
  if ( ammo > 0 )
  {
    ammo--;

    firing = true;
  }
  else
  {
    dryFiring = true;
  }
}
```

If you want to add the option to also fire using the mouse, you will need to create an indirection layer to prevent code duplication by separating out your request handling logic into a separate method. In this example, the private method requestFire() now contains the model logic for handling state modification requests.

Now assume further that you want to give the player the option to remap the keyboard controls so that the Ctrl key could be used to fire the gun instead of the spacebar. You will need another layer of indirection that will increase the complexity of your class. If you add the possibility that some of your user inputs may be coming in from over the network, you will definitely want to consider moving this code out into one or more separate controller objects.

```
package com.croftsoft.apps.mars.controller;

import java.awt.*;
import java.awt.event.*;

import com.croftsoft.core.lang.NullArgumentException;
import com.croftsoft.core.gui.event.UserInputAdapter;
import com.croftsoft.core.math.geom.Point2DD;

import com.croftsoft.apps.mars.ai.TankOperator;

public final class  TankController
  extends UserInputAdapter
//////////////////////////////////////////////////////////////////////
//////////////////////////////////////////////////////////////////////
{

private final TankOperator   tankOperator;

private final Point2DD        destination;

//////////////////////////////////////////////////////////////////////
//////////////////////////////////////////////////////////////////////

public  TankController (
  TankOperator   tankOperator,
  Component       component )
//////////////////////////////////////////////////////////////////////
{
  NullArgumentException.check ( this.tankOperator = tankOperator );

  NullArgumentException.check ( component );

  component.addKeyListener ( this );

  component.addMouseListener ( this );

  component.addMouseMotionListener ( this );

  component.requestFocus ( );

  destination = new Point2DD ( );
}
```

```
//////////////////////////////////////////////////////////////////
//////////////////////////////////////////////////////////////////

public void  keyPressed ( KeyEvent  keyEvent )
//////////////////////////////////////////////////////////////////
{
  tankOperator.fire ( );
}

public void  mouseMoved ( MouseEvent  mouseEvent )
//////////////////////////////////////////////////////////////////
{
  Point  mousePoint = mouseEvent.getPoint ( );

  destination.setXY ( mousePoint.x, mousePoint.y );

  tankOperator.go ( destination );
}

public void  mousePressed ( MouseEvent  mouseEvent )
//////////////////////////////////////////////////////////////////
{
  tankOperator.fire ( );
}
```

Class TankController extends UserInputAdapter in package com.croftsoft.
core.gui.event. Class UserInputAdapter is an adapter class that implements
core interfaces KeyListener and MouseInputListener. Whenever a key is pressed
or the mouse is clicked, method fire() of an instance of TankOperator is called.
TankOperator is described in a later chapter on the subject of artificial intelli-
gence, but can be assumed for now to be a proxy for a Tank model object. The
main point of this example is to show how the input device code can be
separated from the Model class that it controls.

Composite MVC

The examples above demonstrated how you can decompose a single entity
within a game world, such as an ammunitions dump or a tank, into model, view,
and controller classes. The following example shows you how you use these indi-
vidual entity components to compose a combined MVC for your game world.

Composite Model

A *composite model* is simply a model composed of other models. It is useful when you have a component-subcomponent hierarchy where the subcomponents do not exist separately from the whole. For example, the model of the tank could be decomposed into separate classes for the body, the turret, the treads, and the ammunition. I did not perform this decomposition of the tank, however, as it seemed unnecessary. I would probably only do so in the future if I find that I can reuse one of the subcomponents independently. I did separate out the model of a tank bullet as a separate entity in the world, as it can exist independently of the tank once fired. For the Mars game, the primary composite model examples are the World and the Game.

WorldAccessor

```
package com.croftsoft.apps.mars.model;

public interface  WorldAccessor
//////////////////////////////////////////////////////////////////////
//////////////////////////////////////////////////////////////////////
{

public ModelAccessor [ ]  getModelAccessors (
  ModelAccessor [ ]  modelAccessors );
```

Interface WorldAccessor provides a method to get the accessor interfaces for all the Model instances, active and inactive, that are in the World. It is primarily used by a view.

World

```
package com.croftsoft.apps.mars.model;

[...]

public interface  World
  extends WorldAccessor
//////////////////////////////////////////////////////////////////////
//////////////////////////////////////////////////////////////////////
{
```

```
public void   clear ( );

public AmmoDump   createAmmoDump (
  double   centerX,
  double   centerY );
```

[...]

```
//////////////////////////////////////////////////////////////////////
//////////////////////////////////////////////////////////////////////

public void   prepare ( );

public void   update ( double   timeDelta );

//////////////////////////////////////////////////////////////////////
//////////////////////////////////////////////////////////////////////

public void   fireBullet (
  double   originX,
  double   originY,
  double   heading );
```

[...]

```
public Damageable [ ]   getDamageables (
  Shape            shape,
  Damageable [ ]   damageables );
```

[...]

```
public boolean   isBlocked ( Model   model );
```

Interface World extends WorldAccessor. This is the interface that is passed
to individual concrete Model implementations so that they can find and manipu-
late other game entities. Method getDamageables(), for example, is used by
SeriAmmoDump to find other Damageable entities within its explosion radius. Method
fireBullet() will activate or create a Bullet instance and add it to the World.
Method isBlocked() determines whether the Model is attempting to move to a
spot already occupied by an Impassable entity.

There are a number of other methods in the interface that are not shown
above. The general rule is to put those methods in the World interface that
require activating, creating, or fetching other Model instances in the game

besides the one initiating the call. How these methods are implemented by a concrete class implementation of the World interface is highly dependent upon the underlying data access mechanism. For example, an implementation might use Object Query Language (OQL) to fetch just those Model instances into memory that implement a given class. Another implementation may cluster Model instances by geographic proximity. All of these optimization techniques should be hidden behind the interface so that they can be tweaked without breaking the calling code.

SeriWorld

```
package com.croftsoft.apps.mars.model.seri;

[...]

public final class  SeriWorld
  implements World, Serializable
//////////////////////////////////////////////////////////////////////////
//////////////////////////////////////////////////////////////////////////
{

private static final long  serialVersionUID = 0L;

[...]

private Model [ ]  getModels ( )
//////////////////////////////////////////////////////////////////////////
{
  [...]
}

[...]

public void  prepare ( )
//////////////////////////////////////////////////////////////////////////
{
  Model [ ]  models = getModels ( );

  for ( int  i = 0; i < models.length; i++ )
  {
    models [ i ].prepare ( );
  }
}
```

```
public void  update ( double  timeDelta )
////////////////////////////////////////////////////////////////////
{
  Model [ ]  models = getModels ( );

  for ( int  i = 0; i < models.length; i++ )
  {
    models [ i ].update ( timeDelta );
  }
}
```

[...]

I am not going to delve much into SeriWorld, the concrete implementation of the World interface, but I will show you a couple of methods that you will probably want to have in almost all of your own composite model implementations. Methods prepare() and update(timeDelta) delegate to all of the Model instances contained in the World. It is important that within the update phase of your game loop you first call prepare() on every single one of the Model instances within your game before you call any one of the update(timeDelta) methods. If you do not, you could end up with having the proper update of your models being execution-order dependent.

For example, suppose you prepare and update a Bullet and then prepare and update an AmmoDump in that order during one iteration of a game loop. When the update() method of the Bullet is called, it calls the addDamage() method of the AmmoDump. The addDamage() method of the AmmoDump sets the updated and exploding flags. The prepare() method of the AmmoDump is then called when the update() of the Bullet returns. The prepare() method will reset the updated and exploding flags before the explosion can be detected and presented by the view after the update phase of the game loop ends. This is undesirable.

You could prevent this by first preparing and updating the AmmoDump before the Bullet. This would work correctly, as the exploding flag would not be reset before the view had a chance to detect and present it. If you were to decide to take this route, you could probably also merge the prepare() and update() methods into a single method, prepareAndUpdate(), since you are no longer first preparing all the Model instances together before you update them. I think you will find, however, that the number of execution order dependencies increases as the number of model types and model interactions in your game increases. Eventually you may find a circumstance where you are simply stuck or you must use a number of specialized state-transition flags that carry over into the next iteration of the game loop. It is simple enough to avoid this complexity altogether by starting with separate prepare and update steps, even though it may not be necessary in the beginning.

GameAccessor

```
package com.croftsoft.apps.mars.model;

import java.util.*;

public interface  GameAccessor
//////////////////////////////////////////////////////////////////////
//////////////////////////////////////////////////////////////////////
{

public int              getLevel                ( );

public Iterator         getPath                 ( );

public TankAccessor     getPlayerTankAccessor ( );

public WorldAccessor    getWorldAccessor        ( );
```

The Game contains the World. I like to think of the Game as a supernatural entity. Once you create a World, it will pretty much crank happily along by itself, according to its own internal laws of physics as determined by the Model interactions. You need a Game, however, to create the World in the first place and to populate it with Model instances. The Game will also monitor the state of the World to determine when the end-times have been reached, i.e., the level has been completed and a new World must be created. Any manipulation of the World before then I consider divine intervention, as it is outside of the normal interaction of models and controllers.

Interface GameAccessor provides access to the World data plus additional information that is not stored as a Model within the World, such as the current level and information about the player. For example, to the World, the Tank belonging to the player looks like any other Tank. The Game must maintain this unique identity, however, for the controller and specialized views.

Game

```
package com.croftsoft.apps.mars.model;

import com.croftsoft.core.animation.clock.Timekeeper;

import com.croftsoft.apps.mars.ai.TankOperator;
```

```
public interface  Game
  extends GameAccessor
//////////////////////////////////////////////////////////////////
//////////////////////////////////////////////////////////////////
{

public Tank        getPlayerTank        ( );

public double      getTimeFactorDefault ( );

public Timekeeper  getTimekeeper        ( );

//

public void  update ( );
```

Interface Game extends GameAccessor. It provides additional accessor methods not needed by the view, some of which return mutable object references. It also contains the master update() method.

SeriGame

```
package com.croftsoft.apps.mars.model.seri;

[...]

import com.croftsoft.core.animation.clock.HiResClock;
import com.croftsoft.core.animation.clock.Timekeeper;
import com.croftsoft.core.lang.NullArgumentException;

[...]

public final class  SeriGame
  implements Game, Serializable
//////////////////////////////////////////////////////////////////
//////////////////////////////////////////////////////////////////
{

private static final long  serialVersionUID = 0L;
```

Class SeriGame is a Serializable implementation of interface Game.

```
public static final double   DEFAULT_TIME_FACTOR          = 1.0;

public static final long     DEFAULT_RANDOM_SEED          = 1968L;

[...]

public static final double   DEFAULT_OBSTACLE_RADIUS_MIN = 10.0;
```

There are more than a dozen default constants for the game. I only show three here.

```
private final double   timeFactorDefault;

private final long     randomSeed;

[...]

private final double   obstacleRadiusMin;
```

Each default constant has a corresponding variable. By relying upon variables instead of constants, we can load in the values from a configuration file during initialization.

```
private final Random          actionsRandom;

private final Random          contentRandom;
```

Instance variable `actionsRandom` is used to generate random numbers for the actions of the entities in the game, such as whether an enemy tank should fire at a given moment. Variable `contentRandom` is used to generate the level content, such as the positions of obstacles and ammunition dumps. I use a separate random-number generator for this because I want the content for each level to be the same each time the game is played. Variable `actionsRandom` cannot be used for this purpose since the position it is at in its random number generation sequence by the time the second level is reached will vary depending on the actions of the player.

```
private final TankOperator   playerTankOperator;

private final Timekeeper     timekeeper;

private final World          world;

//
```

```
   private int    level;

   private Tank   playerTank;
```

The reference to the `playerTankOperator` is maintained between levels since the `TankController` is linked to it. The `timekeeper` is used to calculate and store the `timeDelta` passed to the `update(timeDelta)` method. An interface reference of `World` is used instead of a concrete class reference to `SeriWorld` for flexibility. The `playerTank` reference is maintained so that we can distinguish it in the composite view from the other `Tanks` in the `World`.

```
   public static void  main ( String [ ]   args )
   /////////////////////////////////////////////////////////////////////
   {
     SeriGame   seriGame = new SeriGame ( );

     int   level = 0;

     while ( true )
     {
       if ( seriGame.getLevel ( ) != level )
       {
         level = seriGame.getLevel ( );

         System.out.println ( new Date ( ) + ":  Level " + level );
       }

       seriGame.update ( );
     }
   }
```

One sign that you have done a good job of separating your controllers and views from your models and removing any dependencies is that you can run the game without controllers and views. This gives you the option of simulating the game at high speed and logging the results for analysis. In this case, the auto-pilot mode of the `PlayerTankOperator` will kick in and use artificial intelligence to play the game in the absence of player input controls. When the game advances to the next level, the system output "view" will print the date and time.

```
   public  SeriGame (
     double              timeFactorDefault,
     long                randomSeed,
     [...]
```

```
    double                obstacleRadiusMin,
    SeriAmmoDump.Shared   seriAmmoDumpShared )
    //////////////////////////////////////////////////////////////////////
    {
      this.timeFactorDefault = timeFactorDefault;

      this.randomSeed        = randomSeed;

      [...]

      this.obstacleRadiusMin = obstacleRadiusMin;

      timekeeper
        = new Timekeeper ( new HiResClock ( ), timeFactorDefault );

      contentRandom = new Random ( randomSeed );

      actionsRandom = new Random ( );

      world = new SeriWorld (
        actionsRandom,
        seriAmmoDumpShared );

      DefaultTankOperator   defaultTankOperator
        = new DefaultTankOperator ( actionsRandom );

      playerTankOperator = new PlayerTankOperator ( defaultTankOperator );

      level = 1;

      createLevel ( );
    }
```

In this example, the game parameters are passed in as constructor arguments. A better approach would be to pass them in as an initializer object that can read in from an XML file. The timeFactorDefault is used to control the overall simulation speed and may be tweaked. This is especially useful if game time runs at a different speed from real time. It can also be used to increase the difficulty of an action game when a player advances to a new level. Variables actionsRandom, seriAmmoDumpShared, and tankOperator are passed as constructor arguments to the SeriWorld so it can use them to create new Model instances using its factory methods, such as createAmmoDump() and createTank().

```
    public  SeriGame ( )
    //////////////////////////////////////////////////////////////////////
```

```
{
  this (
    DEFAULT_TIME_FACTOR,
    DEFAULT_RANDOM_SEED,
    [...]
    DEFAULT_OBSTACLE_RADIUS_MIN,
    new SeriAmmoDump.Shared ( ) );
}
```

The zero argument constructor provides default values for the main constructor.

```
public Iterator       getPath               ( ) {
                      return playerTankOperator.getPath ( ); }

public int            getLevel              ( ) { return level;        }

public TankAccessor   getPlayerTankAccessor ( ) { return playerTank; }

public Tank           getPlayerTank         ( ) { return playerTank; }

public Timekeeper     getTimekeeper         ( ) { return timekeeper; }

public WorldAccessor  getWorldAccessor      ( ) { return world;        }

public double  getTimeFactorDefault ( ) { return timeFactorDefault; }
```

These are the accessor methods defined in interfaces GameAccessor and Game.

```
public void  update ( )
///////////////////////////////////////////////////////////////////
{
  world.prepare ( );

  timekeeper.update ( );

  double  timeDelta = timekeeper.getTimeDelta ( );

  if ( timeDelta > timeDeltaMax )
  {
    timeDelta = timeDeltaMax;
  }

  world.update ( timeDelta );
```

The update() method starts by preparing and updating the World. The timeDelta is limited to timeDeltaMax so that any pauses or slow-downs in the game loop will not cause the game to increment too much. For example, if your tanks rotate at the rate of 1 radian per second and your timeDeltaMax is 0.2 seconds, the maximum rotation your tank could make in a single frame would be 0.2 radians.

```
Tank [ ]  tanks = world.getTanks ( );

for ( int  i = 0; i < tanks.length; i++ )
{
  Tank  tank = tanks [ i ];

  if ( !tank.isActive ( ) )
  {
    for ( int  j = 0; j < attemptsMax; j++ )
    {
      tank.initialize (
        worldWidth  * actionsRandom.nextDouble ( ),
        worldHeight * actionsRandom.nextDouble ( ) );

      if ( !world.isBlocked ( tank ) )
      {
        break;
      }
    }
  }
}
```

If a Tank has been destroyed in the World, the Game will use its extra-worldly powers to resurrect it and place it in a new random position. The Game will make up to attemptsMax attempts to move the Tank to a location that is not already occupied.

```
Obstacle [ ]  obstacles = world.getObstacles ( );

for ( int  i = 0; i < obstacles.length; i++ )
{
  if ( obstacles [ i ].isActive ( ) )
  {
    return;
  }
}
```

```
      level++;

      createLevel ( );
   }
```

In its update() method, the Game will also monitor for the conditions indicat-
ing that the level has been completed. In this game, all of the obstacles must be
destroyed before the next level can be reached.

```
   private void  createLevel ( )
   ////////////////////////////////////////////////////////////////
   {
      actionsRandom.setSeed ( level );

      world.clear ( );

      playerTank = world.createTank (
         initialPlayerX,
         initialPlayerY,
         friendColor );

      playerTankOperator.setTankConsole ( playerTank );

      playerTank.setTankOperator ( playerTankOperator );
```

The private createLevel() method begins by setting the random seed so that
the beginning actions of the nonplayer character (NPC) entities will always be
the same for a given level. What the NPC entities do after the initial few seconds
of the level then depends on the player actions. The World is cleared, as new
Model instances will be added for the level. A new Tank is added to the World for
the player and it is assigned the playerTankOperator to control it. Recall that the
TankController has a permanent reference to the playerTankOperator.

```
      Rectangle  driftBounds
         = new Rectangle ( 0, 0, worldWidth, worldHeight );

      for ( int  i = 0; i < obstacles; i++ )
      {
         double  radius = ( obstacleRadiusMax - obstacleRadiusMin )
            * contentRandom.nextDouble ( ) + obstacleRadiusMin;

         Obstacle  obstacle = world.createObstacle (
            worldWidth  * contentRandom.nextDouble ( ),
            worldHeight * contentRandom.nextDouble ( ),
```

```
          radius,
          obstacleRadiusMin,
          driftBounds );

     for ( int  j = 0; j < attemptsMax; j++ )
     {
       if ( !world.isBlocked ( obstacle ) )
       {
         break;
       }

       obstacle.setCenter (
         worldWidth  * contentRandom.nextDouble ( ),
         worldHeight * contentRandom.nextDouble ( ) );
     }
   }
```

Obstacle instances are added to the World. Over time, they will slowly drift around in an area confined to driftBounds.

```
   for ( int  i = 0; i < ammoDumps; i++ )
   {
     [...]
   }
```

The AmmoDump instances are added to the World in a similar manner.

```
   for ( int  i = 0; i < level; i++ )
   {
     Tank  tank = world.createTank (
       ( i + 1 ) * worldWidth,
       ( i + 1 ) * worldHeight,
       enemyColor );
   }
```

The number of enemy tanks depends on the current level of the Game. They are initially spaced out away from the action so that it will take some time for each additional tank to arrive on the scene.

```
   for ( int  i = 0; i < level - 1; i++ )
   {
     Tank  tank = world.createTank (
       -( i + 10 ) * worldWidth,
       -( i + 10 ) * worldHeight,
```

```
      friendColor );
  }
}
```

If you wait long enough, friends will arrive to help. Note my sin of using a
literal value of ten instead of a defined constant or a variable.

Composite View

A *composite view* is a view composed of other views. The example game uses two
composite views, WorldAnimator and GameAnimator.

WorldAnimator

```java
package com.croftsoft.apps.mars.view;

import java.awt.*;
import java.util.*;
import javax.swing.JComponent;

import com.croftsoft.core.animation.ComponentAnimator;
import com.croftsoft.core.animation.painter.ColorPainter;
import com.croftsoft.core.awt.image.ImageCache;
import com.croftsoft.core.lang.NullArgumentException;
import com.croftsoft.core.media.sound.AudioClipCache;

import com.croftsoft.apps.mars.model.AmmoDumpAccessor;
import com.croftsoft.apps.mars.model.BulletAccessor;
import com.croftsoft.apps.mars.model.ModelAccessor;
import com.croftsoft.apps.mars.model.ObstacleAccessor;
import com.croftsoft.apps.mars.model.TankAccessor;
import com.croftsoft.apps.mars.model.WorldAccessor;

public final class  WorldAnimator
  implements ComponentAnimator
//////////////////////////////////////////////////////////////////////
//////////////////////////////////////////////////////////////////////
{

private static final Color  COLOR_BULLET   = Color.MAGENTA;
```

```
        private static final Color  COLOR_OBSTACLE = Color.BLACK;

        //

        private final AudioClipCache  audioClipCache;

        private final ImageCache       imageCache;

        private final Map               componentAnimatorMap;

        private final WorldAccessor    worldAccessor;

        //

        private ModelAccessor [ ]  modelAccessors;

        /////////////////////////////////////////////////////////////////////
        /////////////////////////////////////////////////////////////////////

        public  WorldAnimator (
          WorldAccessor    worldAccessor,
          AudioClipCache   audioClipCache,
          ImageCache        imageCache )
        /////////////////////////////////////////////////////////////////////
        {
          NullArgumentException.check ( this.worldAccessor  = worldAccessor );

          NullArgumentException.check ( this.audioClipCache = audioClipCache);

          NullArgumentException.check ( this.imageCache       = imageCache      );

          componentAnimatorMap = new HashMap ( );

          modelAccessors = new ModelAccessor [ 0 ];
        }
```

WorldAnimator is a ComponentAnimator interface implementation that animates all of the Model instances in the World. It maps a ComponentAnimator view of the proper type to each Model and stores this relationship for future use in componentAnimatorMap. For simplicity, it never removes ComponentAnimator instances from the HashMap even though the Model may no longer be used in the game. This issue is complicated by the fact that a Model that becomes inactive must be animated at least once more by the view to erase the sprite in the old position before it can be removed from memory.

```
public void  update ( JComponent  component )
///////////////////////////////////////////////////////////////////
{
  modelAccessors = worldAccessor.getModelAccessors ( modelAccessors );

  for ( int  i = 0; i < modelAccessors.length; i++ )
  {
    ModelAccessor  modelAccessor = modelAccessors [ i ];

    if ( modelAccessor == null )
    {
      break;
    }

    ComponentAnimator  componentAnimator
      = getComponentAnimator ( modelAccessor );

    componentAnimator.update ( component );
  }
}
```

Method update(JComponent) iterates over a ModelAccessor array retrieved from the worldAccessor. Method getComponentAnimator() is used to fetch or create the ComponentAnimator for each ModelAccessor. The update(JComponent) call is then delegated.

```
public void  paint (
  JComponent  component,
  Graphics2D  graphics )
///////////////////////////////////////////////////////////////////
{
  for ( int  i = 0; i < modelAccessors.length; i++ )
  {
    ModelAccessor  modelAccessor = modelAccessors [ i ];

    if ( modelAccessor == null )
    {
      break;
    }

    ComponentAnimator  componentAnimator
      = getComponentAnimator ( modelAccessors [ i ] );
```

```
componentAnimator.paint ( component, graphics );
      }
    }
```

The paint() method is almost exactly identical except that it reuses the ModelAccessor array fetched from the WorldAccessor during the call to update(). The ModelAccessor array comes already sorted in z-order for painting. This sorting is performed and maintained by the World and may occur only when new Model instances are first created and added to the World.

```
private ComponentAnimator  getComponentAnimator (
  ModelAccessor  modelAccessor )
////////////////////////////////////////////////////////////////////////
{
  ComponentAnimator  componentAnimator = ( ComponentAnimator )
    componentAnimatorMap.get ( modelAccessor );

  if ( componentAnimator == null )
  {
    if ( modelAccessor instanceof AmmoDumpAccessor )
    {
      componentAnimator = new AmmoDumpAnimator (
        ( AmmoDumpAccessor ) modelAccessor, audioClipCache );
    }
    else if ( modelAccessor instanceof BulletAccessor )
    {
      componentAnimator
        = new ModelAnimator ( modelAccessor, COLOR_BULLET );
    }
    else if ( modelAccessor instanceof ObstacleAccessor )
    {
      componentAnimator
        = new ModelAnimator ( modelAccessor, COLOR_OBSTACLE );
    }
    else if ( modelAccessor instanceof TankAccessor )
    {
      componentAnimator = new TankAnimator (
        ( TankAccessor ) modelAccessor, imageCache, audioClipCache );
    }
    else
    {
      componentAnimator = new ModelAnimator ( modelAccessor );
    }
```

```
            componentAnimatorMap.put ( modelAccessor, componentAnimator );
        }

        return componentAnimator;
    }
```

This `private()` method retrieves the corresponding view for the model from the `componentAnimatorMap` using the `ModelAccessor` argument as the key. The first time a particular `ModelAccessor` instance is processed, the `private()` method will create a view for it and store it in the `Map`. Where available, an entity-specific implementation will be used, such as `AmmoDumpAnimator` or `TankAnimator`. Otherwise, the `private()` method will use `ModelAnimator` for unknown or simple entity types such as `BulletAccessor` and `ObstacleAccessor`.

GameAnimator

```
package com.croftsoft.apps.mars.view;

[...]

import com.croftsoft.core.animation.ComponentAnimator;
import com.croftsoft.core.animation.painter.ColorPainter;
import com.croftsoft.core.awt.image.ImageCache;
import com.croftsoft.core.lang.NullArgumentException;
import com.croftsoft.core.media.sound.AudioClipCache;

[...]

public final class  GameAnimator
  implements ComponentAnimator
//////////////////////////////////////////////////////////////////////
//////////////////////////////////////////////////////////////////////
{

private final GameAccessor      gameAccessor;

private final AudioClipCache    audioClipCache;

private final ColorPainter      backgroundColorPainter;

private final ImageCache        imageCache;

//
```

```
private int             oldLevel;

private PathAnimator    pathAnimator;

private TankAmmoAnimator  tankAmmoAnimator;

private WorldAnimator   worldAnimator;
```

GameAnimator is an interface ComponentAnimator implementation that presents
a view of a GameAccessor. It creates an AudioClipCache and an ImageCache that it
shares with its delegate views, PathAnimator, TankAmmoAnimator, and WorldAnimator.
PathAnimator displays the planned path of the player tank. TankAmmoAnimator dis-
plays an ammunition indicator for the player Tank in a corner of the screen. As a
general rule of thumb, the WorldAnimator should just animate Model instances in
the World. The GameAnimator is responsible for combining the WorldAnimator with
the rest of the user interface presentation.

```
public  GameAnimator (
  GameAccessor   gameAccessor,
  JComponent     component,
  ClassLoader    classLoader,
  String         mediaDir,
  Color          backgroundColor )
/////////////////////////////////////////////////////////////////////////
{
  NullArgumentException.check ( this.gameAccessor = gameAccessor );

  NullArgumentException.check ( component );

  audioClipCache = new AudioClipCache ( classLoader, mediaDir );

  imageCache = new ImageCache (
    Transparency.BITMASK,
    component,
    classLoader,
    mediaDir );

  backgroundColorPainter = new ColorPainter ( backgroundColor );

  updateAnimators ( component );
}

[...]
```

The constructor method finishes with a call to updateAnimators() that will create the initial WorldAnimator and TankAmmoAnimator instances using data from the GameAccessor.

```
public void  update ( JComponent  component )
//////////////////////////////////////////////////////////////////////
{
  int  level = gameAccessor.getLevel ( );

  if ( level != oldLevel )
  {
    oldLevel = level;

    updateAnimators ( component );

    component.repaint ( );
  }

  worldAnimator.update ( component );

  if ( pathAnimator != null )
  {
    pathAnimator.update ( component );
  }

  if ( tankAmmoAnimator != null )
  {
    tankAmmoAnimator.update ( component );
  }
}
```

The update(JComponent) method will monitor the game level to see if it has changed. If it has, the update(JComponent) method will call updateAnimators() to prepare to display the new level data. It will then request a complete screen refresh. Most of the time, however, update(JComponent) will simply delegate the update(JComponent) call to worldAnimator, pathAnimator, and tankAmmoAnimator. The pathAnimator and tankAmmoAnimator instances may be null if the Game is playing without a player Tank. This might occur if the game is running in demonstration mode or if the player Tank instance has been removed from the World after being destroyed.

```
public void  paint (
  JComponent  component,
  Graphics2D  graphics )
```

```
//////////////////////////////////////////////////////////////////
{
  backgroundColorPainter.paint ( component, graphics );

  worldAnimator          .paint ( component, graphics );

  if ( pathAnimator != null )
  {
    pathAnimator         .paint ( component, graphics );
  }

  if ( tankAmmoAnimator != null )
  {
    tankAmmoAnimator     .paint ( component, graphics );
  }
}

[...]
```

The paint() method simply delegates to the ComponentPainter instances. Recall that ComponentAnimator extends interface ComponentPainter.

```
private void  updateAnimators ( JComponent  component )
//////////////////////////////////////////////////////////////////
{
  WorldAccessor  worldAccessor = gameAccessor.getWorldAccessor ( );

  worldAnimator = new WorldAnimator (
    worldAccessor, audioClipCache, imageCache );

  TankAccessor  playerTankAccessor
    = gameAccessor.getPlayerTankAccessor ( );

  if ( playerTankAccessor != null )
  {
    pathAnimator = new PathAnimator (
      gameAccessor, playerTankAccessor.getRadius ( ) );

    try
    {
      tankAmmoAnimator = new TankAmmoAnimator (
        playerTankAccessor, imageCache, component );
    }
    catch ( IOException  ex )
    {
```

```
        ex.printStackTrace ( );
      }
    }
    else
    {
      pathAnimator     = null;

      tankAmmoAnimator = null;
    }
  }
}
```

The `updateAnimators()` method creates new instances of the delegate
`ComponentAnimators` `worldAnimator`, `pathAnimator`, and `tankAmmoAnimator` at the
beginning of each new level in the game. If the audio and images were different
for each level, this method would also clear `audioClipCache` and `imageCache`.

Composite Controller

A *composite controller* contains and manages delegate controllers. Composite
controllers are useful for filtering events to delegate controllers depending upon
the state of the game. They can also be used to enable or disable groups of dele-
gate controllers. An example of a composite controller is not included in the
game Mars. Instead, multiple separate controllers such as `SoundController` and
`TankController` operate independently.

Putting It All Together

Now that you have created individual model, view, and controller components,
you need a central class to combine them to create the game. In theory, you
should have enough flexibility to mix and match what you need from the com-
ponents to create new games easily. This will be demonstrated in a later chapter
on multiplayer networking.

```
package com.croftsoft.apps.mars;

[...]

import com.croftsoft.core.animation.*;
import com.croftsoft.core.animation.animator.*;
import com.croftsoft.core.animation.clock.Timekeeper;
import com.croftsoft.core.io.SerializableLib;
import com.croftsoft.core.media.sound.AudioClipCache;
```

```
import com.croftsoft.apps.mars.controller.FrameRateController;
import com.croftsoft.apps.mars.controller.SoundController;
import com.croftsoft.apps.mars.controller.TankController;
import com.croftsoft.apps.mars.controller.TimeController;
import com.croftsoft.apps.mars.model.Game;
import com.croftsoft.apps.mars.model.seri.SeriGame;
import com.croftsoft.apps.mars.view.GameAnimator;

public final class  Main
  extends AnimatedApplet
/////////////////////////////////////////////////////////////////////
/////////////////////////////////////////////////////////////////////
{

[...]

private UserData   userData;

private Game        game;

[...]

public static void  main ( String [ ]  args )
/////////////////////////////////////////////////////////////////////
{
  launch ( new Main ( ) );
}

[...]

public  Main ( )
/////////////////////////////////////////////////////////////////////
{
  super ( createAnimationInit ( ) );
}
```

The Main class combines the models, the views, and the controllers. In this case, the Main class will only know about one model and one view, Game and GameAnimator, since they are the top-level composites. Main extends Animated-Applet and provides a static main() method so that AnimatedApplet can be launched either as an applet or as a desktop application.

```
public void  init ( )
///////////////////////////////////////////////////////////////////
{
  super.init ( );

  // persistent data

  try
  {
    userData = ( UserData ) SerializableLib.load (
      LATEST_FILENAME,
      BACKUP_FILENAME,
      FILE_CONTENTS_SPEC,
      ( Applet ) this,
      PERSISTENCE_KEY,
      getClass ( ).getClassLoader ( ),
      RESOURCE_PATH_FILENAME );
  }
  catch ( Exception  ex )
  {
    ex.printStackTrace ( );
  }

  if ( userData == null )
  {
    userData = new UserData ( );
  }
```

The init() method begins by calling the superclass init() and then loading persistent user data such as the user preference for whether the sound should be on or off.

```
game = new SeriGame ( );
```

The composite model is created and stored using an interface reference.

```
GameAnimator  gameAnimator = new GameAnimator (
  game,
  animatedComponent,
  getClass ( ).getClassLoader ( ),
  MEDIA_DIR,
  BACKGROUND_COLOR );

addComponentAnimator ( gameAnimator );
```

```
AudioClipCache   audioClipCache
  = gameAnimator.getAudioClipCache ( );

audioClipCache.setMuted ( userData.isMuted ( ) );

FrameRateAnimator   frameRateAnimator
  = new FrameRateAnimator ( animatedComponent );

frameRateAnimator.toggle ( );

addComponentAnimator ( frameRateAnimator );
```

The view instances are created. The FrameRateAnimator could have been placed within GameAnimator as a delegate view, but I placed it in Main. I wanted it to be in this version of the Game only, since I am just using it for development testing.

```
    new FrameRateController (
      frameRateAnimator,
      animatedComponent );

    new GameAnimatorController (
      gameAnimator,
      animatedComponent );

    new TimeController (
      game.getTimekeeper ( ),
      game.getTimeFactorDefault ( ),
      TIME_FACTOR_DELTA,
      animatedComponent );

    new SoundController (
      audioClipCache,
      userData,
      animatedComponent );

    new TankController (
      game.getPlayerTank ( ).getTankOperator ( ),
      animatedComponent );
  }
```

The final act of the init() method is to create the controllers. The animatedComponent is passed in as an argument to the constructor methods of the controllers so that they can attach themselves as keyboard and mouse event listeners. The userData instance is passed in to the SoundController constructor so that it can make the sound toggle change persistent.

```
public void  update ( JComponent  component )
///////////////////////////////////////////////////////////
{
  game.update ( );

  super.update ( component );
}
```

Main extends AnimatedApplet, which implements interface ComponentUpdater. The update(JComponent) method is overridden to drive the update() of the Game. This means that the game loop will be tied to the animation loop in this implementation. In a later chapter on multiplayer networking, these two loops will run separately.

```
public void  destroy ( )
///////////////////////////////////////////////////////////
{
  try
  {
    SerializableLib.save (
      userData,
      LATEST_FILENAME,
      BACKUP_FILENAME,
      FILE_CONTENTS_SPEC,
      ( Applet ) this,
      PERSISTENCE_KEY );
  }
  catch ( Exception  ex )
  {
    ex.printStackTrace ( );
  }

  super.destroy ( );
}
```

The destroy() method saves the modified userData and then delegates to the superclass implementation.

This ends the review of the source code of the example game Mars. You may want to use this architecture as a template for your own games, especially if your architecture needs to be scalable. If you want to dabble with this program as a warm-up, consider adding new entity types to the game to increase the number of model-to-model interaction possibilities.

Data-Driven Design

In my opinion, the best architecture is a reusable architecture. A *game engine* is a highly reusable architecture in which the game is almost entirely data-driven. New games can be developed by creating new content. The amount of custom code required is minimized.

What is the difference between code and content? Computer punch cards are usually considered code, whereas player piano music rolls are considered content even though they are both just sheets of paper with holes punched in them. A music file could be considered code in that it provides a sequence of instructions for causing a speaker to vibrate. A compressed image file is a set of heavily encoded instructions for lighting up pixels on the screen. A level map with monster data is a recipe for a very interesting set of interactions in a virtual world.

In my opinion, the only distinction between content and code is that content is created by content creators and code is created by coders. This means that the only real distinction is whether or not content creation tools are available for your game or game engine. You can provide image editors to create images and level editors to create level maps. Once you provide these tools, you have achieved data-driven design.

Scripting appears to be something in between content and code. I know that in the past, games written in other programming languages have used Java as the scripting language. What does this mean when the main component of the game is also written in Java? Scripting should probably be classified as code and easier tools for content creators to specify behaviors should be provided.

AnimationInit

I took the first few steps toward data-driven design by creating a class called `AnimationInit` in package `com.croftsoft.core.animation`. `AnimationInit` is a data object class that stores commonly used data parameters that are used to customize a game, such as background color, window size, frame title, and the like. An `ArrayComponentUpdater` and an `ArrayComponentPainter` store the animation objects. Though still under development and testing, static methods for saving and loading an `AnimationInit` instance to and from an XML file are provided using the JavaBeans XML encoding techniques described in Chapter 6. In theory, one should be able to create a unique game using an XML data editor with no additional code.

AnimatedApplet

Class `AnimatedApplet` from the same package uses an `AnimationInit` data object to initialize itself. The code common to most games is encapsulated in

AnimatedApplet while the game-specific content/code is provided by Animation-Init. AnimatedApplet was briefly introduced in Chapter 1 as the superclass for BasicsExample. It is now my preferred starting point for any new game I develop.

```
package com.croftsoft.core.animation;

[...]

public class  AnimatedApplet
  extends JApplet
  implements ComponentAnimator, Lifecycle
////////////////////////////////////////////////////////////////////////
////////////////////////////////////////////////////////////////////////
{

protected final AnimationInit      animationInit;

protected final AnimatedComponent  animatedComponent;

//

protected ArrayComponentUpdater  arrayComponentUpdater;

protected ArrayComponentPainter  arrayComponentPainter;
```

The AnimatedApplet contains an animatedComponent and is the Component-Animator that animates the animatedComponent. Normally the AnimatedApplet performs its duties as ComponentAnimator by delegating to the arrayComponent-Updater and the arrayComponentPainter, which might have been provided by the animationInit data object.

```
public static void  main ( String [ ]  args )
  throws Exception
//////////////////////////////////////////////////////////////////////
{
  AnimationInit  animationInit = null;

  if ( ( args == null    )
    || ( args.length < 1 ) )
  {
    animationInit = new AnimationInit ( );
  }
  else
```

```
  {
    animationInit = AnimationInit.load ( args [ 0 ] );
  }

  launch ( new AnimatedApplet ( animationInit ) );
}
```

Rather than subclassing `AnimatedApplet` to provide the `animationInit` data object, an instance of class `AnimatedApplet` can be launched directly by providing an `AnimationInit` XML data file name as a command-line argument.

```
public static void  launch ( AnimatedApplet  animatedApplet )
/////////////////////////////////////////////////////////////////////
{
  AnimationInit  animationInit = animatedApplet.animationInit;

  LifecycleWindowListener.launchAppletAsDesktopApp (
    animatedApplet,
    animationInit.getFrameTitle ( ),
    animationInit.getFrameIconFilename ( ),
    animatedApplet.getClass ( ).getClassLoader ( ),
    true, // useFullScreenToggler,
    animationInit.getFrameSize ( ),
    animationInit.getShutdownConfirmationPrompt ( ) );
}
```

Static method `launch()` can be used to launch an `animatedApplet` as a desktop application. Frame parameters are taken from the associated `animationInit`.

```
public  AnimatedApplet ( AnimationInit  animationInit )
/////////////////////////////////////////////////////////////////////
{
  NullArgumentException.check ( this.animationInit = animationInit );

  Double  frameRate = animationInit.getFrameRate ( );

  if ( frameRate == null )
  {
    animatedComponent = new AnimatedComponent ( this );
  }
  else
  {
```

```
      animatedComponent
        = new AnimatedComponent ( this, frameRate.doubleValue ( ) );
    }
  }
```

The main constructor method takes an `animationInit` argument. Optionally, this can be provided by the subclass constructor method as is done in `BasicsExample`.

```
public  AnimatedApplet ( )
///////////////////////////////////////////////////////////////////
{
  this ( new AnimationInit ( ) );
}
```

The no-argument constructor uses an `AnimationInit` instance with the default values.

```
public String  getAppletInfo ( )
///////////////////////////////////////////////////////////////////
{
  return animationInit.getAppletInfo ( );
}

public void  init ( )
///////////////////////////////////////////////////////////////////
{
  String  appletInfo = getAppletInfo ( );

  if ( appletInfo != null )
  {
    System.out.println ( appletInfo );
  }

  Color  backgroundColor = animationInit.getBackgroundColor ( );

  if ( backgroundColor != null )
  {
    animatedComponent.setBackground ( backgroundColor );
  }

  Color  foregroundColor = animationInit.getForegroundColor ( );

  if ( foregroundColor != null )
  {
```

```
    animatedComponent.setForeground ( foregroundColor );
  }

  Font  font = animationInit.getFont ( );

  if ( font != null )
  {
    animatedComponent.setFont ( font );
  }

  Cursor  cursor = animationInit.getCursor ( );

  if ( cursor != null )
  {
    animatedComponent.setCursor ( cursor );
  }

  arrayComponentUpdater = animationInit.getArrayComponentUpdater ( );

  arrayComponentPainter = animationInit.getArrayComponentPainter ( );

  if ( arrayComponentUpdater == null )
  {
    arrayComponentUpdater = new ArrayComponentUpdater ( );
  }

  if ( arrayComponentPainter == null )
  {
    arrayComponentPainter = new ArrayComponentPainter ( );
  }

  Container  contentPane = getContentPane ( );

  contentPane.setLayout ( new BorderLayout ( ) );

  contentPane.add ( animatedComponent, BorderLayout.CENTER );

  animatedComponent.init ( );

  validate ( );
}
```

The init() method uses the data in the animationInit data object to initialize the applet.

```
public void  start   ( ) { animatedComponent.start   ( ); }

public void  stop    ( ) { animatedComponent.stop    ( ); }

public void  destroy ( ) { animatedComponent.destroy ( ); }
```

The other lifecycle methods simply delegate to animatedComponent.

```
public void  update ( JComponent  component )
//////////////////////////////////////////////////////////////////////
{
  arrayComponentUpdater.update ( component );
}

public void  paint (
  JComponent  component,
  Graphics2D  graphics )
//////////////////////////////////////////////////////////////////////
{
  arrayComponentPainter.paint ( component, graphics );
}
```

Optionally, the update() and paint() methods can be overridden by a subclass.

```
public void  addComponentAnimator (
  ComponentAnimator  componentAnimator )
//////////////////////////////////////////////////////////////////////
{
  addComponentUpdater ( componentAnimator );

  addComponentPainter ( componentAnimator );
}

public void  addComponentPainter (
  ComponentPainter  componentPainter )
//////////////////////////////////////////////////////////////////////
{
  arrayComponentPainter.add ( componentPainter );
}

public void  addComponentUpdater (
  ComponentUpdater  componentUpdater )
//////////////////////////////////////////////////////////////////////
```

```
  {
    arrayComponentUpdater.add ( componentUpdater );
  }
```

Normally, however, the default behavior of `update()` and `paint()` of delegating to the `arrayComponentUpdater` and the `arrayComponentPainter` respectively is what is desired. Additional animation components can be added to these arrays after initialization using the convenience methods listed above.

Summary

This chapter on game architecture can be summarized with a number of design rules:

- Use interface references instead of concrete class references wherever possible.

- Avoid white box inheritance and use design by interface composition instead.

- Decompose your game into independent model, view, and controller components.

- Use a world class for creating, storing, and retrieving your game entity models.

- Split the model update phase of your game loop into separate prepare and update steps.

- Logic external to normal controller and model interactions belongs in the game class.

- A game should be able to play itself without views and controllers.

- The world view provides views for just the game entity models in the world.

- Everything else that is seen on the user interface screen is provided by the game view.

- The main class assembles the models, views, and controllers into a playable game.

- A data-driven architecture is highly reusable.

Further Reading

Grand, Mark. *Patterns in Java: A Catalog of Reusable Design Patterns Illustrated with UML*, 2nd edition, Vol. 1. Hoboken, NJ: John Wiley & Sons, 2002.

Gamma, Erich et al. "How Design Patterns Solve Design Problems." Section 1.6 in *Design Patterns: Elements of Reusable Object-Oriented Software*. Boston, MA: Addison-Wesley Publishing, 1995.

Rollings, Andrew and Dave Morris. "Game Architecture." Part III in *Game Architecture and Design*. Scottsdale, AZ: Coriolis Technology Press, 2000.

Further Reading

A* Algorithm

Most of the learning in use, is of no great use. —Benjamin Franklin

If you compare what academic research is doing in the field of Artificial Intelligence (AI) with what is actually practiced in the game programming industry, you may see very little overlap. For the most part, most programmers are just using what is expedient for their game AI even if this means just coding lots of plain if/then statements. Rather than integrate a rule-based expert system shell such as Jess, a more popular approach to game AI in practice is to use a publish-and-subscribe architecture to distribute state update events.[1] The if/then statements are then used to determine whether and how an actor should react to a particular event received.

Within my code library and my demonstration programs, you will find examples of using neural networks and a genetic algorithm. These experiments typically focus on making fight-or-flight decisions or deciding the best possible move in a hostile environment. While you may wish to dabble with these research techniques, you should be knowledgeable of one academic AI approach in particular that does enjoy widespread use within the game programming industry: the *A* algorithm.*

The A* algorithm is usually used in the context of path-finding around obstacles, but it can also be used in other types of games that require heuristic state space search, such as playing chess. It is often not used in simpler games such as tic-tac-toe since the number of moves are small enough that responses can be statically encoded as a reasonable number of if/then statements or a look-up table. A* thrives where the number of possible paths from start to goal are too numerous to pre-calculate or exhaustively explore in a reasonable amount of processing time.

The basic idea behind the algorithm is to figure out how to get from here to there, whether "there" is a location in virtual space or the winning move. The algorithm determines this by looking one step or move ahead in every direction from the current position under consideration and then estimating the remaining distance to the goal. Those paths that look the most promising are explored first. If an obstacle or dead end is encountered, less direct routes are then examined. The search process continues, one step at a time, until the goal is reached.

---

1. http://herzberg.ca.sandia.gov/jess/

Figure 8-1 shows an implementation of the A* algorithm in practice. The planned path is projected onto the view as red circles. In this scene, the tank in the upper right is planning a path around nearby obstacles in order to reach the enemy tank in the lower left. You can observe dynamic path planning in action by pressing the Mars game option key P to toggle the animated path projection. About 15 seconds after the last user input, the autopilot mode of the player tank will kick in and the A* demonstration will begin.

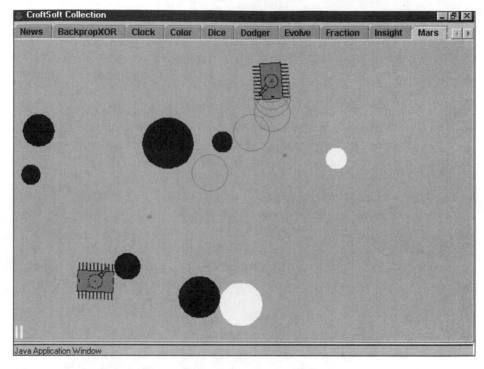

Figure 8-1. Path projection

The A* implementation used in the Mars demonstration was designed to be highly reusable so that you may employ it in your own games. The following describes the classes in the reusable A* package in detail and how they are integrated into the Mars game.

Cartographer

```
package com.croftsoft.core.ai.astar;

import java.util.Iterator;
```

```
public interface  Cartographer
//////////////////////////////////////////////////////////////////
//////////////////////////////////////////////////////////////////
{

public double  estimateCostToGoal ( Object  node );

public Iterator  getAdjacentNodes ( Object  node );

public double  getCostToAdjacentNode (
  Object  fromNode,
  Object  toNode );

public boolean  isGoalNode ( Object  node );
```

To make the A* algorithm implementation as reusable as possible, it is necessary to separate out the game-specific data and logic. An implementation of the interface Cartographer from package com.croftsoft.core.ai.astar maps the virtual world. It knows, for example, that from a given position you can go in all directions except east because that way is blocked. In a game of chess, a Cartographer could provide all of the legal moves given the current state of the board and knowledge about whose turn it is. It can tell you the difference in cost between going over a mountain in a chariot versus wheeling around it. It can also estimate how far you have to go and tell you when you have reached your destination. When you have more than one goal, such as seeking any available refueling station, the Cartographer will direct you to the nearest one.

NodeInfo

```
package com.croftsoft.core.ai.astar;

import com.croftsoft.core.lang.NullArgumentException;

public final class  NodeInfo
  implements Comparable
//////////////////////////////////////////////////////////////////
//////////////////////////////////////////////////////////////////
{

private final Object  node;

//
```

```
private double     costFromStart;

private NodeInfo   parentNodeInfo;

private double     totalCost;
```

In order to know whether one path is better than the other, you will need some basis for comparison. If you are traveling on a budget, you might figure out which path will get you from start to finish for the least amount of money. If you put a fair value on your time, however, you will also need to factor in the opportunity cost of taking a slower means of transport, such as a ship versus a plane. How you weigh these variables in terms of cost will determine the path you choose.

When you are faced with an overwhelming number of choices, calculating the total cost from start to finish for each possible path may not be feasible. For a given node in state space, you will know the costFromStart as you hop from one node to the next just one step at a time, since you must check for obstacles along the way. Which adjacent node to explore next is based upon the totalCost from start to finish, which can be estimated as the known costFromStart plus the estimated cost from that point to the goal.

Note that the totalCost is just an estimate. Further examination may indicate that the path from this point is more expensive or even completely blocked. It is only after you perform the step-by-step traversal in the search space to the goal that you know the true cost of travel from start to the goal.

Of course when you do find a path to the goal, you will need to remember the steps that you took to get there from the starting position. Variable parentNodeInfo provides a link to the previous step for that purpose.

```
public  NodeInfo ( Object  node )
////////////////////////////////////////////////////////////////////
{
  NullArgumentException.check ( this.node = node );
}

[...]

public int  compareTo ( Object  other )
////////////////////////////////////////////////////////////////////
{
  NodeInfo  otherNodeInfo = ( NodeInfo ) other;

  double  otherTotalCost = otherNodeInfo.totalCost;
```

```
if ( totalCost < otherTotalCost )
{
  return -1;
}

if ( totalCost > otherTotalCost )
{
  return 1;
}

return 0;
}
```

Once you have the estimated total cost, you can then make a reasonable comparison between one partial path and another and examine in more detail the one that looks the most promising first. Class NodeInfo implements interface Comparable method compareTo() for that purpose.

AStar

```
package com.croftsoft.core.ai.astar;

import java.util.*;

import com.croftsoft.core.lang.NullArgumentException;

public final class  AStar
//////////////////////////////////////////////////////////////////////
//////////////////////////////////////////////////////////////////////
{

private final Cartographer   cartographer;

private final List           openNodeInfoSortedList;

private final Map            nodeToNodeInfoMap;
```

The A* algorithm keeps a list of nodes that have yet to be explored. This list, openNodeInfoSortedList, is sorted by least total cost so that the most promising paths get the top priority. When presented with an adjacent node, it is possible that it has already been explored previously, as there is often more than one way to get to any given point. This can be determined by checking to see whether there is already a NodeInfo object associated with a given node in the nodeToNodeInfoMap.

```
private NodeInfo   bestNodeInfo;

private double     bestTotalCost;

private NodeInfo   goalNodeInfo;

private boolean    listEmpty;
```

As AStar searches, it may be interrupted at any time and asked to report. For this purpose, it maintains the information bestNodeInfo, bestTotalCost, goal-NodeInfo, and listEmpty.

```
public  AStar ( Cartographer  cartographer )
///////////////////////////////////////////////////////////////////
{
  NullArgumentException.check ( this.cartographer = cartographer );

  nodeToNodeInfoMap = new HashMap ( );

  openNodeInfoSortedList = new LinkedList ( );
}


///////////////////////////////////////////////////////////////////
///////////////////////////////////////////////////////////////////

public boolean  isGoalFound ( ) { return goalNodeInfo != null; }

public boolean  isListEmpty ( ) { return listEmpty; }

public Iterator  getPath ( )
///////////////////////////////////////////////////////////////////
{
  List  pathList = new LinkedList ( );

  NodeInfo  nodeInfo = goalNodeInfo;

  if ( nodeInfo == null )
  {
    nodeInfo = bestNodeInfo;
  }
```

```
  while ( nodeInfo != null )
  {
    NodeInfo  parentNodeInfo = nodeInfo.getParentNodeInfo ( );

    if ( parentNodeInfo != null )
    {
      pathList.add ( 0, nodeInfo.getNode ( ) );
    }

    nodeInfo = parentNodeInfo;
  }

  return pathList.iterator ( );
}
```

The getPath() method will use the parentNodeInfo link to backtrack from the goalNodeInfo to reconstruct the path from the first step right after the starting point. These nodes are then returned in forward order using an Iterator. Note that if the search was interrupted before a goal node was found, the bestNodeInfo will be used instead of the goalNodeInfo. This represents the best guess path to the goal up to that point in the progress of the search. Whereas the goalNodeInfo contains the node with the lowest actual costFromStart, the bestNodeInfo will contain the node with the lowest estimated totalCost discovered up to that point. You can call the isGoalFound() method to determine whether the returned path is to a goalNodeInfo or a bestNodeInfo.

```
public Object  getFirstStep ( )
///////////////////////////////////////////////////////////////
{
  NodeInfo  nodeInfo = goalNodeInfo;

  if ( nodeInfo == null )
  {
    nodeInfo = bestNodeInfo;
  }

  Object node = null;

  while ( nodeInfo != null )
  {
    NodeInfo  parentNodeInfo = nodeInfo.getParentNodeInfo ( );

    if ( parentNodeInfo != null )
    {
```

```
        node = nodeInfo.getNode ( );
    }

    nodeInfo = parentNodeInfo;
  }

  return node;
}
```

Sometimes you do not need the whole path but just the first step since the environment is continuously changing. After you have taken that first step, you will need to recalculate the path again since obstacles may have moved to block your old path since the previous calculation.

```
public void  reset ( Object  startNode )
////////////////////////////////////////////////////////////////////
{
  goalNodeInfo = null;

  listEmpty = false;

  openNodeInfoSortedList.clear ( );

  nodeToNodeInfoMap.clear ( );

  NodeInfo  nodeInfo = new NodeInfo ( startNode );

  nodeToNodeInfoMap.put ( startNode, nodeInfo );

  openNodeInfoSortedList.add ( nodeInfo );

  bestTotalCost = Double.POSITIVE_INFINITY;
}
```

If anything changes in your environment, you will need to reset the search data, even if your starting position remains the same. If you know that obstacles in your game do not move, however, you may be able to pre-calculate or cache node-to-node cost information.

```
public boolean  loop ( )
////////////////////////////////////////////////////////////////////
{
  if ( openNodeInfoSortedList.isEmpty ( ) )
  {
```

```
        listEmpty = true;

        return false;
    }
```

State space search can take a long time, often longer than what would be required to find the goal from a given starting position and still maintain the desired animation frame rate. For this reason, you will want to limit the number of nodes searched during a frame. Method loop() is called to search just one node at a time. It returns true if looping should continue. It returns false if the goal was found or there are no more nodes to search.

```
    NodeInfo   nodeInfo
        = ( NodeInfo ) openNodeInfoSortedList.remove ( 0 );

    Object   node = nodeInfo.getNode ( );

    if ( cartographer.isGoalNode ( node ) )
    {
      if ( ( goalNodeInfo == null )
         || ( nodeInfo.getCostFromStart ( )
            < goalNodeInfo.getCostFromStart ( ) ) )
      {
        goalNodeInfo = nodeInfo;
      }

      return false;
    }
```

The lowest estimated total cost node is popped off of the list and checked to see if it is a goal node. If it is, it may replace a previously discovered goal node as the goalNodeInfo if the costFromStart is less. This can happen when your world map has multiple goals and shortcut paths such as teleport jumps. Since a teleport jump point has a zero or reduced cost to travel between points, any estimate of the cost to goal from such a point using a straight distance measurement will be an overestimate. This will cause other nodes in the prioritized list to be searched first, possibly resulting in a goal node with a higher costFromStart being discovered first.

You can avoid this by never overestimating the cost to the goal. One simple way to guarantee this, even in a world where you have teleport jumps, is to have your estimateCostToGoal() method always return a value such as 0.0. In this case, the estimated totalCost will be equal to the known costFromStart plus zero, and the list of unexplored nodes will be prioritized based upon costFromStart alone. This will guarantee you that the first goal node found will have the lowest costFromStart. Unfortunately, however, when you do this the search will proceed much slower in most circumstances than if you had guided the search through the state space using some kind of estimate.

Ideally you do not have oddities in your world map such as teleport jumps, and your estimateCostToGoal() function never produces an overestimate of the actual cost. In this case you can be assured that there will not be another goal node in the state space with a lower costFromStart than the first goal node discovered by the A* algorithm. If there is just one goal in the state space, you can also be assured that the A* algorithm will return the path to it with the smallest costFromStart. In these circumstances, there is no need to continue looping the A* algorithm in search of a better path after the first goal node is found.

```
Iterator  iterator = cartographer.getAdjacentNodes ( node );

while ( iterator.hasNext ( ) )
{
  Object  adjacentNode = iterator.next ( );
```

If the current node from the prioritized list is not the goal node, the search continues. The getAdjacentNodes() method of the Cartographer is called to fetch those nodes adjacent to the current node. They are then processed one at a time.

```
double  newCostFromStart
  = nodeInfo.getCostFromStart ( )
  + cartographer.getCostToAdjacentNode ( node, adjacentNode );
```

The newCostFromStart for the adjacent node is the cost of the costFromStart to the current node plus the cost to go from the current node to the adjacent node. Unlike the estimate to the goal, this is the actual cost from the starting node and must be carefully calculated one step at a time.

```
NodeInfo  adjacentNodeInfo
  = ( NodeInfo ) nodeToNodeInfoMap.get ( adjacentNode );

if ( adjacentNodeInfo == null )
{
  adjacentNodeInfo = new NodeInfo ( adjacentNode );

  nodeToNodeInfoMap.put ( adjacentNode, adjacentNodeInfo );

  openNodeInfoSortedList.add ( adjacentNodeInfo );
}
```

If this is the first time the adjacent node has been seen, it is added to the list of unexplored nodes, openNodeInfoSortedList.

```
else if (
  adjacentNodeInfo.getCostFromStart ( ) <= newCostFromStart )
{
  continue;
}
```

If this is not the first time this adjacent node has been seen, there might have been a shorter path to get to it from the starting node that was discovered earlier in the search. If this is determined to be the case by comparing the old and newCostFromStart, the path from the current node to the adjacent node is known to be suboptimal and will no longer be pursued in the search.

```
adjacentNodeInfo.setParentNodeInfo ( nodeInfo );

adjacentNodeInfo.setCostFromStart ( newCostFromStart );

double  totalCost = newCostFromStart
  + cartographer.estimateCostToGoal ( adjacentNode );

adjacentNodeInfo.setTotalCost ( totalCost );
```

The adjacentNodeInfo is updated either because this is the first time the node has been explored or because the search found a shorter path to get this adjacent node from the current node.

```
if ( totalCost < bestTotalCost )
{
  bestNodeInfo = adjacentNodeInfo;

  bestTotalCost = totalCost;
}
```

If the estimated total cost from start to goal is less than what has been seen before, the adjacent node will be considered the best-guess path to the goal seen thus far.

```
    Collections.sort ( openNodeInfoSortedList );
  }

  return true;
}
```

Since the adjacent node was added to the list for the first time or had its
totalCost value updated, the list will need to be resorted. I assume that the sort-
ing operation using the default Collections sorting algorithm is fairly quick as
there will never be more than one element out of place, the one adjacentNodeInfo
being added or updated in the prioritized list at any given time.

The loop() method ends by returning true indicating that it should be called
again to continue searching for the goal if time permits.

AStarTest

```
package com.croftsoft.core.ai.astar;

import java.awt.Point;
import java.util.*;

import com.croftsoft.core.lang.NullArgumentException;
import com.croftsoft.core.lang.Testable;

public final class  AStarTest
  implements Cartographer, Testable
//////////////////////////////////////////////////////////////////////
//////////////////////////////////////////////////////////////////////
{
```

Class AStarTest tests the AStar implementation. It also serves as an initial
example of a Cartographer implementation.

```
private static final int  MIN_X = -10;

private static final int  MIN_Y = -10;

private static final int  MAX_X =  10;

private static final int  MAX_Y =  10;
```

Bounds are set on the world so that the search does not continue indefi-
nitely when the goal cannot be reached. This may occur when the goal, but not
the starting point, is completely blocked off by a wall of obstacles. In this case,
an exhaustive search will continue as long as there are nodes in the world that
have not yet been explored. No adjacent node outside of these minimum and
maximum limits will be returned.

```
    private final Set     blockedSet;

    private final Point  goalPoint;

    private final Point  jumpPoint;
```

AStarTest uses java.awt.Point as the basic state space node type. This suggests a two-dimensional tiled world since a Point stores x and y integer coordinates. Obstacles such as walls are stored as Point elements in the blockedSet. The jumpPoint, if present, is a special teleport node that has zero cost to reach the goalPoint no matter how far away it is. This is used to test AStar with world maps where the shortest path between two points is not the first path discovered.

```
    public static void  main ( String [ ]  args )
    ///////////////////////////////////////////////////////////////
    {
      System.out.println ( test ( args ) );
    }

    public static boolean  test ( String [ ]  args )
    ///////////////////////////////////////////////////////////////
    {
      try
      {
        // Finds its way around a wall.

        AStarTest  aStarTest1 = new AStarTest (
          new Point ( 4, 0 ),
          new Point [ ] {
            new Point ( 1,  1 ),
            new Point ( 1,  0 ),
            new Point ( 1, -1 ) } );

        [...]

        // Goal clear on right but teleport jump on left closer.

        AStarTest  aStarTest5 = new AStarTest (
          new Point ( MAX_X, 0 ),
          new Point [ 0 ],
          new Point ( -3, 0 ) );

        return test ( aStarTest1 )
```

```
            [...]
            &&    test ( aStarTest5 );
      }
      catch ( Exception   ex )
      {
        ex.printStackTrace ( );

        return false;
      }
  }
```

Tests include finding a path around a wall to the goal, terminating gracefully when the starting point or the goal point are completely enclosed by walls, using a teleport jump to reach a goal enclosed by walls, finding a direct path to the goal, and then finding a shorter path by going in the opposite direction to a teleport jump.

```
public static boolean  test ( AStarTest  aStarTest )
///////////////////////////////////////////////////////////////////////
{
  System.out.println ( "Testing..." );

  AStar  aStar = new AStar ( aStarTest );

  aStar.reset ( new Point ( 0, 0 ) );

  while ( true )
  {
    aStar.loop ( );

    if ( aStar.isListEmpty ( ) )
    {
      break;
    }
  }

  System.out.println ( "goalFound:  " + aStar.isGoalFound ( ) );

  Iterator  iterator = aStar.getPath ( );

  while ( iterator.hasNext ( ) )
  {
    System.out.println ( iterator.next ( ) );
```

```
        }

     return true;
   }
```

This `test()` method will continue looping until all possible nodes have been explored. It will then report whether the goal was found and display the path. Note that normally you would exit the loop when the first goal node is found or after some maximum number of loops. An exhaustive search is performed in this method for the purpose of testing the discovery of shorter paths that use the teleport jumps.

```
public double  estimateCostToGoal ( Object  node )
////////////////////////////////////////////////////////////////
{
   return getCostToAdjacentNode ( node, goalPoint );
}
```

Method `estimateCostToGoal()` simply delegates to `getCostToAdjacentNode()` using `goalPoint` as the `toNode` argument.

```
public Iterator  getAdjacentNodes ( Object  node )
////////////////////////////////////////////////////////////////
{
   Point  nodePoint = ( Point ) node;

   int  x = nodePoint.x;

   int  y = nodePoint.y;

   List  list = new ArrayList ( );

   if ( nodePoint.equals ( jumpPoint ) )
   {
     list.add ( goalPoint );

     return list.iterator ( );
   }

   for ( int  offsetX = -1; offsetX < 2; offsetX++ )
   {
     for ( int  offsetY = -1; offsetY < 2; offsetY++ )
     {
       if ( ( offsetX == 0 )
         && ( offsetY == 0 ) )
```

```
       {
         continue;
       }

       int  newX = x + offsetX;

       int  newY = y + offsetY;

       if ( ( newX < MIN_X )
         || ( newY < MIN_Y )
         || ( newX > MAX_X )
         || ( newY > MAX_Y ) )
       {
         continue;
       }

       Point  point = new Point ( newX, newY );

       if ( !blockedSet.contains ( point ) )
       {
         list.add ( point );
       }
     }
   }

   return list.iterator ( );
 }
```

Method getAdjacentNodes() simply returns the adjacent tiles in the eight cardinal directions unless they are blocked by walls or are outside the bounds of the world. If the current node is the teleport jumpPoint, the goalPoint is returned as the adjacent node.

```
public double  getCostToAdjacentNode (
  Object  fromNode,
  Object  toNode )
///////////////////////////////////////////////////////////////////////
{
  if ( fromNode.equals ( jumpPoint ) )
  {
    return 0.0;
  }

  return ( ( Point ) fromNode ).distance ( ( Point ) toNode );
}
```

The cost to an adjacent node is simply the distance between the two points unless the fromNode is the teleport jumpPoint.

If the A* algorithm were being used to play a game of chess instead of moving entities through a virtual space, the cost from start could be measured in the number of moves to get the imagined board state under consideration. The estimated cost to goal could then be a judgment of the number of moves to victory from that position, based upon the relative strengths of the pieces remaining on the board. I am not saying that the A* algorithm is the best algorithm to use to play a game of chess, but I do want to make the point that it is fairly general-purpose as heuristic state space search algorithms go.

```java
public boolean  isGoalNode ( Object   node )
////////////////////////////////////////////////////////////////////
{
  return ( ( Point ) node ).equals ( goalPoint );
}
```

Method isGoalNode() uses an equality check instead of an identity check for the test since new instances of the adjacent points are created in method getAdjacentNodes(). One optimization might be to pre-allocate all of the search node objects when the game starts so that they do not have to be newly created each time your getAdjacentNodes() method is called. You might want to do this when the number of total nodes that could be in your state space is of a reasonable size.

It is feasible that you could have a small number of state space nodes but an unreasonably large number of possible paths between them. Suppose for example that each node is adjacent to almost every other node. With three nodes, the number of possible paths between point A and point C is two: A-C and A-B-C. With four nodes, the number of paths between A and D is five: A-D, A-B-D, A-B-C-D, A-C-D, A-C-B-D. With five nodes, the number of paths is much larger. In this case the number of state space nodes is small enough to permit pre-allocation of all node objects even though the number of paths is so large, cannot be exhaustively explored, and must be traversed using heuristic search.

SpaceTester

```java
package com.croftsoft.core.ai.astar;

import com.croftsoft.core.math.geom.PointXY;
```

```
public interface  SpaceTester
//////////////////////////////////////////////////////////////////
//////////////////////////////////////////////////////////////////
{

public boolean  isSpaceAvailable ( PointXY  pointXY );
```

Interface SpaceTester defines a method that tests whether a point in two-dimensional real space is clear of obstacles such as walls. It can also return false if a node falls outside of the bounds of the world.

GridCartographer

```
package com.croftsoft.core.ai.astar;

import java.util.*;

import com.croftsoft.core.lang.NullArgumentException;
import com.croftsoft.core.math.geom.Point2DD;
import com.croftsoft.core.math.geom.PointXY;

public final class  GridCartographer
  implements Cartographer
//////////////////////////////////////////////////////////////////
//////////////////////////////////////////////////////////////////
{
```

GridCartographer is an example of a Cartographer implementation that is tailored for 2D worlds with floating point coordinates. It uses an implementation of SpaceTester to determine whether a node is clear or not. This makes Grid-Cartographer highly reusable.

```
public static final double  DEFAULT_STEP_SIZE = 1.0;
```

A world in real space that is not broken up into tiles with integer coordinates provides special challenges for the A* algorithm, as there are an infinite number of possible state space search nodes. GridCartographer approaches this problem by overlaying a rectangular grid with a DEFAULT_STEP_SIZE of 1.0 between adjacent nodes.

```
private final List        adjacentList;

private final double      stepSize;
```

```
private final SpaceTester  spaceTester;

//

private PointXY  goalPointXY;

//////////////////////////////////////////////////////////////////
//////////////////////////////////////////////////////////////////

public  GridCartographer (
  SpaceTester  spaceTester,
  double       stepSize )
//////////////////////////////////////////////////////////////////
{
  NullArgumentException.check ( this.spaceTester = spaceTester );

  this.stepSize = stepSize;

  adjacentList = new ArrayList ( );
}

public  GridCartographer ( SpaceTester  spaceTester )
//////////////////////////////////////////////////////////////////
{
  this (
    spaceTester,
    DEFAULT_STEP_SIZE );
}
```

The main constructor allows you to set the stepSize to any value you choose, such as 0.001 or 40.0. When the stepSize is small, A* will do a better job at finding a direct path to the goal but it will take longer and use up more memory in the process.

```
public void  setGoalPointXY ( PointXY  goalPointXY )
//////////////////////////////////////////////////////////////////
{
  NullArgumentException.check ( this.goalPointXY = goalPointXY );
}
```

```
/////////////////////////////////////////////////////////////////
// interface Cartographer methods
/////////////////////////////////////////////////////////////////

public double  estimateCostToGoal ( Object  node )
/////////////////////////////////////////////////////////////////
{
  return ( ( PointXY ) node ).distanceXY ( goalPointXY );
}

public Iterator  getAdjacentNodes ( Object  node )
/////////////////////////////////////////////////////////////////
{
  PointXY  pointXY = ( PointXY ) node;

  adjacentList.clear ( );

  double  distanceToGoal = pointXY.distanceXY ( goalPointXY );

  if ( distanceToGoal <= stepSize )
  {
    adjacentList.add ( goalPointXY );

    return adjacentList.iterator ( );
  }

  double  x = pointXY.getX ( );

  double  y = pointXY.getY ( );

  for ( int  ix = -1; ix < 2; ix++ )
  {
    for ( int  iy = -1; iy < 2; iy++ )
    {
      if ( ( ix == 0 )
        && ( iy == 0 ) )
      {
        continue;
      }

      PointXY  step = new Point2DD (
        ( ( int ) ( x / stepSize ) + ix ) * stepSize,
        ( ( int ) ( y / stepSize ) + iy ) * stepSize );
```

```
       if ( spaceTester.isSpaceAvailable ( step ) )
       {
         adjacentList.add ( step );
       }
     }
   }

   return adjacentList.iterator ( );
 }
```

When the distanceToGoal is less than or equal to the stepSize, the goal-PointXY is returned as an adjacent node. This is because the goalPointXY may not fall exactly on the intersection of the grid lines. The adjacent nodes in all eight of the cardinal directions are returned so long as the SpaceTester indicates that they are clear of obstacles or fall within the bounds of the world.

Note that the coordinate values for the adjacent points are rounded to multiples of the stepSize to prevent accumulation error. If the stepSize were simply added and subtracted instead, values such as 1.500001 would not be treated the same as 1.5. This would lead to a node being explored twice by the A* algorithm.

```
public double  getCostToAdjacentNode (
  Object  fromNode,
  Object  toNode )
//////////////////////////////////////////////////////////////////////
{
  return ( ( PointXY ) fromNode ).distanceXY ( ( PointXY ) toNode );
}

public boolean  isGoalNode ( Object  node )
//////////////////////////////////////////////////////////////////////
{
  return goalPointXY.distanceXY ( ( PointXY ) node ) == 0.0;
}
```

A distance measure is used instead of an equality check since the goal-PointXY may be of a different class than that of the node argument, even though they both implement interface PointXY.

GradientCartographer

In my experiments, GradientCartographer is a variation on GridCartographer that seems to find the goal quicker. This means that we can achieve better path-finding while still maintaining high frame rates. Instead of using an evenly-spaced rectangular grid, adjacent nodes are positioned in a ring around the current node with a variable radius. As the distance between the starting point and the current node increases, the distance between adjacent nodes increases. This permits fine node resolution in the immediate vicinity of the starting point and more coarse resolution as you move away. The effect is that the planned path will carefully pick its way around nearby obstacles but make giant leaps as you get farther out in order to target the goal faster (see Figure 8-2).

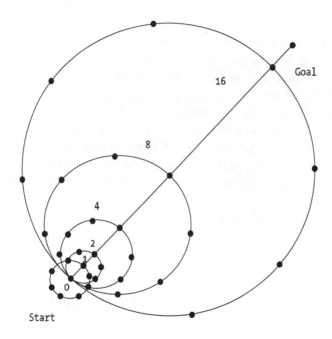

Figure 8-2. Gradient node spacing

```
package com.croftsoft.core.ai.astar;

[...]

public final class  GradientCartographer
  implements Cartographer
////////////////////////////////////////////////////////////////////////
////////////////////////////////////////////////////////////////////////
{
```

```
public static final double  DEFAULT_INIT_STEP_SIZE = 1.0;

public static final int     DEFAULT_DIRECTIONS     = 8;

//

private final List          adjacentList;

private final double        initStepSize;

private final SpaceTester   spaceTester;

private final int           directions;

//

private PointXY  startPointXY;

private PointXY  goalPointXY;
```

The initStepSize is the initial radius between the starting point, startPointXY, and the innermost ring of adjacent nodes. Variable directions is the number of nodes in a ring. You will want at least three directions if you want to be able to search the entire two-dimensional plane. The default value is eight, the same as in GridCartographer.

[...]

```
public Iterator  getAdjacentNodes ( Object  node )
///////////////////////////////////////////////////////////////////
{
  PointXY  pointXY = ( PointXY ) node;

  adjacentList.clear ( );

  double  distanceToGoal = pointXY.distanceXY ( goalPointXY );

  double  distanceFromStart = pointXY.distanceXY ( startPointXY );

  double  stepSize
    = ( ( int ) ( distanceFromStart / initStepSize ) ) * initStepSize;

  stepSize = Math.max ( stepSize, initStepSize );
```

```
if ( distanceToGoal <= stepSize )
{
  adjacentList.add ( goalPointXY );

  return adjacentList.iterator ( );
}
```

The stepSize is about equal to the distanceFromStart, rounded down to a multiple of the initStepSize. It is then checked to make sure it is at least initStepSize to prevent an initial zero-length step size. Overshoot is prevented by the check to see if the distanceToGoal is less than or equal to the stepSize.

```
double   x = pointXY.getX ( );

double   y = pointXY.getY ( );

double   headingToGoal = Math.atan2 (
  goalPointXY.getY ( ) - y,
  goalPointXY.getX ( ) - x );

for ( int   i = 0; i < directions; i++ )
{
  double   heading = headingToGoal + i * 2.0 * Math.PI / directions;

  PointXY   step = new Point2DD (
    x + stepSize * Math.cos ( heading ),
    y + stepSize * Math.sin ( heading ) );

  if ( spaceTester.isSpaceAvailable ( step ) )
  {
    adjacentList.add ( step );
  }
}

return adjacentList.iterator ( );
}
```

Instead of using the eight cardinal directions, a number of adjacent points are evenly distributed about the ring that is centered on the current node. The first adjacent point will be in the same heading as the goal to reduce the amount of wobbling in the path.

TankConsole

```
package com.croftsoft.apps.mars.ai;

import java.awt.Shape;

import com.croftsoft.core.ai.astar.SpaceTester;
import com.croftsoft.core.math.geom.PointXY;

import com.croftsoft.apps.mars.model.TankAccessor;

public interface  TankConsole
  extends TankAccessor, SpaceTester
//////////////////////////////////////////////////////////////////////
//////////////////////////////////////////////////////////////////////
{

public int     getAmmo              ( );

public double  getBodyHeading       ( );

public double  getBodyRotationSpeed ( );

public Shape   getShape             ( );

public double  getTankSpeed         ( );

public double  getTurretHeading     ( );

//////////////////////////////////////////////////////////////////////
//////////////////////////////////////////////////////////////////////

public PointXY  getClosestAmmoDumpCenter  ( );

public PointXY  getClosestEnemyTankCenter ( );

//

public void  fire ( );

public void  go ( PointXY  destination );

public void  rotateTurret ( PointXY  targetPointXY );
```

Game-specific class `TankConsole` from package `com.croftsoft.apps.mars.ai` provides a limited interface to a `Tank` implementation. When I create my game-specific AI classes, I like to create an *operator console* interface to my model classes that provides just a subset of the accessor and mutator methods available. This serves to remind me just what information is accessible to my AI and what controls they can manipulate, i.e., the sensors and effectors. Ideally the information for an AI-driven enemy should be limited to what a player has at his disposal. Likewise, the range of controls should be the same if the player is not to feel like the AI is cheating.

Note that the `TankConsole` implements interface `SpaceTester` to determine whether a particular location is clear or blocked. This is the modeled equivalent of looking out the tank window to see if there is anything in your way. Many within the field of research AI criticize computer simulation, as it often takes shortcuts that you would not have available if you were implementing your AI in a robot. For example, instead of a boolean value returned from a method such as `isSpaceAvailable()`, the camera on a robot might return an array of pixel data. It would then be up to the AI to interpret this image to decide whether the path is clear.

I think that there is a future for computer simulation in robotics AI research. It has the advantage that you can perform your AI training and testing in accelerated simulated time in multiple virtual worlds running on many distributed computers simultaneously. Care must be taken, however, to ensure that the operator console interface in the simulation is no different from the operator console interface used in a robot. Ideally, you should be able to train your AI in a virtual world and then transfer it to a robot without it noticing the difference, so long as your simulated inputs are realistic.

TankOperator

```
package com.croftsoft.apps.mars.ai;

import java.util.*;

import com.croftsoft.core.math.geom.PointXY;

public interface  TankOperator
//////////////////////////////////////////////////////////////////////
//////////////////////////////////////////////////////////////////////
{

public void  fire ( );
```

```
public void  go ( PointXY  destination );

public void  setTankConsole ( TankConsole  tankConsole );

public void  update ( double  timeDelta );

public Iterator  getPath ( );
```

An implementation of interface TankOperator operates a Tank instance via a TankConsole. It does this whenever its update() method is called within the game loop. The getPath() method is provided so that we can display the planned path of a TankOperator.

The fire() and go() commands are used by another entity such as a tank commander or the player to override or complement the AI of the TankOperator. These commands may be relayed by the TankOperator to the TankConsole. For example, a tank commander might radio in a rendezvous point to the Tank-Operator. The TankOperator might then use its AI to guide the tank around obstacles to the final destination by presenting the TankConsole with one intermediate step at a time.

StateSpaceNode

```
package com.croftsoft.apps.mars.ai;

import com.croftsoft.core.math.geom.Point2DD;
import com.croftsoft.core.math.geom.PointXY;

public final class  StateSpaceNode
//////////////////////////////////////////////////////////////////////
//////////////////////////////////////////////////////////////////////
{

private final Point2DD  point2DD;

//

private double  heading;
```

In the previous A* implementation examples, we used two dimensional integer or real points as the state space node representation. In the Mars game, however, we need to track both the point in space plus the tank body heading.

This is because the tank must turn in the direction that it is going before it can move. This rotation time must be factored in when calculating paths to the goal.

```
[...]

public double  distance ( StateSpaceNode  otherStateSpaceNode )
/////////////////////////////////////////////////////////////////
{
  return point2DD.distance ( otherStateSpaceNode.point2DD );
}

public double  rotation ( StateSpaceNode  otherStateSpaceNode )
/////////////////////////////////////////////////////////////////
{
  double  otherHeading = otherStateSpaceNode.heading;

  double  headingDelta = otherHeading - heading;

  if ( headingDelta < -Math.PI )
  {
    headingDelta = ( otherHeading + 2.0 * Math.PI ) - heading;
  }
  else if ( headingDelta > Math.PI )
  {
    headingDelta = ( otherHeading - 2.0 * Math.PI ) - heading;
  }

  return headingDelta;
}
```

A Mars game AI StateSpaceNode provides two measures of distance in state space. One is the normal distance in Cartesian coordinate virtual space. The other is the amount of rotation required to shift from one heading to the other.

TankCartographer

```
package com.croftsoft.apps.mars.ai;

[...]
```

```
public final class  TankCartographer
  implements Cartographer
////////////////////////////////////////////////////////////////////
////////////////////////////////////////////////////////////////////
{

[...]

public double  getCostToAdjacentNode (
  Object  fromNode,
  Object  toNode )
////////////////////////////////////////////////////////////////////
{
  StateSpaceNode  fromStateSpaceNode = ( StateSpaceNode ) fromNode;

  StateSpaceNode  toStateSpaceNode  = ( StateSpaceNode ) toNode;

  double  rotation = fromStateSpaceNode.rotation ( toStateSpaceNode );

  rotation = Math.abs ( rotation );

  double  bodyRotationSpeed = tankConsole.getBodyRotationSpeed ( );

  double  rotationTime = rotation / bodyRotationSpeed;

  double  travelTime = calculateTravelTime ( fromNode, toNode );

  double  totalTime = travelTime + rotationTime;

  return totalTime;
}

[...]

private double  calculateTravelTime (
  Object  fromNode,
  Object  toNode )
////////////////////////////////////////////////////////////////////
{
  StateSpaceNode  fromStateSpaceNode = ( StateSpaceNode ) fromNode;

  StateSpaceNode  toStateSpaceNode  = ( StateSpaceNode ) toNode;
```

```
      double   distance = fromStateSpaceNode.distance ( toStateSpaceNode );

      return distance / tankConsole.getTankSpeed ( );
   }
```

TankCartographer uses the same technique for finding adjacent points as used in GradientCartographer. The value returned from getCostToAdjacentNode() differs, however, since the time to change heading, not just the distance traveled, is also a factor. The cost from one state space node to another is calculated by converting the distance into travel time and adding the rotation time. If you use distance as your measure of cost, the A* algorithm will plan a path to the goal that minimizes distance. This may require many ponderously slow changes in heading along the way. If you use time as your measure of cost, the A* algorithm will plan a path that gets the tank to the goal fastest. This may increase the total distance traveled as the journey will be divided into longer straight-line segments.

DefaultTankOperator

```
      package com.croftsoft.apps.mars.ai;

      [...]

      public final class  DefaultTankOperator
        implements TankOperator, Serializable
      //////////////////////////////////////////////////////////////////////
      //////////////////////////////////////////////////////////////////////
      {

      private static final long  serialVersionUID = 0L;

      /** Probability of firing during one second of time. */
      private static final double  FIRING_PROBABILITY = 1.0;

      /** Probability of drifting during one second of time. */
      private static final double  DRIFT_PROBABILITY  = 0.1;

      private static final int      A_STAR_LOOPS = 100;

      private static final double  STEP_SIZE = 10.0;

      private static final int      DIRECTIONS = 8;
```

DefaultTankOperator is the default TankOperator implementation that controls the enemy tanks that oppose the player. It limits the maximum number of A* loops during a single update to 100 so that the computation time is not excessive.

```
[...]

public  DefaultTankOperator ( Random  random )
//////////////////////////////////////////////////////////////////////
{
   NullArgumentException.check ( this.random = random );

   center       = new Point2DD ( );

   destination = new Point2DD ( );

   tankCartographer = new TankCartographer ( STEP_SIZE, DIRECTIONS );

   aStar = new AStar ( tankCartographer );

   startStateSpaceNode = new StateSpaceNode ( );
}
```

The constructor method initializes an AStar instance with a TankCartographer.

```
[...]

public void  update ( double  timeDelta )
//////////////////////////////////////////////////////////////////////
{
   ShapeLib.getCenter ( tankConsole.getShape ( ), center );

   enemyCenter = tankConsole.getClosestEnemyTankCenter ( );

   tankConsole.rotateTurret ( enemyCenter );
```

The update() method keeps the gun of the tank aimed at the nearest enemy regardless of the current heading of the tank body.

```
   if ( tankConsole.getAmmo ( ) < 1.0 )
   {
     PointXY  ammoDumpCenter
       = tankConsole.getClosestAmmoDumpCenter ( );
```

```
      if ( ammoDumpCenter != null )
      {
        tankConsole.go ( getFirstStep ( ammoDumpCenter ) );
      }

      return;
    }
```

If the tank is out of ammunition, it will seek an ammunition dump. It calls the private method getFirstStep() to determine how to get there.

```
      if ( enemyCenter != null )
      {
        tankConsole.go ( getFirstStep ( enemyCenter ) );

        if ( random.nextDouble ( ) < timeDelta * FIRING_PROBABILITY )
        {
          tankConsole.fire ( );
        }

        return;
      }
```

Otherwise it will head toward the nearest enemy tank, firing as it goes. Note that the chance of firing, the FIRING_PROBABILITY, is given in terms of cumulative probability per second. The timeDelta, however, will often be much less than a second as it is the reciprocal of the frame rate. Simply multiplying the cumulative probability per second by timeDelta to get the adjusted probability is not very accurate. To see what I mean, consider a firing probability of 50 percent per second. If the timeDelta is half a second, the adjusted probability would be 25 percent for that period. In 2 half seconds, the probability of the tank not firing at least once would be 75 percent squared or 56.25 percent. To figure out what the adjusted firing probability should be for the given timeDelta to make the cumulative probability of firing or not firing equal to 50 percent, you would need to use a formula that makes logarithm and antilogarithm function calls.

If the firing probability per second is a much smaller 10 percent instead of 50 percent, the adjusted firing probability per half second would be 5 percent. In 2 half seconds, the probability of not firing would be 95 percent squared or 90.25 percent. The probability of firing at least once in 2 half seconds, then, would be 9.75 percent, which is pretty close to 10 percent. If you drop the cumulative firing probability down to 1 percent per second, the probability of firing at least once in 2 half seconds is 0.9975 percent, just 0.0025 percent away from

1 percent. Since the relative error in the adjusted probability is small for the smaller cumulative probabilities, you may just want to use the simple multiplication technique shown here instead of the more complicated formula.

```
if ( random.nextDouble ( ) < timeDelta * DRIFT_PROBABILITY )
{
  destination.setXY (
    center.x + 2 * random.nextDouble ( ) - 1,
    center.y + 2 * random.nextDouble ( ) - 1 );

  tankConsole.go ( destination );
}

if ( random.nextDouble ( ) < timeDelta * FIRING_PROBABILITY )
{
  tankConsole.fire ( );
}
}
```

If the tank is not out of ammunition and it cannot locate an enemy tank to hunt, it will randomly patrol the area, firing at nothing in particular.

```
[...]

private PointXY  getFirstStep ( PointXY  destination )
/////////////////////////////////////////////////////////////////
{
  NullArgumentException.check ( destination );

  startStateSpaceNode.setPointXY ( center );

  startStateSpaceNode.setHeading ( tankConsole.getBodyHeading ( ) );

  tankCartographer.setStartStateSpaceNode ( startStateSpaceNode );

  aStar.reset ( startStateSpaceNode );

  tankCartographer.setGoalPointXY ( destination );
```

Private method getFirstStep() begins by initializing the startSpaceNode to the current tank position and heading. It then resets the A* search and informs the tankCartographer of the current destination to use as the goal. If obstacles in the virtual world were not continuously moving around and the starting point and the goal did not change, there would be no need to reset the search from update to update. This could be advantageous when you want to spread the search for the goal out over multiple update phases to give the AI more time to think.

```
for ( int  i = 0; i < A_STAR_LOOPS; i++ )
{
  if ( !aStar.loop ( ) )
  {
    break;
  }
}
```

The A* search will search up to A_STAR_LOOPS state space nodes for the goal. It will never be able to do a completely exhaustive search, no matter how big A_STAR_LOOPS is, because the size of the world is infinite. Unlike the AStarTest implementation of interface Cartographer, TankCartographer does not limit the adjacent nodes to just those that fall within a set area. If the goal is completely enclosed by obstacles such that there is no path to it from the starting point, the only way the loop will exit is when the limit is reached.

```
if ( !aStar.isGoalFound ( ) )
{
  return destination;
}
```

If the goal was not found, the final destination is returned as the first step. This means that the tank will simply move directly toward the goal if it cannot find a complete path to it in the calculation time allotted. This is a reasonable strategy, as this is often the best move anyway. Once the tank is closer, it may be able to find a path.

```
StateSpaceNode   stateSpaceNode
  = ( StateSpaceNode ) aStar.getFirstStep ( );

if ( stateSpaceNode == null )
{
  return destination;
}

return stateSpaceNode.getPointXY ( );
}
```

If the goal was found, the AStar instance is queried for the first step. Recall that the AStar implementation may return null even though the goal was found if the starting point and the goal point are at the same location. This is because the first step always skips the starting point.

PlayerTankOperator

The `PlayerTankOperator` controls the tank belonging to the player via a `TankConsole` interface.

```
package com.croftsoft.apps.mars.ai;

import java.util.*;

import com.croftsoft.core.lang.NullArgumentException;
import com.croftsoft.core.math.geom.Point2DD;
import com.croftsoft.core.math.geom.PointXY;
import com.croftsoft.core.math.geom.ShapeLib;
import com.croftsoft.core.util.NullIterator;

public final class  PlayerTankOperator
  implements TankOperator
//////////////////////////////////////////////////////////////////////
//////////////////////////////////////////////////////////////////////
{

/** milliseconds */
private static final long  AUTO_PILOT_DELAY = 15 * 1000;

//

private final TankOperator     autoPilotTankOperator;
```

The `autoPilotTankOperator` will take control after 15 seconds of inactivity by the player. This is just an interface reference to an instance of `DefaultTankOperator`.

```
private final List             pathList;

private final StateSpaceNode   stateSpaceNode;
```

Interface `TankOperator` provides a `getPath()` method, which is used to return an `Iterator` containing `StateSpaceNode` instances in the planned path for visual projection on the screen. When the player is controlling the tank manually via mouse input to the TankController, there is only a single stateSpaceNode in the pathList.

```java
private TankConsole   tankConsole;

private boolean       autoPilotMode;

private boolean       fireRequested;

private PointXY       destination;

private boolean       destinationRequested;

private long          lastInputTime;

///////////////////////////////////////////////////////////////////////
///////////////////////////////////////////////////////////////////////

public  PlayerTankOperator ( TankOperator  autoPilotTankOperator )
///////////////////////////////////////////////////////////////////////
{
  NullArgumentException.check (
    this.autoPilotTankOperator = autoPilotTankOperator );

  pathList = new ArrayList ( 1 );

  stateSpaceNode = new StateSpaceNode ( );

  pathList.add ( stateSpaceNode );

  lastInputTime = System.currentTimeMillis ( );
}


///////////////////////////////////////////////////////////////////////
///////////////////////////////////////////////////////////////////////

public void  fire ( )
///////////////////////////////////////////////////////////////////////
{
  fireRequested = true;
}

public void  go ( PointXY  destination )
///////////////////////////////////////////////////////////////////////
```

```
{
  destinationRequested = true;

  this.destination = destination;

  stateSpaceNode.setPointXY ( destination );
}
```

When the `TankController` receives mouse and keyboard inputs, it will call the `fire()` and `go()` methods of `PlayerTankOperator`. The `PlayerTankOperator` does not process these requests right away but instead waits until the `update()` method is called. This is to prevent `Tank` model state from being updated at any time other than the update phase of the game loop.

```
public Iterator  getPath ( )
///////////////////////////////////////////////////////////////////
{
  if ( autoPilotMode )
  {
    return autoPilotTankOperator.getPath ( );
  }

  if ( destination == null )
  {
    return NullIterator.INSTANCE;
  }

  return pathList.iterator ( );
}

[...]

public void  update ( double  timeDelta )
///////////////////////////////////////////////////////////////////
{
  if ( fireRequested || destinationRequested )
  {
    autoPilotMode = false;

    lastInputTime = System.currentTimeMillis ( );

    if ( fireRequested )
    {
      tankConsole.fire ( );
```

```
        fireRequested = false;
      }

      if ( destinationRequested )
      {
        tankConsole.go ( destination );

        tankConsole.rotateTurret ( destination );

        destinationRequested = false;
      }
    }
    else if ( autoPilotMode )
    {
      autoPilotTankOperator.update ( timeDelta );
    }
    else if (
      System.currentTimeMillis ( ) > lastInputTime + AUTO_PILOT_DELAY )
    {
      autoPilotMode = true;
    }
  }
```

If the user moves the mouse or presses a key while the PlayerTankOperator is in autoPilotMode, manual control is reestablished until another 15 seconds of inactivity has elapsed.

Summary

The A* algorithm is primarily used in game programming for finding paths around obstacles to the destination, but can also be used in any situation that requires heuristic state space search. In this chapter I documented in detail a Java implementation of the A* algorithm. The reusability of this implementation was increased by separating out the game-specific logic and world data as an implementation of the interface Cartographer. The total processing time per animation frame allocated to the state space search can be controlled by limiting the number of calls to the AStar loop() method. Gradient spacing between dynamically generated adjacent nodes can be used to decrease search time. A* path planning in a 2D continuous space with non-stationary obstacles was demonstrated visually using the path projection option in the Mars game.

Further Reading

Bigus, Joseph P. and Jennifer Bigus. *Constructing Intelligent Agents Using Java*, 2nd edition. Hoboken, NJ: John Wiley & Sons, 2001.

DeLoura, Mark (ed.). "The Basics of A* for Path Planning." Chapter 3.3 in *Game Programming Gems*. Hingham, MA: Charles River Media, 2000.

Laird, John E. and Michael van Lent. "Human-Level AI's Killer Application: Interactive Computer Games." *AI Magazine*, Summer 2001.

Luger, George F. and William A. Stubblefield. "Heuristic Search." Chapter 4 in *Artificial Intelligence: Structures and Strategies for Complex Problem Solving*, 2nd edition. San Francisco, CA: Benjamin/Cummings Publishing Co., 1993.

Watson, Mark. *Intelligent Java Applications for the Internet and Intranets*. San Francisco, CA: Morgan Kaufmann Publishers, 1997.

CHAPTER 9

HTTP Tunneling

*They that can give up essential liberty to obtain a little temporary
safety deserve neither liberty nor safety. —Benjamin Franklin*

Network security *firewalls* create special challenges for the network game pro-
grammer. Firewalls may block all network connections except for outgoing web
browser requests and their responses. As firewalls are becoming more common
both at work and at home, the networking code of your game client needs to be
able to automatically pass messages through these firewalls to the game server
without player or network administrator intervention.

Hypertext Transfer Protocol (HTTP) *tunneling* is frequently used for this
purpose. HTTP is normally permitted to pass through a firewall since it is the
protocol used by web browsers. To send an outgoing message, the game client
will post its message to the server as an HTTP request just as though it were
requesting a web page from a web server. Instead of returning an HTML web
page, however, the game server instead returns an encoded response in what-
ever message format the client can parse.

 CAUTION At a job interview back in 1997, I attempted to
demonstrate an animated chat server that I had implemented
using plain socket connections instead of HTTP. To my embar-
rassment, the demonstration failed completely as the applet
client was never able to contact the server. Having developed
and tested the application entirely from my home, I had com-
pletely forgotten about common security restrictions in the
office environment. As you might expect, the potential employer
did not volunteer to punch a hole in their firewall just so I could
finish the demonstration.

There are many networking protocols and APIs available to the Java devel-
oper. These include synchronous remote procedure call (RPC) technologies such
as RMI, JDBC sockets, and Simple Object Access Protocol (SOAP). Asynchronous
messaging technologies include the JMS API for message-oriented middleware
(MOM), the Java Architecture for XML Messaging (JAXM) for reliable messaging
between enterprises, and Juxtapose (JXTA) for peer-to-peer (P2P) architectures.
When push comes to shove, all of these technologies will resort to HTTP tunnel-
ing to get their message across.

Each of these protocols has a disadvantage when it comes to Java game programming, however. SOAP, JMS, JAXM, and JXTA require APIs or libraries such as J2EE that are usually not pre-installed on the client. RMI is included in the core J2SE, but it requires server-side setup of an object request broker (ORB) and restricts you to using Java on both the client and the server.

HTTP networking, on the other hand, does not require anything on the client more advanced than the core J2SE and only requires a few custom classes. This makes it ideal for small applet-based games. On the server, a simple *servlet container* is all that you need.[1] Many commercial web hosting services that balk at the installation of an RMI ORB or a custom game server on a shared web server will have no problem providing servlet support. To make your game server compatible with non-Java client software, it is also easy enough to change the message encoding from serialized Java objects to a plain text format such as XML.

In this chapter, I introduce a lightweight networking library for client-to-servlet communications over HTTP. The library classes and their use are demonstrated using an example application. The source code is described in detail for both the client and the server, with the game-specific application code distinguished from the reusable network library classes. Reusing this library in your own game should maximize the probability that the networking will function in almost any deployment environment.

Testing the Example

The example code in this chapter depends upon the Servlet API framework. While you only need J2SE on the client, on the server you will need a servlet container such as Tomcat or Jetty.[2] At one time, these servlet containers used to be called *application servers*. Nowadays, however, the term "application server" is usually reserved for those servers that support additional J2EE APIs such as EJBs, and an application server will have a servlet container embedded within it. The Open Source application server JBoss, for example, can be downloaded with either Jetty or Tomcat already integrated.[3]

In the recent past, I used Tomcat for all of my servlet development because it is the Servlet API reference implementation. Now I prefer JBoss for two reasons. The first is that JBoss is a powerful J2EE application server that I can use for free in both a development and a deployment environment. The second is that JBoss supports automatic redeployment of WAR files. When the Ant build finishes by copying the updated WAR file to the JBoss deployment directory, JBoss will automatically detect the change and upgrade the running game servlet without needing to first shut down and restart. This is extremely useful

---

1. http://java.sun.com/products/servlet/

2. http://jakarta.apache.org/tomcat/, http://jetty.mortbay.org/

3. http://www.jboss.org/

during development. If you are not already using it, I recommend that you download and install JBoss.

NOTE   You should also be aware that a new Apache project, Geronimo, has been recently announced.[4] If successful, it will provide a competitive alternative to JBoss. You will then be able to choose between two free Open Source J2EE containers.

You will also need to download the J2EE SDK to your development machine so that you can compile the code independent of the servlet container libraries.[5] Within the CroftSoft code library build file, `build.xml`, you will need to change the property `J2EE_HOME` to point to your J2EE SDK installation directory. Once you have done that, you should be able to successfully compile and package the example servlet using the Ant target `score`.

Assuming there are no compile errors, you will then need to change the property `deploy_dir` to point to your servlet container WAR deployment directory. You may need to use the search function of your editor to find where this property is defined within the build file. When you run the Ant target `score_install`, it will first run target `score` and then copy the new WAR file to the `deploy_dir`.

```
appletviewer http://localhost:8080/score/
```

To avoid conflicts with another web server that might be running and any security restrictions that might be imposed on using the first 1024 port numbers, both Tomcat and JBoss are initially configured to use port 8080 for HTTP instead of the default HTTP port value of 80. Assuming that you have not reconfigured the HTTP port number and that you are running the client on the same machine as the server, the *localhost*, you can use the `appletviewer` command shown above to launch and test the example code. I find that `appletviewer` is more convenient than a web browser for applet testing during development.

In an earlier chapter, I mentioned that you could save persistent game data such as the high score in an unsigned applet by using server-side code (see Figure 9-1). This example code demonstrates that capability using HTTP tunneling. When the applet is first initialized, it makes a network connection back to the server from which it was downloaded and retrieves the previous high score from persistent storage. The example "game" is "played" by watching the current score increase automatically from zero. You can click the screen to end the game at any time. If the score at that point exceeds the high score retrieved from the server, the server is updated and the game begins anew. You can then confirm that the code is working as advertised by shutting down and restarting both the applet and the server and noting that the updated high score was successfully recalled.

---

4. http://incubator.apache.org/projects/geronimo.html

5. http://java.sun.com/j2ee/

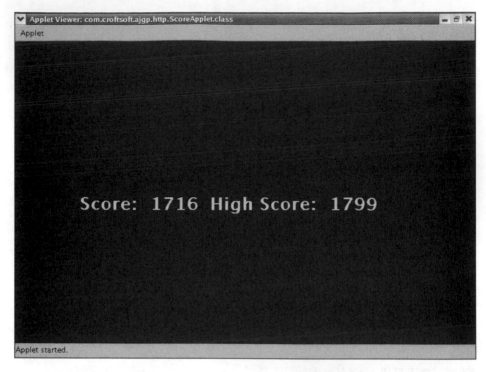

Figure 9-1. Example HTTP client

Reusable Client-Side Code

In this section, I describe a number of reusable interfaces and classes that are used on the client side of the network connection as part of the example applet. Each is described in detail later, but a brief overview is given here. An Encoder converts an outgoing message object to an array of bytes. A Parser is used to parse an incoming message object from an InputStream. StreamLib provides a static method for reading a String from an InputStream. StringCoder serves as an Encoder and a Parser that manipulates plain text message objects. HttpLib provides a static method to post a message to a server and return the parsed response. A Queue is used to hold the incoming and outgoing messages. A ListQueue is a Queue backed by a List implementation such as a LinkedList. A repeated operation is encapsulated in a Loopable. A Looper loops the Loopable within a thread that is managed by the Lifecycle methods. An HttpMessagePusher uses a Looper to manage the repeated operation of pulling a message out of the outgoing queue and posting it to the server.

Encoder

Implementations of interface Encoder from package com.croftsoft.core.io are used to transform a live object in memory into a flattened array of bytes to be transferred over the network. Using an interface for this purpose gives you the flexibility to swap the encoding implementation. For example, to minimize the number of bytes transferred, the client might send request messages as compressed serialized objects. For connectivity with servers written in other programming languages, XML might be used instead.

```
package com.croftsoft.core.io;

import java.io.*;

public interface  Encoder
//////////////////////////////////////////////////////////////////////
//////////////////////////////////////////////////////////////////////
{

public byte [ ]  encode ( Object  object )
  throws IOException;
```

Parser

Interface Parser performs the reverse operation of interface Encoder. An implementation of Parser is used by the client to parse the response from the server from a stream of bytes back into a live object. It may also be used by the server to parse requests from the clients.

```
package com.croftsoft.core.io;

import java.io.*;

public interface  Parser
//////////////////////////////////////////////////////////////////////
//////////////////////////////////////////////////////////////////////
{
```

```
public Object  parse (
  InputStream  inputStream,
  int             contentLength )
  throws IOException;
```

A value of negative one (-1) for the contentLength indicates that it is
unknown.

StreamLib

Static method toString() in class StreamLib converts a stream of bytes into a
String using the specified character set encoding. Common character set encod-
ings include US-ASCII and UTF-8. The encoding is not specified with core Java
classes such as BufferedReader and StringWriter as they operate on character
streams instead of byte streams.

```
package com.croftsoft.core.io;

[...]

public static String  toString (
  InputStream  inputStream,
  String         encoding )
  throws IOException, UnsupportedEncodingException
//////////////////////////////////////////////////////////////////////
{
  ByteArrayOutputStream  byteArrayOutputStream
    = new ByteArrayOutputStream ( );

  int  i;

  while ( ( i = inputStream.read ( ) ) > -1 )
  {
    byteArrayOutputStream.write ( i );
  }

  return byteArrayOutputStream.toString ( encoding );
}
```

StringCoder

A StringCoder is an Encoder and Parser implementation that converts String
objects to and from a sequence of bytes using a specified character set encoding.
It is particularly useful for sending and receiving messages in plain-text format.

```
package com.croftsoft.core.io;

import java.io.*;

import com.croftsoft.core.lang.NullArgumentException;

public final class  StringCoder
  implements Encoder, Parser
//////////////////////////////////////////////////////////////////////
//////////////////////////////////////////////////////////////////////
{

public static final String  US_ASCII = "US-ASCII";

public static final String  UTF_8    = "UTF-8";

//

private final String  charSetName;

//////////////////////////////////////////////////////////////////////
//////////////////////////////////////////////////////////////////////

public  StringCoder ( String  charSetName )
//////////////////////////////////////////////////////////////////////
{
  NullArgumentException.check ( this.charSetName = charSetName );
}

//////////////////////////////////////////////////////////////////////
//////////////////////////////////////////////////////////////////////

public byte [ ]  encode ( Object  object )
  throws IOException
//////////////////////////////////////////////////////////////////////
{
  return object.toString ( ).getBytes ( charSetName );
}
```

```
public Object  parse (
  InputStream  inputStream,
  int          contentLength )
  throws IOException
//////////////////////////////////////////////////////////////////////
{
  return StreamLib.toString ( inputStream, charSetName );
}
```

HttpLib

Static method library HttpLib from package com.croftsoft.core.net.http provides a post() method for posting a message to a server using HTTP and parsing the response.

```
package com.croftsoft.core.net.http;

[...]

import com.croftsoft.core.io.Parser;
import com.croftsoft.core.io.StringCoder;

public final class  HttpLib
//////////////////////////////////////////////////////////////////////
//////////////////////////////////////////////////////////////////////
{

[...]

public static Object  post (
  URL         url,
  byte [ ]    bytes,
  String      userAgent,
  String      contentType,
  Parser      parser )
  throws IOException
//////////////////////////////////////////////////////////////////////
{
```

The url is the address of the server to be contacted. Argument bytes is the encoded message to be uploaded to the server. The userAgent identifies the client

software and its version number to the server, such as `MyGameClient/1.0`. The
`contentType` tells the server how to parse the request. An example value would be
`text/xml`. The `parser` is used to parse and return the response from the server, if
any. If you wish to ignore any response, you can provide a `null` value for the
parser.

```java
HttpURLConnection  httpURLConnection
  = ( HttpURLConnection ) url.openConnection ( );

httpURLConnection.setRequestMethod ( "POST" );

if ( userAgent != null )
{
  httpURLConnection.setRequestProperty ( "User-Agent", userAgent );
}

if ( contentType != null )
{
  httpURLConnection.setRequestProperty (
    "Content-Type", contentType );
}

httpURLConnection.setRequestProperty (
  "Content-Length", Integer.toString ( bytes.length ) );

httpURLConnection.setDoOutput ( true );

OutputStream  outputStream = httpURLConnection.getOutputStream ( );

BufferedOutputStream  bufferedOutputStream
  = new BufferedOutputStream ( outputStream );

bufferedOutputStream.write ( bytes );

bufferedOutputStream.close ( );

if ( parser != null )
{
  if ( httpURLConnection.getResponseCode ( )
    == HttpURLConnection.HTTP_OK )
  {
    int  contentLength = httpURLConnection.getContentLength ( );

    InputStream  inputStream = httpURLConnection.getInputStream ( );
```

```
        BufferedInputStream   bufferedInputStream
          = new BufferedInputStream ( inputStream );

        Object   object
          = parser.parse ( bufferedInputStream, contentLength );

        bufferedInputStream.close ( );

        return object;
      }
    }

  return null;
}
```

After the bytes are written to the outputStream, the getResponseCode() method is used to check if there is a response from the server. The various HTTP response codes are defined as integer constants in core class HttpURLConnection. The most commonly returned code when browsing the web is HTTP_OK, with a value of 200 indicating that the request was processed without error and that a response was provided by the server. The post() method returns null if there is no response from the server, the server returns an error status code, or there is no parser to parse the response.

```
System.out.println (
  post (
    new URL ( "http://localhost:8080/score/servlet" ),
    "get".getBytes ( StringCoder.UTF_8 ),
    "HttpLib/1.0",
    "text/plain",
    new StringCoder  ( StringCoder.UTF_8 ) ) );
```

In this example of using the HttpLib post() method, the plain text message "get" is posted to a servlet using UTF-8 character set encoding. The posting client software identifies itself to the server as HttpLib version 1.0. Any response is parsed and printed to the standard output.

This post() method provides the bare-bones minimum required to implement HTTP tunneling. Calling it directly from your game code using the same thread that drives your animation can cause your user interface to stall, however. If the network is not just slow but actually down, the user interface may lock up entirely. At that point, killing the application process or rebooting may be the only options left to the player until network connectivity is restored.

Queue

To avoid blocking your main animation and game loop thread during network calls, you can append your request messages to a queue. This allows your main thread, usually the event dispatch thread, to proceed immediately without waiting. A separate thread continuously pulls these requests out of the queue and uploads them across the network one at a time.

```
package com.croftsoft.core.util.queue;

public interface  Queue
//////////////////////////////////////////////////////////////////////
//////////////////////////////////////////////////////////////////////
{

public boolean  append ( Object  o );

public Object  poll ( );

public Object  pull ( )
  throws InterruptedException;

public Object  pull ( long  timeout )
  throws InterruptedException;

public Object  replace ( Object  o )
  throws IndexOutOfBoundsException;
```

Interface Queue in package com.croftsoft.core.util.queue serves as a generic interface for queue implementations. Method append() is used to add an object to the queue and it always returns immediately. If the queue is full, it may return false indicating that the append operation was unsuccessful. The corresponding method pull() retrieves the next object from the queue. If the queue is empty, pull() will block the calling thread until an object is added to the queue. Method poll(), on the other hand, always returns immediately, even if there is nothing in the queue to return.

When replace() is called, it will check to see if the object being added to the queue is equal to any other object already in the queue, as determined by an equality comparison using class Object method equals(). If there is, the old object is replaced by the new object at that same position within the queue. If there is not, the replace() method simply appends the object. This is useful when you are generating requests faster than you can transmit, and you want to ensure that you have no more than one instance of a certain type of request in the queue at any given time.

ListQueue

Concrete implementations of interface Queue include ListQueue and VectorQueue. ListQueue is backed by a List implementation with LinkedList being the default. Calling append() on a ListQueue delegates to the List.add() method under the covers. The Queue.poll() implementation relies upon List.remove(). The primary difference between using a ListQueue versus a List to store objects is that the ListQueue provides the thread blocking behavior of pull() when the Queue is empty.

 TIP   In the past, I used class VectorQueue instead of ListQueue as the default implementation to store the outgoing and incoming network messages because Vector is compatible with Java version 1.1. At that time I was working on a project where I was using Java 1.1 on the client machine, even though 1.4 was installed on the server, because we did not want to require players to upgrade their browser JVMs. Given the advances in Java Plug-in technology this is probably no longer necessary, but if you do decide to take this approach, keep in mind that you will need to use the -target 1.1 argument with the javac command when compiling your client-side code.

```
package com.croftsoft.core.util.queue;

import java.io.Serializable;
import java.util.*;

import com.croftsoft.core.lang.NullArgumentException;

public final class  ListQueue
  implements Queue, Serializable
//////////////////////////////////////////////////////////////////////
//////////////////////////////////////////////////////////////////////
{

private static final long  serialVersionUID = 0L;

//

private final List  list;

private final int    maxSize;
```

```
/////////////////////////////////////////////////////////////////
/////////////////////////////////////////////////////////////////

public  ListQueue (
  List  list,
  int   maxSize )
/////////////////////////////////////////////////////////////////
{
  NullArgumentException.check ( this.list = list );

  this.maxSize = maxSize;
}

[...]

public boolean  append ( Object  o )
/////////////////////////////////////////////////////////////////
{
  NullArgumentException.check ( o );

  synchronized ( list )
  {
    if ( list.size ( ) < maxSize )
    {
      list.add ( o );

      list.notifyAll ( );

      return true;
    }
  }

  return false;
}
```

The append() method will notify any waiting threads that an object has been added to the queue.

```
public Object  poll ( )
/////////////////////////////////////////////////////////////////
{
  synchronized ( list )
  {
```

```
      if ( list.size ( ) > 0 )
      {
        return list.remove ( 0 );
      }
    }

    return null;
  }
```

The poll() method synchronizes on the list so that no elements can be removed concurrently by another thread. This ensures that the first element at index position zero will be available to be removed.

```
public Object  pull ( )
  throws InterruptedException
///////////////////////////////////////////////////////////////////
{
  return pull ( 0 );
}
```

This no-argument pull() method listed above delegates to the following pull() method, which takes a timeout argument. A timeout argument of zero indicates that there will be no timeout; the calling thread will be blocked until interrupted or an object is added to the queue.

```
public Object  pull ( long  timeout )
  throws InterruptedException
///////////////////////////////////////////////////////////////////
{
  if ( timeout < 0 )
  {
    throw new IllegalArgumentException ( "timeout < 0" );
  }

  long  stopTime = System.currentTimeMillis ( ) + timeout;

  Object  o = null;

  while ( ( o = poll ( ) ) == null )
  {
    if ( timeout == 0 )
    {
      synchronized ( list )
      {
```

```
        list.wait ( );
      }
    }
    else
    {
      long  nowTime = System.currentTimeMillis ( );

      if ( stopTime > nowTime )
      {
        synchronized ( list )
        {
          list.wait ( stopTime - nowTime );
        }
      }
      else
      {
        break;
      }
    }
  }

  return o;
}
```

If there is nothing in the queue when the pull(timeout) method is first
called, it will wait until it has been notified that an object has been added to the
queue, the thread is interrupted, or the timeout period has passed.

```
public Object  replace ( Object  o )
  throws IndexOutOfBoundsException
//////////////////////////////////////////////////////////////////////
{
  synchronized ( list )
  {
    int  index = list.indexOf ( o );

    if ( index < 0 )
    {
      if ( append ( o ) )
      {
        return null;
      }

      throw new IndexOutOfBoundsException ( );
```

```
      }
      else
      {
        return list.set ( index, o );
      }
    }
  }
}
```

The `replace()` method of `VectorQueue` uses the `indexOf()` method to determine if an equivalent object is already in the queue. The `indexOf()` method calls the `equals()` method on the objects in the queue to make the comparison. The default implementation of `equals()` in class `Object` is to perform a simple identity comparison, i.e., to compare whether the operands refer to the same object in memory. Many classes such as `String` and `Long` override the default `equals()` implementation to make the comparison by value instead of identity.

Loopable

Both the outgoing and incoming queues will have threads that `pull()` on them to process the messages. These threads will loop continuously, pulling message objects out of the queue and processing each in turn.

```
package com.croftsoft.core.util.loop;

public interface  Loopable
//////////////////////////////////////////////////////////////////////
//////////////////////////////////////////////////////////////////////
{

public boolean  loop ( );
```

Interface `Loopable` from package `com.croftsoft.core.util.loop` provides a generic method signature for a single loop operation. Method `loop()` returns `true` if looping should continue and `false` if it should not.

Looper

Ideally we would like to be able to stop network communications whenever the game is paused. This requires lifecycle methods for managing the threads that run the incoming and outgoing network messaging queue loops. Class `Looper` is a class that implements interface `Lifecycle` for generic and reusable loop management.

```
package com.croftsoft.core.util.loop;

import com.croftsoft.core.lang.NullArgumentException;
import com.croftsoft.core.lang.ex.ExceptionHandler;
import com.croftsoft.core.lang.lifecycle.Lifecycle;

public final class  Looper
  implements Lifecycle
//////////////////////////////////////////////////////////////////////
//////////////////////////////////////////////////////////////////////
{

private final Loopable            loopable;

private final ExceptionHandler  exceptionHandler;

private final String              threadName;

private final int                 threadPriority;

private final boolean             useDaemonThread;

//

private LoopGovernor  loopGovernor;

private Thread          thread;

private boolean         stopRequested;
```

A Looper will periodically execute its loopable. If the loopable crashes, an exceptionHandler will decide how to process the error. The thread that loops the loop is identified by threadName and runs with the given threadPriority. If use-DaemonThread is set, the loop will automatically terminate when the program shuts down. The loopGovernor governs the rate at which the thread loops. The loop can be temporarily suspended by setting stopRequested.

```
public  Looper (
  Loopable          loopable,
  LoopGovernor      loopGovernor,
  ExceptionHandler  exceptionHandler,
  String            threadName,
  int               threadPriority,
  boolean           useDaemonThread )
```

```
//////////////////////////////////////////////////////////////////////
{
    NullArgumentException.check ( this.loopable = loopable );

    setLoopGovernor ( loopGovernor );

    this.exceptionHandler = exceptionHandler;

    this.threadName        = threadName;

    this.threadPriority    = threadPriority;

    this.useDaemonThread   = useDaemonThread;
}

public  Looper ( Loopable  loopable )
//////////////////////////////////////////////////////////////////////
{
    this (
        loopable,
        new FixedDelayLoopGovernor ( 0L, 0 ),
        ( ExceptionHandler ) null,
        ( String ) null,
        Thread.MIN_PRIORITY,
        true );
}
```

The convenience constructor provides a number of default values for the arguments of the main constructor. The default LoopGovernor implementation is a FixedDelayLoopGovernor with a delay of zero. A zero delay will put the thread to sleep just long enough to check if any other thread needs processing time.

```
[...]

private void  loop ( )
//////////////////////////////////////////////////////////////////////
{
    while ( thread != null )
    {
        try
        {
            if ( loopable.loop ( ) )
            {
                loopGovernor.govern ( );
```

```
      }
      else
      {
        stopRequested = true;
      }
    }
    catch ( InterruptedException  ex )
    {
    }
    catch ( Exception  ex )
    {
      if ( ( exceptionHandler == null )
        || !exceptionHandler.handleException ( ex, loopable ) )
      {
        stopRequested = true;

        ex.printStackTrace ( );
      }
    }

    if ( stopRequested )
    {
      synchronized ( this )
      {
        while ( stopRequested )
        {
          try
          {
            wait ( );
          }
          catch ( InterruptedException  ex )
          {
          }
        }
      }
    }
  }
}
```

The implementations of the init(), start(), stop(), and destroy() lifecycle methods in Looper are almost identical to those of AnimatedComponent described in an earlier chapter on Swing animation. The main difference is in the private loop method, which calls the generic loopable.loop() instead of the more specific method animate().

HttpMessagePusher

Class HttpMessagePusher is responsible for encoding and uploading messages to
the server and parsing and storing any responses.

```
package com.croftsoft.core.net.http.msg;

import java.io.*;
import java.net.*;

import com.croftsoft.core.io.Encoder;
import com.croftsoft.core.io.Parser;
import com.croftsoft.core.lang.NullArgumentException;
import com.croftsoft.core.lang.lifecycle.Lifecycle;
import com.croftsoft.core.net.http.HttpLib;
import com.croftsoft.core.util.loop.FixedDelayLoopGovernor;
import com.croftsoft.core.util.loop.Loopable;
import com.croftsoft.core.util.loop.Looper;
import com.croftsoft.core.util.queue.Queue;

public final class   HttpMessagePusher
  implements Lifecycle
//////////////////////////////////////////////////////////////////////
//////////////////////////////////////////////////////////////////////
{
```

Class HttpMessagePusher implements interface Lifecycle so that network
communications can be temporarily suspended when the game is paused.

```
public static final long     MINIMUM_DELAY     = 100;

public static final String   THREAD_NAME       = "HttpMessagePusher";

public static final int      THREAD_PRIORITY   = Thread.MIN_PRIORITY;

public static final boolean  USE_DAEMON_THREAD = true;
```

A MINIMUM_DELAY of 100 ms is used to keep the client from overwhelming the
server with requests.

```
private final Queue      outgoingQueue;

private final Queue      incomingQueue;
```

```
   private final Encoder   encoder;

   private final Looper    looper;

   private final URL       url;

   private final String    userAgent;

   private final String    contentType;

   private final Parser    parser;
```

HttpMessagePusher pushes those messages in the outgoingQueue up to the server and stores the responses in the incomingQueue. The encoder is used to encode the outgoing messages. The looper manages the networking loop. The url is the address of the server. The userAgent is the identifier for the client. The contentType specifies the format of the outgoing messages. The parser parses the server responses.

```
   public   HttpMessagePusher (
      Queue     outgoingQueue,
      Queue     incomingQueue,
      URL       url,
      String    userAgent,
      String    contentType,
      Encoder   encoder,
      Parser    parser )
   ////////////////////////////////////////////////////////////////////
   {
      NullArgumentException.check ( this.outgoingQueue = outgoingQueue );

      NullArgumentException.check ( this.incomingQueue = incomingQueue );

      NullArgumentException.check ( this.userAgent    = userAgent    );

      NullArgumentException.check ( this.contentType   = contentType   );

      NullArgumentException.check ( this.encoder       = encoder       );

      NullArgumentException.check ( this.parser        = parser        );

      NullArgumentException.check ( this.url           = url           );

      looper = new Looper (
```

```
          new Loopable ( )
          {
            public boolean  loop ( )
            {
              return HttpMessagePusher.this.loop ( );
            }
          },
          new FixedDelayLoopGovernor ( MINIMUM_DELAY, 0 ),
          null,
          THREAD_NAME,
          THREAD_PRIORITY,
          USE_DAEMON_THREAD );
      }
```

The constructor creates an anonymous inner class implementation of a
Loopable that delegates to the private loop method in HttpMessagePusher. This
level of indirection is used to prevent HttpMessagePusher from exposing its loop()
method as public.

```
public void  init ( )
//////////////////////////////////////////////////////////////////////
{
  looper.init ( );
}

[...]
```

The four lifecycle methods simply delegate to looper.

```
private boolean  loop ( )
//////////////////////////////////////////////////////////////////////
{
  try
  {
    Object  request = outgoingQueue.pull ( );

    Object  response = HttpLib.post (
      url,
      encoder.encode ( request ),
      userAgent,
      contentType,
      parser );

    if ( response != null )
    {
```

```
      incomingQueue.append ( response );
    }
  }
  catch ( InterruptedException  ex )
  {
  }
  catch ( Exception  ex )
  {
    ex.printStackTrace ( );

    return false;
  }

  return true;
}
```

Private method `loop()` blocks on `outgoingQueue.pull()` until an object can be retrieved. The object is then encoded and posted to the server. The response, if any, is parsed and added to the `incomingQueue`.

Game-Specific Client-Side Code

All of the classes up to this point in the chapter have been fairly generic and highly reusable classes from sub-packages of package `com.croftsoft.core`. The class described in this section, however, implements application-specific client-side game code.

Class `ScoreApplet` from package `com.croftsoft.ajgp.http` is the client software that initiates contact with the server to fetch and update the high score.

```
package com.croftsoft.ajgp.http;

[...]

import com.croftsoft.core.CroftSoftConstants;
import com.croftsoft.core.animation.AnimatedApplet;
import com.croftsoft.core.animation.AnimationInit;
import com.croftsoft.core.animation.animator.TextAnimator;
import com.croftsoft.core.animation.painter.ColorPainter;
import com.croftsoft.core.io.StringCoder;
import com.croftsoft.core.lang.NullArgumentException;
import com.croftsoft.core.net.http.msg.HttpMessagePusher;
import com.croftsoft.core.util.queue.ListQueue;
import com.croftsoft.core.util.queue.Queue;
```

```
public final class  ScoreApplet
   extends AnimatedApplet
////////////////////////////////////////////////////////////////////
////////////////////////////////////////////////////////////////////
{

[...]

private static final int    DELTA_X        = 1;

private static final int    DELTA_Y        = 1;
```

The score and high score will slide across the screen at the rate of DELTA_X pixels per frame in the horizontal direction and DELTA_Y pixels per frame in the vertical direction.

```
private static final String  CHAR_SET_NAME = StringCoder.UTF_8;

private static final String  CONTENT_TYPE  = "text/plain";

private static final String  DEFAULT_HOST  = "localhost";

private static final String  SERVLET_PATH  = "servlet";

private static final String  DEFAULT_PATH  = "/score/" + SERVLET_PATH;

private static final int      DEFAULT_PORT  = 8080;

private static final String  REQUEST_GET   = "get";

private static final String  REQUEST_SET   = "set ";

private static final String  USER_AGENT    = "Score/1.0";
```

The values for the networking constants must match what the server requires.

```
private final TextAnimator  textAnimator;

private final Queue          outgoingQueue;

private final Queue          incomingQueue;
```

```
    //

    private HttpMessagePusher   httpMessagePusher;

    private long                score;

    private long                highScore;

    private boolean             gameOver;
```

When the boolean flag gameOver is set, it will trigger the networking code to update the high score on the server.

```
public static void  main ( String [ ]   args )
///////////////////////////////////////////////////////////////////////
{
  launch ( new ScoreApplet ( ) );
}
```

In addition to running as an applet within a browser, class ScoreApplet can be launched as an executable JAR desktop application.

```
[...]

public  ScoreApplet ( )
///////////////////////////////////////////////////////////////////////
{
  super ( createAnimationInit ( ) );

  textAnimator = new TextAnimator ( );

  textAnimator.setDeltaX ( DELTA_X );

  textAnimator.setDeltaY ( DELTA_Y );

  outgoingQueue = new ListQueue ( );

  incomingQueue = new ListQueue ( );
}
```

The no-argument constructor method initializes the final instance variables.

```
public void  init ( )
/////////////////////////////////////////////////////////////////////
{
  super.init ( );

  addComponentPainter ( new ColorPainter ( ) );

  addComponentAnimator ( textAnimator );
```

Some of the initialization must wait until after the superclass init() method has been called.

```
URL  codeBaseURL = null;

try
{
  codeBaseURL = getCodeBase ( );
}
catch ( Exception  ex )
{
}

URL  servletURL = null;

try
{
  if ( codeBaseURL != null )
  {
    servletURL = new URL ( codeBaseURL, SERVLET_PATH );
  }
  else
  {
    servletURL = new URL (
      "http", DEFAULT_HOST, DEFAULT_PORT, DEFAULT_PATH );
  }
}
catch ( MalformedURLException  ex )
{
  ex.printStackTrace ( );
}
```

I like to package the game client applet and the game servlet together in the same WAR file. In this case, the applet codeBaseURL will be from the same server as the servlet, just with a slightly different path. For example, if the applet is at `http://localhost:8080/score/`, the servlet would be at `http://localhost:8080/score/servlet`.

If `ScoreApplet` is running as a desktop application instead of an applet, the call to `getCodeBase()` will throw an exception and `codeBaseURL` will remain `null`. In this case, a default `servletURL` will be created.

```
StringCoder  stringCoder = new StringCoder ( CHAR_SET_NAME );

httpMessagePusher = new HttpMessagePusher (
  outgoingQueue,
  incomingQueue,
  servletURL,
  USER_AGENT,
  CONTENT_TYPE,
  stringCoder,
  stringCoder );

httpMessagePusher.init ( );

outgoingQueue.append ( REQUEST_GET );
```

The `httpMessagePusher` is created and initialized. A request to fetch the high score from persistent storage on the server is then appended to the `outgoingQueue`. The request will not be uploaded until the `httpMessagePusher` is started.

```
  animatedComponent.addMouseListener (
    new MouseAdapter ( )
    {
      public void  mousePressed ( MouseEvent  mouseEvent )
      {
        gameOver = true;
      }
    } );
}
```

The `gameOver` flag is set whenever the mouse is pressed.

```
public void  start ( )
///////////////////////////////////////////////////////////////////
{
  super.start ( );
```

```
        httpMessagePusher.start ( );
    }


    [...]
```

The start() method first calls the superclass method to start the animation. The httpMessagePusher is then started to activate networking. The stop() and destroy() methods are similar, except that they call the corresponding methods on the httpMessagePusher and the superclass in the reverse order. In general, I prefer to keep the user interface active whenever any networking that might attempt to update it is also active.

```
public void   update ( JComponent   component )
////////////////////////////////////////////////////////////////////
{
   super.update ( component );

   String   highScoreString = ( String ) incomingQueue.poll ( );

   if ( highScoreString != null )
   {
     try
     {
       highScore = Long.parseLong ( highScoreString );
     }
     catch ( NumberFormatException   ex )
     {
       System.err.println (
          "Unexpected server response:   " + highScoreString );
     }
   }
}
```

The animation update() method polls the incomingQueue for any response messages downloaded from the server. Regardless of whether there is a message in the queue or not, the poll() method always returns immediately. Because incoming server messages are queued for later processing by the update() method and because the update() method is executed serially within the event dispatch thread, you do not have to worry about whether the message processing code is thread-safe.

For example, the highScore instance variable is stored as a long. Unlike assignment of the other primitive types and objects, the assignment of the 64-bit long type is not guaranteed to be atomic. This may cause a problem if another thread attempts to access the variable while it is being assigned to a new value downloaded from the server. If incoming network messages were processed immediately instead of being queued for serial processing within the main thread, a corrupted value could be accidentally displayed momentarily for a single frame while the assignment was taking place.

```
if ( gameOver )
{
  gameOver = false;

  if ( score > highScore )
  {
    highScore = score;

    outgoingQueue.append ( REQUEST_SET + highScore );
  }

  score = 0;
}
else
{
  score++;
}

textAnimator.setText (
  "Score:  " + score + "  High Score:  " + highScore );
}
```

When the game is over, the score for the game that was just played is compared to the highScore retrieved from the server. If the new score is greater than the highScore, the highScore is updated both locally and on the server. The request to update the server with the new highScore is appended to the outgoingQueue for upload by a separate thread so that any networking problems or delays will not block the animation thread and lock up the user interface.

Reusable Server-Side Code

Many of the reusable client-side code classes are also used on the server. These include Encoder, Parser, StreamLib, and StringCoder. Classes such as Queue and Looper are not used on the server in this example, as the server is expected to be able to process multiple requests concurrently. The new classes introduced in this section include Server and HttpGatewayServlet.

Server

I use interface `Server` from package `com.croftsoft.core.role` whenever I need a generic reference to an object that processes a request and returns a response. In this case I want to separate the reusable HTTP code from the game-specific server code. Interface `Server` provides that abstraction layer.

```
package com.croftsoft.core.role;

public interface  Server
//////////////////////////////////////////////////////////////////////
//////////////////////////////////////////////////////////////////////
{

public Object  serve ( Object  request );
```

If you are using asynchronous messaging, method serve() may store the request for later processing and immediately return `null` or a simple acknowledgment of message receipt. In synchronous messaging, the request is processed immediately within the calling thread and a response is returned before it can continue.

HttpGatewayServlet

Abstract class `HttpGatewayServlet` from package `com.croftsoft.core.servlet` acts as a gateway between HTTP requests coming in over the network and object-oriented method calls within a virtual machine.

```
package com.croftsoft.core.servlet;

import java.io.*;

import javax.servlet.*;
import javax.servlet.http.*;

import com.croftsoft.core.io.Encoder;
import com.croftsoft.core.io.Parser;
import com.croftsoft.core.role.Server;

public abstract class  HttpGatewayServlet
  extends HttpServlet
//////////////////////////////////////////////////////////////////////
//////////////////////////////////////////////////////////////////////
{
```

Abstract class HttpGatewayServlet extends class HttpServlet from the J2EE optional package javax.servlet.http. A subclass will extend HttpGatewayServlet to provide game-specific functionality.

```
private final Server    server;

private final Parser    parser;

private final Encoder   encoder;
```

HttpGatewayServlet parses the incoming stream of bytes using a Parser, passes the parsed request object to a Server instance, and then encodes the returned object, if any, using an Encoder.

```
protected  HttpGatewayServlet (
  Server    server,
  Parser    parser,
  Encoder   encoder )
///////////////////////////////////////////////////////////////////
{
  this.server  = server;

  this.parser  = parser;

  this.encoder = encoder;
}
```

By providing different implementations of server, parser, and encoder as arguments to the protected main constructor, you can provide unique functionality while reusing the HTTP relay code in this class. For example, depending on whether you use a StringCoder, SerializableCoder, or XmlCoder instance for your parser implementation, you can accept client requests in simple text command, compressed serialized object, or XML format.

```
public  HttpGatewayServlet ( )
///////////////////////////////////////////////////////////////////
{
  this ( ( Server ) null, ( Parser ) null, ( Encoder ) null );
}
```

The public no-argument constructor provides `null` values to the main constructor. This may cause the servlet to throw an exception unless the following methods are overridden.

```
protected byte [ ]  encode ( Object  object )
  throws IOException
//////////////////////////////////////////////////////////////////
{
  return encoder.encode ( object );
}


protected Object  parse (
  InputStream  inputStream,
  int          contentLength )
  throws IOException
//////////////////////////////////////////////////////////////////
{
  return parser.parse ( inputStream, contentLength );
}


protected Object  serve ( Object  request )
//////////////////////////////////////////////////////////////////
{
  return server.serve ( request );
}
```

If the `encoder`, `parser`, or `server` is null, the corresponding method that uses that final instance variable should be overridden. Ideally you will be able to provide all of these variables as constructor arguments. Sometimes, however, you may not have them available until after the servlet `init()` method is called.

```
public final void  service (
  HttpServletRequest   httpServletRequest,
  HttpServletResponse  httpServletResponse )
  throws IOException, ServletException
//////////////////////////////////////////////////////////////////
{
```

Inherited `HttpServlet` method `service()` will normally delegate to either `doGet()` or `doPost()`, depending on whether the messages were sent using an HTTP GET or POST command. This method is overridden, however, to process the message here regardless of whether it was sent by GET or POST. The `service()` method in `HttpGatewayServlet` is marked final, as it should not be overridden by the game-specific subclass.

```
try
{
  Object  request = null;

  try
  {
    request = parse (
      httpServletRequest.getInputStream ( ), -1 );
  }
  catch ( IOException  ex )
  {
    httpServletResponse.setStatus (
        HttpServletResponse.SC_BAD_REQUEST );
  }
```

The servlet service() method will attempt to parse the HTTP request into a message object. If it fails, the servlet will return an error status code of SC_BAD_REQUEST to the client.

```
if ( request != null )
{
  Object  response = serve ( request );
```

If a request is parsed, it is passed to the serve() method for processing. What the serve() method does with it and what it returns depends on either the server implementation that was passed into this class as a constructor argument, or the overriding serve() method implementation in the game-specific subclass.

```
if ( response != null )
{
  httpServletResponse.setStatus ( HttpServletResponse.SC_OK );

  byte [ ]  bytes = encode ( response );

  httpServletResponse.getOutputStream ( ).write ( bytes );
}
```

If the serve() method returns a response, the status code is set to OK and the response object is sent back to the client as an encoded stream of bytes. Note that the server may generate a response object that indicates to the game client that some kind of error occurred at the application level, e.g., BadPasswordError. At this HTTP gateway transport layer, however, any response is considered SC_OK.

```
          else
          {
            httpServletResponse.setStatus (
              HttpServletResponse.SC_ACCEPTED );
          }
        }
```

If the server does not return a response, the status code is set to SC_ACCEPTED and no content is returned. This can occur when the request does not require a response or the request has been queued for later processing by the server.

```
        }
        catch ( Exception  ex )
        {
          httpServletResponse.setStatus (
            HttpServletResponse.SC_INTERNAL_SERVER_ERROR );

          log ( ex.getMessage ( ), ex );
        }
      }
```

If an uncaught exception is thrown by the server, it is caught here and logged. The client will receive the response status code SC_INTERNAL_SERVER_ERROR.

Game-Specific Server-Side Code

In this simple example, there is just one game-specific server-side class, ScoreServlet. If your server-side code is more complex, you will most likely want to split it into multiple classes, including a separation of the servlet from the Server.

Class ScoreServlet from package com.croftsoft.ajgp.http processes the client requests to get or set the high score. It overrides a number of superclass methods, including the no-argument constructor, init(), serve(), and destroy().

```
      package com.croftsoft.ajgp.http;

      import java.io.*;

      import javax.servlet.*;
      import javax.servlet.http.*;

      import com.croftsoft.core.CroftSoftConstants;
      import com.croftsoft.core.io.Encoder;
```

```
import com.croftsoft.core.io.Parser;
import com.croftsoft.core.io.SerializableLib;
import com.croftsoft.core.io.StringCoder;
import com.croftsoft.core.role.Server;
import com.croftsoft.core.servlet.HttpGatewayServlet;

public final class  ScoreServlet
  extends HttpGatewayServlet
//////////////////////////////////////////////////////////////////////
//////////////////////////////////////////////////////////////////////
{

[...]

private static final String  PRIMARY_FILENAME = "score.dat";

private static final String  BACKUP_FILENAME  = "score.bak";

private static final String  CHAR_SET_NAME     = StringCoder.UTF_8;

private static final String  GET_REQUEST       = "get";

private static final String  SET_REQUEST       = "set ";

private static final StringCoder   STRING_CODER
  = new StringCoder ( CHAR_SET_NAME );

//

private Long  highScoreLong;
```

During initialization, the high score is read into memory from the persistent data file saved as PRIMARY_FILENAME and stored as highScoreLong.

```
public  ScoreServlet ( )
//////////////////////////////////////////////////////////////////////
{
  super ( ( Server ) null, STRING_CODER, STRING_CODER );
}
```

Since the no-argument constructor implementation does not provide a Server argument to the superclass constructor, the superclass serve() method must be overridden to prevent a NullPointerException. In this case, no Server implementation is provided, as ScoreServlet will process the requests directly within its own serve() method.

```
[...]

public void  init ( )
  throws ServletException
////////////////////////////////////////////////////////////////////
{
  System.out.println ( SERVLET_INFO );

  try
  {
    highScoreLong = ( Long )
      SerializableLib.load ( PRIMARY_FILENAME, BACKUP_FILENAME );
  }
  catch ( FileNotFoundException  ex )
  {
  }
  catch ( Exception  ex )
  {
    log ( ex.getMessage ( ), ex );
  }

  if ( highScoreLong == null )
  {
    highScoreLong = new Long ( 0 );
  }
}
```

To facilitate debugging and manual editing, it is probably better to save your persistent data as a plain-text file if the data size is small and the data format is simple. As your persistent data grows in size and complexity, you may want to start saving your data as a compressed serialized object graph using the SerializableLib method, as demonstrated in this init() method.

```
public void  destroy ( )
////////////////////////////////////////////////////////////////////
{
  try
  {
    SerializableLib.save (
      highScoreLong, PRIMARY_FILENAME, BACKUP_FILENAME );
  }
  catch ( Exception  ex )
  {
    log ( ex.getMessage ( ), ex );
  }
}
```

In this simple example, the updated high score data is not saved until the destroy() method of the servlet is called. This normally occurs when the servlet container is shutting down or the servlet is being replaced with a new version of the code. If the server crashes after a client update but before the destroy() method is called, the update will be lost. To prevent this, the data file could be rewritten every time an update request is received, or a more reliable data persistence technology such as JDBC, entity EJBs, or JDO could be used.

```
protected Object  serve ( Object  request )
///////////////////////////////////////////////////////////////
{
  String  requestString
    = ( ( String ) request ).trim ( ).toLowerCase ( );

  if ( requestString.equals ( GET_REQUEST ) )
  {
    return highScoreLong;
  }

  if ( requestString.startsWith ( SET_REQUEST ) )
  {
    String  newHighScoreString
      = requestString.substring ( SET_REQUEST.length ( ) );

    long  newHighScore = Long.parseLong ( newHighScoreString );

    synchronized ( this )
    {
      if ( newHighScore > highScoreLong.longValue ( ) )
      {
        highScoreLong = new Long ( newHighScore );
      }
    }

    return null;
  }

  throw new IllegalArgumentException ( );
}
```

Since all of the HTTP manipulation is handled in the service() method of the reusable superclass HttpGatewayServlet, the subclass can process the game server logic using objects instead of streams of bytes. In this case, the serve() method must do a little additional parsing beyond what is provided in the superclass parse() method to retrieve the high score from a set request message. The set request from the client may be ignored by the server if the high score in server memory already exceeds the requested value from the client.

The high score update code is wrapped in a synchronization block to ensure that the value is not changed by another concurrent thread during the comparison and assignment operation. This could happen if two or more clients are making requests to the servlet simultaneously.

Packaging the WAR

Earlier in this chapter, I mentioned that I like to package the applet client JAR in the same WAR that contains the servlet. Since the security sandbox restrictions of an unsigned applet prevent it from contacting any server other than the one it was downloaded from, the code base server, it makes sense that game client and game server should be distributed together.

web.xml

The web.xml file within the /WEB-INF directory of the WAR tells the servlet container which class to use as the servlet and what its path should be. I usually like to hang the servlet off of the path servlet so that the URL looks like http://localhost:8080/score/servlet. Here is an example web.xml file that you might use as an initial template for your own network game.

```
<?xml version="1.0" encoding="ISO-8859-1"?>

<!DOCTYPE web-app
  PUBLIC "-//Sun Microsystems, Inc.//DTD Web Application 2.2//EN"
  "http://java.sun.com/j2ee/dtds/web-app_2_2.dtd">

<web-app>

  <servlet>
    <servlet-name>
      score
    </servlet-name>
    <servlet-class>
      com.croftsoft.ajgp.http.ScoreServlet
```

```
      </servlet-class>
  </servlet>

  <servlet-mapping>
    <servlet-name>
      score
    </servlet-name>
    <url-pattern>
      /servlet
    </url-pattern>
  </servlet-mapping>

</web-app>
```

build.xml

The Ant build file, build.xml, is used to assemble the WAR file. The following code demonstrates the build steps that I frequently use for networked games.

```
<target name="score" depends="score_prep,init2">
  <javac srcdir="${src_dir}" destdir="${tmp_dir}">
    <include name="com/croftsoft/ajgp/http/ScoreApplet.java"/>
  </javac>
```

First the client code is compiled.

```
<jar
  basedir="${tmp_dir}"
  destfile="${arc_dir}/score.jar"
  manifest="${res_dir}/ajgp/score/manifest.txt"
  update="false"/>
```

It is packaged as a JAR file with a Main-Class entry in the manifest so that it can be launched as a desktop application in addition to running as an applet within a browser.

```
<delete dir="${tmp_dir}"/>
<property name="classes_dir" value="${tmp_dir}/WEB-INF/classes"/>
<mkdir dir="${classes_dir}"/>
<javac
  srcdir="${src_dir}"
  destdir="${classes_dir}"
```

```
          classpath="${j2ee_jar}">
          <include name="com/croftsoft/ajgp/http/ScoreServlet.java"/>
        </javac>
```

The server code is then compiled to the special /WEB-INF/classes directory.

```
        <copy
          overwrite="true"
          file="${arc_dir}/score.jar"
          todir="${tmp_dir}"/>
        <copy
          overwrite="true"
          file="${res_dir}/ajgp/score/index.html"
          todir="${tmp_dir}"/>
```

The applet client JAR and the web page containing the applet are added to what will become the WAR root directory. The applet web page can then be accessed using a URL such as http://localhost:8080/score/.

```
        <copy
          overwrite="true"
          file="${res_dir}/ajgp/score/WEB-INF/web.xml"
          todir="${tmp_dir}/WEB-INF"/>
```

The web.xml file is added to the special /WEB-INF directory.

```
        <jar
          basedir="${tmp_dir}"
          destfile="${arc_dir}/score.war"
          update="false"/>
        <delete dir="${tmp_dir}"/>
      </target>
```

The WAR file containing the applet client JAR file, the applet web page, the servlet classes, and the web.xml file is then assembled.

Summary

Since firewalls are becoming more prevalent in both the office and the home, the use of HTTP tunneling has become a necessity for networked games. Reusing the lightweight HTTP networking library presented in this chapter will ensure that your game networking code will function in almost any deployment environment, including small unsigned browser applets. Queuing outgoing messages for upload to the server by a separate thread prevents user interface lockup when the network goes down. Queuing incoming messages downloaded from the server for serial processing within the update method prevents thread concurrency errors. Since an unsigned applet can only contact the server from which it was downloaded, it make sense to package the applet together with the servlet within the same web application distribution file. An unsigned applet example that used the networking library for persistent server-side data storage was demonstrated.

Further Reading

Coward, Danny. *Java Servlet API Specification, Version 2.3*. Sun Microsystems, 2001.

Hughes, Merlin et al. *Java Network Programming: A Complete Guide to Networking, Streams, and Distributed Computing*, 2nd edition. Greenwich, CT: Manning Publications Co., 1999.

Waldo, Jim et al. *A Note on Distributed Computing*. Sun Microsystems, 1994.

HTTP Polling

No gains without pains. —Benjamin Franklin

In multiplayer network games, players interact in a shared virtual reality. This implies that the game model on the server must be mirrored in the client views. One simple approach to this is for clients to poll the server periodically for the latest snapshot of the game state. When you use HTTP polling for this purpose, your networking is robust in that it can tunnel through firewalls, work within unsigned applet security restrictions, and resynchronize instantly when communications are restored after temporary network failure.

The previous chapter introduced network development setup and applet-to-servlet communications. This chapter describes the source code for an example multiplayer game that uses HTTP polling. The reusable classes introduced here lay the foundation for the following chapter, in which an alternate approach to network synchronization is explored.

Testing the Example

The example game for this chapter is a multiplayer network version of the single player game Mars introduced in the earlier chapter on game architecture. Instead of destroying obstacles while evading enemy tanks controlled by an AI, this version of the game pits the player against other human opponents. Since care was taken during the development of the single player version of the game to separate the model from the view and the controller, the conversion to a multiplayer network version of the game is simplified and the amount of new code required is minimal.

```
appletviewer http://localhost:8080/mars/
```

The Ant `build.xml` target for the example is `mars_net_install`. The default URL for the applet is shown immediately above. Since this is a multiplayer game, you will want to launch two or more clients simultaneously so that you can observe how the game state on the server is reflected on all of the clients. Each time you create a new player client, a new tank is added to the virtual world, as shown in Figure 10-1. By clicking the different client windows, you can take control of the corresponding player tank.

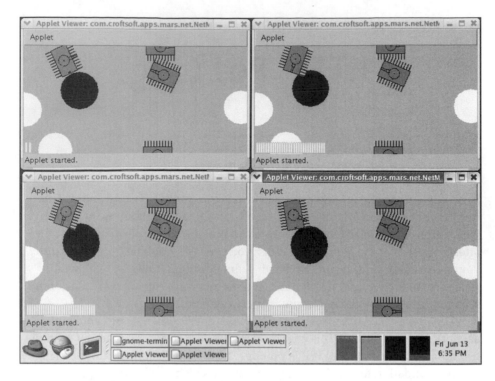

Figure 10-1. Multiple player clients and a shared virtual world

Reusable Client-Side Code

On the client, class SerializableCoder is used to encode and parse network messages using object serialization and compression. HttpMessagePoller is used to periodically poll the server for snapshots of the shared game state. A Consumer is an interface for objects that consume network messages asynchronously. A QueuePuller passes messages downloaded from the server to the Consumer. An HttpMessageClient provides a facade for the networking code.

SerializableCoder

Class SerializableCoder provides a singleton instance of an Encoder and Parser implementation. It uses the object serialization and compression methods of SerializableLib. It is used to encode and parse the messages passed between the Mars game client and the server.

```
package com.croftsoft.core.io;

import java.io.*;
```

```
public final class  SerializableCoder
  implements Encoder, Parser
///////////////////////////////////////////////////////////////////
///////////////////////////////////////////////////////////////////
{

public static final SerializableCoder  INSTANCE
  = new SerializableCoder ( );


///////////////////////////////////////////////////////////////////
///////////////////////////////////////////////////////////////////

public byte [ ]  encode ( Object  object )
  throws IOException
///////////////////////////////////////////////////////////////////
{
  return SerializableLib.compress ( ( Serializable ) object );
}

public Object  parse (
  InputStream  inputStream,
  int          contentLength )
  throws IOException
///////////////////////////////////////////////////////////////////
{
  try
  {
    return SerializableLib.load ( inputStream );
  }
  catch ( ClassNotFoundException  ex )
  {
    throw ( IOException ) new IOException ( ).initCause ( ex );
  }
}


///////////////////////////////////////////////////////////////////
///////////////////////////////////////////////////////////////////

private  SerializableCoder ( ) { }
```

HttpMessagePoller

Class `HttpMessagePoller` from package `com.croftsoft.core.net.http.msg` is used to
poll the server for messages. The client can use polling with a reasonable delay
between requests to download periodic game state snapshots from the server.

While you could use either `HttpMessagePoller` or `HttpMessagePusher` for
polling, `HttpMessagePoller` is optimized for that purpose. In `HttpMessagePoller`,
the request message is encoded just once as an array of bytes and then repeat-
edly transmitted to the server in a periodic loop. In contrast, `HttpMessagePusher`
pulls messages from an outgoing queue and encodes them each time right
before upload. To use `HttpMessagePusher` for polling would require a separate
loop that would periodically append a request message into that queue.

```
package com.croftsoft.core.net.http.msg;

import java.io.*;
import java.net.*;

import com.croftsoft.core.io.Parser;
import com.croftsoft.core.lang.NullArgumentException;
import com.croftsoft.core.lang.lifecycle.Lifecycle;
import com.croftsoft.core.math.MathConstants;
import com.croftsoft.core.net.http.HttpLib;
import com.croftsoft.core.util.loop.FixedDelayLoopGovernor;
import com.croftsoft.core.util.loop.Loopable;
import com.croftsoft.core.util.loop.Looper;
import com.croftsoft.core.util.queue.Queue;

public final class  HttpMessagePoller
  implements Lifecycle
////////////////////////////////////////////////////////////////////////////
////////////////////////////////////////////////////////////////////////////
{
```

`HttpMessagePoller` implements `Lifecycle` so that the network communica-
tions can be paused and resumed. It imports a number of core CroftSoft classes
described in earlier chapters.

```
public static final long     DEFAULT_POLLING_PERIOD_MIN
  = MathConstants.MILLISECONDS_PER_SECOND;

public static final long     DEFAULT_POLLING_PERIOD_MAX
  = MathConstants.MILLISECONDS_PER_DAY;
```

```
public static final long      DEFAULT_POLLING_PERIOD_INIT
  = DEFAULT_POLLING_PERIOD_MIN;

public static final double    DEFAULT_POLLING_PERIOD_MULT
  = 1.1;

public static final double    DEFAULT_POLLING_PERIOD_DIVI
  = 1.1;

public static final long      DEFAULT_POLLING_PERIOD_INCR
  = MathConstants.MILLISECONDS_PER_SECOND;
```

HttpMessagePoller provides options for adaptive polling. In adaptive polling, the client attempts to optimize the delay between requests. When the response from the server is bad or null, the adaptive polling algorithm will increase the polling delay. When the response is good and contains a valid message, it will decrease the polling delay. This is especially helpful in reducing traffic when the client attempts to contact a server that is temporarily out of service. The client will poll the server frequently at first, but then will reduce its efforts as it realizes that it is not getting a response.

The default minimum and initial polling period is one second. The default maximum polling period is one day. If the server is down or it has nothing to say, the client will start out polling the server once a second but then slowly decrease its polling frequency until it is down to just once per day. If the server comes back up or provides the client with a valid message, the polling frequency will increase again. The default polling period multiplier for increasing the delay is 1.1, which means the period will increase by 10 percent. The default polling period divider for decreasing the delay is also 1.1. The default minimum increment for changing the polling period is one second.

```
public static final String    THREAD_NAME = "HttpMessagePoller";

public static final int        THREAD_PRIORITY = Thread.MIN_PRIORITY;

public static final boolean   USE_DAEMON_THREAD = true;
```

If HttpMessagePoller is to be used in an environment where no other threads are running, you will want to change USE_DAEMON_THREAD to false to prevent the program from terminating immediately after it is started.

```
[...]

private final long      pollingPeriodMin;
```

```
            private final long        pollingPeriodMax;

            private final double   pollingPeriodMult;

            private final double   pollingPeriodDivi;

            private final long        pollingPeriodIncr;

            //

            private byte [ ]   requestBytes;

            private long        pollingPeriod;
```

The adaptive polling period parameters are set as final variables within the main constructor method. If you want to use a constant polling period without adaptation, you can set pollingPeriodMin and pollingPeriodMax to the same value.

```
            public   HttpMessagePoller (
               URL          url,
               String       userAgent,
               String       contentType,
               byte [ ]     requestBytes,
               Parser       parser,
               Queue        incomingQueue,
               long         pollingPeriodMin,
               long         pollingPeriodMax,
               long         pollingPeriodInit,
               double       pollingPeriodMult,
               double       pollingPeriodDivi,
               long         pollingPeriodIncr )
            ///////////////////////////////////////////////////////////////
            {
              [...]
            }

            [...]
```

Except for the addition of the adaptive polling period parameters, the HttpMessagePoller constructor methods are similar to those of HttpMessagePusher, as described in the previous chapter.

```
public void  setRequestBytes ( byte [ ]  requestBytes )
////////////////////////////////////////////////////////////////
{
  NullArgumentException.check ( this.requestBytes = requestBytes );
}
```

HttpMessagePoller was optimized for sending the same request over and over again. For this reason, the request is usually encoded once as an array of bytes and then never changed. In contrast, HttpMessagePusher will go through the encoding process each time a request is pulled out of the outgoing queue. Should you need to do so, however, mutator method setRequestBytes() permits you to change the request after the constructor method has been called.

```
public synchronized long  setPollingPeriod ( long  pollingPeriod )
////////////////////////////////////////////////////////////////
{
  if ( pollingPeriod < pollingPeriodMin )
  {
    pollingPeriod = pollingPeriodMin;
  }

  if ( pollingPeriod > pollingPeriodMax )
  {
    pollingPeriod = pollingPeriodMax;
  }

  this.pollingPeriod = pollingPeriod;

  looper.setLoopGovernor (
    new FixedDelayLoopGovernor ( pollingPeriod, 0 ) );

  return pollingPeriod;
}
```

Although you will usually leave this to the adaptive polling algorithm, you can explicitly change the polling period using the public mutator method setPollingPeriod().

```
public void  init ( )
////////////////////////////////////////////////////////////////
{
  looper.init ( );
}
```

[...]

The four lifecycle methods simply delegate to looper.

```
private boolean  loop ( )
//////////////////////////////////////////////////////////////////
{
  try
  {
    Object  response = HttpLib.post (
      url,
      requestBytes,
      userAgent,
      contentType,
      parser );

    if ( response != null )
    {
      incomingQueue.append ( response );

      decreasePollingPeriod ( );
    }
    else
    {
      increasePollingPeriod ( );
    }

    return true;
  }
  catch ( Exception  ex )
  {
    ex.printStackTrace ( );

    increasePollingPeriod ( );

    return true;
  }
}
```

Private method loop() transmits the request to the server and stores the response. If there was an error or no message was available to download, the polling period is increased. Otherwise, it is decreased. From my experiments, I have found that this algorithm will adjust the polling delay so that it polls at a frequency that is about twice the rate at which messages become available on the server. For example, if the server provides the client with a message about once a day on average, the polling frequency will gravitate toward twice a day.

```
private void  increasePollingPeriod ( )
///////////////////////////////////////////////////////////////////
{
  long  newPollingPeriod
    = ( long ) ( pollingPeriod * pollingPeriodMult );

  if ( newPollingPeriod < pollingPeriod + pollingPeriodIncr )
  {
    newPollingPeriod = pollingPeriod + pollingPeriodIncr;
  }

  if ( newPollingPeriod > pollingPeriodMax )
  {
    newPollingPeriod = pollingPeriodMax;
  }

  if ( pollingPeriod != newPollingPeriod )
  {
    if ( DEBUG )
    {
      System.out.println (
        "Increasing polling period from " + pollingPeriod
        + " to " + newPollingPeriod + " milliseconds." );
    }

    looper.setLoopGovernor (
      new FixedDelayLoopGovernor ( newPollingPeriod, 0 ) );

    pollingPeriod = newPollingPeriod;
  }
}

private void  decreasePollingPeriod ( )
///////////////////////////////////////////////////////////////////
{
  [...]
}
```

The private methods increasePollingPeriod() and decreasePollingPeriod() adjust the polling period while ensuring that it remains within the minimum and maximum values. Note that if the polling period is zero, multiplying it by a pollingPeriodMult factor of 1.1 has little effect. The increment pollingPeriodIncr is used to ensure that a minimum increase or decrease value such as one second is used in such cases. Method decreasePollingPeriod() is similar to increasePollingPeriod() except that it divides the current pollingPeriod by pollingPeriodDivi.

Consumer

HttpMessagePoller and HttpMessagePusher download responses and messages from the server and append them to the incoming queue for later processing by the client. A separate thread is used to pull these incoming messages out of the queue and process them so that the two networking threads used with HttpMessagePoller and HttpMessagePusher can continue independently. The client game code can either poll the incoming queue for these new messages or provide a callback interface for processing them asynchronously.

```
package com.croftsoft.core.role;

public interface  Consumer
//////////////////////////////////////////////////////////////////////
//////////////////////////////////////////////////////////////////////
{

public void  consume ( Object  o );
```

I use Consumer as a generic callback interface for anything that must receive an object, such as a message to be processed. I keep Consumer in package com.croftsoft.core.role because I believe that this interface defines an abstract *role* for an object. Other interfaces in the same package and its subpackages include Actor, Filter, and Server.

QueuePuller

Class QueuePuller is used to pull objects out of a queue and pass them to a Consumer for processing. In this example, the QueuePuller is pulling messages downloaded from the server out of the client-side incoming queue and passing them to the game code so that it can update the view on the client.

```
package com.croftsoft.core.util.queue;

import com.croftsoft.core.lang.NullArgumentException;
import com.croftsoft.core.lang.lifecycle.Lifecycle;
```

```
import com.croftsoft.core.role.Consumer;
import com.croftsoft.core.util.loop.Loopable;
import com.croftsoft.core.util.loop.Looper;

public final class  QueuePuller
  implements Lifecycle
///////////////////////////////////////////////////////////////////
///////////////////////////////////////////////////////////////////
{
```

Class QueuePuller implements Lifecycle so that it can be suspended and resumed.

```
private final Queue       queue;

private final Consumer  consumer;

private final Looper      looper;

///////////////////////////////////////////////////////////////////
///////////////////////////////////////////////////////////////////

public  QueuePuller (
  Queue      queue,
  Consumer  consumer )
///////////////////////////////////////////////////////////////////
{
  NullArgumentException.check ( this.queue      = queue    );

  NullArgumentException.check ( this.consumer = consumer );

  looper = new Looper (
    new Loopable ( )
    {
      public boolean  loop ( )
      {
        return QueuePuller.this.loop ( );
      }
    } );
}
```

An anonymous inner class instance of Loopable is used so that the loop() method in QueuePuller is not exposed as public.

```
public void  init ( )
////////////////////////////////////////////////////////////////////
{
  looper.init ( );
}
```

[...]

The four lifecycle methods simply delegate to looper.

```
public boolean  append ( Object  o )
////////////////////////////////////////////////////////////////////
{
  return queue.append ( o );
}
```

```
public Object  replace ( Object  o )
////////////////////////////////////////////////////////////////////
{
  return queue.replace ( o );
}
```

The convenience methods append() and replace() are provided so that the calling code does not need to store a separate reference to the queue.

```
private boolean  loop ( )
////////////////////////////////////////////////////////////////////
{
  try
  {
    consumer.consume ( queue.pull ( ) );
  }
  catch ( InterruptedException  ex )
  {
  }

  return true;
}
```

Private method loop() pulls objects out of the queue and passes them to the consumer. Even though the looper thread may block while waiting on queue.pull(), this will have no impact on the rest of your game code. From the perspective of the consumer, the messages will arrive asynchronously.

HttpMessageClient

I usually use HttpMessagePoller, HttpMessagePusher, and QueuePuller together, so I created a facade class, HttpMessageClient, that allows me to manipulate them together as a single composite object.

```
package com.croftsoft.core.net.http.msg;

import java.net.*;
import java.util.*;

import com.croftsoft.core.io.Encoder;
import com.croftsoft.core.io.Parser;
import com.croftsoft.core.lang.NullArgumentException;
import com.croftsoft.core.lang.lifecycle.Lifecycle;
import com.croftsoft.core.role.Consumer;
import com.croftsoft.core.util.queue.ListQueue;
import com.croftsoft.core.util.queue.Queue;
import com.croftsoft.core.util.queue.QueuePuller;

public final class  HttpMessageClient
  implements Lifecycle
/////////////////////////////////////////////////////////////////////
/////////////////////////////////////////////////////////////////////
{
```

Just like the component classes, HttpMessageClient implements Lifecycle. Calling the init(), start(), stop(), or destroy() methods on HttpMessageClient will kill three birds with one stone by delegating to the corresponding methods on HttpMessagePoller, HttpMessagePusher, and QueuePuller.

```
private final Queue               incomingQueue;

private final Queue               outgoingQueue;

private final HttpMessagePoller   httpMessagePoller;

private final HttpMessagePusher   httpMessagePusher;

private final QueuePuller         incomingQueuePuller;
```

HttpMessageClient hides the underlying use of the five classes used by these instance variables. This simplifies the game client software as it only needs to interact with the HttpMessageClient class.

```
        public  HttpMessageClient (
          URL          url,
          [...]
          long         pollingPeriodIncr )
        ///////////////////////////////////////////////////////////////
        {
          incomingQueue = new ListQueue ( );

          outgoingQueue = new ListQueue ( );

          httpMessagePoller = new HttpMessagePoller (
            url,
            [...]
            pollingPeriodIncr );

          httpMessagePusher = new HttpMessagePusher (
            outgoingQueue,
            incomingQueue,
            url,
            userAgent,
            contentType,
            encoder,
            parser );

          if ( consumer != null )
          {
            incomingQueuePuller = new QueuePuller ( incomingQueue, consumer );
          }
          else
          {
            incomingQueuePuller = null;
          }
        }

        [...]
```

The main constructor method creates instances of the incomingQueue, the outgoingQueue, httpMessagePoller, httpMessagePusher, and queuePuller using the initialization values passed as constructor arguments. If a consumer is not provided, a QueuePuller will not be created.

```
        public Queue  getIncomingQueue ( ) { return incomingQueue; }

        public Queue  getOutgoingQueue ( ) { return outgoingQueue; }
```

Direct access to the private queues is provided by the methods getIncomingQueue() and getOutgoingQueue(). Normally direct access is not needed, as indirect access via convenience methods is also available.

```
public void  setRequestBytes ( byte [ ]  requestBytes )
///////////////////////////////////////////////////////////////
{
  httpMessagePoller.setRequestBytes ( requestBytes );
}
```

The encoded request used by HttpMessagePoller can be changed using the mutator method setRequestBytes(). Normally the requestBytes are not changed after construction.

```
public synchronized void  init ( )
///////////////////////////////////////////////////////////////
{
  if ( incomingQueuePuller != null )
  {
    incomingQueuePuller.init ( );
  }

  httpMessagePoller.init ( );

  httpMessagePusher.init ( );
}

[...]
```

The four lifecycle methods simply delegate to the HttpMessagePoller, HttpMessagePusher, and, if available, the QueuePuller. This ensures that all three networking threads will be suspended and restarted together, which is usually what is desired.

```
public boolean  append ( Object  o )
///////////////////////////////////////////////////////////////
{
  return outgoingQueue.append ( o );
}

public void  replace ( Object  o )
///////////////////////////////////////////////////////////////
{
  outgoingQueue.replace ( o );
}
```

Convenience methods `append()` and `replace()` insert messages into the `outgoingQueue`. Since these convenience methods are available, it should not be necessary to use the accessor method `getOutgoingQueue()` to get direct access to the private `outgoingQueue` instance variable.

```
public Object  poll ( )
/////////////////////////////////////////////////////////////////////
{
   return incomingQueue.poll ( );
}

public Object  pull ( )
   throws InterruptedException
/////////////////////////////////////////////////////////////////////
{
   return incomingQueue.pull ( );
}
```

Convenience methods `poll()` and `pull()` retrieve download messages from the `incomingQueue`. If a `consumer` was identified as a constructor argument, these methods are not needed, as a `QueuePuller` will be active.

Game-Specific Client Code

Application-specific classes of limited reusability in the client game code include `Request`, `AbstractRequest`, `FireRequest`, `MoveRequest`, `ViewRequest`, `GameData`, `Synchronizer`, `NetController`, and `NetMain`.

Request

The base interface for all request objects sent from the client to the server is `Request` from package `com.croftsoft.apps.mars.net.request`. In this game example, it simply provides the name of the player making the request. A more robust version would also include a password or digital signature for authentication. You can increase security even further by encrypting your network communications with HTTP over Secure Sockets Layer (SSL, HTTPS). See class `HttpsURLConnection` from core Java package `javax.net.ssl` for more information.

```
package com.croftsoft.apps.mars.net.request;

import java.io.Serializable;
```

```
public interface  Request
  extends Serializable
//////////////////////////////////////////////////////////////////////
//////////////////////////////////////////////////////////////////////
{

public String  getPlayerName ( );
```

All Request implementations are Serializable.

AbstractRequest

Abstract class AbstractRequest provides a base implementation of interface
Request.

```
package com.croftsoft.apps.mars.net.request;

public abstract class  AbstractRequest
  implements Request
//////////////////////////////////////////////////////////////////////
//////////////////////////////////////////////////////////////////////
{

private final String  playerName;

//////////////////////////////////////////////////////////////////////
//////////////////////////////////////////////////////////////////////

public  AbstractRequest ( String  playerName )
//////////////////////////////////////////////////////////////////////
{
  this.playerName = playerName;
}

//////////////////////////////////////////////////////////////////////
//////////////////////////////////////////////////////////////////////

public String  getPlayerName ( ) { return playerName; }
```

While most requests require player identification, some do not. In these
cases, playerName can be null.

FireRequest

A FireRequest is a request to fire the gun of the player tank.

```
package com.croftsoft.apps.mars.net.request;

public final class  FireRequest
  extends AbstractRequest
//////////////////////////////////////////////////////////////////////
//////////////////////////////////////////////////////////////////////
{

private static final long  serialVersionUID = 0L;


//////////////////////////////////////////////////////////////////////
//////////////////////////////////////////////////////////////////////

public  FireRequest ( String  playerName )
//////////////////////////////////////////////////////////////////////
{
  super ( playerName );
}
```

There is not much to a FireRequest, as the only information that needs to be conveyed is the name of the player whose tank is to be fired.

MoveRequest

A MoveRequest is a request to move the player tank to a given destination.

```
package com.croftsoft.apps.mars.net.request;

import com.croftsoft.core.math.geom.Point2DD;
import com.croftsoft.core.math.geom.PointXY;

public final class  MoveRequest
  extends AbstractRequest
//////////////////////////////////////////////////////////////////////
//////////////////////////////////////////////////////////////////////
{

private static final long  serialVersionUID = 0L;
```

```
  //

  private final Point2DD  destination;

  //////////////////////////////////////////////////////////////////
  //////////////////////////////////////////////////////////////////

  public  MoveRequest ( String  playerName )
  //////////////////////////////////////////////////////////////////
  {
    super ( playerName );

    destination = new Point2DD ( );
  }


  //////////////////////////////////////////////////////////////////
  //////////////////////////////////////////////////////////////////

  public PointXY  getDestination ( ) { return destination; }

  public void  setDestination (
    double  x,
    double  y )
  //////////////////////////////////////////////////////////////////
  {
    destination.x = x;

    destination.y = y;
  }
```

MoveRequest is mutable, so an instance can be reused simply by updating the destination.

ViewRequest

When an encoded ViewRequest is sent to the server, it will respond with a snapshot of the current game state within view of the player position. For simplicity, the server implementation in this game example returns the game state of the entire world.

```
  package com.croftsoft.apps.mars.net.request;

  public final class  ViewRequest
    extends AbstractRequest
```

```
////////////////////////////////////////////////////////////////
////////////////////////////////////////////////////////////////
{

private static final long  serialVersionUID = 0L;

////////////////////////////////////////////////////////////////
////////////////////////////////////////////////////////////////

public  ViewRequest ( String  playerName )
////////////////////////////////////////////////////////////////
{
  super ( playerName );
}
```

Clients that simply monitor the game without participating should set playerName to null. In this case the server will respond with a snapshot of the game state without creating a player tank for the client to control.

GameData

Just as Request was provided for requests generated on the client, you might want to create a base interface for messages generated on the server and sent to the client, such as Response, Message, or Event. For this game, the only message that the server sends is an instance of the serializable game state data class GameData from package com.croftsoft.apps.mars.net.

```
package com.croftsoft.apps.mars.net;

import java.io.*;
import java.util.*;

import com.croftsoft.core.lang.NullArgumentException;
import com.croftsoft.core.util.NullIterator;

import com.croftsoft.apps.mars.model.GameAccessor;
import com.croftsoft.apps.mars.model.TankAccessor;
import com.croftsoft.apps.mars.model.WorldAccessor;
import com.croftsoft.apps.mars.model.seri.SeriTank;
import com.croftsoft.apps.mars.model.seri.SeriWorld;

public final class  GameData
  implements GameAccessor, Serializable
```

```
//////////////////////////////////////////////////////////////////////
//////////////////////////////////////////////////////////////////////
{

    private static final long  serialVersionUID = 0L;

    //

    private final SeriWorld  seriWorld;

    private final SeriTank    playerSeriTank;

//////////////////////////////////////////////////////////////////////
//////////////////////////////////////////////////////////////////////

    public  GameData (
      SeriWorld  seriWorld,
      SeriTank    playerSeriTank )
//////////////////////////////////////////////////////////////////////
    {
      NullArgumentException.check ( this.seriWorld = seriWorld );

      this.playerSeriTank = playerSeriTank;
    }

//////////////////////////////////////////////////////////////////////
// interface GameAccessor methods
//////////////////////////////////////////////////////////////////////

    public int        getLevel ( ) { return 0; }

    public Iterator  getPath  ( ) { return NullIterator.INSTANCE; }

    public TankAccessor    getPlayerTankAccessor ( )
//////////////////////////////////////////////////////////////////////
    {
      return playerSeriTank;
    }

    public WorldAccessor  getWorldAccessor ( )
//////////////////////////////////////////////////////////////////////
    {
      return seriWorld;
    }
```

Class `GameData` implements interface `GameAccessor`, which is all that the clients on the receiving end need. Keep in mind that this is a snapshot copy of the game model on the server and not the model itself. Any mutator methods would just be confusing.

In the networked version of the Mars game, players do not advance to the next level after eliminating all obstacles, but instead just drive around and shoot at each other. For this reason, getLevel() always returns zero. If the `playerName` in the `ViewRequest` is null, the `playerTankAccessor` in the response will be null, as the client is simply monitoring combat and not participating.

Synchronizer

Class `Synchronizer` from package `com.croftsoft.apps.mars.net` is used to synchronize the state of the game model as mirrored on the client with that of the server. It is also used to encapsulate all of the networking code in one spot.

```
package com.croftsoft.apps.mars.net;

[...]

import com.croftsoft.core.io.SerializableCoder;
import com.croftsoft.core.lang.NullArgumentException;
import com.croftsoft.core.lang.lifecycle.Lifecycle;
import com.croftsoft.core.math.MathConstants;
import com.croftsoft.core.net.http.msg.HttpMessageClient;
import com.croftsoft.core.role.Consumer;
import com.croftsoft.core.util.NullIterator;

import com.croftsoft.apps.mars.model.GameAccessor;
import com.croftsoft.apps.mars.model.NullGameAccessor;
import com.croftsoft.apps.mars.model.TankAccessor;
import com.croftsoft.apps.mars.model.WorldAccessor;
import com.croftsoft.apps.mars.net.request.ViewRequest;

public final class  Synchronizer
  implements GameAccessor, Lifecycle
//////////////////////////////////////////////////////////////////////
//////////////////////////////////////////////////////////////////////
{
```

Class `Synchronizer` implements interface `GameAccessor`, since the client view will use `Synchronizer` as the local representation of the game model on the remote server. This is possible because the model was separated from the view class GameAnimator using interface GameAccessor in the original single player version of the game.

Synchronizer also implements interface Lifecycle so that the networking threads can be suspended and resumed. When networking is suspended, the client copy of the server game model will become outdated.

```
private static final String  DEFAULT_HOST = "localhost";

private static final int      DEFAULT_PORT = 8080;

private static final String  SERVLET_PATH = "servlet";

private static final String  DEFAULT_PATH = "/mars/" + SERVLET_PATH;
```

The default URL for the servlet is http://localhost:8080/mars/servlet.

```
private static final String  USER_AGENT   = "CroftSoft Mars";

private static final String  CONTENT_TYPE
  = "application/octet-stream";
```

The game client will identify itself to the server as USER_AGENT. The CONTENT_TYPE is given as application/octet-stream since the messages are in an application-specific binary format. If XML were used for encoding instead of object serialization, the CONTENT_TYPE would be text/xml.

```
private static final long     POLLING_PERIOD_MIN
  = 100;

private static final long     POLLING_PERIOD_MAX
  = MathConstants.MILLISECONDS_PER_DAY;

private static final long     POLLING_PERIOD_INIT
  = POLLING_PERIOD_MIN;

private static final double   POLLING_PERIOD_MULT
  = 2.0;

private static final double   POLLING_PERIOD_DIVI
  = Double.POSITIVE_INFINITY;

private static final long     POLLING_PERIOD_INCR
  = MathConstants.MILLISECONDS_PER_SECOND;
```

In this example, the client will poll the server every 100 ms to download snapshots of the game state. If there is a server or network error, the polling period will immediately increase by one second. After that, it will be doubled with each attempt until communications are restored. The polling period will then immediately snap back to the initial polling period of 100 ms, since the POLLING_PERIOD_DIVI is set to infinity.

```java
private final HttpMessageClient  httpMessageClient;

//

private GameAccessor  gameAccessor;

private int          level;
```

The game state that is downloaded from the server is stored as gameAccessor and is accessed by the GameAnimator described in a previous chapter. Recall that when the level is changed, the GameAnimator will refresh itself entirely under the assumption that all of the old models are no longer being used.

```java
public  Synchronizer (
  String  playerName,
  URL     codeBaseURL )
  throws IOException, MalformedURLException
/////////////////////////////////////////////////////////////////////////
{
  NullArgumentException.check ( playerName );

  URL  servletURL = null;

  if ( codeBaseURL != null )
  {
    servletURL = new URL ( codeBaseURL, SERVLET_PATH );
  }
  else
  {
    servletURL
      = new URL ( "http", DEFAULT_HOST, DEFAULT_PORT, DEFAULT_PATH );
  }
```

I like to package the game client applet and the game servlet together in the same web application archive (WAR) file. In this case, the applet codeBaseURL will be from the same server as the servlet, just with a slightly different path. For

example, if the applet is at http://localhost:8080/mars/, the servlet would be at
http://localhost:8080/mars/servlet.

```
httpMessageClient = new HttpMessageClient (
  servletURL,
  USER_AGENT,
  SerializableCoder.INSTANCE,
  SerializableCoder.INSTANCE,
  CONTENT_TYPE,
  SerializableCoder.INSTANCE.encode (
    new ViewRequest ( playerName ) ),
  new Consumer ( )
  {
    public void  consume ( Object  o )
    {
      Synchronizer.this.consume ( o );
    }
  },
  POLLING_PERIOD_MIN,
  POLLING_PERIOD_MAX,
  POLLING_PERIOD_INIT,
  POLLING_PERIOD_MULT,
  POLLING_PERIOD_DIVI,
  POLLING_PERIOD_INCR );

  gameAccessor = NullGameAccessor.INSTANCE;
}
```

The initial gameAccessor is a null object singleton instance of NullGameAccessor.
This will be replaced the first time the game state is successfully downloaded from
the server.

```
public void  replace ( Object  o )
///////////////////////////////////////////////////////////////////////
{
  httpMessageClient.replace ( o );
}
```

Besides periodic view requests, Synchronizer is also used to send requests to
move the player tank and fire its gun. Method replace() delegates to the corre-
sponding method in httpMessageClient. Using replace() instead of append() here
is especially important because requests can be added to the queue faster than
they can be uploaded by the network. For example, when the player sweeps the
mouse cursor across the screen, a flood of mouse events is generated. Each

mouse event will generate a corresponding MoveRequest. Only the most recent needs to be uploaded to the server, however. If a FireRequest or MoveRequest is already in the outgoing queue, it will be replaced.

```
public int  getLevel ( )
//////////////////////////////////////////////////////////////////
{
  return level;
}

public Iterator  getPath ( )
//////////////////////////////////////////////////////////////////
{
  return NullIterator.INSTANCE;
}

public TankAccessor  getPlayerTankAccessor ( )
//////////////////////////////////////////////////////////////////
{
  return gameAccessor.getPlayerTankAccessor ( );
}

public WorldAccessor  getWorldAccessor ( )
//////////////////////////////////////////////////////////////////
{
  return gameAccessor.getWorldAccessor ( );
}
```

These are the methods that make Synchronizer look like a GameAccessor. As long as the delegate gameAccessor instance is periodically refreshed via the network, the illusion of local game state is maintained, even though the game is actually being played on the server.

```
public void  init ( )
//////////////////////////////////////////////////////////////////
{
  httpMessageClient.init ( );
}

[...]
```

The lifecycle methods simply delegate to httpMessageClient.

```
private void  consume ( Object  o )
//////////////////////////////////////////////////////////////////
{
  gameAccessor = ( GameAccessor ) o;

  level++;
}
```

The private `consume()` method processes incoming messages from the server.
In this example, it is known that all of the server messages will implement inter-
face `GameAccessor`. Instance variable `gameAccessor` is used to save the latest
snapshot of the game state from the server. The level is incremented so that
`GameAnimator` will completely refresh itself. This is not terribly efficient but is
simple to demonstrate. As an alternative, an incremental update mechanism
will be described in the following chapter.

NetController

The `NetController` converts player keyboard and mouse inputs into messages to
be uploaded to the game server to control the player tank.

```
package com.croftsoft.apps.mars.net;

import java.awt.*;
import java.awt.event.*;

import com.croftsoft.core.gui.event.UserInputAdapter;
import com.croftsoft.core.lang.NullArgumentException;
import com.croftsoft.core.math.geom.Point2DD;

import com.croftsoft.apps.mars.net.request.FireRequest;
import com.croftsoft.apps.mars.net.request.MoveRequest;

public final class  NetController
  extends UserInputAdapter
//////////////////////////////////////////////////////////////////
//////////////////////////////////////////////////////////////////
{

private final String        playerName;

private final Synchronizer  synchronizer;
```

```
      private final FireRequest    fireRequest;

      private final MoveRequest    moveRequest;

      ///////////////////////////////////////////////////////////////////
      ///////////////////////////////////////////////////////////////////

      public   NetController (
        String          playerName,
        Synchronizer   synchronizer,
        Component       component )
      ///////////////////////////////////////////////////////////////////
      {
        NullArgumentException.check ( this.playerName   = playerName    );

        NullArgumentException.check ( this.synchronizer = synchronizer );

        NullArgumentException.check ( component );

        component.addMouseListener ( this );

        component.addMouseMotionListener ( this );

        component.addKeyListener ( this );

        component.requestFocus ( );

        fireRequest = new FireRequest ( playerName );

        moveRequest = new MoveRequest ( playerName );
      }
```

The fireRequest and moveRequest instance variables are declared final since they will be created just once during construction and reused repeatedly thereafter.

```
      public void   keyPressed ( KeyEvent   keyEvent )
      ///////////////////////////////////////////////////////////////////
      {
        if ( keyEvent.getKeyChar ( ) == ' ' )
        {
          fire ( );
        }
      }
```

```
public void  mouseMoved ( MouseEvent  mouseEvent )
//////////////////////////////////////////////////////////////////
{
  Point  mousePoint = mouseEvent.getPoint ( );

  moveRequest.setDestination ( mousePoint.x, mousePoint.y );

  synchronizer.replace ( moveRequest );
}

public void  mousePressed ( MouseEvent  mouseEvent )
//////////////////////////////////////////////////////////////////
{
  fire ( );
}


//////////////////////////////////////////////////////////////////
//////////////////////////////////////////////////////////////////

private void  fire ( )
//////////////////////////////////////////////////////////////////
{
  synchronizer.replace ( fireRequest );
}
```

Keyboard and mouse events cause NetController to send messages to the game server using the replace() method of Synchronizer. Because the controller was separated from the view and the model in the development of the initial single player version of Mars, it is easy to replace the controller in the multi-player version with one that redirects to the network.

NetMain

Like class Main in the single player version of the game, class NetMain assembles the model, the view, and the controller. In this case, however, a Synchronizer is used as the model and a NetController is used as the controller. The view code remains unchanged.

```
package com.croftsoft.apps.mars.net;

[...]
```

```
public final class  NetMain
  extends AnimatedApplet
///////////////////////////////////////////////////////////////////
///////////////////////////////////////////////////////////////////
{

[...]

private Synchronizer  synchronizer;

[...]

public void  init ( )
///////////////////////////////////////////////////////////////////
{
  super.init ( );

  [...]

  // model

  String  playerName
    = Long.toString ( new Random ( ).nextLong ( ) );
```

A randomly generated string is used for the playerName. In this case it does not matter what the playerName is, so long as it is unique to the client.

```
  URL  codeBaseURL = null;

  try
  {
    codeBaseURL = getCodeBase ( );
  }
  catch ( Exception  ex )
  {
  }

  try
  {
    synchronizer
      = new Synchronizer ( playerName, codeBaseURL );
```

```
    synchronizer.init ( );
  }
  catch ( Exception  ex )
  {
    ex.printStackTrace ( );
  }

  // view

  GameAnimator  gameAnimator = new GameAnimator (
    synchronizer,
    animatedComponent,
    getClass ( ).getClassLoader ( ),
    MEDIA_DIR,
    BACKGROUND_COLOR );

  addComponentAnimator ( gameAnimator );

  [...]

  // controllers

  [...]

  new NetController ( playerName, synchronizer, animatedComponent );
}

public void  start ( )
//////////////////////////////////////////////////////////////////
{
  synchronizer.start ( );

  super.start ( );
}

[...]
```

The four lifecycle methods call the corresponding methods on the synchro-
nizer instance. When the game is paused and animation is suspended, networking
will be suspended and the local copy of the game state will become outdated.
When play is resumed, the local copy is refreshed.

Reusable Server-Side Code

For this example, reusable server-side code includes classes such as Http-
GatewayServlet and Server, which were described in the previous chapter.
XmlBeanCoder is used on the server to load game initialization values. The copy()
method in SerializableLib is used to create a snapshot of the game state on the
server.

XmlBeanCoder

In the previous chapter, StringCoder was used to encode and parse network mes-
sages in a text format. Class XmlBeanCoder from package com.croftsoft.core.beans
could be used for this purpose as well, as it encodes and parses messages in
XML. For efficiency, however, SerializableCoder is used in the game example for
this chapter since it compresses the messages during encoding.

```
<?xml version="1.0" encoding="UTF-8"?>
<java version="1.4.1_01" class="java.beans.XMLDecoder">
 <object class="com.croftsoft.apps.mars.net.GameInit">
  <void property="ammoDumpExplosion">
   <double>3.0</double>
  </void>
  [...]
  <void property="worldHeight">
   <int>400</int>
  </void>
  <void property="worldWidth">
   <int>600</int>
  </void>
 </object>
</java>
```

To support non-Java client software implementations, you might want to
consider using an XML Encoder and Parser implementation for network messag-
ing, despite the fact that text may be less efficient than compressed serialized
Java objects. XmlBeanCoder is not recommended for this purpose, however, as the
XML it generates is in a format specifically tailored for encoding Java beans. This
can be seen in the above listing of the encoding output for a GameInit object.
Class GameInit is described later in this chapter.

If both your client and your server are implemented in Java, you may wish to
use XmlBeanCoder temporarily during development and debugging so that you
can monitor the network messages in a human-readable format using a network
traffic analyzer. If you have never used a network traffic analyzer, you may want

to take a peek at Ethereal, which is distributed with Red Hat Linux. You can cap-
ture network traffic between your applet and your servlet and save it to a file for
later examination.

```
package com.croftsoft.core.beans;

import java.beans.*;
import java.io.*;

import com.croftsoft.core.io.Encoder;
import com.croftsoft.core.io.Parser;

public final class  XmlBeanCoder
  implements Encoder, Parser
//////////////////////////////////////////////////////////////////////
//////////////////////////////////////////////////////////////////////
{

public static final XmlBeanCoder  INSTANCE = new XmlBeanCoder ( );
```

When an Encoder or Parser instance is required, the singleton INSTANCE can
be used. Otherwise, the static methods can be called directly.

```
[...]

public static Object  decodeFromXml ( InputStream  inputStream )
//////////////////////////////////////////////////////////////////////
{
  XMLDecoder  xmlDecoder = new XMLDecoder ( inputStream );

  try
  {
    return xmlDecoder.readObject ( );
  }
  finally
  {
    xmlDecoder.close ( );
  }
}

[...]
```

Although only one is shown here, XmlBeanCoder provides several reusable
static methods. The static methods rely upon instances of XMLEncoder and

XMLDecoder from core package `java.beans`. XMLEncoder and XMLDecoder were intro-
duced earlier in the chapter on data persistence within the context of loading a
game initialization data object from an XML file.

SerializableLib

A number of the methods in static method library class SerializableLib from
package `com.croftsoft.core.io` have been described in a previous chapter on
data persistence. This section documents a new method, copy(), which is used to
create a copy of a Serializable object.

```
public static Serializable  copy ( Serializable  serializable )
  throws IOException
//////////////////////////////////////////////////////////////////////
{
  ByteArrayOutputStream  byteArrayOutputStream
    = new ByteArrayOutputStream ( );

  ObjectOutputStream  objectOutputStream
    = new ObjectOutputStream ( byteArrayOutputStream );

  objectOutputStream.writeObject ( serializable );

  byte [ ]  bytes = byteArrayOutputStream.toByteArray ( );

  ByteArrayInputStream  byteArrayInputStream
    = new ByteArrayInputStream ( bytes );

  ObjectInputStream  objectInputStream
    = new ObjectInputStream ( byteArrayInputStream );

  try
  {
    return ( Serializable ) objectInputStream.readObject ( );
  }
  catch ( ClassNotFoundException  ex )
  {
    throw new RuntimeException ( );
  }
}
```

A more efficient alternative might be to use the clone() method, which is
declared in class Object. The default implementation of clone() creates a *shallow*

copy that only creates a copy of the root object. Any other objects referenced by the root object are preserved by assignment and are not themselves cloned. For our purposes, a *deep copy* is required in which all of the objects in the entire object graph are copied. If cloning is to be used, the clone() method must be overridden in every class in the object graph where it is required to ensure that deep cloning is performed.

Method copy() will always deliver a deep copy even when the root object is not Cloneable, so long as it is Serializable. If an object in the graph is not Serializable, method copy() will throw an IOException. Normally you would expect that it could also throw a ClassNotFoundException during the deserialization process. Since no new classes are loaded to create the copy, however, this exception is masked.

Game-Specific Server-Side Code

The MarsServlet relays HTTP requests to the MarsServer. The MarsServer processes Player requests to modify and view the state of the NetGame. A GameInit object provides initialization values for the server-side NetGame.

GameInit

Class GameInit provides game initialization values such as the size of the world and the number of ammunition dumps and obstacles in it.

```
package com.croftsoft.apps.mars.net;

[...]

public final class  GameInit
  implements GameInitAccessor, Serializable, Testable
//////////////////////////////////////////////////////////////////////////////
//////////////////////////////////////////////////////////////////////////////
{
```

GameInit implements the accessor interface GameInitAccessor, which is used to abstract the concrete class implementation from the game so that the persistence mechanism can be easily replaced. GameInit was designed for persistence using object serialization or XML bean encoding.

```
[...]

public static GameInit  createDefaultGameInit ( )
//////////////////////////////////////////////////////////////////////////////
```

```
{
  GameInit  gameInit = new GameInit ( );

  gameInit.setTimeFactorDefault  ( DEFAULT_TIME_FACTOR              );

  [...]

  gameInit.setAmmoDumpZ          ( DEFAULT_AMMO_DUMP_Z             );

  return gameInit;
}
```

The static method `createDefaultGameInit()` is used to create a `GameInit` instance with the default values.

```
public static void createTemplateXmlFile ( String  filename )
  throws IOException
//////////////////////////////////////////////////////////////////////
{
  XmlCoder.saveToXmlFile ( createDefaultGameInit ( ), filename );
}
```

Static method `createTemplateXmlFile()` is used to create a template initialization file. A portion of the file created by this method was listed earlier in the chapter, within the section on `XmlBeanCoder`. This human-readable text file can be modified manually by a game designer using a simple text editor and then stored as a resource file within the WAR. It can also be modified by a user after installation. An application server can load a web application from disk, including any modified resource files, whether still in the original compressed WAR package or as unzipped into a subdirectory of the deployment directory. During deployment a user could, for example, unzip the WAR file and then edit the HTML file to change the applet width and height from 600×400 to 800×600. To make this extra area of the viewable world available for play by the game server logic, the user could then modify the `worldWidth` and `worldHeight` properties within the `/WEB-INF/mars.xml` game initialization resource file.

TIP I prefer to use 600×400 (width by height in pixels) as the default size for applets, as it seems to fit well within most browser display areas at most screen resolutions, with either no scrolling required or only vertical scrolling. I also like to use multiples of 40 for my tile and sprite graphics images, such as 40×40 or 80×40, since 40 is the greatest common factor of many standard display area sizes such as 320×240, 600×400, 640×480, and 800×600.

```
public  GameInit ( )
/////////////////////////////////////////////////////////////////////
{
}
```

The no-argument constructor initializes all instance variable values to null or zero. Recall that in XML Java bean encoding, any instance variable values that are the same as those created by the no-argument constructor are not written out during encoding to reduce output size. Since the default values provided by createDefaultGameInit() are all different from those initialized by the no-argument constructor, all of the data fields will be included in the template file created by createTemplateXmlFile().

```
[...]

public double  getTimeFactorDefault ( ) { return timeFactorDefault; }

[...]

public void  setTimeFactorDefault ( double  timeFactorDefault )
/////////////////////////////////////////////////////////////////////
{
   this.timeFactorDefault = timeFactorDefault;
}
```

There are a large number of accessor and mutator methods, a pair for each initialization parameter. Only one pair is shown here.

Player

The Player object is maintained on the server so that requests from a client can be consistently correlated with the particular Tank model in the virtual world.

```
package com.croftsoft.apps.mars.net;

import com.croftsoft.core.lang.NullArgumentException;

import com.croftsoft.apps.mars.model.seri.SeriTank;

public final class  Player
/////////////////////////////////////////////////////////////////////
/////////////////////////////////////////////////////////////////////
{
```

```java
    private final String    name;

    private final SeriTank  seriTank;

    //

    private GameData  gameData;

    private long      lastRequestTime;

    //////////////////////////////////////////////////////////////////////
    //////////////////////////////////////////////////////////////////////

    public  Player (
      String    name,
      SeriTank  seriTank )
    //////////////////////////////////////////////////////////////////////
    {
      NullArgumentException.check ( this.name    = name    );

      NullArgumentException.check ( this.seriTank = seriTank );
    }


    //////////////////////////////////////////////////////////////////////
    // accessor methods
    //////////////////////////////////////////////////////////////////////

    public synchronized long  getLastRequestTime ( )
    //////////////////////////////////////////////////////////////////////
    {
      return lastRequestTime;
    }

    public String    getName    ( ) { return name;     }

    public SeriTank  getSeriTank ( ) { return seriTank; }

    public GameData  getGameData ( ) { return gameData; }

    //////////////////////////////////////////////////////////////////////
    // mutator methods
    //////////////////////////////////////////////////////////////////////
```

```
public void  setGameData ( GameData  gameData )
//////////////////////////////////////////////////////////////////
{
  this.gameData = gameData;
}

public synchronized void  setLastRequestTime ( long  lastRequestTime )
//////////////////////////////////////////////////////////////////
{
  this.lastRequestTime = lastRequestTime;
}
```

The name of the Player is transmitted in each client request. This class identifies which seriTank is owned and controlled by the Player. The gameData is a snapshot of the game state accessible to this Player. The lastRequestTime is used to track when the Player last contacted the server. The accessor and mutator methods for instance variable lastRequestTime are synchronized, since assignment of 64-bit long values is not guaranteed to be atomic.

NetGame

Class NetGame encapsulates the game state and logic. The corresponding class in the single player version of Mars is SeriGame.

```
package com.croftsoft.apps.mars.net;

[...]

public final class  NetGame
//////////////////////////////////////////////////////////////////
//////////////////////////////////////////////////////////////////
{

private final SeriWorld    seriWorld;

[...]

private final Queue        newPlayerNameQueue;

private final Map          nameToPlayerMap;
```

The newPlayerNameQueue stores requests to create a new Player object on the server. The nameToPlayerMap stores the Player data.

```
private final double       timeDeltaMax;

[...]

private final double       obstacleRadiusMin;
```

NetGame uses most of the values in GameInit. Those that are used repeatedly are stored as final instance variables.

```
private GameData    gameData;

private SeriWorld   copySeriWorld;
```

Variables gameData and copySeriWorld provide the most recently updated snapshot copies of the game state.

```
public static NetGame   load (
  GameInitAccessor  gameInitAccessor,
  String              primaryFilename,
  String              backupFilename )
  throws ClassNotFoundException, IOException
//////////////////////////////////////////////////////////////////////
{
  SeriWorld  seriWorld = ( SeriWorld )
    SerializableLib.load ( primaryFilename, backupFilename );

  return new NetGame ( gameInitAccessor, seriWorld );
}
```

The static load() method is provided to hide the details of how a NetGame instance is saved to disk by the corresponding save() method. In this case, the load() method is retrieving a SeriWorld instance that was saved as a compressed serialized object.

```
public  NetGame ( GameInitAccessor  gameInitAccessor )
//////////////////////////////////////////////////////////////////////
{
  this ( gameInitAccessor, ( SeriWorld ) null );
}

public  NetGame ( )
//////////////////////////////////////////////////////////////////////
{
  this ( ( GameInitAccessor ) null );
}
```

The public constructor methods delegate to the main constructor. The main constructor is declared private so that the use of class SeriWorld, an implementation-specific detail, is hidden.

```
public GameData  getGameData ( )
//////////////////////////////////////////////////////////////////////
{
  return gameData;
}
```

This method retrieves a snapshot of the current game state for clients that are watching without playing. Note that gameData does not contain tank data for a specific player.

```
public Player  getPlayer ( String  playerName )
//////////////////////////////////////////////////////////////////////
{
  Player  player = ( Player ) nameToPlayerMap.get ( playerName );

  if ( player == null )
  {
    newPlayerNameQueue.replace ( playerName );
  }

  return player;
}
```

If the playerName is not recognized, a request to create a new Player object is queued for later processing within the update phase of the game loop.

```
public void  save (
  String  primaryFilename,
  String  backupFilename )
  throws IOException
//////////////////////////////////////////////////////////////////////
{
  SerializableLib.save ( seriWorld, primaryFilename, backupFilename );
}
```

Note that only the seriWorld is made persistent. Player data is not saved to disk.

```
public void   update ( )
//////////////////////////////////////////////////////////////////////////
{
  seriWorld.prepare ( );

  timekeeper.update ( );

  double   timeDelta = timekeeper.getTimeDelta ( );

  if ( timeDelta > timeDeltaMax )
  {
    timeDelta = timeDeltaMax;
  }


  seriWorld.update ( timeDelta );
```

In addition to updating the state of the virtual world and all of the models in it, method update() performs a number of other tasks that modify the game state, including Player data.

```
// restore and relocate destroyed obstacles

Obstacle [ ]   obstacles = seriWorld.getObstacles ( );

for ( int   i = 0; i < obstacles.length; i++ )
{
  Obstacle   obstacle = obstacles [ i ];

  if ( !obstacle.isActive ( ) )
  {
    resetObstacle ( obstacle );
  }
}
```

Part of the game logic is that any obstacles that are destroyed are immediately reset. This makes them reappear at a new location.

```
// create list of owned tanks and disconnected players

java.util.List   tankList = new ArrayList ( );

java.util.List   removeList = new ArrayList ( );

Iterator   iterator = nameToPlayerMap.values ( ).iterator ( );
```

```
long  currentTimeMillis = System.currentTimeMillis ( );

while ( iterator.hasNext ( ) )
{
  Player  player = ( Player ) iterator.next ( );

  tankList.add ( player.getSeriTank ( ) );

  long  lastRequestTime = player.getLastRequestTime ( );

  if ( currentTimeMillis >= lastRequestTime + playerTimeout )
  {
    removeList.add ( player );
  }
}
```

This code creates a list of all of the tanks in the world that are still associated with Player objects, and another list of those players that have not communicated with the server recently.

```
// remove disconnected players and their tanks

iterator = removeList.iterator ( );

while ( iterator.hasNext ( ) )
{
  Player  player = ( Player ) iterator.next ( );

  seriWorld.remove ( player.getSeriTank ( ) );

  nameToPlayerMap.remove ( player.getName ( ) );
}
```

If a player has not made a request recently, as determined by the player-Timeout period, the player is removed from the game and the player tank is removed from the world.

```
// remove unowned tanks and reactivate dead player tanks

Tank [ ]  tanks = seriWorld.getTanks ( );

for ( int  i = 0; i < tanks.length; i++ )
{
```

```
Tank   tank = tanks [ i ];

if ( !tankList.contains ( tank ) )
{
  seriWorld.remove ( tank );
}
else if ( !tank.isActive ( ) )
{
  for ( int  j = 0; j < attemptsMax; j++ )
  {
    tank.initialize (
      worldWidth  * actionsRandom.nextDouble ( ),
      worldHeight * actionsRandom.nextDouble ( ) );

    if ( !seriWorld.isBlocked ( tank ) )
    {
      break;
    }
  }
}
}
```

If a tank is no longer associated with a `Player`, it is removed from the world. If a player tank has been destroyed, it is restored at a new location so that combat can continue.

```
// create new players and their tanks

while ( true )
{
  String  newPlayerName = ( String ) newPlayerNameQueue.poll ( );

  if ( newPlayerName == null )
  {
    break;
  }

  Player  player = getPlayer ( newPlayerName );

  if ( player != null )
  {
    continue;
  }
```

```
    Tank   playerTank = seriWorld.createTank (
      0.0, 0.0,
      new Color (
        actionsRandom.nextInt ( 256 ),
        actionsRandom.nextInt ( 256 ),
        actionsRandom.nextInt ( 256 ) ) );

    [...]

    playerTank.setTankOperator (
      new DirectedTankOperator ( playerTank ) );

    player = new Player ( newPlayerName, ( SeriTank ) playerTank );

    nameToPlayerMap.put ( newPlayerName, player );
  }
```

This code creates a new Player object and adds it to the game. Its playerTank is added to the world. Since player data is considered part of the game state, any manipulation of Player objects must be performed within the update phase of the game loop thread.

```
// update snapshots

try
{
  copySeriWorld = ( SeriWorld ) SerializableLib.copy ( seriWorld );
}
catch ( IOException  ex )
{
  // This normally will never happen.

  throw ( RuntimeException )
    new RuntimeException ( ).initCause ( ex );
}

gameData = new GameData ( copySeriWorld, null );

iterator = nameToPlayerMap.values ( ).iterator ( );

while ( iterator.hasNext ( ) )
{
  Player   player = ( Player ) iterator.next ( );
```

```
    try
    {
      SeriTank  copySeriTank = ( SeriTank )
        SerializableLib.copy ( player.getSeriTank ( ) );

      player.setGameData (
        new GameData ( copySeriWorld, copySeriTank ) );
    }
    catch ( IOException  ex )
    {
      // This normally will never happen.

      throw ( RuntimeException )
        new RuntimeException ( ).initCause ( ex );
    }
  }
}
```

At the end of the update, new snapshots of the game state are created. Any requests to view the game state while the update phase is in progress receive the previously stored snapshots. At the end of the update, the old snapshots are replaced with the new snapshots using object assignment, which is guaranteed to be atomic and is therefore thread-safe. Note that each Player object is updated with its own GameData snapshot, which includes player-specific tank information.

```
private  NetGame (
  GameInitAccessor  gameInitAccessor,
  SeriWorld         seriWorld )
/////////////////////////////////////////////////////////////////////
{
  if ( gameInitAccessor == null )
  {
    gameInitAccessor = GameInit.createDefaultGameInit ( );
  }

  [...]

  if ( seriWorld == null )
  {
    [...]
  }
  else
```

```
  {
    this.seriWorld = seriWorld;
  }

  [...]

  newPlayerNameQueue = new ListQueue ( );

  nameToPlayerMap = new HashMap ( );

  try
  {
    copySeriWorld = ( SeriWorld ) SerializableLib.copy ( seriWorld );
  }
  catch ( IOException  ex )
  {
    // This normally will never happen.

    throw ( RuntimeException )
      new RuntimeException ( ).initCause ( ex );
  }

  gameData = new GameData ( copySeriWorld, null );
}

[...]
```

The private constructor method provides default gameInitAccessor and seriWorld instances if the constructor arguments are null. The game state snapshots are initialized.

MarsServer

The MarsServer is responsible for processing player requests. It also manages the game loop thread, which periodically updates the game state.

```
package com.croftsoft.apps.mars.net;

[...]

public final class  MarsServer
  implements Commissionable, Server
///////////////////////////////////////////////////////////////////////
///////////////////////////////////////////////////////////////////////
{
```

Class `MarsServer` implements interface `Commissionable` from package `com.croftsoft.core.lang.lifecycle` to indicate that it provides an `init()` and `destroy()` method. This interface is useful when you have an array of `Commissionable` objects that you need to initialize upon startup and destroy upon shutdown. It also implements interface `Server` so that it can be used in a generic fashion by an `HttpGatewayServlet` subclass.

```
private static final boolean  DEBUG            = true;

private static final double   UPDATE_RATE      = 30.0;

private static final long     SAMPLE_PERIOD    = 10 * 1000;

private static final long     REQUEST_TIMEOUT = 10 * 1000;
```

When `DEBUG` is `true`, the network request rate and game loop thread status will be printed to the console. The `UPDATE_RATE` of 30 updates per second is used to control the update frequency of the game loop. The `SAMPLE_PERIOD` for computing the network request frequency is ten seconds. If there are no player requests within the `REQUEST_TIMEOUT` time limit of ten seconds, the game loop will be suspended until the next player request.

```
private final String  primaryFilename;

private final String  fallbackFilename;

private final Looper  looper;

//

private GameInitAccessor  gameInitAccessor;

private NetGame           netGame;

private long              count;

private long              startTime;

private long              lastRequestTime;
```

The `primaryFilename` and `fallbackFilename` are used to load a previously saved `netGame`. The `looper` drives the server-side game loop. The `count` is the number of requests that have been served since the last `startTime`.

```
public  MarsServer (
  String  primaryFilename,
  String  fallbackFilename )
////////////////////////////////////////////////////////////////////////
{
  this.primaryFilename  = primaryFilename;

  this.fallbackFilename = fallbackFilename;

  setGameInitAccessor ( GameInit.createDefaultGameInit ( ) );

  looper = new Looper (
    new Loopable ( )
    {
      public boolean  loop ( )
      {
        return MarsServer.this.loop ( );
      }
    },
    new FixedDelayLoopGovernor ( UPDATE_RATE ),
    null,
    ( String ) null,
    Thread.MIN_PRIORITY,
    true );
}


////////////////////////////////////////////////////////////////////////
////////////////////////////////////////////////////////////////////////

public void  setGameInitAccessor (
  GameInitAccessor  gameInitAccessor )
////////////////////////////////////////////////////////////////////////
{
  NullArgumentException.check (
    this.gameInitAccessor = gameInitAccessor );
}
```

A default gameInitAccessor is set within the constructor. The setGame-InitAccessor() mutator method is provided so that it can be replaced by an instance loaded from an initialization file. If used, it is called right before the init() method.

```
public void  init ( )
////////////////////////////////////////////////////////////////////////
```

```
    {
      if ( primaryFilename != null )
      {
        try
        {
          netGame = NetGame.load (
            gameInitAccessor, primaryFilename, fallbackFilename );
        }
        catch ( FileNotFoundException  ex )
        {
        }
        catch ( Exception  ex )
        {
          ex.printStackTrace ( );
        }
      }

      if ( netGame == null )
      {
        netGame = new NetGame ( gameInitAccessor );
      }
```

If `netGame` cannot be loaded from a saved game file, a new instance will be created using the initialization values provided by the `gameInitAccessor`.

```
      startTime = System.currentTimeMillis ( );

      lastRequestTime = startTime;

      looper.init  ( );
    }
```

Even though it is initialized here, the `looper` will not actually start until the first client request is received.

```
    public Object  serve ( Object  requestObject )
    //////////////////////////////////////////////////////////////////////
    {
      synchronized ( this )
      {
        lastRequestTime = System.currentTimeMillis ( );

        if ( DEBUG )
        {
```

```
      ++count;
    }
  }
```

The `lastRequestTime` is updated and the request `count` is incremented each time the `serve()` method is called. Unlike assignment of the other primitive types and object assignment, the assignment of 64-bit long types is not guaranteed to be atomic. This may cause problems if another thread attempts to read the value while it is being assigned. For this reason, the `lastRequestTime` and `count` assignments are made within a synchronized block.

```
if ( !( requestObject instanceof Request ) )
{
  throw new IllegalArgumentException ( );
}

looper.start ( );
```

If the game loop is suspended, it is restarted. If it is not suspended, calling `start()` on looper will have no effect.

```
Request  request = ( Request ) requestObject;

String  playerName = request.getPlayerName ( );
```

The `playerName` is retrieved from the request. This is where the code to check authentication using a password or digital signature might go.

```
if ( playerName == null )
{
  return netGame.getGameData ( );
}
```

If the `playerName` is null, a snapshot of the game data is returned without any player tank data. This is used by clients that are displaying the game without participating.

```
Player  player = netGame.getPlayer ( playerName );

if ( player == null )
{
  return netGame.getGameData ( );
}

player.setLastRequestTime ( System.currentTimeMillis ( ) );
```

In addition to updating the last time the server received a connection from any player client as the `lastRequestTime`, the last time a particular player made a request is also recorded within the `player` object.

```
if ( request instanceof ViewRequest )
{
  GameData  gameData = player.getGameData ( );

  if ( gameData == null )
  {
    gameData = netGame.getGameData ( );
  }

  return gameData;
}
```

A player-specific view of the gameData is returned that includes player tank data. The gameData may be `null` if the `player` was just created. In this case the non-player-specific gameData is returned.

```
TankOperator  tankOperator
  = player.getSeriTank ( ).getTankOperator ( );

if ( request instanceof MoveRequest )
{
  MoveRequest  moveRequest = ( MoveRequest ) request;

  tankOperator.go ( moveRequest.getDestination ( ) );

  return null;
}

if ( request instanceof FireRequest )
{
  tankOperator.fire ( );

  return null;
}

throw new IllegalArgumentException ( );
}
```

A `MoveRequest` or a `FireRequest` is translated to the appropriate method call on the player tank `tankOperator`. Any other type of request will generate an

IllegalArgumentException. Note that the tankOperator methods go() and fire()
do not serve the requests right away. Instead they simply store the requests until
they can be executed within the update phase of the game loop. This is thread-
safe because the assignment of the destination object is atomic. If multiple
requests arrive faster than they can be processed, the latest request replaces any
previous requests. For example, if method go() is called twice for the same
tankOperator between updates, the second destination will overwrite the first
destination.

```
public void  destroy ( )
//////////////////////////////////////////////////////////////////
{
  looper.stop ( );

  looper.destroy ( );

  try
  {
    synchronized ( this )
    {
      netGame.save ( primaryFilename, fallbackFilename );
    }
  }
  catch ( Exception  ex )
  {
    ex.printStackTrace ( );
  }
}
```

The destroy() method will suspend and destroy the main game loop. If the
loop was already suspended, calling the stop() method of looper will have no
effect. When the server shuts down, the netGame will be saved to disk. When you
restart the server, the obstacles and ammunition dumps will be restored to their
previous positions and conditions.

Recall that the destroy() method does not terminate the game loop immedi-
ately but instead signals that the game loop should terminate after finishing the
current iteration. For this reason, the call to save() the netGame must be synchro-
nized so that it does not overlap the update phase of the last game loop.

```
private synchronized boolean  loop ( )
//////////////////////////////////////////////////////////////////
{
  netGame.update ( );
```

```
        long  currentTime = System.currentTimeMillis ( );

        if ( DEBUG )
        {
          if ( currentTime >= startTime + SAMPLE_PERIOD )
          {
            System.out.println ( "requests per second:  "
                + ( MathConstants.MILLISECONDS_PER_SECOND * count )
                / ( currentTime - startTime ) );

            startTime = currentTime;

            count = 0;
          }
        }

        if ( currentTime >= lastRequestTime + REQUEST_TIMEOUT )
        {
          if ( DEBUG )
          {
            System.out.println ( "MarsServer game loop pausing..." );
          }

          return false;
        }

        return true;
      }
```

The private loop() method updates the netGame. It also prints request statis-
tics if DEBUG is set. If there have been no player requests recently, the loop()
method returns false, indicating that the main game loop should be suspended
to make the unused processing time available to other programs running on the
server. The loop() method is synchronized so that it will not try to read the
lastRequestTime and request count while they are being updated by concurrent
user request threads, and also so it will not attempt to update the game state
while it is being saved to disk during shutdown.

MarsServlet

Class MarsServlet extends HttpGatewayServlet for the purpose of providing the
superclass with the Server interface implementation, MarsServer. It also loads
game initialization data from a resource file accessible via the servlet context.

```
package com.croftsoft.apps.mars.net;

[...]

public final class  MarsServlet
  extends HttpGatewayServlet
//////////////////////////////////////////////////////////////////////
//////////////////////////////////////////////////////////////////////
{

[...]

private static final String  GAME_INIT_PATH    = "/WEB-INF/mars.xml";

private static final String  PRIMARY_FILENAME  = "mars.dat";

private static final String  FALLBACK_FILENAME = "mars.bak";

//

private final MarsServer  marsServer;

//////////////////////////////////////////////////////////////////////
//////////////////////////////////////////////////////////////////////

public  MarsServlet ( )
//////////////////////////////////////////////////////////////////////
{
  this ( new MarsServer ( PRIMARY_FILENAME, FALLBACK_FILENAME ) );
}

[...]
```

The no-argument MarsServlet constructor passes a newly created MarsServer instance to the private main constructor.

```
public void  init ( )
  throws ServletException
//////////////////////////////////////////////////////////////////////
{
  System.out.println ( SERVLET_INFO );

  try
  {
```

```
      GameInit  gameInit = ( GameInit ) XmlBeanCoder.decodeFromXml (
        getServletContext ( ).getResourceAsStream ( GAME_INIT_PATH ) );


      marsServer.setGameInitAccessor ( gameInit );


      marsServer.init ( );
    }
    catch ( Exception  ex )
    {
      throw ( ServletException )
        new UnavailableException ( ex.getMessage ( ) ).initCause ( ex );
    }
  }


  public void  destroy ( )
  //////////////////////////////////////////////////////////////////////
  {
    try
    {
      marsServer.destroy ( );
    }
    catch ( Exception  ex )
    {
      log ( ex.getMessage ( ), ex );
    }
  }
```

MarsServlet saves a reference to marsServer so that it can be initialized and destroyed whenever the servlet is initialized or destroyed. The servlet will normally be initialized by the servlet container when the servlet is accessed for the first time, and destroyed when the container shuts down. You might imagine that the marsServer init() method could open a JDBC connection, whereas the corresponding destroy() method might close it. Another possibility is that the init() method uses the Java Naming and Directory Interface (JNDI) to locate an EJB session or entity bean for the game server. Or it could be that the init() method simply creates a new instance of the game in memory within the current virtual machine, as it does here.

```
  private  MarsServlet ( MarsServer  marsServer )
  //////////////////////////////////////////////////////////////////////
  {
    super (
      marsServer,
      SerializableCoder.INSTANCE,
```

```
        SerializableCoder.INSTANCE );

    NullArgumentException.check ( this.marsServer = marsServer );
  }
```

The private main constructor method for MarsServlet delegates to the HttpGatewayServlet superclass constructor. The MarsServlet subclass constructor also saves an instance variable reference to the MarsServer so that it can be accessed from this class as well.

Summary

In this chapter, we looked at the code for a multiplayer network game that was converted from a single player game. The conversion was facilitated by MVC separation. Network synchronization between the server and the client is maintained using simple HTTP polling of the entire game state. Concurrent requests from multiple player clients to modify game state, including player data, were stored or queued for later serial processing within the update phase of the server-side game loop thread. Concurrent requests to view game state were served immediately by returning stored snapshot copies that were updated in a thread-safe manner at the end of each game loop. A number of reusable and game-specific classes were introduced. These classes will be revisited in the following chapter, in which an alternative mechanism for multiplayer game state synchronization is explored.

Further Reading

Feldman, Ari. "Designing for Different Display Modes." Chapter 2 in *Designing Arcade Computer Game Graphics*. Plano, TX: Wordware Publishing, 2001.

CHAPTER 11

HTTP Pulling

You may talk too much on the best of subjects. —Benjamin Franklin

In the previous chapter, HTTP polling was used to synchronize the client with the server. One of the main disadvantages to this approach is that polling requires continuously sending periodic queries from the client to the server even when there are no updates to the game state. Additionally, periodic polling for snapshots of the game state may miss events that occur between samples. In testing the networked game example for the previous chapter, you may have noticed that explosions, usually lasting just a single frame, were sometimes skipped in the client view animation.

Ideally you would prefer to use event-driven networking instead of polling. This would minimize the amount of traffic when game state updates on the server were infrequent. This would also ensure that even ephemeral state changes were communicated to the clients. Normally, event-driven communication requires that the game server contact the player client whenever an update to the server-side game state occurs. How can this be achieved when both network firewalls and unsigned applet security sandbox restrictions prevent the server from initiating contact with the client?

In interface Queue, as documented in Chapter 9, I distinguished the term *pull* from *poll* by indicating that the pull() method would block the calling thread until an object was available to be retrieved from the queue. In HTTP pulling, the client initiates contact with the server just as in HTTP polling but, instead of downloading a snapshot of the game state, the client pulls on a server-side message queue. If the queue contains an event, the server responds immediately. If not, the server will delay its response to the client until an event occurs. When nothing is happening within the virtual world on the server, traffic between the client and server comes to an almost complete stop. As soon as something does happen, the server responds immediately, emulating the effect of a server-to-client event notification without violating security.

Testing the Example

The example for this chapter is an applet-servlet combination called Chat that combines text messaging with animation. When the user enters a text message, it appears within the text area of all other clients connected to the server. Additionally, when the user clicks the animated area, a virtual character representing that user, an *avatar*, moves across the screen. This movement is reflected on all of the clients simultaneously. If a collision between avatars in virtual space occurs, movement is blocked. Users can also change their avatar image using a pull-down menu item list. Because of HTTP pulling, all clients connected to the server are updated immediately when this change occurs.

```
appletviewer http://localhost:8080/chat/
```

The Ant build target for this example is `chat_install`. The default URL is shown immediately above. You can test the event-driven synchronization mechanism by bringing up two or more applet clients simultaneously as shown in Figure 11-1. To prevent confusion, you can change the avatar image for each client to make them easier to distinguish.

Figure 11-1. Event-driven networking

Debugging information is printed to the servlet and applet console windows whenever the servlet receives a request from the client and whenever the applet client receives an event from the server. Note that the whenever a text message is entered or an avatar movement is initiated by mouse click, first the server receives a request from a client and then afterwards all of the clients receive a broadcast event from the server.

Note also that the end of movement by an avatar when it reaches its destination is not indicated by an event, as this outcome can be predicted by the client. Upon receiving a movement initiation event, client views will slide their local copies of avatar models toward the destination point at a fixed velocity. Once they reach the destination in virtual space, the avatars automatically stop.

Only the premature end of movement due to an unexpected blocking by another avatar warrants an informational event from the server. Because of network lag, avatars may appear to "bounce" when they collide. This occurs because the client views will slide the avatars through each other until they receive the blocking event message from the server. This forces the client views to move the model a step or two backwards along the projected path.

Each time a client is created in this example, it generates a new random user name for demonstration purposes. When it connects with the server for the first time, a corresponding avatar is created in the virtual world and the avatar is associated with that user name. If the client loses contact with the server for more than a minute, the avatar is removed and the association is destroyed. You can observe this by bringing up a client view window and then immediately closing it. When you restart the client for a second time with a new randomly assigned user name, there will be two avatars. If the two avatars overlap, you may need to move one of the avatars a bit to see this. After a minute or so, the first avatar will automatically disappear.

Synchronization between the game state on the server and the client copies is maintained using update events. These events contain only enough information to indicate what has changed since the immediately preceding update event. Synchronization can fail if an update event message is not received by the client or if the server resets. In these cases, the client must detect the synchronization failure and request a complete update of the entire game state visible to the player.

You can test the robustness of the client-server game state resynchronization algorithm used in this example by shutting down and restarting the server while a client view is active. When the client first detects that the server is not responding, it will use adaptive polling to gradually increase the interval between its contact attempts. After a minute or two when the server has come back up, the client will successfully make contact again and detect the server game state change. Since server-side game state is not persistent in this example, the client will need to request a new avatar.

You can also test the resynchronization algorithm by pausing the client view for more than a minute. Minimizing the client window causes it to suspend animation and networking. If you then maximize the client window again quickly enough, any events that were missed will be received and the client view will catch up. If client networking is suspended for too long, however, the events held for the client on the server are lost. The client will automatically detect this condition and request a full refresh.

Although not easily tested, the client will also request a full refresh if a single update event is lost. This loss is detected by the client code because the server numbers events sequentially. Since it is possible that separate client views could receive different events based upon the position and field of view of their corresponding avatars within the virtual environment, each client has its own unique event numbering sequence, which begins with a randomly generated 64-bit number. Starting with a random number reduces the probability that the first event will be mistakenly discarded as previously received.

Reusable Client-Side Code

An `Authentication` object holds a user name and password pair. An `Id` provides a remote object with a persistent reference. A `LongId` is an `Id` that uses a unique 64-bit number. A `ModelId` is an `Id` for an avatar. A `SeriModelId` is a `ModelId` implementation.

Authentication

The `Authentication` class from package `com.croftsoft.core.security` simply holds a user name and a password `String` pair. It is `Serializable` so that it can be sent across the network to authenticate any client request to the server. Keep in mind that when sending passwords across the network, you will probably want to encrypt them using HTTPS. This example does not. If the security requirements for your game are low, you can set the password to null.

Id

An implementation of the interface `Id` from package `com.croftsoft.core.util.id` is used to uniquely identify an object. In some sense it is like an cross-process object reference value. This identification is consistent across both time and space. With regard to time, an object will maintain its `Id` value as a persistent reference even when serialized to disk and restored at a later date within a new location in memory. With regard to space, a distributed object will be uniquely identifiable by its `Id` across the network.

An object that implements the semantic interface `Id` is immutable, `Serializable`, and deeply `Cloneable`. Additionally, the results from the methods `equals()` and `hashCode()` are not based upon transient data and are consistent across processes. As examples, instances of the core classes `String` and `Long` possess these characteristics.

LongId

A LongId is simply an implementation of interface Id that is backed by an instance of Long.

```
package com.croftsoft.core.util.id;

import com.croftsoft.core.lang.NullArgumentException;

public class  LongId
  implements Id
//////////////////////////////////////////////////////////////////////
//////////////////////////////////////////////////////////////////////
{

private static final long  serialVersionUID = 0L;

//

private final Long  l;

[...]

public  LongId ( Long  l )
//////////////////////////////////////////////////////////////////////
{
  NullArgumentException.check ( this.l = l );
}

[...]

public Object  clone ( )
//////////////////////////////////////////////////////////////////////
{
  try
  {
    return super.clone ( );
  }
  catch ( CloneNotSupportedException  ex )
  {
    // This will never happen.

    throw new RuntimeException ( );
  }
}
```

```
public boolean  equals ( Object   other )
//////////////////////////////////////////////////////////////
{
  if ( ( other == null )
    || !getClass ( ).equals ( other.getClass ( ) ) )
  {
    return false;
  }

  return l.equals ( ( ( LongId ) other ).l );
}

public int  hashCode ( )
//////////////////////////////////////////////////////////////
{
  return l.hashCode ( );
}

[...]
```

Note that LongId delegates to a Long object instance variable l to provide the values for methods equals() and hashCode(). Class StringId in the same package is implemented in a similar fashion except that it delegates to an instance of String.

ModelId

Interface ModelId from package com.croftsoft.core.animation.model is an extension of Id that uniquely identifies a Model. This permits an entity modeled in virtual space on the server to be paired with the corresponding copy on the client. The interface defines no methods or constants.

SeriModelId

Class SeriModelId is an extension of LongId that implements ModelId. I prefer to use subclasses of LongId for my Id implementations, since I like to use integer-type keys for objects stored in a relational database. It is also easy enough to create a unique LongId simply by randomly generating a 64-bit number.

```
package com.croftsoft.core.animation.model.seri;

import com.croftsoft.core.util.id.LongId;

import com.croftsoft.core.animation.model.ModelId;

public final class  SeriModelId
  extends LongId
  implements ModelId
//////////////////////////////////////////////////////////////////////
//////////////////////////////////////////////////////////////////////
{

private static final long  serialVersionUID = 0L;

//////////////////////////////////////////////////////////////////////
//////////////////////////////////////////////////////////////////////

public  SeriModelId ( long  l )
//////////////////////////////////////////////////////////////////////
{
  super ( l );
}
```

You may wonder why a ModelId implementation is used to identify remote objects instead of a long primitive value or a simple Long or String object. The main reason is so that these persistent and distributed references have some aspect of the strong-typing associated with regular references.

```
public void  doSomething (
  String  userId,
  String  modelId );

public void  doSomething (
  UserId    userId,
  ModelId   modelId );
```

Compare the two hypothetical method signatures above. Even though typed String references are used instead of pointers, the first method signature could cause a problem if the arguments are given out of order, as the code will still successfully compile. If the arguments are given out of order to the second method where different sub-interfaces of Id are used for each argument, the error is detected during compilation. In general, it is probably a good idea to use a specific Id sub-interface reference whenever you need to identify objects that can exist outside of the current virtual machine.

Game-Specific Client-Side Code

A client queues a Request to be sent to the game server. If it is a Coalesceable-Request, it may replace a request added previously to the queue. User input events are transformed into an instance of the appropriate Request type by the Chat-Controller. The game server may synchronously or asynchronously return a Response. When a client sends a CreateUserRequest to the server, a CreateUser-Response is returned and processed on the client by a CreateUserConsumer. An Event is generated whenever the server-side game state is modified. The ChatClient provides the networking code to upload client Request instances and download server messages such as Event and Response objects. The ChatSynchronizer uses the information in the server messages to synchronize the client copy of the game state. The ChatPanel provides the client view, which makes these changes visible to the player. The ChatApplet combines the ChatClient, ChatPanel, and ChatController as model, view, and controller, respectively.

Request

Interface Request from package com.croftsoft.apps.chat.request extends Serializable so that it can be uploaded from the client to the server over the network. It defines one method, getAuthentication(), so that the originator of the request can be authenticated by the server. Implementations of interface Request may provide additional methods. An AbstractRequest is an abstract class implementation of Request that provides a default getAuthentication() method body implementation.

CoalesceableRequest

CoalesceableRequest is an abstract class that extends AbstractRequest. It indicates that the current request can replace a previous request within a queue. Subclasses of CoalesceableRequest include CreateUserRequest, which is used to create a player object on the server; CreateModelRequest to create an avatar Model for the player; MoveRequest to move or stop the avatar in virtual space; Pull-Request to pull a message down from the server; TalkRequest to send a text message; and ViewRequest to get a complete snapshot of the server-side game state.

```
public boolean  equals ( Object  other )
//////////////////////////////////////////////////////////////////////
{
  if ( other == null )
  {
```

```
        return false;
    }

    return this.getClass ( ) == other.getClass ( );
  }
```

The equals() method of a CoalesceableRequest is overridden to redefine how the equality comparison is determined. A CoalesceableRequest subclass instance is considered equal to another if they are both of the same class. This means that one MoveRequest instance will be considered equal to another MoveRequest instance. Since they are considered equal, a later MoveRequest will replace an earlier MoveRequest when added to a Queue using the replace() method.

Note that the replace() method of Queue replaces the first equal element it finds by searching through the queued elements in order. This means that requests will not lose their place within the Queue as they are updated. If a MoveRequest is at the head of the line and about to be uploaded to the server when it is replaced with a new MoveRequest instance that contains an updated destination, the new MoveRequest will be uploaded next.

For most of the CoalesceableRequest subclasses, it is somewhat obvious why they should be coalesced within the queue. If a player generates multiple MoveRequest or ViewRequest instances in rapid succession, for example, it makes sense to discard all but the most recent request before they are uploaded to the server. I decided to make TalkRequest a CoalesceableRequest to prevent players from flooding the server and other player clients with text messages. This could happen if the player starts hitting the keyboard and the Enter key over and over again without pause. If a player generates TalkRequest instances faster than they can be distributed across the network, they will be coalesced and some text will be lost.

ChatController

The controller example described in the previous chapter, NetController, would pass requests to a networking object for upload to the server. In this chapter, the ChatController passes requests to a queue. A queue is used instead of a networking object so that ChatController can be used in both single player local mode or multiplayer networking mode without modification. Using a queue as an intermediary reduces the coupling between the sending and the receiving objects.

```
    package com.croftsoft.apps.chat.controller;

    [...]

    public final class  ChatController
```

```
      extends UserInputAdapter
      implements ActionListener, ItemListener
    ///////////////////////////////////////////////////////////////////
    ///////////////////////////////////////////////////////////////////
    {

    [...]

    public void  mousePressed ( MouseEvent  mouseEvent )
    ///////////////////////////////////////////////////////////////////
    {
      if ( mouseEvent.getSource ( ) == moveComponent )
      {
        Point  mousePoint = mouseEvent.getPoint ( );

        requestQueue.replace (
          new MoveRequest (
            authentication,
            new Point2DD ( mousePoint.x, mousePoint.y ) ) );
      }
      else
      {
        throw new IllegalArgumentException ( );
      }
    }
```

In method mousePressed(), a MouseEvent is transformed into a MoveRequest and inserted into the requestQueue. Note that the replace() method is used instead of the append() method to add the request to the queue.

Response

Interface Response from package com.croftsoft.apps.chat.response extends Serializable so that it can be downloaded by the requesting client from the server over the network. It defines one method, isDenied(), which indicates whether the server denied or granted a client Request. Implementations of interface Response may provide additional methods.

An AbstractResponse is an abstract class implementation of Response that provides a default isDenied() method body implementation. Subclasses of AbstractResponse include CreateUserResponse, CreateModelResponse, MoveResponse, and ViewResponse. Some classes such as UnknownRequestResponse and UnknownUserResponse are used to indicate that an application error occurred on the server while processing a Request.

There are a couple of cases where a server may not return a Response imme-diately for a given Request. In some cases there is no corresponding Response for a given type of Request, as no reply is necessary. In other cases, the server may not return a Response right away because the Request has been queued for later pro-cessing.

CreateUserConsumer

When a client sends a CreateUserRequest to the server, a CreateUserResponse is returned and processed on the client by a CreateUserConsumer from package com.croftsoft.apps.chat.client. CreateUserConsumer provides the generic call-back method consume(), as defined in interface Consumer, so that it can receive and process messages from the server asynchronously.

```
public void  consume ( Object  o )
////////////////////////////////////////////////////////////////////
{
  CreateUserResponse  createUserResponse = ( CreateUserResponse ) o;

  if ( createUserResponse.isDenied ( ) )
  {
    throw new RuntimeException ( "CreateUserRequest denied" );
  }
  else
  {
    requestQueue.replace ( createModelRequest );
  }
}
```

Upon receiving indication of successful creation of a User object on the server, CreateUserConsumer will react by sending a CreateModelRequest. At one time I called those client-side classes that behave like this "Reactors," since they implement client-server protocol logic by reacting to server messages, which are downloaded and processed asynchronously. Reactors can be used to implement an ordered sequence of exchanges between client and server without using a long-lived thread that might become blocked by a networking call.

Event

An instance of interface Event from package com.croftsoft.apps.chat.event is generated whenever the server-side game state is modified. Event extends Serializable so that it can be downloaded by the player clients from the server over the network. It defines two methods, getEventIndex() and setEventIndex(), so that a client can use the eventIndex sequence number to detect whether an Event from the server has been lost. Implementations of interface Event may provide additional methods.

An AbstractEvent is an abstract class implementation of Event that provides default implementations for the eventIndex property methods. Subclasses of AbstractEvent include CreateModelEvent, MoveEvent, NullEvent, RemoveModelEvent, and TalkEvent.

ChatClient

Class ChatClient from package com.croftsoft.apps.chat.client provides the networking code to upload client Request instances to the game server. It also downloads server messages, such as Event and Response objects, and routes them to the appropriate client class for processing.

ChatClient is set up to run in either single player local or multiplayer networked mode. In single player local mode, networking is disabled and a local game server is created. Because the communications with the game server are encapsulated within ChatClient, the rest of the client code does not need to know whether the game server is local or remote.

```
package com.croftsoft.apps.chat.client;

[...]

public final class  ChatClient
  implements Lifecycle
///////////////////////////////////////////////////////////////////////
///////////////////////////////////////////////////////////////////////
{

[...]

private static final long    POLLING_PERIOD_MIN
  = 0;
```

The minimum polling period is zero. This means that the ChatClient will immediately contact the server again after receiving a response to the preceding request. The server may delay its response to a request, driving down the effective polling frequency. In HTTP polling, the client will delay for 30 seconds or so between requests and the server will respond immediately. In HTTP pulling, the client does not delay between requests, but the server may delay its response for 30 seconds or so if there are no messages waiting for the client.

```
[...]

  private final Authentication    authentication;

  private final PullRequest       pullRequest;

  private final Queue             eventQueue;

  private final Queue             requestQueue;

  private final ChatServer        chatServer;

  private final Looper            looper;

  private final HttpMessageClient httpMessageClient;

  private final Map               classToConsumerMap;

  private final QueuePuller       queuePuller;
```

The authentication uniquely identifies the client to the server. The pull-Request is sent repeatedly to the server. The eventQueue stores events downloaded from the server. The requestQueue stores requests to be uploaded to the server. The chatServer provides a local copy of the game server if the application is in single player mode. The looper is used to pull messages from the local game server when in single player mode. When in multiplayer mode, the httpMessage-Client is used to download messages from the remote game server. The class-ToConsumerMap is used to map a server message type to the client-side code that can process it. The queuePuller is used to continuously pass requests from the requestQueue to the chatServer and process any response when in single player mode.

```
  private long   eventIndex;
```

The eventIndex of the most recently processed event is stored as an instance variable.

```
public  ChatClient (
  Authentication   authentication,
  URL              servletURL )
//////////////////////////////////////////////////////////////////////
{
  NullArgumentException.check (
    this.authentication = authentication );
```

```
pullRequest = new PullRequest ( authentication );

if ( servletURL == null )
{
  requestQueue = new ListQueue ( );

  chatServer = new ChatServer ( );

  queuePuller = new QueuePuller (
    requestQueue,
    new Consumer ( )
    {
      public void  consume ( Object  o )
      {
        ChatClient.this.consume ( chatServer.serve ( o ) );
      }
    } );

  looper = new Looper (
    new Loopable ( )
    {
      public boolean  loop ( )
      {
        return ChatClient.this.loop ( );
      }
    } );

  httpMessageClient = null;
}
```

When servletURL is null, the chatClient will run in single player local mode. A local chatServer is created in client memory, and individually threaded loops are established to move queued messages between the client and the server.

```
else
{
  httpMessageClient = new HttpMessageClient (
    servletURL,
    USER_AGENT,
    SerializableCoder.INSTANCE,
    SerializableCoder.INSTANCE,
    HttpLib.APPLICATION_OCTET_STREAM, // contentType
    createRequestBytes ( pullRequest ),
```

```
      new Consumer ( )
      {
        public void  consume ( Object  o )
        {
          ChatClient.this.consume ( o );
        }
      },
      POLLING_PERIOD_MIN,
      POLLING_PERIOD_MAX,
      POLLING_PERIOD_INIT,
      POLLING_PERIOD_MULT,
      POLLING_PERIOD_DIVI,
      POLLING_PERIOD_INCR );

   requestQueue = httpMessageClient.getOutgoingQueue ( );

   chatServer = null;

   looper = null;

   queuePuller = null;
 }
```

When servletURL is not null, httpMessageClient is instantiated to provide communications with the remote game server. Final instance variables chat-Server, looper, and queuePuller are set to null since they are not used in multiplayer mode.

```
  eventQueue = new ListQueue ( );

  Consumer  eventConsumer = new QueueConsumer ( eventQueue );

  classToConsumerMap = new HashMap ( );

  classToConsumerMap.put (
    CreateModelResponse.class,
    NullConsumer.INSTANCE );

  classToConsumerMap.put (
    CreateUserResponse.class,
    new CreateUserConsumer (
      requestQueue,
      authentication,
      ChatConstants.DEFAULT_AVATAR_TYPE,
```

```
            ChatConstants.DEFAULT_AVATAR_X,
            ChatConstants.DEFAULT_AVATAR_Y ) );

        classToConsumerMap.put (
          CreateModelEvent.class,
          eventConsumer );

        classToConsumerMap.put (
          MoveEvent.class,
          eventConsumer );

        classToConsumerMap.put (
          NullEvent.class,
          NullConsumer.INSTANCE );

        classToConsumerMap.put (
          RemoveModelEvent.class,
          eventConsumer );

        classToConsumerMap.put (
          TalkEvent.class,
          eventConsumer );

        classToConsumerMap.put (
          ViewResponse.class,
          eventConsumer );
```

The ChatClient downloads messages from the game server. Rather than process these messages directly, the ChatClient directs these messages to a separate class for processing based upon the message type. This prevents the ChatClient class from growing to an unmaintainable size by separating out unrelated logic as game functionality increases over time.

Multiple if-then statements or a switch statement could have been used to route messages to their proper destination for processing, but ChatClient uses a HashMap instead. The class of the message object is used as the key and the message processor object is used as the value. All of the message processing objects implement interface Consumer so that they can be handed the message object using the generic consume() method. Adding an additional Consumer implementation to ChatClient in the future to process a new type of server message is as simple as putting a key-value pair in the classToConsumerMap.

Messages from the server that are ignored are passed to a NullConsumer singleton instance. A QueueConsumer is an adapter class that stores consumed objects in a queue. The eventConsumer is a QueueConsumer that stores event messages from the server in the eventQueue. Messages of the CreateUserResponse class are directed to the CreateUserConsumer for processing.

```
    eventIndex = new Random ( ).nextLong ( );
  }
```

The final act of the constructor method is to initialize the `eventIndex` to a random value. This makes it unlikely that an incoming event will be treated as a duplicate and discarded.

```
public void  init ( )
/////////////////////////////////////////////////////////////////////////
{
  if ( chatServer != null )
  {
    chatServer.init ( );

    looper.init ( );

    queuePuller.init ( );
  }
  else
  {
    httpMessageClient.init ( );
  }
}
```

The init() method and the other three lifecycle methods in `ChatClient` delegate to the corresponding lifecycle methods in `chatServer`, `looper`, and `queuePuller` if the client is operating in single player mode. If the client is operating in multiplayer mode, the lifecycle methods delegate instead to `httpMessageClient`.

```
[...]

private boolean  loop ( )
/////////////////////////////////////////////////////////////////////////
{
  Object  response = chatServer.serve ( pullRequest );

  if ( response != null )
  {
    consume ( response );
  }

  return true;
}
```

When in single player mode, messages are pulled directly from a local chatServer instance.

```
private void  consume ( Object  o )
///////////////////////////////////////////////////////////////////////
{
  [...]

  if ( o instanceof Event )
  {
    long  eventIndex = ( ( Event ) o ).getEventIndex ( );

    if ( eventIndex == this.eventIndex )
    {
      return;
    }

    if ( eventIndex == this.eventIndex + 1 )
    {
      this.eventIndex = eventIndex;
    }
    else
    {
      requestQueue.replace ( new ViewRequest ( authentication ) );
    }
  }
```

The consume() method compares the eventIndex of each Event to the eventIndex of the previously processed Event, which is stored as an instance variable. If the eventIndex values are the same, the new Event is discarded as a duplicate. If the new eventIndex is exactly one more than the old eventIndex, all is well with the incremental update and the new value is stored. If the new eventIndex is any other value, it is possible that some Event instances sent by the server to the client were missed. In this case, a new ViewRequest is generated.

```
else if ( o instanceof ViewResponse )
{
  this.eventIndex = ( ( ViewResponse ) o ).getEventIndex ( );
}
```

If the object consumed is an instance of ViewResponse, the eventIndex is updated since the client-side copy of the model is being completely refreshed.

```
Consumer  consumer
  = ( Consumer ) classToConsumerMap.get ( o.getClass ( ) );

if ( consumer == null )
{
  [...]

  stop ( );
}
else
{
  try
  {
    consumer.consume ( o );
  }
  catch ( Exception  ex )
  {
    [...]

    stop ( );
  }
}
}

[...]
```

Events and responses received from the game server, whether local or remote, must be directed to the proper Consumer for processing. If a Consumer cannot be retrieved from the classToConsumerMap or if something else goes wrong, the ChatClient is stopped. This can happen when an outdated version of the client software receives a new message type from an updated version of the game server. In this case, I decided it would be better to stop client-to-server networking rather than print some error message and attempt to press on.

ChatSynchronizer

Class ChatSynchronizer is in package com.croftsoft.apps.chat.view because it is part of the client view. It is responsible for updating the local client-side representation of the game state based upon events received from the game server. This keeps the client copy of the game state synchronized with the shared server version within the limits of the field of view of the player avatar.

```
package com.croftsoft.apps.chat.view;

[...]

public final class  ChatSynchronizer
  implements Consumer
//////////////////////////////////////////////////////////////////////
//////////////////////////////////////////////////////////////////////
{

private final Consumer   eventConsumer;

private final ChatWorld  chatWorld;
```

ChatSynchronizer maintains a separate mirror copy of the chatWorld. Just like
the ChatWorld instance on the server, this duplicate chatWorld will generate state
update events when modified. These duplicate events are passed to an event-
Consumer.

```
[...]

public void  consume ( Object  o )
//////////////////////////////////////////////////////////////////////
{
  if ( o instanceof ViewResponse )
  {
    ChatWorld  newChatWorld
      = ( ( ViewResponse ) o ).getSeriChatWorld ( );

    chatWorld.clear ( );

    Model [ ]  models = newChatWorld.getModels ( );

    for ( int  i = 0; i < models.length; i++ )
    {
      ChatModel  chatModel = ( ChatModel ) models [ i ];

      chatModel.setEventConsumer ( eventConsumer );

      chatWorld.addChatModel ( chatModel );
    }

    return;
  }
```

Method consume() receives and processes those server messages required to keep the local copy of the chatWorld synchronized with the game server instance. Normally this is accomplished incrementally by applying information found in server-generated events. Occasionally, however, a complete refresh of the entire chatWorld is required. This can occur when the client first starts and sends an initial ViewRequest, or the client networking falls so far behind that some events have been lost. In these cases, the client will process a ViewResponse to update the entire chatWorld as shown in the code immediately above.

```
if ( o instanceof MoveEvent )
{
  MoveEvent   moveEvent = ( MoveEvent ) o;

  ChatModel   chatModel
    = chatWorld.getChatModel ( moveEvent.getModelId ( ) );

  if ( chatModel == null )
  {
    return;
  }

  PointXY   origin = moveEvent.getOrigin ( );

  if ( origin != null )
  {
    chatModel.setCenter ( origin.getX ( ), origin.getY ( ) );
  }

  chatModel.setDestination ( moveEvent.getDestination ( ) );

  return;
}

if ( o instanceof CreateModelEvent )
{
  ChatModel   chatModel
    = ( ( CreateModelEvent ) o ).getChatModel ( );

  chatModel.setEventConsumer ( eventConsumer );

  chatWorld.addChatModel ( chatModel );

  return;
}
```

```
      if ( o instanceof RemoveModelEvent )
      {
        ModelId  modelId = ( ( RemoveModelEvent ) o ).getModelId ( );

        ChatModel  chatModel = chatWorld.getChatModel ( modelId );

        chatModel.setActive ( false );

        return;
      }
    }
```

Most of the time, however, the chatWorld can be updated incrementally using information from server-generated instances of MoveEvent, CreateModelEvent, RemoveModelEvent. Note that when a CreateModelEvent is processed, the new chatModel instance that is created is provided with an eventConsumer so that changes to the local copy of the game state can be observed.

ChatPanel

The ChatPanel is the main view class. It provides a Panel, which contains an animated view of the virtual world along with text areas for displaying and entering text messages.

```
package com.croftsoft.apps.chat.view;

[...]

public final class  ChatPanel
  extends JPanel
  implements ComponentAnimator, Lifecycle
//////////////////////////////////////////////////////////////////////////
//////////////////////////////////////////////////////////////////////////
{

[...]

private final Queue              eventQueue;

private final ChatController      chatController;

private final ChatGame            chatGame;
```

```
private final ChatSynchronizer    chatSynchronizer;

[...]

private final ChatGameAnimator    chatGameAnimator;

private final AnimatedComponent   animatedComponent;

[...]
```

The eventQueue holds events downloaded from the game server. The reference to the chatController is maintained so that various ChatPanel components that generate user input events can register themselves with chatController during initialization. The chatGame is the client mirror of the server-side game state. The chatSynchronizer uses events from the eventQueue to update the chatGame. ChatPanel implements ComponentAnimator so that it can animate the animatedComponent by delegating to the chatGameAnimator. Additional instance variables in ChatPanel that are not shown above include GUI components such as text areas.

```
public ChatPanel (
  Queue            eventQueue,
  ChatController   chatController )
/////////////////////////////////////////////////////////////////////
{
  super ( new BorderLayout ( ) );

  NullArgumentException.check ( this.eventQueue = eventQueue );

  NullArgumentException.check (
    this.chatController = chatController );

  chatGame = new SeriChatGame ( );

  chatSynchronizer = new ChatSynchronizer (
    chatGame.getChatWorld ( ),
    NullConsumer.INSTANCE );

  [...]

  animatedComponent = new AnimatedComponent ( this );

  [...]
```

```
    chatGameAnimator = new ChatGameAnimator (
      chatGame,
      animatedComponent,
      getClass ( ).getClassLoader ( ),
      ChatConstants.MEDIA_DIR );

  [...]
}
```

The constructor method initializes a ChatSynchronizer instance with a NullConsumer for its eventConsumer argument. This means that any events generated by updates to the local copy of the ChatWorld will be ignored. If you wanted to play a sound every time a new model was added to or removed from the client copy of the world, you would need to replace this NullConsumer with a different Consumer implementation.

```
public void  init ( )
///////////////////////////////////////////////////////////////////
{
  animatedComponent.init ( );

  animatedComponent.addComponentListener (
    new ComponentAdapter ( )
    {
      public void  componentResized (
        ComponentEvent  componentEvent )
      {
        animatedComponent.repaint ( );
      }
    } );

  chatController.setAvatarMenu ( avatarMenu );

  chatController.setMoveComponent ( animatedComponent );

  chatController.setMusicCheckBoxMenuItem ( musicCheckBoxMenuItem );

  chatController.setTalkTextField ( textField );
}

[...]
```

The init() method initializes the animatedComponent, sets up an automatic complete repaint request whenever the panel is resized, and registers those GUI components that generate user input events with the chatController. The other three lifecycle methods simply delegate to animatedComponent.

```
public void  update ( JComponent  component )
///////////////////////////////////////////////////////////////
{
  chatGame.update ( );

  Object  o;

  while ( ( o = eventQueue.poll ( ) ) != null )
  {
    if ( o instanceof TalkEvent )
    {
      logPanel.record ( ( ( TalkEvent ) o ).getText ( ) );
    }
    else
    {
      chatSynchronizer.consume ( o );
    }
  }

  chatGameAnimator.update ( component );
}

[...]
```

Server-generated events are stored in the eventQueue until they can be processed during the update phase of the game loop. In this case, the client game loop attempts to mirror the server game loop. For example, if a MoveEvent from the server indicates that an avatar is at a given point in virtual space and moving toward a particular destination, the periodic update of the client copy of the chatGame will incrementally update the position along the projected path without additional information from the server.

Note that TalkEvent instances are handled by the ChatPanel but all other events are relayed to the chatSynchronizer since they involve changes to the virtual world.

ChatApplet

The ChatApplet from package com.croftsoft.apps.chat is the main client class that combines the model, view, and controller.

```
package com.croftsoft.apps.chat;

[...]

public final class   ChatApplet
  extends JApplet
//////////////////////////////////////////////////////////////////////////
//////////////////////////////////////////////////////////////////////////
{

[...]

private ChatClient   chatClient;

private ChatPanel    chatPanel;
```

References to the chatClient and chatPanel are maintained so that networking and animation can be suspended and resumed using the lifecycle methods.

```
[...]

public void  init ( )
//////////////////////////////////////////////////////////////////////////
{
  System.out.println ( getAppletInfo ( ) );

  // model

  Authentication  authentication = getAuthentication ( );

  chatClient = new ChatClient ( authentication, getServletURL ( ) );
```

The chatClient represents the model. If the private method getServletURL() returns null, the client will run in single player local mode and a game server object will be created in local memory. Otherwise, the chatClient will establish a network connection to the remote game server using HTTP pulling. Note that the user name and password for the player is retrieved using the private method getAuthentication().

```
// controller

ChatController  chatController = new ChatController (
   authentication, chatClient.getRequestQueue ( ) );
```

The chatController uses the player authentication to create Request objects where the player client can be uniquely identified and authenticated by the server. The requests are queued in the requestQueue provided by the chatClient for later upload to the game server.

```
// view

chatPanel = new ChatPanel (
   chatClient.getEventQueue ( ) , chatController );

setJMenuBar ( chatPanel.getMenuBar ( ) );

Container  contentPane = getContentPane ( );

contentPane.setLayout ( new BorderLayout ( ) );

contentPane.add ( chatPanel, BorderLayout.CENTER );

LifecycleLib.init ( chatPanel );

validate ( );

LifecycleLib.init ( chatClient );
}
```

The user interface view is created. Arguments to the ChatPanel constructor method include the eventQueue created by the chatClient, which is used for input, and the chatController, which is used for output. The ChatPanel view class uses the chatController to indirectly send messages to the game server whenever a user input event occurs. ChatPanel uses the eventQueue from the chatClient model class to observe and reflect server-side game state update events.

The view is initialized before the chatClient, which contains the networking code. The other three lifecycle methods simply delegate to chatPanel and chatClient.

```
private static Authentication  getAuthentication ( )
//////////////////////////////////////////////////////////////////
{
```

```
        String  username = Long.toString ( new Random ( ).nextLong ( ) );

        return new Authentication ( username, "password" );
    }
```

[...]

The private static method getAuthentication() simply generates a random user name to uniquely identify the player client instance to the server. This is sufficient when the User object on the server is not persistent. Since security requirements are low, a dummy value for the password is provided. If the User object on the server is made persistent, ChatPanel will need to be modified to provide user name and password text entry fields.

Server-Side Code

On the game server, the User object stores data and messages for a particular player client. The UserStore provides the ability to store and retrieve individual User objects. The PullServer serves client requests to pull messages down from the game server. The MoveServer serves requests to move an avatar in the virtual world. The SeriChatGame contains the game state and logic. The ChatServer serves client requests and drives the main game loop.

User

Classes that implement interface User from package com.croftsoft.apps.chat.user store data and messages for a particular player client.

```
package com.croftsoft.apps.chat.user;

import com.croftsoft.core.util.queue.Queue;

import com.croftsoft.core.animation.model.ModelId;

public interface  User
//////////////////////////////////////////////////////////////////////
//////////////////////////////////////////////////////////////////////
{
```

```
public long      getEventIndex       ( );

public long      getLastRequestTime ( );

public Queue     getMessageQueue     ( );

public ModelId   getModelId          ( );

public String    getPassword         ( );

public Queue     getRequestQueue     ( );

public UserId    getUserId           ( );

public String    getUsername         ( );
```

The eventIndex is used to number events sent to a particular User sequentially. The lastRequestTime indicates the last time that the user contacted the game server. When the game server generates events and response objects for a particular User, these are stored in the messageQueue for later retrieval by the player client using HTTP pulling. The modelId for the User provides a persistent reference to the corresponding avatar in the virtual world. When a player client sends a request to the server, it is stored in the requestQueue for later processing. A User is uniquely identified using either the UserId or the username.

```
public long  nextEventIndex ( );

public void  setModelId  ( ModelId  modelId  );

public void  setPassword ( String   password );

public void  updateLastRequestTime ( );
```

The mutable properties of a User are the eventIndex, the avatar modelId, the password, and the lastRequestTime.

UserStore

Interface UserStore provides a means of storing and retrieving User objects. It may or may not be implemented using persistent storage.

```
package com.croftsoft.apps.chat.user;

import com.croftsoft.core.security.Authentication;
```

```
public interface  UserStore
//////////////////////////////////////////////////////////////////////
//////////////////////////////////////////////////////////////////////
{

public User          getUser    ( Authentication  authentication );

public User          getUser    ( UserId   userId   );

public UserId        getUserId  ( String   username );

public UserId [ ]  getUserIds ( );


//////////////////////////////////////////////////////////////////////
//////////////////////////////////////////////////////////////////////

public UserId   createUser ( Authentication  authentication );

public boolean  removeUser ( UserId   userId );
```

Implementations of interfaces UserId, User, and UserStore include
SeriUserId, SeriUser, and SeriUserStore in package com.croftsoft.apps.chat.
user.seri.

PullServer

The PullServer from package com.croftsoft.apps.chat.server serves client
requests to pull messages down from the server.

```
package com.croftsoft.apps.chat.server;

[...]

public final class  PullServer
  extends AbstractServer
//////////////////////////////////////////////////////////////////////
//////////////////////////////////////////////////////////////////////
{

public static final long  DEFAULT_QUEUE_PULL_TIMEOUT
  = 30 * MathConstants.MILLISECONDS_PER_SECOND;
```

The default timeout value for pulling a message is 30 seconds. This could be made longer to reduce traffic between client and server when nothing is happening in the virtual world. If it is too long, however, the client may not notice when it has been silently disconnected from the server by a network failure. By timing out after 30 seconds, the client gets some reassurance from the server that it is still there even though no events are being generated.

```
public Object  serve (
  User       user,
  Request   request )
///////////////////////////////////////////////////////////////
{
  Queue  messageQueue = user.getMessageQueue ( );

  Object  message = null;

  try
  {
    message = messageQueue.pull ( queuePullTimeout );
  }
  catch ( InterruptedException  ex )
  {
  }

  if ( message == null )
  {
    message = new NullEvent ( user.getEventIndex ( ) );
  }
  else if ( message instanceof Event )
  {
    ( ( Event ) message ).setEventIndex ( user.nextEventIndex ( ) );
  }

  return message;
}
```

The PullServer will attempt to pull a message from the messageQueue for a particular User. If a message becomes available before the timeout period elapses or was already waiting in the messageQueue, method serve() will return the message immediately with an incremented eventIndex. Otherwise it will pull on the queue until the timeout period has elapsed and then return a NullEvent with the latest eventIndex as a heartbeat acknowledgment. The eventIndex is not incremented when a NullEvent is sent out, as it does not matter to the client game state synchronization algorithm whether or not a NullEvent is lost in transmission.

MoveServer

The MoveServer serves client requests to move an avatar in the virtual world. It also serves as an example of server-side code that modifies the server-side game state.

```
package com.croftsoft.apps.chat.server;

[...]

public final class  MoveServer
  extends AbstractServer
//////////////////////////////////////////////////////////////////////
//////////////////////////////////////////////////////////////////////
{

private final ChatWorld  chatWorld;


//////////////////////////////////////////////////////////////////////
//////////////////////////////////////////////////////////////////////

public  MoveServer ( ChatWorld  chatWorld )
//////////////////////////////////////////////////////////////////////
{
  NullArgumentException.check ( this.chatWorld = chatWorld );
}
```

The MoveServer manipulates a ChatWorld.

```
public Object  serve (
  User      user,
  Request   request )
//////////////////////////////////////////////////////////////////////
{
  MoveRequest  moveRequest = ( MoveRequest ) request;

  ModelId  modelId = user.getModelId ( );

  if ( modelId == null )
  {
    return new MoveResponse ( true, true, false );
  }
```

```
    ChatModel  chatModel = chatWorld.getChatModel ( modelId );

    if ( chatModel == null )
    {
       return new MoveResponse ( true, false, true );
    }
```

If a request comes in to modify a non-existent avatar, an application error response is returned. The constructor method for MoveResponse accepts boolean flags indicating whether the request was rejected because the ModelId was unknown or the corresponding ChatModel instance could not be retrieved.

```
    chatModel.setDestination ( moveRequest.getDestination ( ) );

    return null;
  }
```

The destination for the chatModel is updated but no MoveResponse is returned. In this case, a MoveResponse is returned only if the request is denied. Note that when the destination for the chatModel is updated, the chatModel will broadcast a state update event to all clients with overlapping fields of view.

SeriChatGame

Class SeriChatGame from package com.croftsoft.apps.chat.model.seri contains the game state and logic.

```
    package com.croftsoft.apps.chat.model.seri;

    [...]

    public final class  SeriChatGame
      implements Serializable, ChatGame
    ////////////////////////////////////////////////////////////////////
    ////////////////////////////////////////////////////////////////////
    {
```

SeriChatGame implements interface ChatGame from com.croftsoft.apps.chat. model. It also implements Serializable so that the game state could be saved to disk when the application server shuts down. This persistence mechanism is not implemented in this example, however.

```
[...]

private final UserStore    userStore;

private final ChatWorld    chatWorld;

private final Timekeeper   timekeeper;

private final Map          classToRequestServerMap;
```

The `classToRequestServerMap` maps `Request` objects to the `Server` objects that can process them based upon the class of the `Request`.

```
[...]

public  SeriChatGame ( UserStore  userStore )
//////////////////////////////////////////////////////////////////
{
  NullArgumentException.check ( this.userStore = userStore );

    Consumer  eventConsumer =
      new Consumer ( )
      {
        public void  consume ( Object  o )
        {
          broadcast ( o );
        }
      };

    chatWorld = new SeriChatWorld ( eventConsumer );
```

Modifications to the state of the `chatWorld` model will generate state update events. These events are passed to the `eventConsumer`, which delegates them to the private `broadcast()` method.

```
    timekeeper = new Timekeeper ( SystemClock.INSTANCE, TIME_FACTOR );
```

The `timekeeper` is used to determine the time increment between simulation updates.

```
    classToRequestServerMap = new HashMap ( );

    classToRequestServerMap.put (
      CreateModelRequest.class,
```

```
        new CreateModelServer ( chatWorld ) );

    classToRequestServerMap.put (
      MoveRequest.class,
      new MoveServer ( chatWorld ) );

    classToRequestServerMap.put (
      TalkRequest.class,
      new TalkServer ( eventConsumer ) );

    classToRequestServerMap.put (
      ViewRequest.class,
      new ViewServer ( ( SeriChatWorld ) chatWorld ) );
  }
```

The SeriChatGame processes User requests during the update phase of the
game loop by delegating them to a CreateModelServer, MoveServer, TalkServer, or
ViewServer.

```
  [...]

  public void  update ( )
  ///////////////////////////////////////////////////////////
  {
    chatWorld.prepare ( );

    Model [ ]  models = chatWorld.getModels ( );

    for ( int  i = 0; i < models.length; i++ )
    {
      Model  model = models [ i ];

      if ( !model.isActive ( ) )
      {
        chatWorld.removeModel ( model.getModelId ( ) );
      }
    }
  }
```

Inactive models are removed from the chatWorld. When a model is removed
from the SeriChatGame on the server, the corresponding copy in the SeriChatGame
on the client is marked as inactive on the first update and removed by the above
code on the second update. This gives the client view animation code a chance
to notice the transition from active to inactive and repaint the old sprite area
with the avatar erased before the model and its animator are permanently

destroyed. Without this feature, the old image of an avatar may remain on the screen even though its model has been removed from the virtual world.

```
UserId [ ]  userIds = userStore.getUserIds ( );

for ( int  i = 0; i < userIds.length; i++ )
{
  User  user = userStore.getUser ( userIds [ i ] );

  if ( user == null )
  {
    continue;
  }

  if ( System.currentTimeMillis ( )
     >= user.getLastRequestTime ( ) + ChatConstants.USER_TIMEOUT )
  {
    removeUser ( user );

    continue;
  }
```

The User objects for player clients that have not contacted the game server recently are removed from the game.

```
Queue  requestQueue = user.getRequestQueue ( );

Request  request = ( Request ) requestQueue.poll ( );

if ( request == null )
{
  continue;
}

RequestServer  requestServer = ( RequestServer )
  classToRequestServerMap.get ( request.getClass ( ) );

if ( requestServer == null )
{
  queue ( user, new UnknownRequestResponse ( request ) );
}

Object  response = requestServer.serve ( user, request );
```

```
    if ( response != null )
    {
      queue ( user, response );
    }
  }
```

During the update, one request for each User is served. If there is a response, it is queued in the messageQueue for the User using the private method queue().

```
  timekeeper.update ( );

  double  timeDelta = timekeeper.getTimeDelta ( );

  if ( timeDelta > TIME_DELTA_MAX )
  {
    timeDelta = TIME_DELTA_MAX;
  }

  chatWorld.update ( timeDelta );
}
```

The chatWorld is first prepared, the User requests are served, and finally the chatWorld is updated.

```
private void  queue (
  User    user,
  Object  message )
/////////////////////////////////////////////////////////////////////
{
  Queue  messageQueue = user.getMessageQueue ( );

  try
  {
    messageQueue.replace ( message );
  }
  catch ( IndexOutOfBoundsException  ex )
  {
    removeUser ( user );
  }
}
```

The private queue() method inserts the message into the messageQueue for the User using the coalescing replace() method. If the messageQueue becomes full, it will throw an IndexOutOfBoundsException. In this case, it is assumed the queue became filled because the player client is either no longer pulling messages down from the server or because it cannot download the events fast enough to keep up. This is handled by removing the User object from the game. If the player client re-establishes contact with the server, it will need to send a ViewRequest to get a complete state refresh since the incremental update events have been lost.

```
private void  broadcast ( Object  o )
///////////////////////////////////////////////////////////////////////
{
  UserId [ ]  userIds = userStore.getUserIds ( );

  for ( int  i = 0; i < userIds.length; i++ )
  {
    User  user = userStore.getUser ( userIds [ i ] );

    if ( user == null )
    {
      continue;
    }

    queue ( user, o );
  }
}
```

When a game state update event occurs in the chatWorld, it is sent to all of the player clients with overlapping fields of view. In this game example, all events are seen by all player clients for simplicity.

```
private void  removeUser ( User  user )
///////////////////////////////////////////////////////////////////////
{
  userStore.removeUser ( user.getUserId ( ) );

  ModelId  modelId = user.getModelId ( );

  if ( modelId != null )
  {
    chatWorld.removeModel ( modelId );
  }
}
```

Removing a User object from the game does not generate a state update event, but removing its corresponding avatar Model from the chatWorld does.

ChatServer

The ChatServer serves client requests and drives the main game loop to update the server-side game state. In multiplayer networked mode, the ChatServer resides on a game server remote to the player clients. It is accessed indirectly via a ChatServlet, which transforms and relays HTTP requests from the player clients. In single player mode, the ChatServer resides in local memory as an instance variable of the ChatClient and is accessed directly using a method call.

```
package com.croftsoft.apps.chat.server;

[...]

public final class  ChatServer
  implements Commissionable, Server
//////////////////////////////////////////////////////////////////////
//////////////////////////////////////////////////////////////////////
{

[...]

public  ChatServer ( )
//////////////////////////////////////////////////////////////////////
{
  userStore = new SeriUserStore ( );

  chatGame = new SeriChatGame ( userStore );

  createUserServer = new CreateUserServer ( userStore );

  pullServer = new PullServer ( ChatConstants.QUEUE_PULL_TIMEOUT );

  looper = new Looper (
    new Loopable ( )
    {
      public boolean  loop ( )
      {
        return ChatServer.this.loop ( );
      }
    },
    new FixedDelayLoopGovernor ( UPDATE_RATE ),
    null,
    ( String ) null,
    Thread.MIN_PRIORITY,
```

```
      true );
  }
```

The constructor creates a new in-memory userStore instance, which is initially empty. It then creates a chatGame instance that serves as the server-side game state. The createUserServer serves requests to create a User object. The pullServer serves requests to download messages for a particular User. The looper drives the main game loop, which periodically updates the game state to keep things moving in the virtual world.

```
public void  init ( )
///////////////////////////////////////////////////////////////////////
{
  startTime = System.currentTimeMillis ( );

  lastRequestTime = startTime;

  looper.init ( );
}

public void  destroy ( )
///////////////////////////////////////////////////////////////////////
{
  looper.stop ( );

  looper.destroy ( );
}
```

Methods init() and destroy() delegate to the looper. There are no start() and stop() lifecycle methods.

```
public Object  serve ( Object  requestObject )
///////////////////////////////////////////////////////////////////////
{
  [...]

  looper.start ( );

  if ( requestObject instanceof CreateUserRequest )
  {
    CreateUserRequest  createUserRequest
      = ( CreateUserRequest ) requestObject;

    return createUserServer.serve ( createUserRequest );
  }
```

Requests to create a user must be served synchronously. Once a User object is created, other types of requests can be stored in the requestQueue for the User for later asynchronous processing. If and when a response is generated for these other types of requests, the response can be stored in the messageQueue for the User. For the CreateUserRequest, however, the response must be returned synchronously, since the request may be denied. In this case, there will be no User object created, so there will be no messageQueue created that could have been used for storage and asynchronous delivery of the CreateUserResponse failure message.

```
[...]

User  user = userStore.getUser ( authentication );

if ( user == null )
{
  if ( request instanceof PullRequest )
  {
    return createUserServer.serve (
      new CreateUserRequest ( authentication ) );
  }

  return new UnknownUserResponse ( request );
}
```

If the player client sends a PullRequest before the User object has been created on the server, it is treated as a CreateUserRequest. This eliminates the need for a client to ensure that it sends out a CreateUserRequest before it sends out the first PullRequest.

```
user.updateLastRequestTime ( );

if ( request instanceof PullRequest )
{
  return pullServer.serve ( user, request );
}

user.getRequestQueue ( ).replace ( request );

return null;
}
```

Like a CreateUserRequest, a PullRequest is served synchronously. Unlike a CreateUserRequest, the server may not respond to a PullRequest immediately, as the response may be delayed if there are no messages waiting in the messageQueue for the User. Other types of requests are queued in the requestQueue for later processing during the update phase of the game loop, with any responses returned asynchronously using the HTTP pulling mechanism.

```
private boolean  loop ( )
///////////////////////////////////////////////////////////////////
{
  chatGame.update ( );

  [...]

  return true;
}
```

The main game loop updates the server-side game state. The update() method of the chatGame instance contains the logic to process the player client requests stored in the requestQueue instances for each User.

Following the Message

The main point that I want to make in this chapter is that, despite the fact that HTTP is normally used exclusively for unidirectional synchronous requests, you can use it to emulate asynchronous event-driven communications between the server and the client using the HTTP pulling technique documented here. The second point is that by using asynchronous communication with queues, it should not matter to your client code whether or not the game server is local or remote. An exercise that I think may be worthwhile is to follow the messaging from the client to the server and back again when the client is in multiplayer networking mode and when it is in single player local mode.

Multiplayer Networking Mode

As shown in Figure 11-2, when the user clicks the mouse while it is in the view (V), a MouseEvent (MSE) is generated and stored in the AWT EventQueue (AEQ). Later the event dispatch thread removes the MouseEvent from the EventQueue and passes it to the ChatController (CCO) via the MouseListener interface method mousePressed(). The ChatController transforms the MouseEvent into a MoveRequest (MVR) and stores it in the outgoing requestQueue (ORQ).

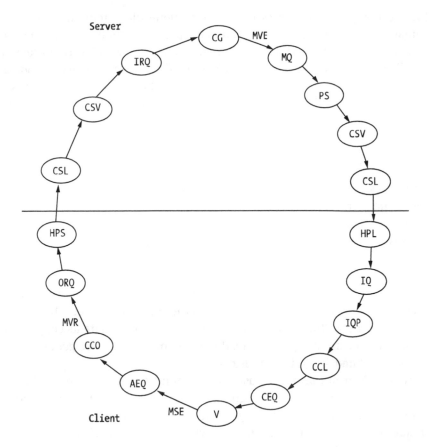

Figure 11-2. Messaging path in multiplayer networking mode

The outgoing requestQueue is known to the HttpMessagePusher (HPS) as the outgoingQueue. The HttpMessagePusher continuously uploads objects in the outgoingQueue to the ChatServlet (CSL) using HTTP. The ChatServlet transforms the HTTP request, which was sent as a serialized and compressed array of bytes, back into a MoveRequest object and relays it to the ChatServer (CSV). The Chat-Server stores the MoveRequest in an incoming requestQueue (IRQ) associated with the User that made the request. During the update phase of the server-side game loop, one request from the incoming requestQueue of each User is retrieved and processed by the ChatGame (CG).

Processing the MoveRequest causes the server-side game state to be updated when the avatar is moved. This generates a MoveEvent (MVE), which is stored in the outgoing messageQueue (MQ) for each and every User in the game. When the

MoveEvent is inserted into the messageQueue, the queue will automatically notify any threads that may have been blocked in the pull() method that an object is now available to be retrieved. The PullServer (PS) thread, which was blocked in the pull() method of the messageQueue, will immediately wake up just as soon as the MoveEvent is added to the queue and remove it. The PullServer (PS) passes the MoveEvent to the ChatServer (CSV) as the object is returned from its serve() method. The ChatServer then passes the MoveEvent to the object that called its own serve() method, the ChatServlet (CSL). The ChatServlet serializes and compresses the MoveEvent and then returns it as the delayed response to an HTTP request from the player client.

The HttpMessagePoller (HPL) downloads, decompresses, and deserializes the MoveEvent and stores it in the incomingQueue (IQ). The incomingQueuePuller (IQP) in HttpMessageClient immediately removes the MoveEvent from the incomingQueue and passes it to the ChatClient (CCL) via the consume() method. The ChatClient routes the MoveEvent to the eventConsumer, which inserts the MoveEvent into the chat client eventQueue (CEQ).

During the update phase of the client view, the ChatPanel (V) removes the MoveEvent from the eventQueue and passes it to the ChatSynchronizer. The ChatSynchronizer uses the information in the MoveEvent to update its copy of the game state. The client-side game state, the model mirror, will also generate an event when updated, but this event is discarded.

Note that there are six queues used in the round-trip message path: the AWT EventQueue (AEQ), the client-side outgoing requestQueue (ORQ), the server-side incoming requestQueue (IRQ), the server-side outgoing messageQueue (MQ), the client-side incomingQueue (IQ), and the chat client eventQueue (CEQ). Each of these queues is used to pass messages between different threads. Without these queues, any networking or message processing delays would back up the entire system. Also, avoiding concurrency problems by serializing processing of the messages during the update phase would be difficult or impossible without queues.

Single Player Local Mode

As shown in Figure 11-3, the message flow for single player local mode is almost the same as multiplayer networking mode. An outgoing queuePuller (OQP) is used to pass requests directly to the serve() method of the ChatServer (CSV) object in local memory instead of using an intermediate HttpMessagePusher (HPS) and a ChatServlet (CSL). PullRequest objects are passed directly to the ChatServer without using an HttpMessagePuller (HPL) or a ChatServlet (CSL). The response from the ChatServer is sent directly to the consume() method of the ChatClient (CCL) without first storing it in an incomingQueue (IQ) and then removing it using an incomingQueuePuller (IQP).

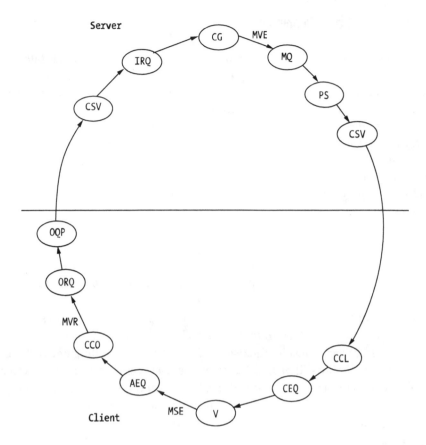

Figure 11-3. Messaging path in single player local mode

Using queues and asynchronous callback methods gives you flexibility. Because the ChatController stores request messages in the outgoing requestQueue (ORQ) instead of passing the messages directly to another object for upload or processing, it is easy to swap the HttpMessagePusher (HPS) with an outgoing QueuePuller (OQP) since they both can read from the queue. In this example, the requestQueue is used to maintain loose coupling between the controller and the model, whether the model is local or remote. Likewise, since the ChatClient receives messages from the model using the asynchronous callback method consume(), it does not need to know whether those messages came directly from a ChatServer in memory or through a networking layer.

Extending the Example

Additional functionality can be added to the example game incrementally by creating, linking, and mapping the appropriate Request, Server, Response, Event, and Consumer message and message processing classes. For example, to permit an avatar to pick up an item in the virtual world, you might create a PickUp-ItemRequest class to be sent by the ChatController whenever a player right-clicks an item in the view. On the server, a PickUpItemServer would process the request and return a PickUpItemResponse. Picking up the item is sure to generate a server-side game state change event that should be communicated to all player clients with overlapping fields of view. These clients could then asynchronously process the PickUpItemEvent using a PickUpItemConsumer.

This example will run within a simple servlet container such as Tomcat. I think that in order to extend this example game into a massively multiplayer online role playing game (MMORPG), however, you would probably need to utilize an application server that supports J2EE EJBs such as JBoss. The messaging and queuing mechanism documented here would probably need to be replaced by message-driven beans (MDBs), durable subscriptions, topics, and server-side message filtering and selection mechanisms based upon virtual geographic location and field of view. Despite the use of MDBs, an HTTP pulling networking layer would probably still be necessary for client-server communications to continue to work within security restrictions. CMP would be preferred over simple serialization to disk for game state and user data persistence. Once user data becomes persistent, the networking security would need to be upgraded.

You might also want to consider using JAXB for XML-based messaging between the game server and non-Java clients. If you get that far, you might want to then examine the applicability of JAXM. Business process enterprise integration visual programming tools are targeted toward business analysts with little or no programming experience, so one might expect that they could also be useful to game designers. Since the J2EE framework is designed for heavy-duty enterprise processing needs, I would not be surprised to discover that it scales nicely for MMORPGs as well.

Summary

In this chapter, a multiplayer networked game example that used event-driven communications instead of polling was presented. Server-initiated event notification was emulated using the HTTP pulling technique, in which the server delays its response to an HTTP client request until a message is available. The client can track server-side game states without additional communication by updating its mirror model based upon initial server events downloaded previously. Because references cannot be distributed between the game server and a client, Id instances were used to uniquely identify distributed objects such as avatar models. Where feasible, messages were coalesced within queues to reduce the amount of network communication and processing required. `HashMap` instances were used to map messages to the objects that could process them, instead of using multiple if-then statements. Message queues and asynchronous communications are used to increase flexibility and to prevent stalling due to networking and processing delays. The example game can be easily extended by incrementally adding new messaging and message processing classes, but developing a MMORPG would probably require an overhaul that integrated EJBs.

Further Reading

Chappell, David A. and Tyler Jewell. "J2EE and Web Services." Chapter 8 in *Java Web Services: Using Java in Service-Oriented Architectures*. Sebastopol, CA: O'Reilly & Associates, 2002.

APPENDIX A

Source Code Index

Over 150 new classes are described in this book. Some are documented in great detail and some are just barely mentioned in passing. Many of them are highly reusable. This appendix provides a list of the new classes as sorted by package name and class. Here and there a static method or package is listed instead of a class.

The first column is the chapter number in which the class is described. If you know the class name but not the package, you can use the online javadoc to get the package name. A class may be listed more than once if it is described in multiple chapters.

The second column is the date of the code documented in this book as indicated by the @version javadoc tag in the source file. If you are using the most up-to-date code from the source repository instead of the snapshot archive, you may be working with a later version with changes that are not documented in this book.

03	2003-05-06	com.croftsoft.ajgp.anim.ExampleAnimator
01	2003-11-06	com.croftsoft.ajgp.basics.BasicsExample
06	2003-03-12	com.croftsoft.ajgp.data.GameData
06	2003-03-13	com.croftsoft.ajgp.data.SerializableGameData
05	2003-08-01	com.croftsoft.ajgp.grap.FullScreenDemo
09	2003-06-04	com.croftsoft.ajgp.http.ScoreApplet
09	2003-06-04	com.croftsoft.ajgp.http.ScoreServlet
11	2003-06-17	com.croftsoft.apps.chat.ChatApplet
11	2003-08-16	com.croftsoft.apps.chat.client.ChatClient
11	2003-06-20	com.croftsoft.apps.chat.client.CreateUserConsumer
11	2003-06-17	com.croftsoft.apps.chat.controller.ChatController
11	2003-06-18	com.croftsoft.apps.chat.event.Event
11	2003-09-10	com.croftsoft.apps.chat.model.seri.SeriChatGame
11	2003-06-20	com.croftsoft.apps.chat.request.CoalesceableRequest
11	2003-06-10	com.croftsoft.apps.chat.request.Request
11	2003-06-17	com.croftsoft.apps.chat.response.Response
11	2003-06-18	com.croftsoft.apps.chat.server.ChatServer
11	2003-06-10	com.croftsoft.apps.chat.server.MoveServer
11	2003-06-18	com.croftsoft.apps.chat.server.PullServer
11	2003-06-18	com.croftsoft.apps.chat.user.User

11	2003-06-07	com.croftsoft.apps.chat.user.UserStore
11	2003-06-25	com.croftsoft.apps.chat.view.ChatPanel
11	2003-06-18	com.croftsoft.apps.chat.view.ChatSynchronizer
02	2003-08-02	com.croftsoft.apps.collection.CroftSoftCollection
08	2003-05-10	com.croftsoft.apps.mars.ai.DefaultTankOperator
08	2003-05-12	com.croftsoft.apps.mars.ai.PlayerTankOperator
08	2003-04-29	com.croftsoft.apps.mars.ai.StateSpaceNode
08	2003-05-10	com.croftsoft.apps.mars.ai.TankCartographer
08	2003-04-29	com.croftsoft.apps.mars.ai.TankConsole
08	2003-04-30	com.croftsoft.apps.mars.ai.TankOperator
07	2003-04-17	com.croftsoft.apps.mars.controller.TankController
07	2003-04-30	com.croftsoft.apps.mars.Main
07	2003-04-14	com.croftsoft.apps.mars.model.AmmoDump
07	2003-04-17	com.croftsoft.apps.mars.model.AmmoDumpAccessor
07	2003-04-03	com.croftsoft.apps.mars.model.Damageable
07	2003-04-17	com.croftsoft.apps.mars.model.Game
07	2003-04-30	com.croftsoft.apps.mars.model.GameAccessor
07	2003-04-13	com.croftsoft.apps.mars.model.Impassable
07	2003-04-14	com.croftsoft.apps.mars.model.Model
07	2003-04-16	com.croftsoft.apps.mars.model.ModelAccessor
07	2003-05-12	com.croftsoft.apps.mars.model.seri.SeriAmmoDump
07	2003-09-10	com.croftsoft.apps.mars.model.seri.SeriGame
07	2003-04-16	com.croftsoft.apps.mars.model.seri.SeriModel
07	2003-05-11	com.croftsoft.apps.mars.model.seri.SeriWorld
07	2003-05-11	com.croftsoft.apps.mars.model.World
07	2003-04-17	com.croftsoft.apps.mars.model.WorldAccessor
10	2003-05-31	com.croftsoft.apps.mars.net.GameData
10	2003-06-12	com.croftsoft.apps.mars.net.GameInit
10	2003-06-13	com.croftsoft.apps.mars.net.MarsServer
10	2003-06-13	com.croftsoft.apps.mars.net.MarsServlet
10	2003-05-13	com.croftsoft.apps.mars.net.NetController
10	2003-09-10	com.croftsoft.apps.mars.net.NetGame
10	2003-06-12	com.croftsoft.apps.mars.net.NetMain
10	2003-06-13	com.croftsoft.apps.mars.net.Player
10	2003-05-13	com.croftsoft.apps.mars.net.request.AbstractRequest
10	2003-05-13	com.croftsoft.apps.mars.net.request.FireRequest
10	2003-05-13	com.croftsoft.apps.mars.net.request.MoveRequest
10	2003-05-13	com.croftsoft.apps.mars.net.request.Request
10	2003-05-13	com.croftsoft.apps.mars.net.request.ViewRequest
10	2003-06-02	com.croftsoft.apps.mars.net.Synchronizer
07	2003-04-17	com.croftsoft.apps.mars.view.AmmoDumpAnimator
07	2003-07-17	com.croftsoft.apps.mars.view.GameAnimator
07	2003-04-17	com.croftsoft.apps.mars.view.ModelAnimator
07	2003-04-17	com.croftsoft.apps.mars.view.WorldAnimator
06	2003-08-11	com.croftsoft.apps.tile.Tile

04	2003-07-11	com.croftsoft.core.animation.updater.BounceUpdater
04	2003-07-05	com.croftsoft.core.animation.updater.EdgeScrollUpdater
04	2003-07-11	com.croftsoft.core.animation.updater.IconSequenceUpdater
04	2003-07-11	com.croftsoft.core.animation.updater.NullComponentUpdater
06	2003-03-14	com.croftsoft.core.applet.AppletLib
02	2003-07-17	com.croftsoft.core.awt.image.ImageLib.crop()
05	2003-07-17	com.croftsoft.core.awt.image.ImageLib.loadAutomaticImage()
05	2003-07-17	com.croftsoft.core.awt.image.ImageLib.loadBufferedImage()
10	2003-06-12	com.croftsoft.core.beans.XmlBeanCoder
05	2003-07-24	com.croftsoft.core.gui.BufferStrategyAnimatedComponent
05	2003-07-25	com.croftsoft.core.gui.DisplayModeLib
05	2003-07-23	com.croftsoft.core.gui.FullScreenToggler
05	2003-07-26	com.croftsoft.core.gui.GraphicsDeviceLib
02	2003-08-02	com.croftsoft.core.gui.LifecycleWindowListener
02	2003-08-02	com.croftsoft.core.gui.multi.MultiApplet
02	2003-05-04	com.croftsoft.core.gui.multi.MultiAppletNews
02	2003-05-04	com.croftsoft.core.gui.multi.MultiAppletStub
09	2003-05-13	com.croftsoft.core.io.Encoder
09	2003-05-14	com.croftsoft.core.io.Parser
10	2003-05-28	com.croftsoft.core.io.SerializableCoder
06	2003-06-13	com.croftsoft.core.io.SerializableLib
10	2003-06-13	com.croftsoft.core.io.SerializableLib.copy()
09	2003-04-30	com.croftsoft.core.io.StreamLib.toString()
09	2003-06-02	com.croftsoft.core.io.StringCoder
02	2002-12-22	com.croftsoft.core.jnlp.JnlpLib
02	2001-10-23	com.croftsoft.core.jnlp.JnlpProxy
02	2002-12-22	com.croftsoft.core.jnlp.JnlpServices
02	2003-08-02	com.croftsoft.core.jnlp.JnlpServicesImpl
06	2003-08-02	com.croftsoft.core.jnlp.JnlpServicesImpl
06	----------	com.croftsoft.core.lang.classloader.*
02	2003-09-10	com.croftsoft.core.lang.lifecycle.Commissionable
02	2003-09-10	com.croftsoft.core.lang.lifecycle.Destroyable
02	2003-09-10	com.croftsoft.core.lang.lifecycle.Initializable
02	2003-09-10	com.croftsoft.core.lang.lifecycle.Lifecycle
02	2003-09-10	com.croftsoft.core.lang.lifecycle.LifecycleLib
02	2003-09-10	com.croftsoft.core.lang.lifecycle.Resumable
02	2003-09-10	com.croftsoft.core.lang.lifecycle.Startable
02	2003-09-10	com.croftsoft.core.lang.lifecycle.Stoppable
02	2001-09-13	com.croftsoft.core.lang.Pair
06	2003-03-12	com.croftsoft.core.lang.Testable
07	2003-05-13	com.croftsoft.core.math.geom.Circle
09	2003-06-05	com.croftsoft.core.net.http.HttpLib.post()
10	2003-06-12	com.croftsoft.core.net.http.msg.HttpMessageClient
10	2003-06-12	com.croftsoft.core.net.http.msg.HttpMessagePoller

APPENDIX B

Introducing CVS

Many of the Open Source repositories use Concurrent Versions System (CVS), an Open Source version control system in widespread use. It is used primarily by software developers to save their source code updates to a central repository incrementally in such a way that anyone can *undo* any number of changes in order to return to any previous version. Developers use a CVS client to periodically synchronize their local working copies of the source code with the remote central repository via the Internet.

Using a version control system is an absolute necessity when there are two or more programmers working on the same code library simultaneously. It is not a bad idea for solitary developers as well, as it promotes good configuration management practices. Of all the version control systems, learning CVS is particularly useful as it seems to be the most common.

Version control is not just for source code. It may also be used with any file, but works best with hand-typed plain-text files. For example, your javadoc `overview.html` and `package.html` files should be checked into CVS along with the source code. It is unnecessary to check in javadoc HTML files that are automatically generated from the source code, however.

Checking out the Code

While GUI client applications for CVS exist, I prefer the command-line interface. It makes it easier, as the command-line interface is the same on both Unix and Windows. On Linux, CVS is usually pre-installed. On Windows, I prefer the CVS client available from the CVS Home downloads page.[1]

```
cvs -d:pserver:anonymous@cvs.sourceforge.net:/cvsroot/croftsoft checkout croftsoft
```

Assuming CVS is in your path, you can use something like the preceding CVS command to download a copy of a module from the CVS repository to your working directory. Keep in mind that this will create a new subdirectory. You will want to keep this subdirectory separate from the rest of your code so that you can easily delete and restore it without fear of accidentally wiping out some of your own code.

```
cvs update -d
```

---

1 http://www.cvshome.org/downloads.html

If you wish to update your working directory and all subdirectories to incorporate any changes that have been checked into the repository since your initial checkout, enter the above command from within the new subdirectory. The -d argument will cause CVS to create any new directories that have been added to the module.

Be wary, however, as these updates may break your build if the interfaces change. For this reason, you may want to download the latest stable release of the code as a dated archive file instead of using CVS. This allows you to switch back to the previous release easily enough if you have problems. Using CVS, however, allows you to use the latest development version of all code in the repository, whether stable or not.

Creating Your Own Project

You might want to manage your own Java game development project using CVS. This will allow you to coordinate code updates with your distant co-developers without having to maintain your own server and backup measures. If you are working on your own, it is a good way to manage and backup your code. This requires some initial effort in creating the repository plus additional knowledge of the CVS commands.

If your project is Open Source, SourceForge.net will host it for free. One of the things that I like about SourceForge.net is that it gives you the option to browse a CVS repository using a web-based interface. It also incorporates an Open Source tool called ViewCVS that will highlight the differences, the *diff*, between the current version of a source file and any previous version. See Figure B-1 for an example.

You can find detailed instructions for setting up a CVS repository in the SourceForge.net Project Administrator documentation or the book *Open Source Development with CVS* by Karl Fogel. The technical chapters of this book have been released under the GPL and can be read online for free. I will not cover CVS usage in detail but I will provide a quick setup checklist, cover some of the basic CVS commands, and provide a few warnings that I have found personally useful.

```
export CVSROOT=croft@cvs.croftsoft.sourceforge.net:/cvsroot/croftsoft
```

When you create your own repository, you will want to set your CVSROOT environment variable. The CVSROOT environment variable points to the root directory of the CVS repository so that you do not need to specify it as a command-line argument to your CVS commands. The above example is what I use in my Linux .bashrc file.

```
export EDITOR=/usr/bin/gedit
```

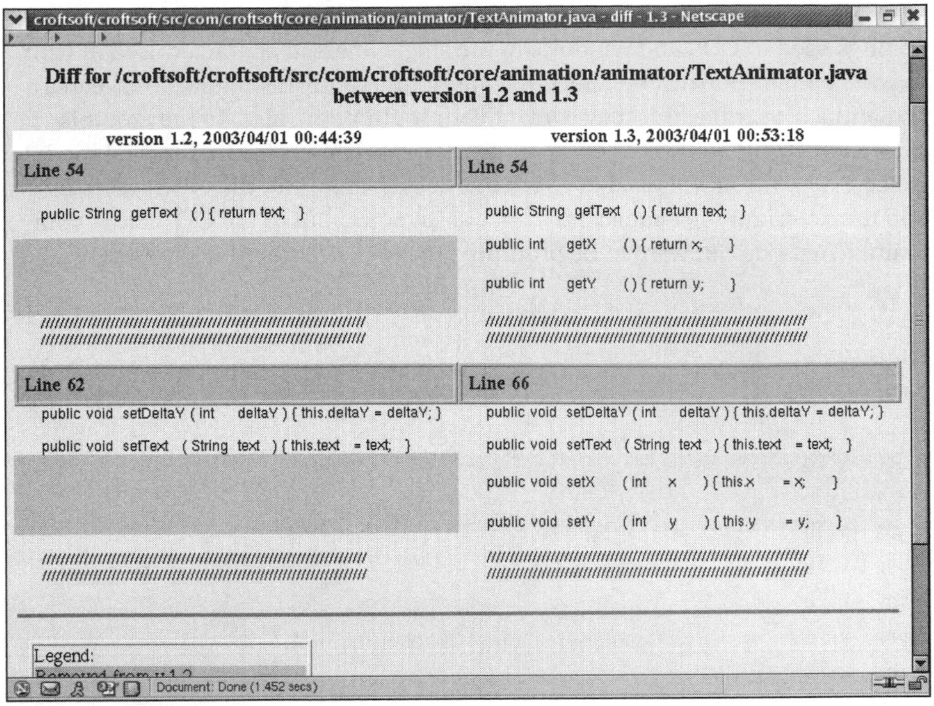

Figure B-1. Colored diff

You may wish to set your EDITOR environment variable as well, since the editor specified will be called by CVS to enter log messages each time you commit code changes. I personally do not bother to enter such messages. It has been my experience that they are almost never read and are usually not preserved when the repository is ported.

```
export CVS_RSH=ssh
```

You will probably want to encrypt your communications with the server to prevent your password from being snagged. The CVS_RSH environment variable can be set to indicate that CVS should use secure shell (SSH). SSH is usually pre-installed on Linux but you may have to dig around a bit to get it installed on Windows.

```
cvs checkout CVSROOT
cd CVSROOT
gedit cvswrappers &
cvs commit -m .
```

CVS automatically converts the carriage return/linefeed character pair line endings used in DOS and Windows to the single linefeed character used in Unix in your source code text files. As CVS cannot inherently distinguish between a text and a binary file, this may corrupt your multimedia files. To prevent this from happening, you will need to modify the cvswrappers file in a special module called CVSROOT. You will need to check out this module, edit the cvswrappers file, and then commit the change. I use -m . as an argument to the CVS commit command when I do not want to be prompted to create a commit log message.

```
*.au  -k 'b'
*.bmp -k 'b'
*.dat -k 'b'
*.ear -k 'b'
*.ico -k 'b'
*.gif -k 'b'
*.jar -k 'b'
*.jpg -k 'b'
*.mpg -k 'b'
*.png -k 'b'
*.war -k 'b'
*.wav -k 'b'
*.zip -k 'b'
```

The content of my cvswrappers file looks like the example above. The -k 'b' indicates that files ending with the designated extension should be treated as binaries. The automatic line end conversion will not be performed on these files.

```
cd croftsoft
cvs import -I ! -m "initial import" croftsoft CroftSoft r1
cd ..
rm -r croftsoft
cvs checkout croftsoft
```

When importing source code, be sure you have a copy in another location first. By default, CVS will ignore certain names such as "core" when importing a directory hierarchy. CVS ignores core because in Unix a core file is usually a core dump that is created when a program crashes. Unfortunately, core is also a term that I frequently use to describe package directories that contain a library of highly reusable non-application-specific code that is shared throughout an organization. Use the -I ! option to force the import command to include all directories and files regardless of their names.

```
cd src/com/croftsoft/apps
mkdir chess
cvs add chess
cvs commit
```

The add command can be used to add a directory to the module after the initial import. In the above example, sub-package com.croftsoft.apps.chess is being added to the existing package com.croftsoft.apps.

```
cd src/com/croftsoft/core/lang
cvs add *.java
cvs commit
```

You can also use the CVS add command to add individual files. In the example above, the wildcard symbol is used to add all of the Java source code files within the directory.

```
rm ObjectLib.java
cvs remove ObjectLib.java
cvs commit ObjectLib.java
```

To remove a file from the repository, you must first delete the file in your working copy.

```
del ImageLib.java
cvs remove ImageLib.java
cvs commit
cd ..
rmdir image
```

Normally, you should not remove a directory from the CVS repository without unanimous coordination with the other developers. You can relatively safely remove the files from the CVS repository and then remove the directory from your working directory.

```
cvs update DateFormatLib.java
```

You can also use the update command to update an individual file. This is useful when you have decided not to commit your file modifications. You can delete the modified file and use update to download a copy of the original version.

Programming in Parallel

There are many inherent challenges when multiple developers are modifying source code in the same repository. Frequently, changes made by one developer lead to countless hours of debugging for others. A version control system cannot by itself remove this problem entirely. A combination of development practices, documentation, and consideration are required as well.

Practicing Code Ownership

When multiple developers are working on source code in the same repository, the simplest and safest method of preventing difficulties is the practice known as *code ownership*. When developers are practicing code ownership, each Java class source code file is assigned to a *code owner*, usually grouped by project or Java package. When a developer realizes that a modification or addition needs to be made to the source code, he contacts the appropriate code owner and negotiates who will make this change.

When code ownership is being practiced, developers resist the desire to make a quick bug-fix to the source code of other developers without informing them. This politely educates the code owner who created the bug or knows who did, obviates a subsequent debugging session by the code owner to fix the real bug created when the other developer supposedly fixed the first alleged bug, and can lead to source code which has a more logical and consistent design.

All developers who modify source code, for any reason whatsoever, should place their javadoc @author tag in the file and update the version date. This both alerts the other developers that changes in behavior may be due to modifications by other developers, provides credit where credit is due, and allows the code owner to track down those with experience and knowledge of certain code sections that may need debugging or enhancement. The latter is especially important with legacy source code and projects with high developer turnover.

If multiple developers are simultaneously editing the same file, serious confusion and debugging may result when such changes are committed. Code ownership is strenuously advocated to prevent this.

Some version control systems, such as RCS, SCCS, and Visual SourceSafe, assist in automatically enforcing a form of code ownership at the individual file level. All source code files in a developer's working directory are read-only by default. When a developer wishes to modify such files, he sends a command to the central version control server. The central server then marks the file as being modified by the developer. No other developer can accidentally modify the file in his respective work directory simultaneously. When the developer is done and any changes are committed to the repository, the file is again marked read-only in the working directory and a command is sent to the central server to allow some other developer to modify the file exclusively.

By default, CVS does not support file locking. Instead, simultaneous modifications are merged by a pseudo-intelligent software algorithm. The algorithm is not capable of handling major shifts in the file structure nor of actually comprehending the semantics of the code in a cohesive source file. I suspect that automatic merging may have been less likely to cause problems in the days of procedural coding, where functions in the same source file tended to be fairly independent of each other. My personal experience and from what I have heard from others, however, is that it can seriously garble code logic, especially in object-oriented code. I would advise you that in order to avoid unexpected frustrations due to the less than humanly intelligent software merge algorithms, you should turn this feature off and manually merge such files upon receiving the potential conflict alert message from the version control system.

Watching out for Each Other

```
cvs watch on -R croftsoft
```

While CVS cannot prevent multiple developers from editing copies of the same source file in their respective working directories at the same time, it does provide a facility known as watch. To set a watch on a directory and all sub-directories, use the above command, replacing croftsoft with the directory name.

```
cvs edit Testable.java
cvs commit Testable.java
cvs unedit Testable.java
```

Use the above command to give yourself write access to a file. When you commit your change to the repository, it will make your local copy read-only again. If you wish to release the file and make it read-only again without committing, use the unedit command.

A watch prevents accidental simultaneous editing by alerting *watchers* by e-mail whenever a CVS edit, commit, or unedit command is issued. Generally, a watcher will be any developer who wishes to be alerted whenever someone is beginning to modify a given source code file. Watch notifications will not be sent to the one who caused a notification event, so you will not be alerted to your own edits.

```
cvs watch add -R core
cvs watch remove -R core
cvs editors -R
```

To add yourself as a watcher of the files in a directory and all sub-directories, use the `watch add` command. Replace `add` with `remove` to discontinue watching those files. Use the `editors` command to see who is editing a file at any given time.

Creating Branches

CVS lets you label snapshots of the state of the CVS repository. You can then use the label to create a development branch that is separate and apart from the changes made to the main development trunk. When you are finished, you can then merge that branch back into the main trunk.

Merging branches can be complicated and error-prone. In my opinion, it is simpler to create a new project for each release. For example, the project chess1 resource files could be copied over to a new project called chess2 at a milestone. Patches to an older release can be then be made without complication. This may use more disk space than branching, but it reduces complexity considerably. Disk space is always cheaper than man-hours.

Further Reading

Fogel, Karl and Moshe Bar. *Open Source Development with CVS*, 3rd edition. Phoenix, AZ: Paraglyph Press, 2003.

Index

Symbols

. dot, 254
.class files, lib directory and, 6
/ forward slash, 45
→ arrow symbol, 244

Numbers

6000 Sound Effects (Cosmi), 18

A

A* algorithm, 347–385
AbstractRequest class, 445
AbstractSprite class, 167, 169–172
Academic Free License (AFL), 15
accessor interfaces, 285
   WorldAccessor interface for, 312
Activator. *See* Java Plug-in
Actor interface, 438
actors, vs. sprites, 89
Ada programming language, named
      notation and, 244
adaptive polling, 433–436
add command (CVS), 545
AFL (Academic Free License), 15
AI (artificial intelligence), 347
alpha-red-green-blue (ARGB), 248
AmmoDump interface, 287
AmmoDumpAccessor interface, 287
AmmoDumpAnimator class, 306–308
animate( ) method, 42, 116, 119, 124
AnimatedApplet class, 338–344
   paint( ) method and, 32
AnimatedComponent class, 114–125
   BufferedAnimatedComponent and,
         194, 206
   BufferStrategyAnimatedComponent
         and, 216
animation
   frame rate for, 103–114
   problems with, 93
   Swing for, 87–125
animation library, 127–183
animation loop, 87, 89
animation thread management, 38–43
AnimationFactory class, 116–118
AnimationInit class, 338
animationRunner instance, 115
Ant tool, 8–12
Apache Geronimo project, 389
Apache Jakarta Project, 9
Applet class, 35, 36

applet persistence, 261–264
   persistent persistence and, 266
Applet Persistence API, 261, 264
AppletContext interface, 261
AppletLib class, 263
applets, 35–49
   caching, 49
   default display size for, 464
   digitally signed, 48
   limitations of for developers, 48
   multiple, deploying as one, 60–85
AppletStub interface, 61
   isActive( ) accessor method and, 63
application servers, 388
arc directory, 4
architecture, 279–345
   reuse and, 338
ARGB (alpha-red-green-blue), 248
ArrayComponentPainter class, 127,
      128–130
ArrayComponentUpdater class, 147
ArrayLib.append( ) method, 97
arrow (→) symbol, 244
artificial intelligence (AI), 347
AStar class, 351–358
AStarTest class, 358–363
asynchronous messaging
      technologies, 387
audio, sources for obtaining, 18
Authentication class, 490
automatic images, 188
   caching algorithm for, 191–193
avatars, 488–490
AWT EventQueue, 93

B

BasicService interface, 55, 58–60
BasicsExample class, 20–26
batch files, bin directory and, 4
behaviors, model object and, 284
bin directory, 4
binaries, 4
black box reuse, 280
blitting pixel data, 215
BooleanRepaintCollector class, 97–99
   alternative to, 99
BounceUpdater class, 167, 175–180
branching, 548
BufferedAnimatedComponent class,
      194–197, 206, 227
BufferedImage class, 186
BufferedOutputStream class, 231

S

SamplerLoopGovernor class, 108
sandbox, 48–52
SAX (Simple API for XML), 234
scalability, Enterprise JavaBeans and, 272
scaling, VolatileImage and, 189
scene managers, TilePainter and, 136
ScoreApplet class, 409–415
ScoreServlet class, 420–424
scripting languages, 338
scripts, bin directory and, 4
scrolling, EdgeScrollUpdater and, 147–153
SDK (Java 2 Software Development Kit, Standard Edition), 1
   network testing and, 388
Secure Hashing Algorithm (SHA), 274
secure shell (SSH), 543
security
   applets and, 48
   executable JAR files and, 51
   Java Web Start applications and, 54
security managers, executable JAR files and, 51
security sandbox, 48–52
   server-side persistence and, 272–274
SecurityException, 266
semantic interfaces, 230, 290
serial execution of, 92
Serializable interface, 230, 290
SerializableCoder class, 430
SerializableGameData, 236–244
SerializableLib class, 460, 462
   compress( ) method and, 230, 260
   load( ) method and, 270
   save( ) method and, 253, 266, 270
serialization, 92
serialVersionUID constant, 233
SeriAmmoDump class, 291–298
SeriChatGame, 514, 519–524
SeriGame class, 317–325
   vs. NetGame class, 467
SeriModel class, 289
SeriModelId class, 490, 492
SeriWorld class, 314
Server interface, 415, 416, 438
server-side persistence, 272–274
servlet containers, 388
SHA (Secure Hashing Algorithm), 274
shallow copies of objects, 462
shapes, painting, 130
showDocument( ) method, 55, 58
signed applets, 48
signed JAR files, 54
Simple API for XML (SAX), 234
Simple Object Access Protocol (SOAP), 387

SimpleRepaintCollector class, 95–97
   alternative to, 99
simulations, online demo of, 2
single player mode, 530
sky at night, painting, 132–136
SOAP (Simple Object Access Protocol), 387
sound effects, 6000 Sound Effects package and, 18
source code
   black box/white box reuse and, 280
   classes, list of, 535–539
   code ownership and, 546
   vs. content, 338
   CVS for, 541–548
   HTTP polling and, 430–485
   HTTP pulling and, 490–528
   HTTP tunneling and, 390–424
   library of, 3–7
   Mars sample game and, 283
   resources for obtaining, 16
   sample games and, 3
   sharing, 16
   uncompiled, src directory and, 7
SourceForge.net, 16, 542
SpacePainter class, 127, 132–136
SpaceTester interface, 363
splash screen, configuring frame and, 212
Sprite animation test program, 2
Sprite implementations, 167–183
Sprite interface, 167–169
Sprite subinterface, 89
SpriteLib GPL, 18
sprites, 89, 167–183
   bouncing off walls, 175–180
   colliding with other entities, repainting for, 168
   ModelAnimator and, 305
   size of, 464
   translucent colors and, 188
   velocity and, 168
      synchronizing to frame rate, 106–114
SQL (Structured Query Language), embedded databases and, 271
src directory, 7
SSH (secure shell), 543
SSL, HTTPS (HTTP over Secure Sockets Layer), 445
standard extensions, 2
stars, SpacePainter for, 132–136
start( ) method, 36, 69, 120
   MultiApplet and, 79–83
   stop( ) method and, 37
Startable interface, 35
state space search, 347
state, model object and, 284

forums.apress.com
FOR PROFESSIONALS BY PROFESSIONALS™

JOIN THE APRESS FORUMS AND BE PART OF OUR COMMUNITY. You'll find discussions that cover topics of interest to IT professionals, programmers, and enthusiasts just like you. If you post a query to one of our forums, you can expect that some of the best minds in the business—especially Apress authors, who all write with *The Expert's Voice*™—will chime in to help you. Why not aim to become one of our most valuable participants (MVPs) and win cool stuff? Here's a sampling of what you'll find:

DATABASES
Data drives everything.

Share information, exchange ideas, and discuss any database programming or administration issues.

INTERNET TECHNOLOGIES AND NETWORKING
Try living without plumbing (and eventually IPv6).

Talk about networking topics including protocols, design, administration, wireless, wired, storage, backup, certifications, trends, and new technologies.

JAVA
We've come a long way from the old Oak tree.

Hang out and discuss Java in whatever flavor you choose: J2SE, J2EE, J2ME, Jakarta, and so on.

MAC OS X
All about the Zen of OS X.

OS X is both the present and the future for Mac apps. Make suggestions, offer up ideas, or boast about your new hardware.

OPEN SOURCE
Source code is good; understanding (open) source is better.

Discuss open source technologies and related topics such as PHP, MySQL, Linux, Perl, Apache, Python, and more.

PROGRAMMING/BUSINESS
Unfortunately, it is.

Talk about the Apress line of books that cover software methodology, best practices, and how programmers interact with the "suits."

WEB DEVELOPMENT/DESIGN
Ugly doesn't cut it anymore, and CGI is absurd.

Help is in sight for your site. Find design solutions for your projects and get ideas for building an interactive Web site.

SECURITY
Lots of bad guys out there—the good guys need help.

Discuss computer and network security issues here. Just don't let anyone else know the answers!

TECHNOLOGY IN ACTION
Cool things. Fun things.

It's after hours. It's time to play. Whether you're into LEGO® MINDSTORMS™ or turning an old PC into a DVR, this is where technology turns into fun.

WINDOWS
No defenestration here.

Ask questions about all aspects of Windows programming, get help on Microsoft technologies covered in Apress books, or provide feedback on any Apress Windows book.

HOW TO PARTICIPATE:
Go to the Apress Forums site at **http://forums.apress.com/**.
Click the New User link.